本书由高水平学科（社会学）资助出版，并获江西省2011"客家文化传承与发展"协同创新中心经费资助

客家与民俗研究丛书

主编：林晓平 万建中

民俗研究的多重文化审视

余 悦／著

中国社会科学出版社

图书在版编目(CIP)数据

民俗研究的多重文化审视／余悦著．—北京：中国社会科学出版社，
2016.12

（客家与民俗研究丛书）

ISBN 978 – 7 – 5161 – 8052 – 5

Ⅰ.①民…　Ⅱ.①余…　Ⅲ.①客家人 – 风俗习惯 – 研究 – 中国
Ⅳ.①K892.311

中国版本图书馆 CIP 数据核字(2016)第 084361 号

出 版 人	赵剑英
责任编辑	宫京蕾
特约编辑	大　乔
责任校对	闫　萃
责任印制	李寡寡

出　　版	中国社会科学出版社
社　　址	北京鼓楼西大街甲 158 号
邮　　编	100720
网　　址	http：//www.csspw.cn
发 行 部	010 – 84083685
门 市 部	010 – 84029450
经　　销	新华书店及其他书店

印刷装订	北京市兴怀印刷厂
版　　次	2016 年 12 月第 1 版
印　　次	2016 年 12 月第 1 次印刷

开　　本	710×1000　1/16
印　　张	27.25
插　　页	2
字　　数	393 千字
定　　价	96.00 元

凡购买中国社会科学出版社图书，如有质量问题请与本社营销中心联系调换
电话：010 – 84083683

总 序 一

俗话说"一方水土养一方人",在学术界也有一种现象,就是一方水土养一方学问和学者。譬如,蒙古族养育出了江格尔学和一批江格尔学的学者,藏民族养育出了格萨尔学和格萨尔的一批研究者,彝族养育出了彝学和一批彝学学者,这种学术境况极为普遍。在我国56个民族中,55个少数民族的学者在从事本民族历史文化的研究中,或多或少带有族群的情结。族群身份定位常常决定着少数民族学者的学术面貌和课题指向,这基于不同的民族文化具有不同的学术理念和研究视域。同样,在客家人聚居区,形成了客家学,一批客籍客家学学者脱颖而出,以其独特的学术风貌活跃在中国乃至世界的学术舞台。

赣南师范大学地处客家祖祖辈辈生活的中心,研究客家可谓近水楼台,得天独厚,自然成为客家学研究的一个重镇。民俗学学科能够成为江西省"重中之重"学科,与客家研究的优势环境不无关联。而且在这个学科点,不断涌现出客家学学术才俊。这套丛书中《文化传播视野下的客家民间信仰研究》的作者邹春生,《县志编纂与地方社会:明清〈瑞金县志〉研究》的作者李晓方,《客家孝道的历史人类学研究》的作者王天鹏,《闽西南"福佬客"与明清国家:平和九峰与诏安二都比较研究》的作者朱忠飞都十分年轻,他们作为客家的后代,将客家人的血脉情缘与学术造诣结合起来,承继和发扬了客家学一贯的学术传统,是客家学的未来和希望。

客家既是一个族群概念,也是一个开放性的学术门类,为学术研究提供了无限广阔的视域,每位客家学学者都能从中获取属于自己的一亩三分地。诸如《先秦民俗典籍与客家民俗文化》作者林晓平的客家文化研究、邹春生的客家民间信仰、王天鹏的客家孝道、朱忠飞的客家社会制度、李晓方的客家地方方志研究等，他们皆经营着自己独特的学术领地。他们以富有情感和前沿意识的学术实践，不断推动客家研究向前发展。

《客家与民俗》丛书中6部属于客家方面的著述，作者的客籍身份为其客家研究建立了立场保障，也让研究有了身份优势，诸如局内人、自我和主位立场等，例如，万幼楠的《赣南客家古建筑研究》就是客家内部话语的生动表述。这6部著述资料之详实，论据之充分，定位之明确，探究之执着，唯有身为客家的学者方能达至这等学术境界。人类学强调异文化的研究，这其实是西方中心主义标榜的学术准则，因为其考察的地域只能选择第三世界国家。而中国则是民俗学研究的乐园，家乡民俗学更能体现中国民俗学的学科特点。客籍学者大多生长于客家生活领地，熟悉客家的方言和文化传统，能够用主位的立场理解和叙述一个地方的客家历史与现实。方言、生活方式、性格特征和思维习惯等无不浸润了客家传统，客籍学者的学术研究自然充溢着旺盛的思想活力，自觉地将客家身份转化为学术动机。6部专著选题不一，学术追求各有侧重，但客家身份的学术意识均极为鲜明和突出。这是我读后的最为强烈的感受。

立足客家，面向民俗研究的其他更为广阔的领域，这是丛书《客家与民俗》编纂的基本方针。另外4部书是余悦的《民俗研究的多重文化审视》、徐赣丽《文化遗产在当代中国——来自田野的民俗学研究》、黄清喜的《石邮傩的生活世界——基于宗族与历史的双重视角》、万建中的《民间年画的技艺表现与民俗志书写——以朱仙镇为调查点》，它们似乎与客家没有关联，但据我所知，这4本书的作者也都为江西籍，且或多或少与客家有联系，然而，赣南师范大学民俗学学科点的教师和特聘教师不可能所有的研究都局限在客家的范围内，否则，学科点学者的视域就相对逼仄，难以在更为宽广的平台形成学术对话。客家研究大都在客家圈内展开，出现了学术自我消化的局面，其影响主要在客家学术圈内。丛书的选题不拘泥于客家，大概是出于这方面的考虑。

相对于前6部书的学术"专一"，后4部书大多采取了"扇面"

的多向度的学术结构：一是涉及方方面面的民俗领域，点多而面广，尽管书名及研究对象不一致，但大都采用的是"多重文化审视"的维度；一是研究方法和手段更为多样，有田野案例的解读、三重证据与多重文化的民俗学研究、民俗志书写范式的尝试、傩文化民间记忆的重现等，学术追求更为前沿和深刻。如果说，前 6 部专著以题材的地域性特色和资料之扎实见长的话，后 4 部则是以研究手段和角度之丰富体现出学术品格。不过，在方法论层面，这十部书具有明显的相通之处，即都是运用历史主义的方法观照传统民俗，在历史与民俗契合点上寻求学术意义和理论归属。

　　总体而言，这十部专著展示了赣南师范大学民俗学学科的整体实力，是近几年来学科学术研究成效的一次全面的检验。可以肯定，这套丛书的面世，将有助于扩大赣南师范大学民俗学学科点在全国的影响。祝愿学科点在民俗学理论和实践方面都取得更大的成绩。

朝戈金

2016 年 3 月

　　[作者系中国社会科学院学部委员，民族文学研究所长、研究员，博士生导师，国际哲学与人文科学理事会（CIPSH）主席、中国民俗学会会长]

总 序 二

客家（英文：Hakka）是我国汉民族的一支民系，它是在大约宋元时期，由中原汉族南迁的民众与当地土著相融合而形成。该民系的发祥地与主要聚居区是赣闽粤毗邻地区，其居民播迁至世界各地。

从 20 世纪 80 年代末 90 年代初至今，客家研究出现了如火如荼的局面，俨然成为了一门"显学"。与此同时，对客家研究利弊得失的反思也在进行，其中一个引起许多学者思索的问题是：客家作为一个汉族的大民系，研究的内容似乎可以包罗万象，但我们关注的重点应该是什么？这个问题也许永远没有标准答案——还是应了中国的一句老话："仁者见仁，智者见智"，正因为如此，我们就可以很坦然地提出我们所认为的重点，这就是：客家民俗文化。

我们关注客家民俗文化，不仅是因为它的丰富性，还因为它的特色鲜明，阿娜多姿，同时，它保持得相对比较完整，且有着大量"原生态"的"事象"。

《客家与民俗》丛书共 10 本，内容分为两大部分，第一部分以客家民俗文化为主要研究对象，涉及客家民间信仰、客家孝道、客家茶文化、客家宗族文化、客家方志的编撰书写以及客家古建筑研究，等等。第二部分的内容包括乡村民俗、傩文化、福佬客文化、民俗问题的多重文化审视、先秦要籍的民俗学解读，等等。这部分的主要内容是更大视阈下的民俗文化，它与第一部分客家文化有着内在的逻辑关系：

从纵的方向视之，探索了客家民俗文化的源流。客家民俗文化之源在何处？与中国传统文化关系怎样？是一个引起争论的问题。丛书对先秦诸子著作以及《周易》中所描述的民俗事象、民俗文化以及民俗思想进行了解读和探析，这就能使人们更深刻地认识到，客家民俗文化之源在于中国传统文化，也佐证了所谓客家文化"根在中原"的观点。从横的方向视之，在民俗文化方面具有文化比较研究的意义。例如，客家傩文化是非常丰富的，而南丰傩其实与客家文化有着千丝万缕的联系，丛书中对南丰傩文化的研究可作为客家傩文化研究的延伸；对于福佬客文化的论述，本身就是一种客家文化与其他民系文化比较研究的绝佳视角；《民俗研究的多重文化审视》、《文化遗产在当代中国——来自田野的民俗学研究》等著作都从一个开阔的视野来探讨民俗文化，这对于客家民俗文化的研究有着一定的启迪意义。

希望这部前后历时 6 年的丛书，能对民俗文化尤其是客家民俗文化的研究起着一定的推进作用。

本丛书在编著、出版过程中得到赣南师范大学党政领导以及学科处、社会科学处等部门的支持和指导，江西省社会学"高水平学科"、江西省 2011 "客家文化传承与发展"协同创新中心给予了经费上的资助，中国社会科学院学部委员、民族文学研究所所长、中国民俗学会会长朝戈金研究员亲自为本丛书作序，中国社会科学出版社宫京蕾副编审不辞劳苦，多次与作者深入交谈并进行指导，为丛书的顺利出版耗费了大量的心血，在此一并表示衷心的感谢。

编　者
2016 年 3 月

目　　录

第一篇　民俗学理论的新视野

第二篇 民俗节庆的新走向

第三篇　民俗文化事项的新观察

第四篇　民俗学与茶文化的新融合

第五篇　非物质文化遗产保护的新思考

绪论　从二重证据到多重文化的民俗学研究

　　任何学术的发展与学科的建设，都需要坚强有力的成果支撑，需要具有创新思维与价值的理论呈现，需要持续不断地夯实学术基础。而要达到这一目标，自然离不开文献资料的新发现，探索视野的新角度，研究方法的新拓展。这一要求，所有的学科莫不如此，民俗学当然难以置身度外。

　　在中国学术史上，研究方法的更新与嬗变，一直为人们津津乐道。从传统学术走向现代学术，其中有影响的方法之一是"二重证据法"，也就是把新发现的文物史料与古籍记载结合起来以考证古史的方法。虽然乾嘉考史名家钱大昕利用碑刻史料与历史文献互相比勘考证元史问题，被视为"二重证据法"的萌发，使之与中国传统学术的渊源继承关系甚为明晰。但是，真正创立和成功运用"二重证据法"的还是王国维。他自觉将"地下发现之新材料"与"纸上之材料"二者互相释证，以达到考证古史的目的。早在与罗振玉共同考释汉晋木简，写作《流沙坠简》之时，王国维就具有扩大文献范畴的治史观念，并形成具体的治学方法。特别是其后的学术生涯，王国维又将此方法运用于甲骨文、金文和敦煌文书研究，产生了一系列博大精深、考释详尽的成果。正是由于王国维最早重视和运用"二重证据法"，解决新史料考证上古史上的重大问题，使其成为民国初期饮誉士林的杰出学者，更是承前启后、继往开来的一代巨擘。

　　"二重证据法"开拓了史料的来源，提出了检核传承文献的重要问题，并且试图纠正当时学术研究的某些弊端。"二重证据法"是20世纪中国考古学和考据学的重大革新，是对史学影响深远的治史观念和方法。陈寅恪曾经概括"二重证据法"在20世纪初的发展："一曰取地下之实物与纸上之遗文互相释证”；"二曰取异族之故书与吾国之旧籍互相补正"；"三曰取外来之观念，以固有之材料互相参证"。陈寅恪赞扬这种方法可"示来者以轻轨"，郭沫若以为其"研究学问的方法是近代式的"，划出了传统学术与现代学术的界限。

"二重证据法"的价值与影响如此之大，不同学科领域的一些学者又相继提出多种形式的"三重证据法"。首先突破"二重证据法"而走向"三重证据法"的，是黄现璠先生。从 1943 年到 1979 年的 37 年间，他曾领导组织了大小数十次的田野考察活动，以 1951 年和 1956 年的两次调查最为重要。这些第一手人物调查采访口述史料，为他在民俗学、民族学、人类学的研究上建立"黄现璠三重证据法"奠定了基础。黄氏三重证据法，是在二重证据法的基础上，结合调查资料或材料中的"口述史料"研究历史学、民族学，三重证据便是：纸上之材料、地下之新材料、口述史料。尤其是 20 世纪 80 年代以来，各种学术新思维、新观念、新方法大量涌现，"三重证据法"成为引人注目的亮点之一。其中，具有代表性的如：徐中舒三重证据法，是在二重证据法的基础上，运用"边裔的少数民族"，包括民族史、民族学、民俗学、人类学史料研究先秦史。饶宗颐的三重证据法，是在二重证据法的基础上，将考古材料又分为两部分——考古资料和古文字资料。他的三重证据便是：有字的考古资料、没字的考古资料和史书上之材料。这种"三重证据法"，得到李学勤的认同。叶舒宪的三重证据法，是在二重证据法的基础上，再加上文化人类学的资料与方法的运用，是考据学、甲骨学和人类学互相沟通结合的产物。此外，还有汪宁生提出的"民族学（文化人类学）调查来的资料"，毛佩琦提出的"社会调查材料"，马彪提出的"实地调查材料"，包括调查所获得的文书、实物、口述三方面的资料。这些"调查资料或材料"，特别是口述史料，显然是独立于"历史文献"和"考古史料"之外的第三重证据材料。

上述情况表明，学术的进步和学科的发展，促使学人不断进行学术观念的更新与研究方法的探寻。当进入"三重证据法"时，民俗学和田野调查的资料，受到更多的关注和重视，成为学术创新的重要推动力。长期以来，笔者在民俗学研究之际，力求追寻学术研究前行的足迹，以开放创新的视野、博采众长的心态，做些力所能及的探索。早在 20 年前，我在《江西民俗文化叙论》总序中，就鲜明地提出：

我们欢迎民俗学内涵的扩展。

任何一门有前途有建树的学科，都不是拘泥于历史的重负而墨守成规的。只有活鲜鲜的思想、活脱脱的生命，才会使理论之树不呈灰色而万古长青。从狭隘的古文化残存物的圈子里跳出来，到面向活世态现实社会的"生活相"；从局限于"没有文化的陋民、农民的"学问，到"记叙、研究和说明人民生活文化现象"的学科；从被归属于历史范畴的古代学，到成为现实倾向强烈的现代学，这正是民俗学从初始走向成熟，从低级走向高级的运行轨道。

我们赞同民俗学与其他学科的交叉。

当代知识体系呈现出多彩的态势、全新的格局：现代学科日趋高度分化和高度综合，自然科学与社会科学相互渗透和结合，各个学科之间互相接缘、撞击和整合，出现了许多综合学科、边缘学科和分支学科。作为一门多功能的独立学科的民俗学，与其他学科交叉的边缘学科也迅速崛起。这是学科的幸事，也是社会的幸事。

我们主张民俗学研究的多极走向。

不同角度不同视野不同层面的观测是可以互补的，一成不变、一定之规、一孔之见都是学术研究的大忌，学科发展的阻碍。生活在 20 世纪末的学人，决不可以将自己的学术头脑仍然搁置在上个世纪（指 19 世纪——引者注）的图景里，决不可以用狭隘的视野、线性的方法去观察世界。理论民俗学需要深化，交叉运用民俗学需要拓展。古代民俗需要挖掘，当代民俗需要探寻，未来民俗的大趋势也需要预测。田野作业法开展调查需要坚持，古代民俗文献同时需要开拓，历史的、功能的、结构的、符号学的、比较的或心理分析的研究，也都需要有机地结合。只有这样，洋洋大观的民俗事象探讨才能从个例到整体，从微观到宏观，崛起的中国民俗学才能坚强地跨越过去，进行伟大的自我超越。

社会主义现代化的发展，呼唤着社会科学研究的创新和突破。年轻而富有生命力的中国民俗学，需要进一步开拓研究的新领域，加强研究的新力度，有所作为，有所超越，有所前进，有所发展，完整地建立起具有中国特色的民俗学科学体系，并重新振兴中华民族的伟大气魄和巨大激情。

（《江西民俗文化叙论》，光明日报出版社 1995 年版，第 2—3 页）

如今，时过境迁，这些看法依然没有过时。遥想前贤，他们之所以能够打破传统，推陈出新"二重证据法"，是因为既熟悉传统的经史子集典籍，又各有相当的学习与了解西学的背景；既服膺乾嘉学者严谨的考证方法并自觉继承，同时又吸取西方近代学者治学的新理念、新方法。二者取长补短、融会贯通，故能在治史观念和方法上取得重大突破。当今世界，是全球化的时代，是互联网的时代，其开放的程度、信息的便捷，更是前所未有。生活在这个时代的学人，更有条件广开学术视野的洞察与学术疆域的拓展，更能使长期探索和思考的问题，最后水到渠成、瓜熟蒂落，结出丰硕的学术之果。

在我的学术思考中，历来认为："著书要立说。"也就是，要有新的学术创见，新的学术建树。正因为如此，运用新方法是屡试不爽的法门，选择新角度也是途径之一。随着文化研究的重视与发展，民俗问题和更多的文化事项发生了联系，许多文化研究也离不开民俗的内容，在这种千丝万缕的关联中，两者的交叉与叠合有了更多的"剪不断，理还乱"，也就有了民俗问题进行多重文化审视的必要和可能。正是由于多年来的不断探求，才完成了《民俗研究的多重文化审视》的写作。

《民俗研究的多重文化审视》一书，是开放性的著作结构。全书分为五篇，每篇又有四章，由此形成了一种"聚散结合"的构架，涵盖了多方面的民俗问题与多重文化，其核心又体现出作者的整体追求：从多重文化的审视之中，考察民俗问题的广泛性与多向度，既有利于民俗学研究的视野拓展，又有益于其他文化事项的民俗学观照，以促进边缘学科、交叉学科和综合学科的形成与发展。

本书的第一篇"民俗学理论的新视野"，探讨了改革开放以来中国民俗学研究的理论形态，西方民俗学视野和中国古典文学研究的关联，政治变革与20世纪中国史诗学术研究的演变，中国民族文化与上海世界博览会的交集。

第二篇"民俗节庆的新走向"，剖析了民俗文化与当代都市生活的状况与前景，传统节日成为国家法定假日的演变与未来，新休假制度下的旅游产业发展，城市化浪潮中的春节传统节日文化。

第三篇"民俗文化事项的新观察"，涉及中国饮食民俗传统与特色，赣南客家围屋的文化透视，庐山历史民俗文化遗产的生态考察，鄱阳湖区域民俗与当代江西发展等方方面面。

第四篇"民俗学与茶文化的新融合"，对于中国茶俗学的理论构建提出了新的设想，对于中国民间两大饮茶方式的时空嬗变、中国茶俗的民生显象和特质、元代茶曲创作与茶事生活反映等方面进行了多侧面的研究。

第五篇"非物质文化遗产保护的新思考"，则以近十多年来民俗学的热点问题为中心，既有非物质文化遗产研究的十年回顾，又有非物质文化遗产传承机制的创新思维；既有作为非物质文化遗产的中国茶文化的分析，又有鄱阳湖区域宗教文化遗产的认知与保护方略。

这样的构架与篇章安排，是否合适；这样的思考与理论探讨，是否精当，有赖于专家学者的指教，也有赖于广大读者的评判。

对于写作，古人曾云："非尽百家之美，不能成一人之奇；非取法至高之境，不能开独造之域。"（元代刘开《与阮芸台宫保论文书》）这是一种很高的境界。我们虽心向往之，却未必能至。《民俗研究的多重文化审视》的写作，只是长期追求的一份初步答卷！

第一篇

民俗学理论的新视野

第一章 改革开放以来中国民俗学研究的理论形态

学术事业要不断地持续发展，就应该认真回顾和深入反思。从1978年改革开放以来，中国民俗学也经历了恢复、嬗变和发展的历程，成就了波澜壮阔的学术事业。评判这一阶段的中国民俗学研究，我们觉得最有价值和特色的是，其呈现出了具有当代特征的理论形态。因为这一时期，与历史上和现代社会的民俗研究有明显差异性，甚至可以说有完全不同的风格，是具有里程碑意义的当代展示。无论学科的当代发展，体系的当代拓宽，范式的当代表现，都应该说是个性迥异、面目一新。

第一节 民俗研究的理论形态是民俗学进程的逻辑发展

民俗是一种生活和社会存在，民俗研究是对民俗事象的梳理和探讨，而民俗学研究则是学科意识的自觉和学术发展的必然。在中国民俗学史上，由驳杂的民俗事象研究，到现代民俗学的萌发，再到民俗学研究的嬗变，走过了漫长的历史。而改革开放30多年来中国民俗学研究的理论形态，正是这一进程的合乎逻辑的发展。

从先秦到明清，中国就有对民俗事象的搜集、记录、整理与评议。这些散见于史志杂述中的文字，大多是直观印象式的记叙，没有完整系统的概念，更没有上升到理论形态进行概括。真正现代意义上的中国民俗学发端，从1918年算起，已经有90多年的学科历史。①

---

① 《礼记》中虽已使用"民俗"一词，但只是作为道德教化使用的，而作为一个学术概念使用则是比较晚的。早在1913年，鲁迅、周作人等就提倡研究民俗学和民间文学。但真正成为一种学术风气的，则是1918年开始的北京大学的歌谣征集活动。

这一时期又可以分为三个阶段：1918—1949 年，为发端与初创时期；1949—1982 年，为转折与再造时期；1983—现在，为重建与发展时期。① 这三个阶段，中国民俗学研究都有自身不同的学术形态。

中国现代民俗学的发端，是在"五四"运动前后，以北京大学歌谣征集为肇始并进而扩展到民俗学研究与学科建构。这一时期，组织民俗学专门机构，深入民间开展采风活动，出版期刊、专著和发表论文，成为学术之风气。当时，北京大学、广州中山大学、杭州先后英才聚集，为民俗学重镇，学术活动还遍及厦门、上海、福州、东北、汕头、山东、四川、陕北、贵阳、香港、柳州等地，以及中央研究院、北京女师大、北京燕京大学与中法汉学研究所。倡导和参与的学者，大多是当时各学科的名家，如刘复、胡适、沈尹默、鲁迅、周作人、沈兼士、钱玄同、顾颉刚、钟敬文、娄子匡、常惠、江绍原、容肇祖、林惠祥、杨堃、杨成志等，表现出整个学界对以民歌、风俗学为重点的民间文化的热情与重视。在民俗学搜集与调查的成绩方面，以民间歌谣最为丰富，民间传说、故事次之，并有大量的民族风俗调查方面的文章发表，编印成书而较有影响者为顾颉刚的《妙峰山》（1928 年）、杨成志的《云南民族调查报告》（1930 年）、凌纯声的《松花江下游的赫哲族》（1934 年）、娄子匡的《新年风俗志》（1935 年），以及汇编的胡朴安《中华全国风俗志》（1923 年）、瞿宣颖纂辑《中国社会史料丛钞》（甲集）（1937 年）、李家瑞编《北平风俗类征》（1937 年）。在民俗学研究方面，歌谣的讨论最为热烈，以后扩展到谚语、童话、谜语、歇后语、民间传说和故事等方面，并使风俗习惯、信仰等方面的研究逐渐开展和深入。当时，民俗学研究有代表性的专著如江绍原的《发须爪——关于它们的迷信》（1928 年）、瞿兑之的《汉代风俗制度史前编》（1928 年）、杨树达的《汉代婚丧

① 王文宝《中国民俗学发展史》（辽宁大学出版社 1987 年版）把中国民俗学运动分为三个时期：民俗学运动的发端与开拓时期（1918—1927 年），民俗学运动的奠基与开展时期（1927—1949 年），民俗学运动的新兴时期（1949—）。本书完成于 1987 年 3 月，故"民俗学运动的新兴时期只有起始，没有终结年代"。

礼俗考》（1933 年）、林惠祥的《民俗学》（1934 年）、吴守雄的《婚丧喜庆礼节文件大全》（1935 年）、尚秉和的《历代社会风俗事物考》（1938 年）。同时，民俗学界还把西方的民俗学理论引进中国，一些关于外国民俗学的译述文章在报刊发表，英国班恩的《民俗学手册》（1928 年）、瑞爱德等的《现代英吉利谣俗及谣俗学》（1932 年）、法国倍松的《图腾主义》（1932 年）等译作得以出版。从民间文学研究扩展到民俗学多领域，从主要是汉族研究发展到多民族研究，从民间文学和民俗学本身研究发展到多学科研究，是中国民俗学发端与开展时期的气象。① 但从这些成果整体上来看，民俗研究的理论趋向于人文学科。

　　1949 年中华人民共和国成立后，到改革开放前的 30 年间，民俗学经历了呼吁与沉寂的时期。1950 年 3 月 29 日，中国民间文艺研究会在北京成立，1955 年 4 月创办《民间文学》杂志。一些大学中文系也开设"民间文学"课程，培养学术人才。20 世纪五六十年代对全国少数民族的普遍调查，为民族学和民俗学研究提供了宝贵资料。但是，作为一门独立学科的民俗学，在所谓"十七年"中几乎处于停滞状态。1956 年，潘光旦、吴文藻、杨成志等教授为国务院草拟了《中国民俗学十二年远景规划》，提出建设超出文学范围的民俗学方案，却未能实施。20 世纪 60 年代初期，一些民俗学家关于《歌谣周刊》的回忆文章，特别是杨成志《我国民俗学运动概况》的记叙，都对恢复民俗学研究进行了宣传与呼吁，但也没能使这一学科得以重振。而涉及民俗学方面材料和问题的一些文章，大多以民间文学、民间戏曲、民间音乐、民间美术、民间舞蹈、民间工艺、民间曲艺和民族工作的名义发表。只有在民族学、社会学的学科里，才有关于民间生活方式的民俗调查与研究。"文化大革命"十年动乱期间，传统风俗成为被"横扫"的陈规陋习，民俗学研究集体"失声"，更不用说建立新的学术形态。

　　1978 年开始的改革开放，成为中国民俗学恢复和新生的起点。1978 年秋，由钟敬文草拟，顾颉刚、白寿彝、容肇祖、杨堃、杨成

----

　　① 参阅王文宝著《中国民俗学史》，巴蜀书社 1995 年版。

志、罗致平、钟敬文联名，向中国社会科学院递交了关于建立民俗学及有关研究机构的倡议书。① 1978 年 12 月 30 日，辽宁大学乌丙安、刘航舵夫妇以《重建中国民俗学的新课题》为题给中国社会科学院写信。② 与此同时，中国民间文艺研究会筹备恢复小组成立，教育部也把民间文学确定为中文系课程。1979 年第 5 期《民间文学》刊登东北师范大学汪玢玲的《民俗学运动的性质和它的历史作用》。1980 年，中国民间文艺研究会研究部成立民俗学研究组。而且，各地也纷纷呼吁恢复和发展民俗学。1981 年 5 月 15 日，借中国民间文艺研究会召开首届学术年会之机举行的民俗学座谈会，是新中国成立后第一次专门性的民俗学座谈会，并首次提出建立社会主义新民俗学。1983 年 5 月 21 日至 24 日，在北京召开中国民俗学会成立大会。这是民俗学家长期以来的夙愿，也是中国民俗学在新时期恢复的标志。③

　　改革开放 30 年来中国民俗学研究的当代形态，首先是以丰富多彩的学术活动去积极推动事业发展。这些活动，主要集中在六个方面：一是表达对民俗学重建的期盼。除前面所述外，还有许多学者进行了积极的努力。如 1980 年 4 月召开的江苏省首届民间文学工作者代表大会上，南通博物馆穆罴作了《恢复和发展民俗学之我见》的发言。1980 年 6 月在杭州召开中国民间文艺研究会浙江分会第一次会员代表大会，于彤、陈玮君、莫高提出了"开展浙江民俗学研究工作的三点建议"。二是纷纷成立民俗学组织。如 1980 年 11

---

　　① 这份倡议书，1979 年 11 月召开中国民间文学工作者第 4 次代表大会时，以《建立民俗学及有关研究机构的倡仪书》为题印发给与会代表，并于当年 12 月号的《民间文学》全文刊登。

　　② 这封信于 1979 年 4 月 20 日在中国社会科学院规划联络局编印的《情况与建议》第 96 期刊载。

　　③ 1983 年 5 月 21 日之前，虽然有"中国民俗学会"之名，却无其之实。1930 年 11 月，顾颉刚草拟《中国民俗学会发起宣言》，但并没成立组织。1932 年，钟敬文、娄子匡、江绍原将 1930 年成立的杭州民俗学会更名为"中国民俗学会"。1943 年，顾颉刚、娄子匡在重庆又成立"中国民俗学会"。后两者虽以"中国"称呼，实际仅限于成立地活动，直到 1983 年才真正出现把全国专业人员组合起来的专业学会。

月，中国民间文艺研究会浙江分会成立民俗学研究组。1980 年 12 月 27 日，上海复旦大学学生成立"民俗学社"。1981 年 8 月 20 日至 26 日，辽宁省首届民族民俗学学术讲座会在丹东举行，成立辽宁省民俗学会，并举行民俗学座谈会。尔后，全国各省市自治区都陆续成立了民俗学会，建立起广泛的专业学会网络。三是民俗学课程的开设和人才培养。较早开设民俗学课程的是辽宁大学乌丙安 (1981 年 3 月)、牡丹江师范学院宋德胤 (1981 年秋)。特别是 1983 年 7 月 20 日至 8 月 17 日，中国民俗学会在北京举办了全国民俗学讲习班，致力于民俗学专门人才的培养。并由一批权威专家和著名学者，如费孝通、白寿彝、吴文藻、钟敬文、杨成志、杨堃、马学良、容肇祖、罗致平、常任侠、牙含章、刘魁立、乌丙安、张紫晨、陶立璠、柯杨以及日本的伊藤清司等进行授课。这批教师和学员，成为中国民俗学恢复与重建时期的主要学术力量，并给学员们以终生的学术影响。[①] 四是学术研讨会的举行。1981 年 8 月 20 日到 26 日，辽宁省首届民俗学学术讨论会召开，这是自 1918 年中国民俗学运动以来第一次举行这样的会议，受到党政有关领导与部门的重视和支持，12 个省市自治区人员参加，钟敬文、杨堃、关德栋到会祝贺并作学术报告。五是各种类型的民俗展示活动。如 1982 年 1 月，南通博物馆举办"民俗品物展览"。1983 年春节，首都博物馆举办"北京春节民俗展览"。1984 年 4 月，山东潍坊举办国际风筝会，美国、英国、加拿大、澳大利亚、日本等国家和地区的 19 个风筝协会团队参加，现已成为品牌活动。六是中外民俗文化交流。中外民俗文化交流，初期主要是进行民俗学考察、讲学，参加民俗学术会议，翻译、出版民俗学著作。如今，范围更为广泛，如共同参与国际性的专业学会，共同主办学术活动，共同进行课题研

---

① 作为讲习班的学员，余悦在其所著或主编的多部著作中谈到讲习班对他的影响，可参阅《问俗》第 256 页（浙江摄影出版社 1996 年版）、《江西民俗》第 383 页（甘肃人民出版社 2004 年版）、《事茶淳俗》前言"茶俗与社会人生"（上海人民出版社 2008 年版）、《中国茶俗学》第 262 页（世界图书出版公司 2014 年版）。

究。而且，直接交流的国家也由少数几个，发展到世界上大多数国家与地区。随着经济全球化和文化多样性的发展，中国改革开放的深入，中外民俗学界的交流将更为密切。

总之，改革开放 30 多年来中国民俗学研究的当代形态，在发轫之初就与前两个时期有鲜明的不同。但不论哪个时期，都呈现出学术形态的独特性，都是与当时的政治、经济、社会、文化相关联的，都有其相适应的人文生态。在 90 年的岁月中，这条历史的河流可以说经历了三个时期：从激流初兴，到波澜不惊，再到巨浪汹涌，呈现出令人兴奋、令人沉思、令人激进的图景。

第二节　民俗学研究对自身学科的
深入认识和重新定位

任何时期的学术形态，研究活动的举办虽然能够喧嚣一时，终究会归于平静。只有那些学术的成果，才能永久沉淀下来，成为宝贵的财富。改革开放 30 多年来，中国民俗学研究的理论形态，最重要的就是对自身学科的深入认识和定位。

什么是民俗学？这是一个最简单又一直难以圆满回答的理论问题。由于中国民俗学的奠基性理论沿袭进化论的英国人类学"遗留物"学说，长期以来学界把具体民俗事象的发生学和变迁史作为主要研究范畴。1934 年，张瑜的《民俗学的性质、范围和方法》明确指出："民俗学却是一门历史的科学，我们谓其为历史，因为它考究和贡献人类以往的事迹；我们谓其为科学，因为它不是一种凭空想出的学问，却是根据事实，搜集实际材料，然后才分析比较和归纳，成一系统的学问。"[①] 著名人类学家、考古学家、民俗学家林惠祥在中国民俗学初期有很大影响，他同样秉承民俗学为历史学的观点，"民俗学的研究对象只限于古代传承下来的风俗习惯，新发生的事象不能把它纳入研究范围。所以在性质方面：第一个民俗学的性质是：由古代

---

① 张瑜：《民俗学的性质、范围和方法》，《晨报副刊》1934 年 6 月 6 日。

传袭下来的；其次是：整个的、社会的、具普遍性的；再其次是：心理的、精神的"①。从后世存在的文化遗留物进行文化史、社会史追溯性、探源性的研究，这种学术主流一直沿袭到 20 世纪 80 年代。

改革开放 30 多年来中国民俗学研究最重要的成果，就是把民俗学定义为"当代学"（现在学）。这一理论突破，是由中国民俗学恢复和重建期的领军人物钟敬文先生提出并反复强调的。1979 年，钟先生就认为："我们的民俗学，既是'古代学'，也是'现代学'。"②把民俗学的历史学性质与社会学性质等量齐观。经过多年的思考，他于 1983 年对这一观点进行了更为详细的分析：

> 民俗学研究的对象、所要解决的问题主要是历史学的还是社会学的？所谓历史学的，就是古代的；所谓社会学的，就是现代的。这其实是我们实际当中多少已经存在着的一个问题。
>
> 从民俗学的一般性来讲，它应当是现代学的，它的工作方法是对现存的民俗资料进行调查和搜集，也就是它的资料来源主要是现在的。研究的目的当然也是为了现代。……我们的民俗研究，如果从材料起就都取自古代文献，那就不是现代学而是古代学了，是属于历史学范畴的问题的。所以我们要讲清楚，民俗学的研究是现代学，它研究的资料主要是从现代社会中采集来的。有些更谨严的学者，还要靠自己亲自到民间去收集第一手资料。

钟先生最后强调："民俗学研究的目的，要尽可能建立精密的现代式的科学。"③ 民俗学是关于现代、为了现代的学问，这一结论显

---

① 林惠祥：《怎样研究民俗学——在本校潮州学会学术演讲会演讲》，《厦门周刊》第 15 卷 30 期，1936 年 6 月 22 日。

② 钟敬文：《民俗学与民间文学》，载《民间文学论丛》，中国民间文艺出版社 1981 年版。

③ 以上均见钟敬文《民俗学的历史问题和今后的工作——1983 年 5 月在中国民俗学会成立期间的讲话》，《钟敬文学术论著自选集》，首都师范大学出版社 1994 年版，第 450—451 页。

然是"颠覆"性的。作为一位理性和睿智的权威专家，钟先生并非忽视"历史的东西"，而是认为："对于中国几千年来的、多民族的风俗发展的历史资料，应当重视并进行整理研究，这就是中国民俗史。"① 他还进一步指出，民俗学的结构体系中，应该包括民俗史、民俗志和民俗学史，可归纳为"历史的民俗学"。② 他甚至提出了"历史民俗学"的分支学科，认为："历史民俗学，应当包括古代民俗志、民俗史、民俗学史以及其他有关著述。"③ 而在20世纪90年代初，钟敬文先生在提出"民俗文化学"时，又进行细分："历史民俗文化学——指以古代民俗文化为研究对象的这种学问。原始民俗文化学也可以归入此类。一般地说，民俗文化是'现在学'。但中国文化史上富于民俗志积累的特色（如前文所述），也使中国建立历史民俗文化学的条件比较优势。""应用民俗文化学——研究当代民俗存废的理论。它是民俗文化学中不可缺少的项目。它直接体现民俗文化学的发展现状和未来趋势，是民俗文化学在实践应用中的转化形态。"④ 可见，中国民俗学作为"当代学"（现在学）的理论构建，一直是钟敬文先生孜孜以求的。而其主编《中国民俗史》，则是历史民俗学的学术研究实践。⑤

把民俗学作为一门理解普通人文化的当代学，这项学科定位的基础理论建设也一直受到民俗学界的普遍关注。1985年，陈勤建在《民俗学研究评述》中就有专章谈"古代学—现代学"问题。"民俗学研究的对象，所要解决的问题是古代学的历史学科，还是现代学的社会学科，这是国内外民俗学研究中实际存在的一个问题。目前，前

---

① 钟敬文：《关于民俗学结构体系的设想》，见《钟敬文文集·民俗学卷》，安徽教育出版社2002年版，第38页。

② 钟敬文：《谈谈民俗学研究中的几个问题——在北京首届"民俗论坛"上的讲话》，见《钟敬文文集·民俗学卷》，安徽教育出版社2002年版，第89页。

③ 同上。

④ 钟敬文：《民俗文化学发凡》，见《民俗文化学·梗概与兴起》，中华书局1996年版，第21页。

⑤ 由钟敬文主编的《中国民俗史》，历经七载，由萧放任副主编，作为全过程具体工作的执行人与统稿人。该书为六卷本，2008年2月由人民出版社出版。

者正在向后者靠拢。""民俗学的论证是从现在的时间、地点、状态出发的，现代学社会学科的倾向更为强烈。民俗专题研究，大多是现实性很强的问题，涉及古代历史的也不例外。""民俗主要是从现有的事实出发，以科学的态度去研究，得出正确结论，为今天社会发展所用。总之，根据民俗学的一般情况而言，它应当属于现代学。它的工作方法是对现存的民俗事象进行调查、搜集，研究的目的也是为了现代。"① 在这一理念下，陈勤建著有《当代中国民俗学》（上海文艺出版社 1988 年版），并对都市民俗进行了深入研究。他特别提出民俗学"现代学社会学科的倾向更为强烈"，切中了民俗学当下的一般属性，并为其理论建设带来新的广阔天地。这与传统的文化遗留物研究者到现实生活中采风，并以发现的资料佐证旧俗，貌似相同而实质相异。

正是由于民俗学从"历史学"到"现代学"的转向，民俗学界用"生活世界"、"日常生活"来界定研究对象。这方面，北京大学高丙中是用力最勤、成就最大的学者之一。1991 年，他撰写《民俗生活——民俗学的研究对象和学术取向》。② 1992 年，他有《生活世界——民俗学的领域和学科位置》。③ 而 2006 年发表的《日常生活的现代与后现代遭遇：中国民俗学发展的机遇与路向》，可以说是他多年来研究的延续和理论总结。文章从"寻找把握中国民俗学路向的学术框架"入手，回顾"民俗从日常生活到遗留物再到日常生活的历程"，提出"民俗学顺应民间文化复兴的发展路向"。作者认为"日常生活"是现代哲学社会科学的一个核心概念，是自胡塞尔以来学术能够指向普通人、生活常态，从而让凡人琐事具有意义的研究取向的出发点。通俗地说，日常生活是过日子的平常、通常的过程与状态。围绕这个概念有两个相辅相成的立场：一个是追求现代化的"日常生

---

① 陈勤建：《民俗学研究评述》，《华东师范大学学报》1985 年第 1 期。

② 高丙中：《民俗生活——民俗学的研究对象和学术取向》，《民俗研究》1991 年第 3 期。

③ 高丙中：《生活世界——民俗学的领域和学科位置》，《社会科学战线》1992 年第 3 期。

活批评";另一个是对日常生活受现代化影响的反思。中国人的日常生活从近代以来遭受了一个被现代性所殖民的过程,民俗成为知识的对象和改造的对象,于是有民俗学或多学科民俗研究的发生与发展。这种由比较简单的意识形态和更加简单的政治方案所规划的再造日常生活的工程发展到"文化大革命",传统的日常生活蜕变为文化遗留物。近30年的社会进程重新把文化遗留物复兴到日常生活中,其中一些部分重新成为公共文化。民俗学群体如果把知识生产定位于对这个自发过程的学术和思想自觉,就有机会在利用后现代思想氛围为普通人在日常生活中"享太平"创造知识条件的同时成就自身的事业。①

关于"生活世界"、"日常生活"的论述,是民俗学从古代学向现在学转型的基石,又是民俗学研究对象由民俗事象走向民俗主体的桥梁。正是由此出发,民俗之"民"完成了从"农民"到"公民"的转型,也使民俗学科从单纯的学术事业实现与文化事业的结合成为可能。

从"当代性"(现在性)到"生活世界"、"日常生活"的理论阐述,我们可以清晰地看到这一逻辑思维的学术意义:一是从继承中国历代对民俗事象的记录与评说的传统,正逐步追求现代意义上的学科建构;二是民俗学以民间文艺学和历史学为研究重点,逐步演进到全方位的民俗事象研究;三是由探讨单个、局部的民俗因子的勾连,走向对整体"生活世界"和"日常生活"的文化贯串线索的把握;四是从简单地还原单一族群的民俗传承或某一民俗事象的变异,走向对于多元一体的中华民族民俗文化传承内在统一性的探求;五是以借助历史文献和单一目标的采风为根基,走向对学科的哲学和思想基础进行反思,并进而扩展到采用当代哲学与社会科学的广泛文献。正是这一厚重的理论背景,中国民俗学正在实现由人文学科向社会科学的亮丽转身。

---

① 高丙中:《日常生活的现代与后现代遭遇:中国民俗学发展的机遇与路向》,《民间文化论坛》2006 年第 3 期。

第三节　中国民俗学学科体系的完善
与学术思想的拓展

当"现在性"成为改革开放 30 年来中国民俗学研究的旗帜后，这一理论形态所导引的，是学术研究走上以当代社会为对象的日常生活文化研究的道路，并且越走越广阔，越走越充实，也越走越自觉。这一时期民俗学研究的理论形态，具有八个方面的特点。这些特点，正是中国民俗学学科体系不断完善和学术思想继续拓展的表现。

一是研究范畴得以拓展，正构建起新的学术体系。30 多年来，民俗学界增强了把民俗学作为一门科学研究的"学科意识"。钟敬文先生是这方面的先行者，早在 1986 年就提出民俗学结构体系应包括六个方面，即民俗学原理、民俗史、民俗志、民俗学史、民俗学方法论、民俗资料学。这六个方面又可以归纳为三个方面：理论的民俗学、历史的民俗学、方法及资料的民俗学。他还认为："一定的科学结构体系的建立，在一定时期内有它的稳定性。但是从科学史发展的长远过程看，它又是处在不断调整和完善中的。"① 1998 年出版、由钟敬文主编的《民俗学概论》，是他民俗学体系构想的一次实践。全书共 16 章，分别为：绪论、物质生产民俗、物质生活民俗、社会组织民俗、岁时节日民俗、人生仪礼、民俗信仰、民间科学技术、民间口头文学（分上下两章，上一章为口头散文叙事文学，下一章为民间诗歌及歌节、歌俗、歌手）、民间语言、民间艺术、民间游戏娱乐、中国民俗学史略、外国民俗学概况、民俗学研究方法。② 这一学术构架，比以往更为完备。

二是学术研究从民俗事象的批判走向对民俗主体的理解与尊重。"民间信仰"是民俗学的重要组成部分，也一直是重要的研究对象。

---

① 钟敬文：《关于民俗学结构体系的设想》，《钟敬文学术论著自选集》，首都师范大学出版社 1994 年版，第 422—423、433 页。

② 钟敬文主编《民俗学概论》，上海文艺出版社 1998 年版。

30 多年来，有关的学术成果极为丰富。总论性质的，如宋兆麟的《巫与民间信仰》①，董晓萍的《民间信仰与巫术论纲》②，乌丙安的《中国民间信仰》③，王钦法、宫爱华的《对当前传统民间信仰习俗重生的文化透视》④，陶思炎的《论民间信仰的研究体系》⑤ 等。而具体民间信仰研究，则广泛涉及：天神、地祇、自然神、动物信仰、植物信仰、天生物信仰、图腾信仰、祖先崇拜、人神信仰、女神信仰、观音、碧霞元君及其他、行业神信仰、财神、灶神、门神信仰、地狱与鬼魂信仰、性信仰与性崇拜、巫术与厌胜、占卜、风水、禁忌与避讳、身体俗信、数字俗信、颜色与俗信等。⑥ 更重要的是，研究民间信仰的态度与取向发生了根本性的变化，从忽视民众感情到尊重公民的感受，从简单粗暴的批判到客观科学的分析。如被斥之为封建迷信的风水，就有对风水思想的文化阐释⑦，有从中国古代建筑的历史环境来分析⑧，还有从风水文化对中国传统丧葬文化的影响来探讨⑨。对于民间禁忌，也客观分析其社会功能、医学原理与环保意识⑩。

　　三是民俗研究从对"文化遗留物"的解剖到对日常生活公共文化的注重。非物质文化遗产成为国际社会最受关注的文化议题，民俗学

---

　　① 宋兆麟：《巫与民间信仰》，中国华侨出版公司 1990 年版。

　　② 董晓萍：《民间信仰与巫术论纲》，《民俗研究》1995 年第 2 期。

　　③ 乌丙安：《中国民间信仰》，上海人民出版社 1996 年版。

　　④ 王钦法、宫爱华：《对当前传统民间信仰习俗重生的文化透视》，《民俗研究》1997 年第 2 期。

　　⑤ 陶思炎：《论民间信仰的研究体系》，《世界宗教研究》1999 年第 1 期。

　　⑥ 参阅苑利、吴英编《信仰民俗研究论文索引》，《二十世纪中国民俗学经典》"信仰民俗卷"，第 379—422 页。

　　⑦ 刘申：《风水思想的文化阐释》，《衡阳师专学报》1994 年第 2 期。

　　⑧ 杨子荣：《中国古代建筑的历史环境：古建筑环境选择中的风水学》，《文物季刊》1999 年第 1 期。

　　⑨ 文传浩、周鸿：《论风水文化对中国传统丧葬文化的影响：兼论其在当代殡葬改革中的政策导向》，《思想战线》1999 年第 2 期。

　　⑩ 可参阅张晓辉《论傣族原始禁忌的起源及社会功能》，《云南民族学院学报》1994 年第 1 期；梅兴荣《民间禁忌中的医学原理》，《民俗研究》1996 年第 2 期；额谷岚《青海蒙古族禁忌习俗中的环保意识》，《青海民族研究》2000 年第 4 期。

家及相关学者在这一宏伟工程中的贡献，正是这方面的典型事例。身为国家非物质文化遗产保护专家的贺学君，把非物质文化遗产的特征归纳为活态性、民间性、生活性、生态性；并提出保护的五项原则：生命原则、创新原则、整体原则、人本原则和教育原则。她认为：非物质文化遗产保护的本质要义，"在于维护和强化其内在的生命，增进其自身'可持续发展'的能力"。为了更好地肩负起自己的责任，民俗学者应该兼具三种立场：学术的立场、现实的立场（社会立场）和人文的立场。人文的立场"在具体研究过程中也许并不彰显，但在保护实践中却变得十分重要。它的存在使单纯的学术立场上升到人文关怀的高度，走向更高的境界。依靠这种境界，民俗学者将可以取得与处在非物质文化遗产保护中心地的民众真诚的情感交流和心灵沟通，成为知心朋友"①。她所提出的意见，既是理性思考的结晶，也是民俗学实践的产物。

　　四是民俗学使日常生活研究与国家共同体文化建构结合起来。2007 年 12 月 14 日，国务院对《全国年节及纪念日放假办法》进行修订。这次修订彰显了节日的"文化含量"：7 次全民放假节日共 11 天，其中传统节日 4 次（春节、清明、端午、中秋），共 6 天；而新兴节日 3 次（元旦、劳动节、国庆节），共 5 天。传统节日在全国法定假日中，无论次数和天数都超过新兴节日。"传统节日更多地纳入法定节假日，是顺应民意、尊重民间习俗的重要举措，也是继承和弘扬传统文化的重要方式。""这些法定节假日的调整起因，很大程度上就是由于文化的推动力，民俗学家是其中最早关注、研究、呼吁、策划的重要群体之一。"② 因为早在 2004 年，中国民俗学会理事长刘魁立先生就主持完成"传统节日文化的复兴与当前假日制度的改革"课题，其中部分成果集中刊登在《民间文

　　① 贺学君：《关于非物质文化遗产保护的几点理论思考》，《江西社会科学》2005 年第 2 期。

　　② 余悦：《传统节日成为法定假日的文化意义与未来发展》，《江西社会科学》2008 年第 2 期。

化论坛》2004年第5期。陈连山、黄涛、高丙中、萧放四位学者分别对春节、清明、端午、中秋的习俗改革提出了建议。中国民俗学会与北京民俗博物馆还共同主办"民族国家的日历：传统节日与法定假日国际研讨会"。民俗学在国家共同体文化建构中，正在并将不断发挥积极作用。

　　五是中国民俗作为一种多元一体的民族文化传承，多民族的民俗参证研究正在逐步加强。中国民俗是由中国56个民族丰富多彩的文化所构成的多元一体的文化体系。中国民俗学发端之初，就有民族学家积极参与，民俗学家也对多民族的民俗研究倾注了心力。但是，在一个相当长的时期内，多数相关的研究仅停留在民俗资料的简单堆砌和民俗事象的以事论事。近30多年来，民俗学研究越来越深刻地认识到：由于各民族发展的历史与个性的差异，具体民俗事象的挖掘、整理自然是基础和基本的，但也应该有更宏观的视野，加强纵向和横向的宏通思考。因为不同自然环境与人文景观所构成的民俗文化生态圈，虽然有很大的差异，然而从总体上来看，依然相互有诸多的参照价值。在这方面的理论研究中，有的是多民族民俗的综合研究，有的是不同民族民俗的比较研究，也有的是某一民族民俗的普适性研究。① 难能可贵的是，这种研究不仅仅局限于原有的专题性研究，而是结合中国不同民族和地域的文化，又超越纯粹经验的事实，上升到理论的高度，成为中国民俗学科学建构与总结的重要组成部分。

　　六是中外民俗比较研究的深化，同时，中外共同研究得以增强。中外民俗比较研究早已有之，如今更加发扬光大，学术视野和深入程

---

　　① 可参阅邱久荣《少数民族文化对汉族民俗影响刍议》，《北方民族》1997年第2期；杨涛、李奥烈《试论云南各族民俗中的科技因素》，《云南师大学报》1997年第1期；张静《当代少数民族风俗习惯法律制度概述》，《宁夏社会科学》1997年第3期；杜平《中国各民族的消费风俗》，广西人民出版社1988年版；李根蟠等《从景颇族看原始农业的起源和发展》，《农业考古》1992年第1期；李春光《上巳节对少数民族节日习俗的影响》，《中南民族学院学报》1992年第5期；马光星、辛玉琴《土族"於菟"舞与彝族的虎节》，《青海师范大学学报》1996年第4期。

度都超越以往。① 尤其值得注意的是，中外学者还共同对同一问题进行研究，甚至一起进行田野作业，以不同的学术思维和学术素养进行研究。既有中国学者到外国研究，也有外国学者到中国研究。1993—1996 年，日本筑波大学历史·人类学系与中国云南社会科学院共同发起的"汉族与周边诸民族的民俗宗教比较研究——纳西族·彝族与日本民俗宗教的比较民俗学考察"，是一次开国内外民俗学共同研究先河的盛举。参加考察的，既有本民族学者，也有国内其他少数民族和汉族学者，又有日本学者，是"自观"（emic）研究与"他观"（etic）研究的结合。这种民俗学对话，在理论观点上相互论争，在材料上相互借鉴，在田野作业方法上相互交流，系统而持续的学术思想的碰撞，有利于民俗学研究向深层次和多层面拓展。这种国际文化交流大环境下的成果，有利于中国民俗学研究吸收世界学界的思想营养，又有利于其走向世界。

七是中国民俗学分支学科的不断出现，民俗学与其他学科的结缘更为广泛。在民俗学学科体系建设和完善的过程中，其他许多学科都以一种积极"靠拢"的姿态，努力与民俗学结缘，企望建构起新的边缘与交叉学科。例如：比较民俗学、都市民俗学、文艺民俗学、方志民俗学、应用民俗学、文献民俗学、民俗语言学、民俗社会学、国际民俗营销学、生态民俗学、文物民俗学、当代艺术民俗学、舞蹈民俗学、茶俗学等。② 这些分支学科的提出，大体都是沿袭着民俗学与某一学科叠加的模式，提出了分支学科的概念、内涵、外延、构架设想等。从目前所见，仅有少数学科较为成熟和得到公认。如文艺民俗学，已有陈勤建的《文艺民俗学导论》、宋德胤的《文艺民俗学》，产生了较为广泛的影响。曲彦斌长期致力于民俗语言学的研究，除有

---

① 可参阅宋兆麟《中日民间神像》，台湾汉扬出版公司 1995 年版；陶思炎《中日民间信仰研究的历史回顾》，《民间文学论坛》1997 年第 6 期；高福进《古代埃及与中国的太阳崇拜之比较研究》，《复旦学报》1994 年第 5 期；仲高《西域圣火仪式本相论：兼及中西圣火仪式比较》，《西域研究》1998 年第 1 期。

② 可参阅苑利、吴英编《民俗学基本理论研究论文索引》，苑利主编《二十世纪中国民俗学经典》"民俗理论卷"，社会科学文献出版社 2002 年版，第 392—406 页。

基本理论的专著外，还有相关问题的专题研究，也得到了学界的认同。在茶俗研究方面，已有多本专著出版，并朝着"茶俗学"的建构迈出坚实的步伐。分支学科的建构，既要有良好的设想，学术的基础，更要有长期的坚持，最终，还得依靠学术成果说话。

八是民俗学的研究范式正在由传统的人文方式逐步向社会科学研究方式"移位"。中国民俗学的研究范式，从 20 世纪二三十年代开始形成，并一直延续到改革开放初民俗学恢复时期。一方面，是学习和借鉴来自泰勒、弗雷泽、安德鲁·兰以降的英国人类学与民俗学的理论资源。另一方面，是由中国早期民俗学家所开创的学术传统。他们的研究范式，是借助历史文献的考据、排比，加以某些口传资料为依据，尽力梳理出民俗事象的源头与流变，以求"还原"过去时代的文化状况。这种范式，虽然企望追寻历史的真实，但因缺少对社会和群体的关注，对活态日常生活的关切，只能是一种文化史式的图解。而当民俗学以"现在性"为追求，就必然以田野作业作为新的学术范式。由于民族志的方法为社会学、民族学学科普遍采用，特别是人类学的发生、发展与田野作业紧密相连，民俗学这一新的学术范式也正处于不断完善和凸显个性过程之中。

30 载春秋过去，弹指一挥间。改革开放以来，中国民俗学研究的理论形态不断走向完善、完备和完美。对于前进道路上的每项成就，我们都感到由衷的高兴。早在 1995 年，我们就表达了对民俗学深刻变化的期待和热望：完整地建立起具有中国特色的民俗学科学体系，并重新振奋中华民族的伟大气魄和巨大激情。①

回顾和总结 30 多年来中国民俗学研究的理论形态，我们为已取得的成就祝贺，也为今后的发展深思：1997 年 6 月，国务院学位委员会和国家教育委员会联合颁布新的《授予博士、硕士学位和培养研究生的学科、专业目录》，民俗学与社会学、人类学、人口学并列，归属法学门类的一级学科社会学。从此，民俗学在我国有了名正言顺

---

① 余悦：《〈508 民俗文化丛书〉总序》，见《江西民俗文化叙论》，光明日报出版社 1995 年版，第 2—3 页。

的学科地位，这是我国民俗学界乃至整个社会科学界的福音，也为民俗学的繁荣与发展提供了最有力支持。但我们应清醒地看到，中国民俗学研究的理论体系依然存在疑难和困境。乌丙安就不无忧虑地说："当我们注意到国际上出现了严重的民俗学危机，存在着把民俗学划为人类学附属的一部分的动向时，也深感民俗学百年来自身理论的贫困所带来的遗憾。"① 套用前贤的名言：

路漫漫其修远兮，民俗学还将上下求索！

---

① 乌丙安：《民俗学原理》，辽宁教育出版社 2001 年版，第 5、330 页。

第二章 西方民俗学视野和
中国古典文学研究

如很多学者所指出的，民俗学以研究一国或一民族群体固有的传统生活文化为己任，中国现代引进西方民俗学科，是以文学切入的。西方民俗学和文化人类学在 20 世纪初舶入中国以后，为中国的本土文学研究提供了多一层视域和多一重的理论选择。经过近一个世纪的发展，文学理论和民俗学方法的交融互用已为当代学者所接受和认同。在古典文学批评和古典文学研究领域也是这样，很多学者在传统考据学和训诂学之外，另辟蹊径，运用民俗学的观念、方法，发现和解决了许多新情况和新问题，给人启发。

近 20 年来，古典文学和民俗学虽然在学科上都有边缘化趋势，但是结合民俗学方法的古典文学研究，似乎方兴未艾，不少富有创新意味的研究论著的出现，使新时期的古典文学批评和文化研究更加多样化。本章关注这方面的尝试与努力，在对 20 世纪 20 年代以来出现的新型古典文学批评和研究进行整体梳理的基础上，着重考察结合民俗学等多学科观念的古典文学研究情况，以及民俗学方法在其中的适用性和有效性。

第一节 西方民俗学的引进把民间文学
提到史无前例的高度

西方民俗学的引进发生在 20 世纪初，"五四"运动把当时已经僵化了的正统文学（所谓"贵族的文学"）视为中国落后贫穷状况在文化因素上的顽疾痼瘤，而把与正统文学相对的民间文学提上了史无前例的高度。① 许多学者参加了当时北大倡导的收集歌谣的学术运动，为的是给中国文学增添范本，同时也为学术研究提供第一手材料。然而，若要正确地认识和研究民间文学，必须找到先进的理论方法为治学之器。恰逢其时，民俗学理论被当时西学东渐的文化浪潮裹挟着引入中国，为当时苦寻救国救民出路的学者们所接受和实践。

朱自清《歌谣与诗》中说："在民间文学领域，西方的影响如此强烈，迫使我们不能不追随之。"②"西方的影响"这里指的是那些具有启蒙意义的学术观念，"我们追随"的方式一是把那些著述移译过来；二是把接受的理论和方法用到本土文学的研究上来。歌谣运动中对于民风的调查和口头创作的采录，既是民俗学意义上的田野作业，其实也是语言学（或者说方言学）意义上的资料搜集。从理论上讲，民间文学是人民群众创作和传承的口头文学，是一种集体性的创作。然而口头文学必须经过专人的收集和记录整理（在此过程中还难免被辑录者润饰删改），以歌谣、谚语、传说、故事等各种样式被收进历代的典籍或文学作品里。口头文学终究还是要以书面形式才能保存下来。比如《诗经》既是中国第一部诗歌总集，也是一部民间歌谣的集子，《山海经》、《楚辞》里记载的多是上古时代的神话和传说，包括《史记》在内的许多正史杂著，都不同程度地吸取了民间文学的成就。因此，从民间文学的内容看，能经历漫长年代而依然留存下来的，大多是古代的典籍和文史资料。

正因为如此，民间文学实际结合民俗学研究方法的，大多由古典文学入手。周作人的童话专论、茅盾的神话研究，都深受英国民俗学家安德路·兰（Andrew Lang）的启导；郑振铎对俗文学、赵景深对童话和戏曲、黄石等人对神话传说的研究，等等，无不吸收了西方民俗学的理论和方法。以"进化论"、"文化遗留物"等学说为主要特

---

① 参看［美］洪长泰《到民间去——1918—1937 年的中国知识分子与民间文学运动》第一章，董晓萍译，上海文艺出版社 1993 年版。

② 朱自清 1929 年在清华大学讲授"歌谣"课程的讲义中，借用《英语民歌论》（English Folk - Song，1915）来界定中国的古代歌谣概念。见朱自清《中国歌谣》，复旦大学出版社 2004 年版，第 5 页。

征的欧洲文化人类学深深影响了一大批力图摆脱乾嘉考据学派的中国学者。当时的学术思想和学风整个为之转变，如宗教民俗学家江绍原所说的，"中国学人开始用近代学术的眼光和方法，去重读他们的古书和发掘研究他们的古物了。因为有这种工作，他们对于古思想、古生活、古制度等等，业已重新发见了若干事实——若干被人误解或忽略了的重要事实"。①

尽管在学术形式上有差异，西方民俗学和文化人类学都关注文化（或文明）的连续性和传承性，认为文化的每一阶段都是前一阶段的产物，主张从田野调查、神话传说、不同结构的遗俗甚至陈旧观念的碎片当中，去"还原"历史和社会生活场景。这些理论和方法正是学者们重新审视古代中国的文学和文化的一个合理且必需的选择。20世纪三四十年代，运用民俗学和神话学方法对古典文学进行诠释和批评，实践得最彻底也最成功的，闻一多无疑影响最大。他在《姜嫄履大人迹考》中考证"履迹"为祭祀中一种象征耕种之事的舞蹈，而"感生"说乃耕种季节时"野合"风俗之结果；《伏羲考》一文论证古代"兄妹配偶和洪水遗民"的故事；用民俗学和神话学去解释《诗经》、《楚辞》里诗歌的性爱象征和原始乐舞"性爱享神"的功能等。无论这些结论如何新奇大胆，闻一多既没有背离乾嘉考据学的"实证"精神，又没有脱离民俗学领域的观念方法。用他自己的话说，就是"把古书放在古人的生活范畴里去研究；站在民俗学的立场，用历史神话去解释古籍"②。"生活范畴"这个概念在当时提的人并不多，但闻一多认识到，它对帮助人们"读懂"古书，从而接近古人真实的思维、情感和生活习俗，助益良多。

从事古典文学和历史研究的孙作云，秉承导师闻一多的学术思路，依然走民俗学的路子去研究《楚辞》、《诗经》以及上古时代的神话传说。在《诗经恋歌发微》一文里，孙作云从古代人民生活的两大季节谈起，论述与这两大季节相应的风俗习惯和典礼仪式，进而

---

① 江绍原：《中国古代旅行之研究》导言，上海文艺出版社 1989 年版。
② 刘烜：《闻一多评传》，北京大学出版社 1983 年版，第 275—276 页。

发掘出《诗经》里有 15 首恋歌都与上巳节祭祀高禖、祓禊的民俗文化有关①。

此外，鲁迅《魏晋风度及文章与药及酒之关系》、顾颉刚《孟姜女故事研究》、郑振铎间隔十年先后发表的《汤祷篇》和《玄鸟篇》，这些耳熟能详的经典学术论文，它们的意义并不在于那些打开人们眼界的具体观点和结论，而在于结合了理论的分析和考释使人们对古代中国的文学和文化的价值（或者说精神）有了新的思考角度，也使他们的研究具有了区别于前人的鲜活的时代特征。

从上述可见，20 世纪上半叶，民俗学视野中的古典文学研究和批评多从中国文学的源头和经典取材，用神话的、习俗的、仪式的科学来参证文本中的经典意象，阐释遥远时代中国人的生活和情感。这些研究成果虽然是零星的、片断式的，但它们开创性地将民俗学和文化人类学的新思路和新方法融入古典文学的研究和批评领域，提升了学科的眼界，深化了新时期古典文学研究的现代意义。

第二节　民俗学和古典文学研究结合
促进了学术思维的活跃

20 世纪 80 年代以后，在改革开放新形势和学术研究新气象的鼓舞下，民俗学重获生机，人文社会科学的研究范围也得到开拓。"美学热"、"方法论热"、"文化热" 等风潮此起彼伏，一些新式的文艺理论也在此时陆续被输入国内学术界，比如系统论、精神分析学、接受美学、符号学、结构主义、原型批评，等等。而早在 20 世纪初就来到中国的民俗学和文化人类学，在半个多世纪的历程中，在学理和学科方面也有了新的变化和发展。而面对新时期国内外学术环境的显著变化，中国的传统人文学科在当时似乎并未及时解放思想、调整思路，而是继续沿袭以作家生平、时代背景、思想内容等几个基本模块的套路去研究古代文学，相形见绌之下，学界开始对研究方法的单

---

①　孙作云：《诗经与周代社会研究》，中华书局 1966 年版，第 279 页。

一、视野狭窄等问题提出批评。要解决这些问题,方法的改变和理论的更新是唯一的出路,许多学者从各自的研究领域提出了相应的看法,其中有不少真知灼见。

季羡林先生从中西方文化交流的高度谈到文学的研究应该注意比较,他赞同闻一多的主张,认为"任何国家任何时代的文学(文化的一个重要组成部分)都包含着两方面的因素:民族性和时代性。代表民族性的民族文学传统是历时形成的……可以算是经,代表时代性的民族文学随时代而异的现代化,这是共时形成的,这是……纬。经与纬,民族性与时代性相结合就产生出了每一个时代的新文学"①。在比较的概念和方法上,"广义的比较文学是把文学同其他学科来比较,包括人文科学和社会科学,甚至自然科学",季羡林认为,类似的或相近的比较会带给学科新的活力②;民间文学和比较文学二者应该结合起来,相得益彰③。

金克木先生就民俗学的理论方法和适用层面等问题发表过一些精要的见解。他意识到,"人类学、社会学、语言学、心理学……这四样知识在 50 年代以后,国际上几乎交叉起来","文化人类学和社会心理学的知识对于研究文学来说,和关于作品的知识、美学的知识、历史的知识同样重要"④。金克木指出,"当时国内的民俗学研究仅是民间文学研究,而广义的民俗学研究则包括流动传播的研究、历史地理的研究、心理分析的研究、结构形态的研究等,这些方法同样适用于文学研究"⑤。

两位文化大家虽然没有专门就文学与民间文学(民俗学)的交叉研究提出具体性的意见,但他们不约而同都有一个共识,这个共识可以用钱钟书先生的一句话来总结,"人文科学的各个对象,彼此系连,

① 季羡林:《比较文学与民间文学》,北京大学出版社 1991 年版,第 325 页。
② 同上书,第 157—158 页。
③ 同上书,第 166 页。
④ 金克木:《文化卮言》,上海文艺出版社 1996 年版,第 268 页。
⑤ 同上书,第 266 页。

交互映发，不但跨越国界，衔接时代，而且贯串着不同的学科"①。

20世纪80年代，第一个从学科的理论层面提醒大家关注民俗学与古典文学、民间文学之间关系的，是钟敬文先生，这大概与他以文学背景从事民俗学研究的经历有关。他很早就注意到日本学界流行的以民俗学做手段，研究古代史和古代文学史、艺术史所取得的显著成果。他认为民俗学和古典文学"联结最直接、最显而易见的部分就是民间文学"，一方面，"现代的民俗资料，可以被运用去解决或推断古代的民间文学（如歌谣、传说、神话等）的某些问题"，另一方面，"民俗学资料可用以论证现代流传的民间文学作品里的社会意义和存在问题"②。他还从民间文学在古典文学中的位置、文学作品中反映的民俗现象、民俗学方法如何为古典文学所借鉴等三个方面，阐述了古典文学和民俗学之间的关系③。20世纪80年代中后期，钟敬文提出了民俗学理念的新思路，认为民俗学既有一般性的研究，又有局部性的研究，即使一种局部性的民俗学，往往又包含着若干支学，如文艺民俗学就包含有神话学、史诗学、传说学、童话学、谚语学等。他指出，"民俗本来就是一种文化现象，但意识到和没有意识到，对于学术研究来说，就大不一样"④。钟敬文在学科构建方面的倡导和努力促进了民俗学学科系统的整合，许多高校的文科院系相继开设了民俗学课程，一些专家学者在反思学理和展望学科前景的同时，分别提出了建立与民俗学相关的新的独立学科的构想，如历史民俗学、宗教民俗学、文艺民俗学等。

以文艺民俗学的学科建设为例，20世纪80年代后期，陈勤建教授提出文艺民俗批评的新模式，是以民俗学与文艺的特殊关系作为切入口。1991年出版的《文艺民俗学导论》一书中，陈勤建阐述了该

---

① 钱钟书：《诗可以怨》，收《钱钟书散文精选》，时代文艺出版社2000年版。

② 钟敬文：《民俗学与民间文学》，见《钟敬文文集·民俗学卷》，安徽教育出版社2002年版，第165、169页。

③ 钟敬文：《民俗学与古典文学》，见《钟敬文文集·民俗学卷》，第180页，安徽教育出版社2002年版。

④ 马昌仪：《钟敬文与民俗文化学访谈录》，《文艺报》1992年3月14日。

学科的研究对象和研究方法，即"从民俗学独特的知识、理论、方法对文艺发展的一些主要侧面进行分析研究，力图通过文艺作品的民俗批评，把文艺学和民俗学有机地结合起来，以揭示文艺创作、欣赏、研究过程中的民俗机制和文艺发展中过去所忽视的一些规律"①。当时文艺民俗学的研究方向主要有三个：一是从民俗学角度理解文学作品里的环境和社会；二是通过民间文学的传承了解其向文学化发展的要素；三是把文学作品当作某种意义上的民俗资料，从而研究文学发生的时代背景。文艺民俗学从一种文艺研究的新方法到一门新的学科，和传统的文学研究不同，和民俗学的文学化倾向也不相同。虽然它不可能去研究文学和民俗的全部，但是两学科的交叉并没有缩小，反而扩大了新的学术空间。

从上述学术环境、学术理念和学科建设三个方面，我们可以看出，在跨学科研究兴起的时代，文学的研究不论古典还是现代，要想走出困境，有所创获，必须选择一条符合自身体质的道路，而民俗学的理论方法正是中国文学研究和批评的一个"合情合理"的选择。

第三节　民俗学和古典文学相结合的研究方法与成果创新

20 世纪 80 年代到 90 年代末，古典文学的研究呈现多元化的格局，许多风靡一时的理论来得快去得也快，然而学科的交叉和拓展却是这个时期最引人注目的现象。这些相关学科的观念和方法，"如社会学、人类学、民俗学、民族学、神话学、宗教学、心理学、语言学……大大拓宽了（古典文学的）研究视野，增添了新的研究手段，并且为学科开拓了许多边缘性的研究课题"②。具体到民俗学

---

① 陈勤建：《文艺民俗学导论·绪论》，上海文艺出版社 1991 年版。
② 徐公持：《二十世纪中国古典文学近代化进程论略》，《中国社会科学》1998 年第 2 期。

和古典文学相结合的研究，虽然并未大红大紫，但也取得了很大的成绩，大致来说，这时期的研究方法和成果创新可概括为以下三类：

（一）文学作品与民俗文化（知识、习俗、信仰等）的互动关系研究

这类研究简单来说，就是从民俗的角度读古典文学作品。复杂一点，包括文学与某一时代（或时期）民俗文化的关系、风习性的文化传承对创作主体的影响、民俗意象与文学作品的审美关系等。如邓云乡的《红楼风俗谭》（中华书局 1987 年版），对《红楼梦》中的风俗民情，溯本求源，详征博引；李炳海的《部族文化与先秦文学》（高等教育出版社 1995 年版）即是民俗学意义上的地域文化与文学研究；程蔷、董乃斌的《唐帝国的精神文明》（中国社会科学出版社 1996 年版）从民俗学的视角涉入文学史的研究，探讨唐代文学与民俗文化的关系，全书涉猎甚广，从岁时节日、都市民俗、妇女生活，到神灵崇拜、巫术禁忌、民间文学与技艺，材料丰富且不失理论支撑，是跨学科研究的一次很好的尝试。此外，对古代笔记小说中的神话宗教和民俗因素也有初步的认识和研究，这其中不仅有国内学者的著述，也有国外相关研究的译介。[①]

（二）将民俗作为古代典籍、出土文物之外的"第三重证据"研究法

这种方法实是闻一多先生早期神话学研究方法的延续。它注重田野调查，也可以说重视地域文化的特殊形态和风貌，试图用活态民俗中的风习性文化来参证古代的文学作品。这类研究中的实地调查所具有的原创性使研究本身新颖而可贵，有人称其为一种"文化的考

---

① 如白化文、李欣《古代小说与宗教》，辽宁教育出版社 1992 年版；李稚田《古代小说与民俗》，辽宁教育出版社 1992 年版；〔日〕小南一郎著《中国的神话传说与古小说》，孙昌武译，中华书局 1993 年版；〔俄〕李福清著《三国演义与民间文学传说》，尹锡康、田大畏译，上海古籍出版社 1997 年版；等等。

古"。萧兵①和林河②等人以楚文化和沅湘诸地的民间文学为基础研究《楚辞》可为这一类方法的代表。

（三）神话和原型批评

这类研究吸收了 J. G. 弗雷泽（1854—1941）的"巫术宗教"理论、荣格（1875—1961）的"集体无意识"和弗莱（1912—1991）的"原型"批评，认为最基本的文学原型就是神话，"原型批评"即"神话批评"。它要求从整体上把握文学类型的共性和演变规律，当它用于古典文学批评时，则成为一种宏观的文化阐释。叶舒宪的《英雄与太阳：中国上古史诗的原型重构》（上海社会科学院出版社 1991年版）、《诗经的文化阐释》（湖北人民出版社 1994 年版）等多部著作对上古神话、诗歌、风俗、仪式、文字等领域做了宏观的透视；傅道彬的《晚唐钟声：中国文化的精神原型》（东方出版社 1996 年版）从传统文化中抽绎出"兴"和"象"两大系统，用原型理论阐释月亮、黄昏、雨、门、船等一个个语词，试图理解古典文学中的某些经典意象；另外，原型理论还被用于中国古代戏剧的文化阐释，如胡志毅的《神话与仪式：戏剧的原型阐释》　（学林出版社 2001 年版）③ 等。

以上三种类型是在 20 世纪前半叶研究基础上的延续和深化，古典文学领域一些难解的题目或者被传统文学批评所忽略的方面得到了有意义的研究，民俗学的观念和方法使散佚的神话传说有了文化的模式，使人们更深入地认识到，一代之文学有着精神生活的丰富来源，丛谈小语亦有可观的前景，上述论著的创新之处也正在于此。

毋庸讳言，在取得成绩的同时也存在问题和不足，比如神话原型的理论对文学作品、文化现象的解释限度问题。中国古代的自然神话其实很不发达，这与古希腊、古埃及等民族体格完整的神话系统形成

---

① 萧兵：《楚辞与神话》（江苏古籍出版社 1987 年版）、《楚辞新探》（天津古籍出版社 1988 年版）、《楚辞文化》（中国社会科学出版社 1990 年版）。

② 林河：《试论楚辞与南方民族的民歌》（《文艺研究》1984 年第 1 期）、《楚辞与沅湘民俗》（上海三联书店 1990 年版）。

③ 此书出版于 2001 年，但其理论方法及写作时间大部分都发生在 20 世纪 90 年代。

鲜明对比；盘古创世神话中"道"、"太极"、"气"等概念是中国先民宇宙观的基本要素；中国人的祖先崇拜意识强烈而宗教情结相对淡薄。诸如此类，这些中西方文化结构的差异是我们必须充分认识和考察的。20 世纪 90 年代，钟敬文就曾批评说，神话研究像是"猜谜"。的确，只是简单地把西方的神话理论拿来解释中国古代的神话和历史传说，要么削足适履，要么只能是一种猜想了。任何理论都有它的适用范畴，视野过大有时会导致思维的泛化，而过度的文化诠释无益甚至有害。我们对神话原型理论的运用应该在充分考察文本的个性前提下进行，以避免对原始思维和精神的扭曲。

第四节　民俗学和古典文学研究能够
"联姻"的原因分析

近几年来，很多高校古代文学专业的博士论文选题在悄悄地发生转变，一个变化是研究对象的边缘性和交叉性；另一个变化是研究方法的多科性和综合性，这也是由研究对象的各方面因素所决定的。这些选题包括文学与通俗文化的交流互动；宗教民俗与文人及其作品的关系；民俗文化对文学形式走向的内在作用；文人的日常生活和交往活动等，总之是将目光投向广阔的传统文化生活的不同侧面，或者是对文学作品中的某个题材某种体式进行研究。而从这些研究中，我们不难发现，民俗学的观念方法占了不小的比重。以古代小说为例，一些学者不满足于就小说论小说，有的从"母题"和"意象"等角度来解读小说，立论新颖，有的把小说和古代的文化紧密相连。如李道和《岁时民俗与古小说研究》（天津古籍出版社 2004 年版）用"母题"概念分析小说的生成和演变，在追溯岁时民俗事象的同时，阐明了古代小说意象的源起，古代的岁时民俗以及与古小说相关的历史文化传统也得到较为系统的呈现。凌郁之《走向世俗——宋代文言小说的变迁》（中华书局 2007 年版）把宋代文言小说放在社会文化、文学生态的层面上，探讨小说与文学转型的内在关系，从而揭示它趋于世俗的变化。

在古人的眼中，小说是"君子弗为"的"小道"，而在现代人的心里，小说是挖掘古代中国人生活文化的宝藏。这和西方意义上的小说理论又全然不同，因此它们的解读难免有"隔"的感觉。由民俗学角度进入古代小说的研究，却没有这种理论上的困扰，因为民俗学的研究对象正是当时社会的世俗风尚和生活文化。我们还是从数量极多的研究成果中撷取一些有代表性的，来做简要的说明。孙逊《释道"转世""谪世"观念与中国古代小说结构》① 一文探讨了民间化的宗教信仰对古代小说的内容、形式和主题的深刻影响。刘勇强《掘藏：从民俗到小说》② 论述了古代盗墓和掩埋金银宝物的风俗演变和小说题材的契合，从一个侧面考察了民俗和小说的密切关系。杨天舒、唐均《林黛玉形象与中国民间文学中的"下凡—归仙"母题》③ 从"世外仙姝"形象的性质入手，考察林黛玉与民间传说中的神女之间的渊源，对进一步理解艺术形象的文化内涵很有益处。朱迪光《民间信仰、母题与古典小说的叙事》④ 一文将古代的宗教民俗与小说母题相结合，探讨了两者对古典小说叙事的作用和影响。

我们追本溯源就能发觉，民间文学和民俗学其实是启动中国小说研究的触点，如果没有"五四"新文化运动时期以胡适、鲁迅为代表的先贤们对民间文学的启蒙式创解和对一向被高雅文学所轻视的"小说"的大力提倡，很难想象我们的小说研究会从寥若晨星的昨天走到如今的多元格局。民俗学方法在纷纭的西方文化理论当中，只是小小的一束，但它能够适应于中国文学的批评和研究场域，并且或隐或显地，从20世纪20年代一直走到21世纪的今天，这其中的原因是什么？我们认为，至少可以从以下三个方面去探讨：

（1）民俗学方法在运用于文学和文化传承的研究时，具有较强的解释能力，而这种解释能力又并非为文学本身所具备。由于民俗学的

---

① 载《文学遗产》1997 年第 4 期。
② 载《文学遗产》1997 年第 6 期。
③ 载《红楼梦学刊》2005 年第 3 辑。
④ 载《中国文学研究》2008 年第 1 期。

学科特点决定了它是研究一国或一民族的文化内涵的学科，这些内涵是相对稳定的、集体性的，因而它对世风民俗的表现、移风易俗的发生、约定俗成的习惯等，必须做出描述和分析。

（2）文学和民俗学的研究领域有时很难截然分开，文学作品和民俗文化因素之间有着千丝万缕的联系，而民俗文化也是文学研究者的对象之一。

（3）民俗学在学科上带有交叉性，所以它具备和文学研究中的某些方面相契合的特质。在中国，民俗学从西方经过日本以后，经历了一段时间的本土化的过程，使它从一门世界范围的人类学具体到以研究一国或者一民族民俗文化为主的人文科学。因此，虽然在学理上它是西方的，但是在学术的研究对象上则是本土的、历史的、国民的。

我们不必穷尽所有的原因，因为我们知道，文学的研究范围并不是固定不变的，中国古典文学和西方民俗学在各自独立的同时，又同属于更大的文化系统，从文化整体中来审视相关学科共有的文化对象，才使民俗学和文学的"联姻"成为可能。

第五节　民俗学方法在 21 世纪能适应中国文学批评和研究

在危机与挑战如此激荡的 21 世纪，各门学科都在前进路途中对本学科的研究过往和发展前景加以省察和思考，文学研究也不例外。文学既是"人"的学问，也是文化过程的一部分。这个"人"是处于时代文化大熔炉中的人，这个"文化"既是当下的文化，又是历史民俗文化的承续，还可能是未来文化的薪火。拿我们自己来说，世风民情和时代文化中的微小细节都会对我们的言行举止产生深刻的影响，只是由于我们身处其中而不觉得罢了。正如很多学者所意识到的，前代的学术风潮和研究方法的革新，往往是时代变革和政治环境变化的某种反映和要求。那么，在当今国内的学术环境相对宽松，而国际上政治经济风起云涌，价值体系面临又一轮重估的时代，我们该如何吸取前人的观念和成果，走一条属于自己的道路，这应该是一个嵌入我们所有的学术行为的问题。

在古代文学作品的考证、校注、辑佚、补遗等基础性研究工作日趋完备，信息检索和资料查找方便快捷的今天，结合民俗学等多学科方法的研究对于开拓古典文学的视野、提高古典文学的综合水平固然重要，但同时，我们要看到，这种边缘交叉性的研究并不是一件容易的事，没有深刻地理解民俗学的理论方法和充分地掌握文学资料，会很轻易地把交叉停留在文学作品与社会风俗和文化背景的表层。我们当然需要那些以展示民俗生活的种种现象为主要目的的传统文化普及工作，但对于研究工作来说，我们更需要在现象背后做出甄别和分析。我们要注意，停留在文学作品上的研究是不够的，对于构成文学元素的某些传统、情节和形象的源起的研究也属于文学的研究。

古典文学和古代社会像是现代人永远不能亲身踏入的神秘世界，我们可以把民俗学的理论方法当作理解古典文学和古代文化的一扇窗户。透过习俗，我们可以到达思维方式，而思维方式指导行为方式，民俗文化中的琐细方面其实正构成了一个民族的自身生活。因此，在对文学创作主体的研究中，从作者的生活经验等方面（而非仅仅是生平经历）去看作家和作品的关系，把宏观背景和微观习俗相结合，会把我们的研究带入不一样的天地。

在古典文学研究中，文献资料的真伪需要加以考证，这是我们使用材料的前提，而对于历史上那些真真假假的故事、佚闻、野史，古人未能做出判断或误判的，我们也可以用民俗学的方法去辨认、厘清它们与文化的关系。还有一种情况，那就是前人也许已经研究过我们感兴趣的任何东西，但这不代表已经穷尽其极，没有资料可资挖掘与借鉴。其实，前人的研究正是我们的起点，因为他们的研究给我们提供了对某个问题展开讨论的基础，确切地说，是一个深入研究的起点。对于这样的研究，新材料和新方法都是至关重要的。在这一点上，民俗学所注重的实地调查和比较分析的方法也应当为古典文学研究者所掌握。此外，地域文化和文学的类型研究也要与相关学科结合起来才能有所作为，从而使我们在某种意义上得以接通被时间割断的古今文化的桥梁。

　　古典文学是历史的，民俗学是现代的。民俗学以探索本国本土的民众生活和理想为目标；文学的研究说到底，是对时代和人的精神源泉的一般把握。但从都属于人与人的对话这一点上来说，它们是相通的。

第三章 政治变革与20世纪
中国史诗学术

20世纪是中国政治变革的世纪，是一个极富革命性和具有划时代历史意义的世纪。20世纪中国史诗学术就是在这种政治变革中形成和发展起来的。可以说，政治变革在20世纪中国史诗学术史上扮演着一个非常重要的角色，它直接影响着某一段时期的史诗研究的若干面貌。如果撇开政治变革这一因素上的考虑，那么要正确地阐述中国史诗学术史是很难做到的。因此，在政治变革的框架内探讨20世纪中国史诗学术的总体特征未尝不是一条有效的途径。

第一节 在"中华归主"的使命下，在华
传教士对史诗的介绍和传播

第二次鸦片战争之后，西方列强加紧扩张在中国的侵略权益，其中一个显著的方面就是在华传教士取得了在中国内地自由传教的特权。他们在香港、广州、厦门、福州、宁波、上海等东南沿海城镇传播基督教文化，与19世纪前半叶的在华传教士相比又加大了介绍西方文学的力度，西方史诗也在这个过程中由他们介绍到中国。因此，把他们视为基督教的布道者和把史诗介绍给中国的先驱者应当没有任何异议。其实，向中国介绍史诗的使命由19世纪后半叶的在华传教士完成也是有着必然原因。前期的在华传教士恪守"以阐发基督教义为第一急务"的信条，把介绍西方文学作为传教的辅助手段。在华传教士的先驱马礼逊筹划和创办的《察世俗每月统纪传》声明的办报宗旨就可以证明，它说道："至本报宗旨，首在灌输智识，阐扬宗教，砥砺道德，而国家大事之足以唤醒吾人之迷惘，激发吾人之志气者，

亦兼收而并蓄也焉。本报虽以阐发基督教义为唯一急务，然其他各端，亦未敢视为缓图而掉以轻心。智识科学之于宗教，本相辅而行，足以促进人类之道德，又安可忽视之哉？"① 熊月之的一组数字也可以说明这个问题。他对 1843—1860 年香港、广州、福州、厦门、宁波、上海 6 个城市出版的 434 种西书进行统计分类，得出以下数据，宗教类占 75.8%，若加上相关的道德劝戒类书籍，共占 79.5%；非宗教类出版物占 20.5% 中，年鉴、杂志、教科书以及语言类等综合性书刊占 9.9%；医学、数学、物理学、天文学、博物学等自然科学著作 34 种，占 7.8%；各国史地、政经类著译仅 12 种，只占 2.8%。② 从这些数据可以看出前期在华传教士主要精力是放在传播宗教文化上，很少旁及西方文学的介绍，更不说介绍那些与基督教传播无甚大关系的西方史诗。

19 世纪后半叶的在华传教士远不同于前期的在华传教士，他们对中国社会有了更深刻的了解，并且吸取了前期一连串的教案给他们的教训，逐渐意识到传播基督教成功与否在于让中国人了解西方，了解西方的文学。由在华传教士林乐知创办的在中国发行最久、影响最大的一份杂志《万国公报》每期扉页上都标明："本刊是为推广与泰西各国有关的地理、历史、文明、政治、宗教、艺术、工业以及一般进步知识的期刊。"这一办刊宗旨清晰地表明后期的在华传教士已经更加重视传播西方的知识学问。再看台湾学者王树槐的统计分析，他把 1887—1911 年广学会所出版的 461 种书刊作为考察对象，发现纯宗教（29.93%）的和与宗教相关的（18.44%）书刊占 48.37%，而非宗教类书刊文章的比例则上升到 51.63%。③ 与前期相比，这一时期在华传教士的角色由原来的传播教义为重心转向以传播西学为重心。也就是在这个时期，在华传教士开始介绍西方文学。根据他们撰

---

① 《〈察世俗每月统纪传〉序》，《察世俗每月统纪传》嘉庆丙子（1816）卷首。

② 根据熊月之《西学东渐与晚清社会》（上海人民出版社 1994 年版）有关资料综合统计。

③ 王树槐：《清季的广学会》，（台湾）《中央研究院近代史研究集刊》第四册上册，1973 年。

写和翻译的著作可知，这些在华传教士推崇的是西方古典文学，文艺复兴以来的西方近代文学未曾论及。西方古典文学的鼻祖荷马史诗自然是他们不可不提及的重要内容，艾约瑟、林乐知、丁韪良、高葆真、谢万楼、蔡尔康和李思伦等在华传教士都在不同程度上介绍和评述了荷马史诗，正是他们给中国人打开了了解西方史诗的窗口。同时，也应该看到他们对荷马史诗的介绍和论述还是停留在浅显的层面上，这与这些传教士的学术水平、知识背景以及传教事业等因素有着莫大关系。

第二节　基于"启蒙"和"救亡"的立场，中国学人对史诗的介绍与讨论

毋庸置疑，这些在华传教士在西方史诗的引介和传播上确实起到一定的作用，但是他们对当时的中国学术很难产生实际的影响，只有少部分改良派学者开始注意到西方史诗。接受了在华传教士传播的西方文学的郭嵩焘就是其中一个代表性人物，他曾在《郭嵩焘日记》介绍了荷马史诗，或许他是第一个介绍荷马史诗的中国人。另一个值得注意的是维新变法时期的梁启超，他把西方史诗与中国文学放在一起做比较，倡导创作具有西方史诗那样宏大的叙事诗。当然，这种诉求与当时的社会政治形势密切相关。中日战争的失败让中国知识分子认识到要拯救中国，要挽救中国民族于危难之中，必须变法。康、梁等有识之士顺应时势发起了维新变法运动。为了配合维新运动的需要，梁启超提出了"诗界革命"的口号，主张在理论和创作上对诗歌进行改良，特别推崇那些既具有"诗史"之风，又具有"史诗"特点的长篇叙事诗。虽然推崇荷马史诗，但是梁启超并没有介绍他的内容和性质，充其量只是把西方史诗作为一个参照系而阐明自己的诗歌主张。更确切地说，他完全是出于政治运动的需要和民族主义意识形态的心理，他自己也承认没有阅读过荷马的《伊利亚特》和《奥德赛》以及弥尔顿的《失乐园》。因此，维新变法运动催生了"诗界革命"，"诗界革命"又引入西方史诗的观念，但是这种观念在当时

并没有深入中国学人的意识深处。虽然"启蒙"和"救亡"是当时的主流话语，但当时很少中国学人意识到西方史诗也可以服务于这两种政治和社会目的。

维新变法失败之后，外国列强对中国的入侵更加凶猛，特别是八国联军侵华几乎把清政府推向了灭亡的深渊。中国学人开始真正认识到改良不能拯救中国，只有推翻现有的清政府，才能挽救中国。他们纷纷站在"启蒙"和"救亡"立场上看待西方史诗，乃至西方文学。赞扬这种"启蒙"立场的代表人物是鲁迅，他在《摩罗诗力说》中给荷马史诗以高度的评价。1911 年辛亥革命推翻了清政府的统治，但是国家并没有变得更加富强，而是一如既往地昏庸和混乱。因此，"启蒙"和"救亡"依然是 20 世纪前半叶中国学人的主流话语，事实上，它们已经历史地降落到"五四"新文化和新文学运动的肩上。洋务运动、维新变法和辛亥革命的失败让这一时期的中国学人更加清醒地认识到要改变中国的现状，单靠政治和科技上的革命是远远不够的，必须改造国民的思想，用文学唤起民众的觉醒。于是，许多知识分子纷纷到欧美和日本留学，学习西方文化和文学，试图找到改造国民性的方法。在这种情势下，西方史诗在中国迎来了一个高峰期，周作人、郑振铎、茅盾、傅东华、高歌、徐迟等都曾不同程度地专门介绍荷马史诗，其他西方史诗的介绍略少一点，但是中国学人在学术论文和专著中也或多或少地顺带提及了它们。新文化运动时期的中国学人没有把目光仅仅放在学习欧美文学上，他们也关注被损害的和弱小的民族的文学，特别是印度文学。泰戈尔来华讲学和敦煌新材料的发现更是迎来了一股介绍印度文学的热潮。滕若渠、许地山、梁之盘和王焕章各自在《梵文学》、《印度文学》、《天竺之荣华——印度史诗双璧谭》和《印度神话》中对印度两部史诗的内容做了简要的介绍。[1]

---

[1]　滕若渠：《梵文学》，《东方杂志》第十八卷第五号，1921 年 3 月；许地山：《印度文学》，商务印书馆 1930 年版；梁之盘：《天竺之荣华——印度史诗双璧谭》，香港《红豆》2 卷 3 期（世界史诗专号），南国出版社 1934 年版；王焕章编译的《印度神话》，收入《小学生文库第一集》，商务印书馆 1933 年版。

与此相对应，与史诗相关的讨论也逐渐多起来了，而且它们与20世纪初期呈现的中国文化态势显示出一致。20世纪初期是一个中国文化转型的时期，中国学术呈现出一种多元化的态势，国粹派、新文化派、"学衡派"、"甲寅派"等异彩纷呈，它们各自代表着不同的文化取向，有文化保守主义、自由主义、激进主义等，而在中国社会急剧变化和世界文化发生大动荡的情况下，他们也从各自的文化立场出发介绍和阐述史诗，或用西方史诗作为一种参照系重新估价中国民族传统文化，把它们纳入世界文学的格局进行评价；或是借史诗讨论中国和西方文学演进过程之异同；或者从启蒙工具论角度阐述史诗，或从纯粹的文学理论体系认识史诗。值得注意的是两桩贯穿着整个20世纪中国学术的公案：一是汉文学的"史诗问题"，即古代汉文学是否有史诗的问题。这桩学术公案是由王国维挑起的一场学术论争，他认为中国文学（确切地说是汉文学）没有史诗。这一论断得到了鲁迅、胡适、朱自清、郑振铎、钱钟书、余冠英、吴康等学者的应和，而且他们就汉文学没有史诗的原因给出各自的解答。而茅盾、钟敬文、陆侃如、冯沅君等则提出汉文学有史诗的观点，其中茅、钟二人认为汉文学有史诗，只不过是逸失散亡了，陆、冯二人提出《生民》、《公刘》、《緜》、《皇矣》及《大明》等五篇为"周的史诗"的观点。这场汉文学"史诗问题"的论争在20世纪二三十年代拉开序幕，一直持续到当下。二是关于《西游记》中孙悟空与《罗摩衍那》中哈奴曼的关系。一种观点是"本土说"，以鲁迅为代表人物，认为孙悟空的原型是来自无支祁，或说吸收了无支祁的神通。另一种是"外借说"，代表人物是胡适，认为"哈奴曼是猴行者的根本"，这一学术论争一直持续到80年代末期。虽然对这些问题，他们显示出不同的反应和不同的思考层面，但是，归根到底是"如何接受西方史诗"、"如何对待传统汉文学"和"如何建构中国文学史"问题。这也说明在新文化运动的推动下，20世纪前半叶中国学人已经开始重视东西方史诗，开始把东西方史诗放在整个中国文化的背景下考量中国当时的学术问题，又把中国传统文学放在东西方史诗的框架下估价其价值和在世界文学中的地位。

第三节　在"文艺为政治服务"的口号下，中国 少数民族史诗的发掘和整理

20 世纪五六十年代那些与史诗相关的学术思考和讨论在 50 年代至"文化大革命"期间呈现了断裂。1949 年中华人民共和国成立后，围绕知识分子思想改造展开了一系列政治活动，这不可避免地把学术问题与政治问题混淆，助长用政治批判对待学术问题的风气。其结果是学术活动被纳入"文艺为政治服务"的总框架内，"唯物"或"唯心"，"进步"或"反动"成为衡量一切学术活动的标准，真正的学术研究几乎近似于零，有的只是把"学术"作为"政治的工具"而已。而且整个中国学术界都在学习马克思主义的辩证唯物主义和历史唯物主义，把苏联的文艺理论尊为圭臬，剥夺了那些非马克思主义的学术的公开发言权。这些现实必然决定了新文化运动时期那种自由学术论争的局面已经在 50 年代至"文化大革命"期间不复存在，以往中国学人对西方史诗和印度史诗的介绍与讨论必然也就此裹足不前，再无中国学人沿着他们的学术理路和研究方法谈论西方史诗与印度史诗了。

虽然前人的史诗观念和研究范式没有继承下来，但是中国史诗学术在这一段时期迎来了一个发展契机。新中国成立后，党和国家都非常重视民间文学的搜集研究，并于 1950 年 3 月 29 日在北京成立了中国民间文艺研究会，其宗旨是："搜集、整理和研究中国民间的文学、艺术，增进对人民的文学艺术遗产的尊重和了解，并吸取和发扬它的优秀部分，批判和抛弃它的落后部分，使有助于新民主主义文化的建设。"[1] 在中国民间文艺研究会的领导和推动下，对民间文学的搜集和整理工作在各个地方有组织地按照科学的原则展开，中国少数民族史诗也由此被陆续发现了。以《格萨尔》为例，虽然在抗战时期，

---

[1] 《中国民间文艺研究会章程》，《民间文艺集刊》第一册，人民文学出版社 1950 年版，第 104 页。

任乃强、韩儒林、庄学本、刘立千、王光璧等民族学者和史地学者密切合作自发地搜集《格萨尔》，而且对《格萨尔》做出学科意义上的探讨。但是，把《格萨尔》确认为史诗，并展开一定规模的、有组织的搜集整理始于 20 世纪五六十年代。这期间，《格萨尔》的藏文手抄本和刻印本共搜集和保存了 19 部 74 个异文本，汉文译本 32 部 57 个异文本，其中藏译汉 29 部 53 个异文本，英译汉 1 部，法译汉 1 部，蒙文译汉 1 部，搜集地点主要在青海玉树、化隆、贵德、果洛、黄南，四川阿坝、甘孜等地。与藏文本《格萨尔》同源异流的蒙文本《格斯尔》的搜集整理工作也取得了很大的成效。民间文学工作者把著名蒙古族民间艺人琶杰长达 80 小时演唱的《格斯尔》记录下来了，还附带着完整的现场录音。其木德道尔吉根据琶杰的演唱整理了蒙文本《英雄格斯尔》和汉文本《英雄格斯尔传》，在 1959 年分别由内蒙古人民出版社和作家出版社出版，其木德道尔吉又整理出汉文本《格斯尔传》，于 1960 年人民文学出版社出版。而北京木刻本、北京隆福寺本、鄂尔多斯本、乌素图召本、诺木其哈敦本、扎木萨拉诺本、卫拉特托忒本、咱雅本以及铅印刊行的《岭格斯尔》等多个本子也被发现并搜集。1962 年，仁钦道尔吉和祁连休在内蒙古自治区东部呼伦贝尔盟的陈巴尔虎旗和新巴尔老旗从事民间文学田野调查，搜集到了 9 部蒙古族短篇史诗，有 20 多种异文。《玛纳斯》的普查、搜集和记录工作也相继展开，仅 1965 年，中国民间文艺研究会、新疆文联、克孜勒苏柯尔克孜自治州共同承担的《玛纳斯》项目就完成了对居素甫·玛玛依演唱的六部《玛纳斯》唱本与艾什玛特演唱的《玛纳斯》唱本的汉译，共计有 20 多万行，约合 400 万字。除了对北方民族史诗的发掘和整理外，南方少数民族的史诗也被搜集采录，彝族的《梅葛》、纳西族的《创世纪》、苗族的《金银歌》、《古风歌》和《洪水滔天》、壮族的《布洛陀》等都得到了搜集和整理。

　　20 世纪五六十年代，正是在党和国家以及有关地方政府的高度重视和支持下，中国少数民族史诗的搜集、记录、整理、翻译和出版才取得了显著的成就。当然，这些活动当时主要是基于"为无产阶级政治服务"的社会功用，但是客观上解决了中国史诗学术上的一些重大问题，为中国史诗学术的发展做出了一定的贡献。首先，拨正了黑格尔关于中国没有史诗的论断，一定程度上缓解了学者对中国文学没有史诗这个问题而造成的焦虑，把中国的"史诗问题"精确为汉文学的"史诗问题"。其次，这些活动不仅给以后的中国史诗理论建设和研究提供了一定的资料，也给往后的史诗田野实践提供了参考和借鉴。最后，中国少数民族史诗的发掘和整理打破了新中国成立前谈史诗时，言必称荷马史诗和印度史诗的尴尬局面，那种以西方史诗比附中国文学的学术行为也不多见了。但站在整个中国史诗学术史上来看，五六十年代的史诗学术主要属于资料学建设时期，大多属于工作性和搜集整理的问题，而且具有鲜明的政治倾向，学术性的论文还是很少，即使有，那也只是搜集工作者的一些序言或工作感想，几乎没有专门性的学术论文。

第四节　在思想解放潮流的推动下，中国少数民族史诗的搜集承继和研究开展

"文化大革命"结束后，党和国家坚持实践是检验真理的唯一标准这一马克思主义的原则，高举"解放思想，实事求是"的旗帜，以"文艺为人民服务，为社会主义服务"取代了五六十年代的"文艺从属于政治，文艺为政治服务"的提法。在这种思想解放潮流的推动下，对中国少数民族史诗的搜集、记录、整理和出版很快就回到了"文化大革命"前的规模，而且广度和深度远胜于以前。以中国少数民族三大史诗为例，先说史诗《格萨尔》。1979年中国社会科学院少数民族文学研究所筹备组与中国民间文艺研究所共同组成史诗《格萨尔》领导小组，他们在这一段时期先后召开了四次全国工作会议，《格萨尔》也三次被列为国家重点社科项目，省区等地方也成立了为数不少的搜集机构并多次召开研讨会及歌手的演唱会。到1991年时，保存艺人的口头演唱文本及录音和录像磁带已录有45000余盘，约为4000万字，搜集到手抄本和木刻本200多部，除去异文本，共有120多部。国内对《江格尔》的专门搜集始于1978年，1978年下半年新

疆成立了《江格尔》领导小组，1980 年 3 月成立了《江格尔》工作组，同年 10 月成立中国民间文艺研究会新疆分会，开始了有计划的搜集工作。民间文学工作者深入天山南北蒙古族聚居的 24 个县，对《江格尔》进行全面的普查工作，采访了加·朱乃、皮·冉皮勒、普尔布加甫、哈尔查胡、巴桑、乌尔图那生、额仁策等诸多"江格尔齐"（说唱《江格尔》的艺人），录制了近 187 盒录音磁带的史诗《江格尔》。民间文学工作者根据搜集和采录来的资料在新疆出版了 3 种《江格尔》版本：一是宝音和西格、托·巴德玛等搜集整理的《江格尔》15 部本；二是托忒文出版的《江格尔》资料本 1—9 卷；三是中国民间文艺研究会和新疆工作组搜集整理的《江格尔》（一）和（二），其中收入 60 部约为 8 万行。① 1979 年，民间文学工作者把以前居素甫·玛玛依没有演唱完的《玛纳斯》的第 7 部《索木碧莱克》、第八部《奇格台依》补录完整，随后，新疆文联《玛纳斯》工作者集中进行整理、翻译和出版。简而言之，在党和国家的领导以及民间文学工作者的共同努力下，中国少数民族史诗的搜集和出版取得了前所未有的巨大成绩。另外，外国史诗的译介进入一个高潮期。在 20 世纪 80 年代以前，中国学人译介史诗的对象基本都是荷马史诗，而且版本不多，只有徐迟、傅东华、高歌和朱维基等翻译的。80 年代以后，单荷马史诗就有罗念生、杨宪益、王焕生和陈中梅等翻译的版本，而且世界其他著名的史诗，如《摩诃婆罗多》、《罗摩衍那》、《贝奥武甫》、《尼伯龙根之歌》、《罗兰之歌》、《熙德之歌》、《卡勒瓦拉》等皆有汉译本，有的史诗汉译本还有好几个不同的版本。

20 世纪五六十年代，中国史诗的研究主要是在马克思主义的文艺观和美学观的总框架下展开的，始终为阶级斗争左右，苏联的理论和方法成为中国学人学习和借鉴的唯一对象。80 年代至 90 年代中期，中国少数民族史诗的搜集、整理和出版以及世界史诗的译介给史诗的理论建设和研究带来了蓬勃的生机和难得的机遇，中国学人开始

---

① 详细介绍可参见刘锡诚《20 世纪中国民间文学学术》，河南大学出版社 2006 年版，第 704—705 页。

对中国少数民族史诗有较为系统的研究。当然，在理论上，马克思主义的文艺观仍然是史诗研究的主流话语，但由原来把思想性放在第一位转换成把艺术性放在第一位，在这种理论武器的指导下，对中国少数民族史诗乃至世界史诗的主题思想、人物塑造、情节结构和语言艺术的研究蔚然成风。在方法上，历史研究、比较研究、文学研究等是史诗研究的重要方法，而且多种方法综合使用和多学科参与也开始初露端倪。另外，中国学人也开始关注研究史诗的结构和形式，自觉吸收"史诗母题类型研究"和"原型批评"等国际史诗研究理论探析中国少数民族史诗的主题、类型、母题的结构特征和文化历史意蕴等。[①] 在史诗的概念上，中国学人摆脱了西方史诗理论的概念框架，从"英雄史诗"拓展出"创世史诗"和"迁徙史诗"，丰富了世界史诗宝库。[②] 在学术成就上，出现了一大批具有很高学术价值的专著。降边嘉措的《〈格萨尔〉初探》和《〈格萨尔〉与藏族文化》、杨恩洪的《中国少数民族英雄史诗〈格萨尔〉》和《民间诗神——格萨尔艺人研究》、仁钦道尔吉《中国少数民族英雄史诗〈江格尔〉》和《〈江格尔〉论》、郎樱的《中国少数民族英雄史诗〈玛纳斯〉》和《〈玛纳斯〉论析》、刘亚虎的《原始叙事性艺术的结晶——原始性史诗研究》等，这些专著集中体现了 20 世纪 80 年代至 90 年代中期史诗研究的整体水平。它们在我国三大史诗和其他数百部中小型史诗的极其丰富资料的基础上，较全面和系统地论述了中国史诗的总体面貌、重点史诗文本、重要演唱艺人以及史诗的最主要方面的问题，对一些史诗理论问题提出了新的见解。

第五节　在"弘扬主旋律，提倡多样化"政策下，中国史诗研究范式的转向

1994 年 1 月 24 日，江泽民在全国宣传思想工作会议上的讲话中，

---

① 陈岗龙：《20 世纪蒙古英雄史诗研究学术史思考》，见《"20 世纪民族文学发展研讨会"纪要》，《中国少数民族文学学会通讯》总第 31 期。

② 朝戈金：《口传史诗文本研究》（国家社科基金项目），未刊稿。

首次提出了"弘扬主旋律，提倡多样化"这一新的文化政策表述。它的根本目标就是要在文化多元发展、价值观多元冲突的历史背景下巩固党的文化领导权，重建社会主流价值观，为中国特色社会主义事业的总体推进提供文化动力和思想共识。在这种政治前提下，中国史诗学术与国际的交流得到加强，许多国际史诗前沿理论都进入中国，为中国史诗研究的转换提供了理论基础。当然，此前的几十年时间里成就也不可忽视，特别是 20 世纪 80 年代至 90 年代中期，中国少数民族史诗的活态资料不断被发现，研究成果不断积累，为转换期的到来准备了条件。钟敬文曾明确地指出这种学术转向，说道："对已经搜集到的各种史诗文本，由基础的资料汇集而转向文学事实的科学清理，也就是由主观框架下的整体普查、占有资料而向客观历史中的史诗传统的还原与探究。"① 虽说这一段时期的史诗观念和研究范式逐渐进入转换期，但是资料搜集工作仍然没有停滞下来。史诗研究者沿着前辈学者的足迹继续不断地搜集和积累史诗资料，加大对不同史诗演述传统的田野作业的力度。值得提出的是中国社会科学院民族文学研究所在 1999 年申请了院级重大项目"中国少数民族口头文学资料库"。基于挽救濒临消亡的口头传统和学科的发展以及学术队伍的建设，新一代史诗研究者力图通过现代化手段把中国各族人民口头创作、流布和传承的民间故事、歌谣、神话、传说、英雄史诗、叙事诗和其他体裁的民间文学形式实施数字化管理。任何研究应该建立在扎实的资料的基础之上，对史诗学科的建设而言，这一资料库的建立无疑为中国史诗研究的健康和持久发展提供了资料上的保证。

　　任何一种诗学范式的转换都是源于观念的转换，史诗研究范式的转换也不例外。90 年代中期以前，中国少数民族史诗被确认为作为民间文学的一种样式，史诗研究者把它们当作书面的、印刷的文本，使用一般文艺学和美学观探讨其起源、发展、思想内容、艺术成就、历史地位和民族文化等。他们对史诗的认识主要有三个来源：一是以

---

① 钟敬文：《口传史诗诗学：冉皮勒〈江格尔〉程式句法分析·序》，广西人民出版社 2000 年版，第 5 页。

亚里士多德和黑格尔为代表的西方古典诗学的史诗观；二是马克思和恩格斯在各自著作《〈政治经济学批判〉导言》和《家庭、私有制和国家的起源》对史诗做出的论述；三是高尔基和别林斯基等苏联学者对史诗的见解和观点。90 年代中期以后，把史诗作为口头传统进行研究的国际学说被介绍进入国内，特别是口头程式理论、民族志诗学和表演理论，它们从根本上改变了中国史诗学者长期固有的观念，"活形态"的史诗观逐渐在中国学界树立起来，史诗研究者开始自觉地把中国少数民族史诗归入口头传统的范畴，"以传统为本"、"以式样为本"、"以文本为本"探讨史诗的内部结构和运作机制。由此，中国史诗的研究格局主要出现了六个学术转向：从文本走向田野，从传统走向传承，从集体性走向个人才艺，从传承人走向受众，从"他观"走向"自观"，从目治之学走向耳治之学。① 在口头传统视野下，中国史诗研究者对中国少数民族史诗展开了一系列的研究，具有了一大批著作和学术论文，其数量和研究水平不亚于 90 年代中期以前的任何时期，这已经是一个公认的事实。但是，我们现在还不能像估价90 年代中期以前取得的学术成果那样比较全面地评价 90 年代中期以后的成果，不能就哪些著作和学术论文最具有代表性提出可以得到普遍认可的看法。不过，还是可以举出一些已经引起普遍重视的著作来。朝戈金的《口传史诗诗学：冉皮勒〈江格尔〉程式句法分析》，作者根据史诗《江格尔》的演述传统创造性地设计了史诗句法的分析模型，总结出"程式是口承史诗的核心要素，它制约着史诗从创作、传播到接受的所有环节"的理论，该著作虽然仅就一个文本进行诗学分析，但是由于这种分析是在作者关于史诗研究的宏观把握之下进行的，并运用了新的理论方法，因此其价值就不再局限于关于个别史诗文本的范围，而是直接延伸到关于中国口承文学和口承文化的多个领域。② 尹虎彬的《古代经典与口头传统》，该书以帕里（Milman

---

① 朝戈金：《口传史诗文本研究》（国家社科基金项目），未刊稿。

② 朝戈金：《口传史诗诗学：冉皮勒〈江格尔〉程式句法分析·序》，广西人民出版社。

Parry)、洛德（A. B. Lord）、纳吉（Gregory Nagy）和弗里（John Miles Foley）等学者的代表著作为基础，以欧洲民俗学历史、口头传承研究历史和美国民俗学百年历史为参照系，阐述帕里—洛德理论（Parry – Lord Theory）的基本概念、研究方法和学科的形成过程，确定它在西方民俗学历史上的地位，说明它与中国民俗学的关系，系统探讨了口头诗学的一些基本理论范畴，对口头诗歌的叙述单元、结构、文体模式等基本概念进行了界定。从歌手表演的角度，重点探讨了口头诗学的程式、主题、文本概念；史诗传统的演进模式、文本化过程和史诗故事等问题。① 这是初次从民间文艺学、民俗学、人类学等跨学科视角对口头诗学做出的一次较为全面和深入的论述。巴莫曲布嫫的《叙事语境与演述场域——以诺苏彝族的口头论辩和史诗传统为例》和《"民间叙事传统格式化"之批评——以彝族史诗〈勒俄特意〉的"文本迻录"为例》、《田野研究的"五个在场"——巴莫曲布嫫访谈录》等诸篇论文，以诺苏彝族口头论辩中的史诗演述传统为个案，检讨了以往民俗学、民间文艺学的文本制作工作中"格式化"问题及其他普遍存在的种种问题，进而在田野研究中总结"五个在场"的基本学术预设和可资操作的工作模型。

另外，值得一提的是，新中国成立前热烈讨论的汉文学"史诗问题"。在 20 世纪 90 年代中期以前它断断续续曾被一些学者提及过，例如陆侃如、冯沅君、饶宗颐、张松如等，此时的讨论虽然不是很热烈，但是一直持续着，而且主张没有史诗的观点占上风。90 年代中期以后，这一论争又重新热烈起来，原来的三种观点（汉文学没有史诗、汉文学史诗散亡了、周民族史诗）转换成两种对峙的观点——汉文学没有史诗和周民族史诗，天平倾向于"周民族史诗"的观点，袁行霈、郭预衡、章培恒、骆玉明、张松如、夏传才等诸多学者都肯定周民族史诗的说法，读书界也日益接受了这一说法，但是，史诗学术界对"周民族史诗"持谨慎态度，认为应该把《生民》、《公刘》、

---

① 尹虎彬：《古代经典与口头传统》，中国社会科学出版社 2002 年版，第 4 页。也可参见中国民族文学网，http://iel.cass.cn/。

《緜》、《皇矣》和《大明》诸篇与史诗概念区分开来，把前者确认为史诗应该获得学理上的支持。对世界史诗的研究，特别是荷马史诗和印度两大史诗的研究取得一定的成绩，但是主要还是把它们作为一种书面文本和文学作品来充分挖掘史诗中的主题和思想、分析其人物形象，探讨史诗蕴含的政治、经济、宗教、文化等意义，而对史诗的文本化过程、歌手、演述传统和内部的叙事法则等则很少追问。当然，这也和许多世界史诗没有汉译本或译出较晚，所以中国学人对这些史诗的研究长期处于缺位状况。

第六节　政治变革对中国史诗学术影响的反思

中国的 20 世纪是一个社会政治变革的世纪，由政治制度到政治观念的一系列深刻变化构成了中国史诗研究演进过程中一个不可或缺的中心环节。政治不仅是一种主宰人们对社会价值认识的力量，也是引导和规范史诗研究发展的一种政权力量。一个时代有一个时代的学术，无论一个时代的学术如何多元，如何百花齐放，也无论一个时代的学术如何万马齐喑，它们都毫无例外地与当时的社会政治有着或多或少的直接联系，甚至后者直接决定了前者的观念的形成和研究范式的取向，20 世纪中国史诗学术更是如此。从梁启超为了改良运动的需要而推崇西方史诗，到新文化运动中基于"启蒙"和"救亡"立场介绍和评价史诗，到毛泽东时代的"文艺为政治服务"，再到"文化大革命"之后的"文艺为人民服务，为社会主义服务"，几乎整个世纪，社会政治都居于制动中国学人对史诗的认识和研究的中心位置，牵动着中国史诗学术的发展和变化。当然，史诗的研究并非尽是政治性的行为，其中亦有诸多枝枝蔓蔓，但是，无论何种观念、何种研究，只要在社会政治的动势下发生，或是在社会政治的干预下发生，那么均无不与其发生关联。

细察 20 世纪社会政治对中国史诗学术的影响，不外以下两类：第一类是社会政治直接干预史诗研究。最为典型的，莫过于 1949 年 10 月新中国成立到 1966 年"文化大革命"爆发这 17 年，这一段时期为政治服务成为国家的文艺基本方针，任何学术都完全被纳入中国共产党政治路线的观察和意识形态的建设中，被进一步明确地规定为必须为执政党的具体政策和任务服务。中国少数民族史诗的搜集和整理就是圈于这个范围内，而且给这种权力政治性的活动赋予"合理性"的解说。郭沫若在中国民间文艺研究会上发表了《我们研究民间文艺的目的》的讲话，指出搜集和整理民间文艺的目的在于建设新民主主义的文艺，他说道："发展民间文艺。我们不仅要搜集、保存、研究和学习民间文艺，而且要给以改进和加工，使之发展成新民主主义的文艺。在中国历史上长久流传的全文学艺术，如《离骚》、元曲、小说等，都是利用民间文艺加工的。这对我们是个很好的启示。今天研究民间文艺最终的目的是要将民间文艺加工、提高、发展，以创造新民族形式的新民主主义的文艺。"① 钟敬文在《口头文学：一宗重大的民族文化财产》也提出类似的观点，说道："有价值的人民的文化财产，不但是新文艺、新教养的一种凭借和基础，有许多本身就应该成为我们新文艺、新文化的构成部分。要把这宗巨大而有贵重作用的文化财产充分发掘出来，充分清理出来，特别是充分利用起来，这工程是相当巨大的……为着建造新中国的新文化、新文艺，我们必须完成这个工程，而且相信一定是能够完成这个工程的。"② 以史诗《格萨尔》的搜集、整理和翻译为例，它的各项工作都是按照中共中央宣传部的指示展开，直属省委宣传部的领导，并坚决贯彻执行党的文艺政策和民族政策，其目的还是为社会主义政治和经济服务。在史诗理论研究上也是如此，中国少数民族史诗的研究者也是搜集者，他们在讨论史诗时把思想性放在第一位，突出史诗的社会功能和教化功能。更能证明这种文艺和政治同步走向极端化的是"文化大革命"时期，此时的《格萨尔》被打成毒草和进行了公开批判，一些为《格萨尔》作序、插图、搜集、翻译、整理、出版等工作的学

① 郭沫若：《我们研究民间文艺的目的》，《民间文艺集刊》第一册，人民文学出版社1950年版。

② 钟敬文：《钟敬文民间文学论集》上册，上海文艺出版社1982年版，第20页。

者和相关人员都遭受到了批判和斗争，研究工作完全陷入停滞状态。可以说，史诗《格萨尔》的命运是整个中国少数民族史诗的命运在新中国成立至"文化大革命"结束这段时期的缩影。这种占据历史活动中心的政治力量对史诗学术的功能性规范是以从主体到客体、从内容和形式上都要求学者的史诗观念和研究必须与政治话语保持高度一致。当然，从历史或政治价值范畴的目的论来看，这种施加在史诗学术上的政治行为自然有它的道理，而且它的确引发了中国少数民族史诗的发掘和整理，并在马克思主义文艺观的指导下，中国少数民族史诗研究取得了一些可喜的成绩。但是，另一方面它也严重阻碍了史诗学术的正常发展和限制了其社会功能更富有实效地发挥。

　　第二类是政治在史诗研究中功能性的淡化。从中国史诗学术史发展的整体性结构来看，这种政治态势才是真正能够推进中国史诗研究发展的前提，是有效地实现学术的政治功能又能保证学术相对独立的多元发展。自梁启超强调史诗的政治功能和王国维对文学功利化倾向的诘难起，从政治功利性和非政治功利性的角度谈论史诗已经发生了，而且这种对立贯穿着 20 世纪中国史诗研究。虽然中国学人对史诗的看法和研究在这百年来纷纭繁复，呈现出多样性，但是这两种文学观念仍然是主流话语，只不过在各个时期呈现的态势不同而已。在梁启超和王国维的时代，两人虽然对史诗的认识存在对抗性，但是都没有发生唇枪舌剑的冲突，而是各自专心于自己的学问。新文化运动时期，政治功利性的文学观和非政治功利性的文学观的对立冲突非常激烈，如左翼作家对"新月派"、"自由人"、"第三种人"、"于抗战无关论"和"战国策派"等的批判。但是，在对史诗的介绍和论述上，两种观点的对抗没有那么明显。鲁迅接受了梁启超的影响，站在"启蒙"和"救亡"的立场上理解荷马史诗，吴宓站在纯粹的学术立场上介绍和考究荷马史诗，不过他们并没有发生激烈的冲突。再说这段时期的汉文学"史诗问题"的讨论，在这桩学术公案上，各个中国学者本着学术或某些政治利害给出不同的解答，虽然各自的观点有异，甚至对立，但是左翼学者没有过多地把那种对政治功能强调的做法放在史诗的介绍和讨论上，而是更多地在政治历史活动的范围外发表对史诗的看法。正是远离那种现实性的政治功利的倾向，汉文学"史诗问题"的讨论才避免了那种极端化的强调和非此即彼的线性判断，呈现出多元发展的趋势。类似淡化史诗研究中政治功能的是在"文化大革命"之后的时期，1980 年 1 月，邓小平在《目前的形势和任务》的讲话中明确表示："不再继续提文艺从属于政治的口号，因为这个口号容易成为对文艺横加干涉的理论根据，长期的实践证明它对文艺的发展利少害多。"同年 7 月 26 日《人民日报》发表了《文艺为人民服务，为社会主义服务》的社论，正式表明"二为"取代了"文艺为政治服务"的提法。虽然这种"二为"仍然属于中国共产党的执政策略和措施的范畴，仍然主要表现为一种政权行为，但是它留给中国学术的空间比以前要宽广得多，尤其是到了 90 年代中期的"弘扬主旋律，提倡多样化"，更是为中国史诗研究的多元发展和并存以及史诗观念的多样性提供了条件。众所周知，提倡文化多样性和避免史诗学术上的极端政治化可以保证学术争论的自由，推动不同学术派别的对话，加强与国际史诗学术的交流，这对于中国史诗学术而言，无疑是一个历史性的进步。

简而言之，政治对 20 世纪中国史诗研究的影响充分表现在各个方面。新中国成立初期，中国少数民族史诗的发掘和整理是在政治历史功能的框架下发生的，它给中国史诗学术带来了特殊的契机。但是，又曾因极端化地强调政治而在"文化大革命"期间把中国史诗研究带入末路。"文化大革命"结束后，政治的开放和开明又给新时期的中国史诗研究赋予了生机。换句话说，超越史诗学术边界的政治干预会遏制中国史诗研究的生命力，反之，则能推进史诗研究健康良好地发展。

第四章　中国民族文化与
上海世界博览会

2010 年的中国，再一次吸引了世界关注的目光。从 5 月 1 日至 10 月 31 日，上海世界博览会在黄浦江两岸隆重举行。这是继 2008 年北京奥运会之后，中国举办的又一次世界盛会。来自全世界 240 多个国家和国际组织的参与，也使之成为世博会历史上规模最大的盛会。

上海世博会是和平、友谊的文化盛会，成为不同国家、不同文化之间相互理解、沟通、欢聚、合作的舞台。上海世博会以"城市，让生活更美好"为主题，经济辉煌、科技进步、低碳时代、未来发展，这一系列的成就与理念都得到了充分的体现。然而，诚如许多参与者和参观者共同体会的：上海世博会最大的看点是文化，是各种不同背景文化的集成与荟萃。上海世博会，可以说是：经济的奥林匹克，科技的奥林匹克，也是文化的奥林匹克。

中国文化在上海世博会大放异彩，上海世博会是中国文化的"嘉年华"。围绕"城市，让生活更美好"这一主题，中国文化得以进行全面和各具特色的展示，外国展馆也力求注入"中国元素"，中外合璧、相互交融，体现出多元文化的兼容并蓄与和谐共生。中国文化之所以能在上海世博会成为"亮点"和"看点"，既源于对中国文化价值和作用认识的增强，也在于作为东道主的"地利"，还由于中国文化软实力和国际影响力的增强。世博会对经济、科技的重视走向同样重视文化，文化多样性与人类全面发展的需要，也是值得关注的"人文生态"。中国文化在上海世博会的鲜亮登场，不应成为"一时之盛"而应成为"永恒之光"，我们应该进行认真分析和思考，在总结已有成就和经验的基础上，让中国文化真正走向世界，让传统文化在城市未来发展中成为厚实根基。

为了解和研究上海世博会，除阅读资料外，笔者还于2010年5、6、7月三次以不同身份实地考察，获得大量第一手资料。[①]同时，结合多年来参与云南世界园艺博览会、北京奥运会和日本爱知世博会相关活动的体会，站在世界的角度和面向未来的高度，对上海世博会进行思考。[②]本章主要对中国文化在上海世博会展示的状况、特色、原因及其启示，进行了初步梳理和探讨。

第一节　中国民族文化在上海世博会的精彩展示

上海世博会是由中国政府主办的一届全球盛会，是举办时间长、参与国家多、涉及面广的世界盛会。文化，是会展的灵魂。上海世博会就是以文化为底蕴、以文化为风格、以文化为主题的盛会。借助上海世博会的大舞台，中国文化雍容华贵、仪态万千地展现在世界的面前。"我们的时代是文化的时代，21世纪是文化制胜的世纪。"[③]上海世博会作为经济、科技、文化的奥林匹克，其中的文化表现也总是尽

---

① 笔者2010年三次到上海世博会进行实地考察时，都有不同的身份和工作重点。5月，在上海世博会联合国馆举办"中国世博十大名茶入驻联合国馆暨中国茶展示区启动仪式"时，笔者作为嘉宾参加。6月，经笔者策划，由中国民俗学会茶艺研究专业委员会和南昌大学学工处共同组建的"南昌大学大学生茶艺队"，到上海世博会宝钢大舞台"中国元素"传习区表演，笔者因担任策划和艺术顾问作为演职人员进行工作。7月，上海世博会江西活动周举行，笔者以记者的身份前去采访。这三次去上海世博会，笔者参观和考察了大多数热门展馆，并进行了一些专访。而且早在2007年应上海国际茶文化节组织工作委员会、上海市精神文明建设委员会办公室、上海市闸北区人民政府的邀请，笔者撰写了《事茶淳俗》一书（列入《文明上海丛书·茶文化系列》），并由上海人民出版社2008年出版。诚如丛书编辑部在后记中所指出的："《文明上海丛书·茶文化系列》一套五集，将奉献给2010年上海世博会，让世人更加了解中华文明古国的民族优秀传统文化。"

② 1999年，笔者策划并率领南昌女子职业学校茶艺队到云南世界园艺博览会进行表演。北京奥运会前，笔者参加在北京人民大会堂举行的"北京奥运与中华茶文化高峰论坛"，并发表演讲。而2005年日本爱知世博会时，笔者正在日本讲学，有幸参观爱知世博会。此外，2004年因中法文化年活动组委会委派，笔者还担任了在法国巴黎举行的中国文化年闭幕式重头活动之一的"中国茶文化展"总策划和撰稿，并率团到巴黎参加相关活动。这些经历拓宽了笔者的视野，便于对大型国际性的会展进行综合与比较研究。

③ 王玉德：《文化学》，云南大学出版社2006年版，第1页。

力站在制高点上。而且由于在中国举行，由中国政府主办，也使中国文化得到充分的展现。概其大要，起码有五个方面的特点。

一是全面展示。"文化载体，在现实世界中可谓千姿百态，不胜枚举。但是就其形式来看，大致可以概括为四类：（1）实物制作表现；（2）规章制度表现；（3）礼仪习俗表现；（4）语言符号表现。当然这期间不乏跨类交叉，比如艺术与审美观念，它既可以通过语言文字来表述论证，也可以体现在物化了的绘画、雕塑、建筑、园林、影视、时装等作品之中，还可以在礼仪习俗中有其表现。而正是观念形态文化的四类载体及其错综复杂的交叉表现，构成了丰富多彩的社会文化现实。"[①] 上海世博会的中国文化展示，可以说是全面和丰富的。从世博会的会徽到吉祥物，都是中国文化元素的表现。[②] 从其载体来说，上海世博园的建筑，展馆的布置，影像图文的精粹，都是中国文化的体现。特别是中国国家馆创意设计的东方之冠、鼎盛中华、天下粮仓、富庶百姓，更是展现出中华文化的博大精深。在中国馆核心展区的北面，100 多米的整面墙被宋代张择端的名画《清明上河图》所覆盖。这幅名作，运用高科技手段分为白天、黄昏、夜晚三个部分，特别是营造出原画中无法显现的北宋都城的夜晚，栩栩如生的场景和人物，使人们对当时北宋都城的繁华景象如身临其境。上海世博会不仅注意中国文化静态的展示，而且注重中国文化动态的活动。世博园区内有近两万场文化演艺活动，各类演出活动平均每天约一百场。其中，既有主办方组织的活动，如高科技主题秀、原创舞台剧和主题文化巡演等，也有来自各方面的活动，如专题文艺演出、小型广

---

① 吴小如主编《中国文化史纲要》，北京大学出版社 2010 年版，第 3 页。

② 据《上海概览 2010》介绍：中国 2010 年上海世博会会徽，以中国汉字"世"字书法创意为形，"世"字图形寓意三人合臂相拥，状似美满幸福，相携同乐的家庭，也可抽象为"你、我、他"广义的人类对美好和谐生活的追求，表达世博会"理解、沟通、欢聚、合作"的理念和中国 2010 年上海世博会以人为本的积极追求。上海世博会吉祥物海宝（HAIBAO）以"人"为创意核心。"人"既是美好生活的创造者，也是美好生活的体验者。蓝色表现了海洋、未来、科技等元素，符合主办城市特点也契合上海世博会"城市，让生活更美好"的主题。

场音乐会、街头舞蹈和民俗表演等。其中，中国56个民族的特色文化，300多个地方传统剧种、500多种国家级非物质文化遗产的展现，充分表达了中国文化的形象，中国文化的精神，中国文化的智慧。

二是紧扣主题。"城市，让生活更美好。"这是上海世博会的主题，也是世博会历史上第一次以城市为主题。这一主题顺应了世界城市化的潮流，因而备受国际社会的关注和认同。作为一个素以农业古国著称、农耕文明悠久的国度，作为正在加速城市化和现代化进程的国家，在中国文化的体系中也有很多关于城市的文化遗存、文化积淀和文化因子，并且紧紧围绕上海世博会的主题进行了展示。上海世博会有五个主题馆，其中城市人馆、城市生命馆和城市地球馆的展馆外形设计，从"折纸"的创意出发，屋顶则模仿了上海里弄"老虎窗"正面开窗、背面斜坡的特点，以及虚实相间的天井。这些带着上海里弄特征的"城市肌理"，展示出上海传统石库门建筑的文化魅力，也表现出一份对上海里弄的怀念。同时，结合现代展馆的环保功能，使之成为世界上单体面积最大的太阳能屋面，也是目前太阳能覆盖率最高的单体建筑。这就把中国传统的城市元素和现代文明有机地融合在一起。而城市足迹馆和城市未来馆的原地，为上钢三厂的铸钢车间、热轧车间和冷轧车间，是上海钢铁工业的缩影。两座展馆建筑利用原工业建筑进行设计改建，构成传统与现代相互呼应的崭新空间。展馆的内部设计，同样充满着中国文化理念。城市地球馆展示空间主要是两条对称的螺旋状坡道，参观者可以在其顶端俯瞰直径达32米的巨型球冠。而这两条对称的螺旋状坡道的展示空间，吸纳了"金、木、水、火、土"五行作为展示元素。在颇具创意的"蓝色球体"展区，由大型多媒体无缝拼接投影技术模拟出的鸟瞰地球的场景，以金木水火土喻意的影像交替出现，演绎地球"五大变形记"。上海世博会打破往届以国家和国际组织为参展主体的惯例，在全球遴选出80多个城市的最佳实践案例参展，打造"城市最佳实践区"成为两大亮点之一。而所有中国城市，都有文化的展示。在宁波馆，充分利用原来城市建筑的一个小小构件——瓦片，就使整个展馆古典起来、亮丽起来。在上海世博会，有些原来并非专属于城市的文化形态，同样被纳入为城市主题服务。丛山峻岭往往和山村联系在一起，而重庆馆将主题定位为"山地森林城市"，外观以"夔门天下雄"和山城险峭的山峰元素抽象变形，突出"两江环抱、城中山、山中城"的城市形态，展示出活色生香的巴渝山水风情，表现出厚重独特、底蕴沉积的巴渝民族人文历史。

三是各具特色。这些文化特色，包括地域特色、民族特色和时代特色。江西馆处处体现着一个"瓷"字，从瓷器的外观，到青花瓷的花纹，甚至连地上铺的碎片都是瓷质，体现着江西"千年瓷都"的风貌。展馆的外形犹如一座放大的青花瓷容器，让人在洁白的釉彩和古老的青花纹中感受江西"物华天宝、人杰地灵"的独特魅力。江西表演的节目则是"赣风鄱韵"，着力展示江西独具韵味的客家文化、享誉世界的陶瓷文化和富有时代品格的红色文化，向世界呈现赣鄱大地的神奇魅力。与江西相邻的安徽省，其展区形状为矩形，呈岛式分布，建筑外观提取明清徽派建筑标志性元素"马头墙、小青瓦"作为外墙装饰，于粉墙之上表现山水意境，以经典粉墙黛瓦元素来诠释全国闻名的徽派建筑，表现出恢宏、大气、尊贵和精细的特色。表演的节目则是"盛世徽韵"，以国家级非物质文化遗产黄梅戏、徽剧、花鼓灯等安徽特色文化艺术为主线，融戏、舞、歌于一体。同为民族地区，云南和内蒙古就有不同的文化色彩。云南馆被大胆设计成一个小镇的外观，参观者可以看到多姿多彩的"七彩云南"。展馆以大理白族民居为特色的"云南广场"，选择昆明市的标志性建筑金马碧鸡坊为入口，以写实的方式还原建筑物，呈现出云南绚丽的民族文化和城乡和谐发展的状态。馆内展示古滇文化的杰出代表——牛虎铜案、傣家竹楼等云南少数民族建筑，还可以边欣赏茶艺表演边品尝普洱茶。表演主题则是"激情云南"，把具有浓郁云南特色的民族、民间和民俗文化，通过歌、舞、乐等多种艺术形式表现出来。内蒙古馆远看犹如一片起伏的草原，一条洁白的"哈达"从馆中飘逸而出，为参观者呈现出"哈达环绕，奶茶迎宾"的草原美景。馆内分展示区、体验区和演出区三大功能区，展厅中的部分地板是可以动的，观众能随着地板的起伏，像骑马一样欣赏内蒙古的草原、沙漠、森林、高山和湿地。其演出活动以"文明草原"为主题，融气势与细腻为一体，以音乐剧演出的宏伟气势体现内蒙古草原的辽阔壮美和粗犷不羁的民族气质，以"蒙古婚礼"的考究礼节捕捉渗透到日常生活点点滴滴的草原文明踪迹。而作为具有悠久历史文化传统的古都，北京展馆则以"魅力首都——人文北京、科技北京、绿色北京"为主题，展现"中国首都"、"世界城市"的良好形象。北京馆重点突出"古老与现代"的变迁，在四大变形效果中，除天坛是北京传统的象征外，鸟巢、水立方和国家大剧院都是新北京的地标性建筑，展现了北京的建筑精华和科技创意实力。北京馆既将老北京文化特色的四合院、小胡同、全聚德等老字号招牌纳入其中，也充分展示新北京面貌、奥运福娃、新中国成立60周年大庆盛况及百姓安居乐业、人与自然和谐相处的场景。

　　四是"中为洋用"。我们曾经常说："古为今用，洋为中用。"如果套用一下，在上海世博会则是："今为古用，中为洋用。"所谓"今为古用"，是指在上海世博会今天的高科技被运用到古代文化的复原、再现和时尚。而所谓"中为洋用"，则指在上海世博会，中国文化元素被外国展馆所运用，营造出一种带有异域情调的"中国气象"。沙特阿拉伯馆是投入资金最多、排队时间最长的热门展馆之一。其1600平方米的巨幕影院，使参观者可以亲自飞越沙特阿拉伯，尽赏沙特的辉煌之美，亲眼目睹它的自然和文化瑰宝。这座展馆的主题是"多元合一"，造型亮点是"丝路宝船"。场馆主体建筑像一艘高悬于空中的巨船——月亮船，乘上这艘船，回头可以望见1000多年前中国与阿拉伯世界之间"海上丝绸之路"的兴盛场景。朝前看，象征中沙两国交流合作、中阿两大文明融合共生的一棵棵枣椰树，枝繁叶茂、生机盎然。而日本馆融合中国文化元素最多，用于阐释"心之和，技之和"的场馆主题。参观日本馆，首先会看到遣唐使、鉴真东渡等一系列反映中、日两国源远流长交往历史的展示，这些由历史先驱用心灵和信念写就的传奇激荡人心。在日本已有1200年历史，被称为日本国宝级的丝织艺术——西阵织，是在中国宫廷编织技术上演变而成的，纯手工的西阵织品是华贵与身份的象征。在上海世博会日本馆里，西阵织回到了"娘家"。日本馆内每天都要上演约35场反映中日友好和中日共同拯救朱鹮活动的音乐剧，这是中国昆剧和日本传统艺术能剧的精彩合演。此外，挪威馆采用"中国红"表达向中国的致敬，西班牙馆用藤条拼搭出"日""月"等汉字，波兰馆运用剪纸体现两国文化共通处，无一不是中国元素在外国场馆的表现。

　　五是中外合璧。举办上海世博会，是为世界各国搭建交流合作的平台，也是进一步促进中国与世界交流，近距离对话世界文化，向世界学习的重要契机。在城市足迹馆，很好地表现了中国的"世界眼光"，不仅是中国城市的足迹，而是世界城市从起源走向现代文明的历程中，人与城市、环境之间互动发展的历史足迹。"城市起源"厅表现早期农业时代的城市面貌，分别展示城市起源成因与城市元素、中国长江和黄河流域的城市起源、早期人类的祭祀信仰与城市守护神、希腊城邦的兴亡等。"城市发展"厅展示成熟阶段的城市面貌，如佛罗伦萨、阿姆斯特丹、拜占庭、伊斯坦布尔等，以及中国宋代和日本江户时代的街市等，还展示了中国西藏的城市发展成就以及中国古代都城的集大成者——明清故宫。"城市智慧"厅表现工业革命时代的城市面貌，分别以"机器卓别林"展示工业化对城市生活改变的"双刃剑"作用，以纽约、伦敦为实例表现城市的创意智慧，以各具特色的老建筑来展示中国京杭大运河的文化交融，以连环画上的今昔石库门来体现中国上海的城市改造。① 中国城市文化元素，成为世界城市文化重要的组成部分，也显现出中国城市与同一时期世界城市的发展水平与相互差异。同样，在城市生命馆也采取了"中西合璧"的方式。"活力车站"借用巴黎里昂火车站的设计，那仅仅是为了1900年的世博会而与埃菲尔铁塔同时建造的一座火车站，可以停靠5节车厢。"城市广场"则是世博园区最大的球幕影院，把世界五大著名城市广场"搬"到上海，让参观者开始奇妙的"穿越"。而且，用寻找电视天线、皮鼓、出租车、雪橇狗和中国象棋的五大故

---

　　① 为了准确论述城市足迹馆的展示内容，本文采用了上海世博会网站的介绍。凡涉及相关展馆内容的，也大多参考或利用了世博会网站介绍，特此鸣谢。

事，串起五个城市广场。香港馆以"无限城市——香港"为主题，设计凸显香港的内通外连，包括香港与内地和全球的联系，以及追求创意无限的理念。中西文化荟萃，多元兼容，创意洋溢，使香港成为一个国际都会及创意之都。同时，香港活动周的主题也糅合中西文化特色，介绍香港在音乐、电影、舞蹈等方面的创意人才。澳门馆外形为玉兔宫灯，设计灵感来自中国华南地区古时的兔子灯笼，寓意"和谐相容"和"机灵通达"。而展示的内容则是穿越"时光隧道"，在时空交错的旅途上，经历澳门由小渔村发展成国际旅游城市的过程，体现澳门中西文化和谐交流的特点。

在上海世博会，中国文化扮演着重要的角色，是一场中国文化的"嘉年华"。中国文化不仅是一种物质的表现，更是精神的体现。台湾馆的主题为"山水心灯——自然·心灵·城市"，以呼应上海世博会"城市，让生活更美好"的主旨。其设计概念来自民间的"孔明灯"，体现出中华传统文化的"五行"理念：天灯的钢架代表五行的"金"；木制的祈福台代表五行的"木"；内外环状水池的水，取自日月潭及太平洋，代表五行的"水"；耀眼发光的 LED 天灯象征五行的"火"；台面的地砖以台湾陶土烧制而成，则代表五行的"土"。当参观者在灯下许愿时，LED 屏上则显示祈福的天灯冉冉上升的奇妙影像。既有外在的表现，又有厚重的内涵，这正是中国文化的奥妙与魅力所在。而且，在上海世博会，中国文化与天人合一、自然山水相联系，与当今的低碳时代、持续发展相融通，也是值得关注和研究的。

第二节　中国民族文化在上海世博会风靡的原因

作为全球级别最高的综合性展览活动，世博会在 159 年的历史上开启了一个又一个新时代。"一切源于世博"，成为世博会一句广为人知、最激动人心的口号。中国文化在六个月的时间内，最为集中、最为亮丽、最为精彩、最为热烈的展示，也是源于世博会。在中国上海举行的本届世博会，由设想变成可能，由可能变成存在。那么，出现这种机遇，实现这种梦想的原因，又是什么呢？我们不妨从多方面进行探讨。

中国对于"文化自觉"意识的加强，这是其一。任何事物的发展变化，内因是第一位的。中国文化要得以弘扬，首先是对于自身的文化传统要有正确的认识。在相当长的一段时间内，中国文化传统被打翻在地，那时斯文扫地，文化也扫地出门。改革开放以来，思想不断解放，几次兴起"文化热"，促使国人更加理性地重新认识中国文化的传承与价值，尽力恢复其本来面目与应有地位。"文化就是人类化，是人类为了生存，将世界自然化、人类化、对象化的过程及其所产生物质精神文明的总和。"① 这种对文化的整体认识和理解，得到学术界和社会大众的普遍认同。在中国现代化建设的过程中，有识之士也越来越清楚地看到：现代化离不开文化，现代化需要创新和发展现代文化。现代文化在很大的层面上是传统文化的转化，是传统在现代的更新和升华。凡是历史传承下来的、有益的、可利用的文化，都应尽可能地以最佳方式继承。张岱年曾经指出："经济趋于全球化，科学技术也将趋于全球化，同时必须保持民族文化的独立性，这才是中国新文化建设的道路。"② 在政府层面，对于中国文化的认识和保护，不断地推进。中国于 1985 年加入《保护世界文化和自然遗产公约》。③ 1997 年，国务院发布《传统工艺美术保护条例》。2003 年形成《中华人民共和国民族民间传统文化保护法》（草案）第六稿，并经全国人大教科文卫委员会审议通过，交全国人大常委会审议。2003年，文化部启动"中国民族民间文化保护工程"，并准备颁布《"中国非物质文化遗产代表作"申报评定暂行办法》。2004 年 2 月，国务院颁布《关于加强我国世界文化遗产保护管理工作意见》。2004 年 8月，中国政府正式向十届全国人大常务委员会第十一次会议提请加入《保护非物质文化遗产公约》，经常委会审议后得到批准。中国成为

---

① 冯天瑜等：《中华文化史》，上海人民出版社 1990 年版，第 26 页。

② 张岱年：《经济全球化与中华文化发展道路》，《光明日报》2000 年 10 月 17 日。

③ 《保护世界文化和自然遗产公约》，是联合国教科文组织 1972 年 11 月通过的。这份公约，强调保护的世界遗产为：世界文化遗产，世界自然遗产，世界文化与自然双重遗产，世界文化景观遗产。至今为止，中国已有 40 项遗产列入世界遗产名录。

全球率先批准加入该公约的国家之一。"至此，中国民族民间文化保护行动已经进入到一个以抢救与保护传统文化遗产为重点目标的新的历史时期。"① 上海世博会大量的中国文化事项展示与表演，正是中国文化遗产保护的成果体现。

　　中国作为上海世博会主办国的天时、地利、人和，这是其二。中国历来讲究：天时、地利、人和。而且认为：天时不如地利，地利不如人和。上海世博会则三者兼备，中国文化得以彰显是自然而然的。根据维基百科对世博会历史的分类，从 1851 年第一次世博会到现在，世博会的历史发展经历了三个阶段：1851—1938 年，为工业化时代；1939—1991 年为文化交流时代；1992 年至今为国家品牌时代，这三个阶段的递进，反映了世博会的发展变化，也形成了世博文化的自身特色。在这一"国家品牌时代"，1992 年的西班牙塞维利亚世界博览会是为了纪念发现美洲大陆 500 周年而举办的，该届世博会保留下60% 的建筑。1998 年的里斯本世博会，其主题是"海洋——未来的财富"，几乎所有的展馆都提到了全球环境问题。2000 年的德国汉诺威世博会的主题是"人类、自然、科技"，延续了从产品展示转向文化和概念展示的理念。该届世博会提出"汉诺威原则"，其核心是"设计服务于可持续发展"。2005 年在日本爱知县举行的世博会，其主题是"自然的睿智"，日本政府期望以世博会振兴日本中部的经济。可见，在世博会的"国家品牌时代"，主办地总是从持续发展的角度考量，把推出"国家品牌"，彰显"国家品牌"，发展"国家品牌"，放在重要地位。同样处于"国家品牌时代"的上海世博会，自然也应有"国家品牌"意识和作为。上海世博会最重要的是与"历史遗产保护"和"世博会与城市更新"相关。在重点推介世博会和上海世博会的同时，也针对不同受众，展示中国在经济、文化和科技等领域取得的成就，展现中国的国家形象。因此，"所有展馆都展现了独有的文化和地域特色"；"世博期间将举行 2 万余场各类文化娱乐

① 顾军、苑利：《文化遗产报告——世界文化遗产保护运动的理论与实践》，社会科学文献出版社 2005 年版，第 142 页。

活动"；"很多参展方都带了最新的科技成果"，成为上海世博会的"三大亮点"。① 而中国文化成为其中最耀眼的亮点，也就在情理之中。

中国文化软实力和国际影响力的增进，这是其三。各国在经济、科技、政治、军事实力之外，还有极其重要的软实力，那就是文化。一个国家得以兴旺，一个民族得以延续，其最重要的区别就是文化。中国文化的价值和作用，在世界范围内越来越多地得到关注和重视。作为中国文化标志的，最重要的是儒家文化。"人类社会进入后工业社会以后，儒家文化的积极作用再次引起了全人类的广泛重视。面对工业社会带来的人类文明的深层危机，世界各国的有识之士，对孔子及其儒家文化寄予了厚望。"② 早在 20 世纪初，英国著名历史学家汤因比就认为："人类未来的希望在于中华文化。"1998 年 1 月，世界诺贝尔奖获得者在法国巴黎集会，对中华文化共同发出呼唤："人类要在 21 世纪生存下去，必须回到 2500 年前，去吸取孔夫子的智慧。"在联合国大厅里，写着孔子的名言："己所不欲，勿施于人。"1999年，美国旧金山市确定每年的 9 月 28 日为"孔子日"。在世界各地，都有孔子庙、孔子雕像和儒家文化典籍，孔子及儒家文化受到人们普遍的敬仰和重视。特别是近些年来，随着中国经济实力和综合实力的增强，中国文化也在世界各地有了更大的影响。诸如：世界各地出现的"中国热"，对于以中国春节为代表的各种年节活动的浓郁兴趣与积极参与，特别是在世界各地兴办 500 多所孔子学院和孔子教室，加速了汉语的教学与中国文化的传播，这些都是有目共睹的事实。基于这种中国文化的热潮，上海世博会对中国文化的隆重推介，也是势在必行。

世博会从工业成就展示走向经济、科技、文化并重的华丽转身，

---

① 上海市人民政府新闻办公室、上海统计局编《上海概览 2010》2010 年 4 月，第111 页。

② 高晚欣、郑淑芬主编《中国传统文化概论》，哈尔滨工程大学出版社 2002 年版，前言第 2 页。

这是其四。1851 年 5 月 1 日，第一届世界博览会在英国伦敦举行，是以"万国工业成就大博览会"面世的。19 世纪的历届世博会，被视为"发明时代"和"技术中心主义"。1939 年在旧金山举行了第二次世界大战前最后一次世博会，其主题从原有的关注经济，走向热切期盼"明日新世界"。从此，世博会的主题逐渐走向"经济、科技与文化界的奥林匹克盛会"。1958 年比利时布鲁塞尔世博会，其主题是"科学、文明和人性"。1970 年的大阪世博会，主题是"人类的进步与和谐"。1974 年在斯波坎举办的"国际环境博览会"，是历史上首次明确地将环境问题作为世博会的主题。1985 年的日本筑波世博会，主题是"人类、居住、环境与科学技术"。而上海世博会的主题确定为"城市，让生活更美好"，有了更广泛的意义和内涵。亚里士多德有句名言："人们到城市来是为了生活，而人们留在城市是为了更好地生活。"为"让生活更美好"，城市就应有发达的经济、先进的科技、便捷的交通、丰富的物资，还要有精神生活，这就需要文化。在文化的滋润下，人们才能够让心灵得到滋养，过着有尊严、有幸福感的生活。文化同样也滋养着城市，驱动着发展。作为世博会举办地的上海，在历史的岁月里就形成了中西文化交融的独具特色的"海派文化"。在世博会实现华丽转身后，上海世博会以城市这个综合体为媒介和载体，推动中国文化的华丽登场，也是世博会转型的一次有益尝试。

世界多元文化的和谐相处，文化多样性原则的认同，这是其五。上海世博会时中国文化以大气势和大展示炫人耳目，但归根结底，上海世博会毕竟是不同国家、不同文化之间相互理解、沟通、欢聚、合作的舞台，中国文化是"百花齐放"者之一。文化在这里创新和传承，文化的兼容并蓄和多元共生在这里得以体现和弘扬，这才是最重要的。上海世博会时中国文化所遵循和体现的正是这样的原则。"没有任何文化能够形成封闭存在的整体。所有的文化都受到其他文化的影响，反过来也影响着其他文化。世界上没有静止的、不变的文化。在内力或外力的作用下，所有的文化都处在不断地运动变化之中。有自愿的作用力（因而是良性的），也有强迫的作用力，通过暴力冲突达到目的。""文化多样性带给人类的福祉正如生物多样性一样。文化多样性注意到人类以往所有经验、智慧和实践的精华。只要一种文化清楚本身的特质，它就能够从其他文化的比较中获益良多。这样说并非提倡一种文化相对论。强调文化多样性，与坚持某些绝对标准是不矛盾的。"① 人类不同民族拥有不同的文化，却拥有一个共同的地球和未来。发展不仅是经济意义上的发展，也包括人类的文化发展。中国文化在上海世博会与其他国家和民族的文化共同展示，正是文化多样性的反映，也是人类在交流、共享和合作中走向美好未来的追求。

中国文化在上海世博会风靡的原因，我们还可以列出许多，但这些也许是最重要的。其实，在上海世博会，其他国家和民族的文化同样受到尊重、礼遇和追捧，只要看参观者的热情倍增，游览人的如痴如醉，就可以深深体会到这一点。张立文说得好："21 世纪的人类文化，既非'东风压倒西风'与'西风压倒东风'的两极对峙形态，亦非'三十年河西，三十年河东'的东方文化的世纪，而是东西文化互学、互动、互渗、互补的世纪；是冲突融合而和合的世纪，即和合而化生新的人类文化——和合学的世纪。"② 上海世博会的文化历程，正在证明这一点。

第三节　中国民族文化成为"城市
再生时代"的前景

上海世博会是中国文化面向世界的一次成功"大演练"，其成就和价值是多方面的。跳出这次"中国文化事件"的表层，我们应该在洗尽铅华、还其本色后，作些多角度、多层次的思考。在世博会的大格局中，文化是看点，未来是焦点，我们的立足点就是城市的未

---

① 联合国教科文组织、世界文化与发展委员会：《文化多样性与人类全面发展——世界文化与发展委员会报告》，张玉国译，广东人民出版社 2006 年版，第 16—17 页。

② 张立文：《中国和合文化导论》，中共中央党校出版社 2001 年版，第 21 页。

来、文化的未来和人类的未来。

（一）上海世博会的中国文化展示再一次告诉我们：传统文化是城市发展的根基

在人们的印象中，城市就是高楼林立、车辆众多、人头攒动、光怪陆离。但是，任何城市都有特定环境、特定历史形成和积淀下来的文化，这才是城市的根脉、城市的灵魂。然而，当代城市的快速发展，在加剧膨胀和日益现代的同时，也使原有的文化受到损伤、受到肢解、受到破坏。"城中村"的存在，人口流动的频繁，全球化浪潮的汹涌，又给原有的城市文化和文化生态带来更多的不确定性。"城市文化生态及其发展空间是多维性的。一是历史文化形成的城市历史文化生态。城市建设要保护由于历史原因而留存下来的历史文化生态，并在规划中注意发展和强化这种文化生态的主要文脉。二是建筑文化形成的城市艺术文化生态。建筑是一个城市发展的艺术文化痕迹，记载着城市艺术文化发展的历史。三是自然环境文化形成的城市自然文化生态。这是具有地域性特征的文化生态，不要在城市建设中人为地进行破坏与改造。四是风俗文化形成的城市风情文化生态。风俗是具有民族风情特征的文化生态。城市建设不仅是建筑与交通的扩张，更是城市文化生态存在与发展空间的拓展。开拓城市文化生态发展空间，是对人与生态环境、人与自然保护、人与社会历史相互协调、和谐共存的重要保障和前提条件，这是城市建设和城市文化进程的重要内容。"① 长期以来，对自身文化传统极为重视的天津市，在天津馆的建筑和展示方面，就把城市的历史文化与现代化有机地结合起来。天津展馆的建筑外形以天津典型的小洋楼造型为设计元素，体现了天津中西文化交融和万国建筑博览会的特点。馆内分为"序厅"、"主题演绎厅"、"生态环保厅"、"高科技厅"、"尾厅"等五部分，采用动静结合的方式，通过高铁车厢中动感电影的设计和阵列小球的表演给人以全新感受，展现了当代天津的高速发展和滨海新区对

---

① 周绍斌：《城市文化生态及其保护》，载浙江师范大学浙江省非物质文化遗产研究基地编《非物质文化遗产研究集刊》，学苑出版社2008年版，第46—47页。

生态和谐发展的积极探索。馆内还展示天津民俗等极富特色的地方文化。而天津活动周，安排了踩街游行、天津京剧表演、杨柳青年画制作等。这种文化展示，进一步加深了游人印象：城市发展要有新理念，让文化在这里传承和创新。

（二）辩证看待中国文化在上海世博会的状况：有成就也有遗憾

中国文化在上海世博会展示的特色，正如前述。其成就进一步显现中国文化的博大精深，丰富多彩。中国 56 个民族的特色文化，见证了国家对各民族的文化都同样重视，同样保护。中国非物质文化遗产的保护与利用的成果，也在更大的空间被越来越多的人知晓。但是，平心而论，中国文化在上海世博会的展示也留下了些许遗憾。例如：中国国家馆成为人气最旺的展馆之一，相对而言，各省市自治区联合馆参观游览者就少得多，而且，各地的展馆游人也有很大差异，因此，各展馆准备了大量的文化事项和活动，受关注程度却相差甚远。更何况，参观者往往行色匆匆，企望在较短的时间内多跑几个展馆，来不及细细观赏和体会，也就很难深刻体会中国文化的精髓和魅力。更何况，在所有的参观者中，据说 95% 以上都是中国人，即使按照目前所预测 7000 万人计算，外国游客也仅有 350 万人左右。而且，这些外国游客并非都会游览中国的各个场馆，文化的差异也使他们在短时间内很难领略中国文化的风采与精髓。客观来看，中国文化通过上海世博会的"窗口"，向国外传递的信息是大量的，但其成就也是有限的。对此，我们应该保持清醒的头脑。再从布展方面来看，中国文化事项的展示既有可圈可点之处，也有值得总结之处。各省市自治区的布展模式，大多是"三部曲"：一是在展馆外形上做足功夫，但有的内涵不足；二是展示内容上把传统文化与最新面貌平行表现，但有的融合不够；三是在活动周期间进行表演和互动，但有的普及不够。"五色使人目盲"，由于各省市自治区都希望把尽可能多的文化事项推荐给参观者，使人目不暇接，反而印象不深。如"活动周期间，河北省还精选了具有较高艺术性、技术性和具有商业开发价值、文化产业潜质的工艺品种进行现场表演和工艺品展销，包括列入国宝级非物质文化遗产名录的优秀民间艺术唐山皮影以及武强木版年画、蔚县剪纸、藁城宫灯、曲阳石雕、邯郸磁州窑、衡水内画、景泰蓝水晶画、蛋雕、芦苇画、大名草编、吹糖人等近 20 种"①。这么繁杂的内容，又有多少人能记得清呢？即使是广受好评的中国国家馆，专家学者也有自己的看法："最初的世博会是为了推销本国的产品，展馆几乎是棚子，上海世博会更像是展示建筑，耗资巨大。中国馆是独具匠心、威伟壮观的，在物质展示上中国人赢了。""中国馆把这个《清明上河图》展示出来，只是说，在几百年以前，中国就有这样的绘画能力，他能够画一个长卷的市井生活图景，描绘这么多的人，哪怕这只是一种情景，而不具有故事。没有因果关系，也就没有故事。"② 话说得有点晦涩，也有点尖锐，但"忠言逆耳"，还是值得深思的。

（三）向外国学习如何建设场馆和布置展馆：他山之石，可以攻玉

"世界性的文化交流与商品交换所创造的人类物质精神生活方式的变化，正在向世界性发展。商品作为文化象征正在成为全球化最普遍的体现。"③ 在上海世博会的热门展馆，除了中国国家馆，还有许多外国馆门庭若市。虽然人流并非评定展馆质量的唯一标准，但各种不同国家的展馆，其定位、创意、布展，都能够给我们许多启迪。一是展馆建设注重环保、节能。日本馆爱称"紫蚕岛"，犹如一个巨大的紫蚕宝宝趴在黄浦江边。展馆外部透光性高的双层外膜配以内部的太阳能电池，可以充分利用太阳能资源，实现高效导光、发电，展馆内使用循环式呼吸孔道等最新技术，整个展馆是一栋"像生命体那样会呼吸、对环境友好的建筑"。其实，日本馆的这种建筑思路是长期以来一脉相传的。2005 年爱知世博会时，日本馆就是一座高技术和传统材料的试验场，建筑表面用三万根的竹条

---

① 陈冰玉：《京畿神韵之魅力河北》，载《上图讲座》2010 年 7 月（总第 82 期），第 13 页。

② 见董小英博文《世博会故事·两幅活动的图画——世博会的感动》。

③ 方汉文：《比较文化学》，广西师范大学出版社 2003 年版，第 299 页。

编织而成，远远望去，犹如一个巨大的蚕茧，其构思源自竹帘。"蚕茧"使展馆避免直射阳光，并通过墙面绿化和间伐木材节省能源，构造良好的自然通风环境。二是突出自身文化个性。韩国馆以造型独特的韩国文字作为外观设计，是最大的创意。韩文是韩国优秀的发明，其创造性和重要性体现了韩国的文化独立性。韩国馆外面以立体化的韩文和五彩像素画装饰，远观由几个硕大的韩文字母连接而成，近看外墙是无数凹凸有致的韩文字母。展馆底层地面，铺设了不同色彩的地砖，实际是韩国首都首尔地图。整个展馆，充分体现出韩国的开放性和包容性，体现出"沟通、融合"的文化内涵。三是紧密围绕主题。无论是展馆建设，还是展示内容，都与场馆主题融为一体。法国馆的主题是"感性城市"，其所有元素都统一在该主题之下：展馆的中心位置是清新凉爽的法式园林；参观路线的一侧是视觉效果强大的影像墙，在展现法国的城市印象；在馆内，美食带来的味觉、庭院带来的视觉、清水带来的触觉、香水带来的嗅觉、老电影片段带来的听觉等感性元素，让参观者充分体验法国的感性与魅力。四是善于突出本国优势。对于美国馆，有人认为是性价比不高的场馆，因为排几小时的队，短短的时间就游览完毕。而且，场馆由企业资助，只放映三次电影而已。特别是在参观完沙特阿拉伯馆那被誉为"最有震撼力"的影片后，美国馆就更显得有点"小儿科"了。其实，美国馆同样体现出该国的优势。"美国大片"风靡世界，这是不争的现实。以拍大片的高超技艺来拍摄三部短片，真是游刃有余。《美国欢迎你》是在街头随机采访美国人，让他们学说汉语，表现出美国人的真诚。《美国精神》展示的是思想，是关于创新和团队精神，表明美国先进在思想意识和精神层面。《我们的家园》是对美国精神中团队精神与和谐世界的故事化阐释。美国馆虽然没有展示高科技，但其一面墙的铭牌都是具有世界影响的品牌，就足以说明一切。五是单一而简洁明了的内容。瑞典馆只有3000平方米，在所有的展馆中并不算大，却紧凑和集中，在"创意之光"的主题下布置简洁明了的内容，反而给人深刻的印象。瑞典馆的外观四四方方，很普通，也没有太过鲜艳的色彩。展馆是一个由四个立方体结构组成的十字布局建筑，从上往下俯视犹如瑞典国旗上的十字图案。建筑外墙呈现象征城市的网络，内墙则布满了大自然元素。展馆外墙平铺开来就是一张艺术化的斯德哥尔摩市中心地图。而展馆造型亮点是：突出展示木材在现代建筑领域的运用。著名童话人物"长袜子皮皮"作为展馆导游之一，带领参观者开始一段充满乐趣的创意之旅。瑞典馆的展示内容主要是：瑞典，创新的国度；实现可持续社会的跨越式发展，需要创意解决方案，使城市、自然和人类能够同步成长。在具体展示中，如木结构房屋可防地震、感受瑞典森林，都使人印象深刻。此外，瑞典馆还开展了"瑞典—中国创新周"、"中瑞共生城市论坛"，以及瑞典与同济大学创意设计大赛，"中国与瑞典创意少年城市百米长廊涂鸦"等活动。正如瑞典馆自信地说："从踏进展馆的那一刻起，直到满载创意体验离开展馆，参观者都将感受到全面综合的设计理念为展馆营造的温馨舒适的氛围。"①

（四）中国文化如何面对下一次世博会：既是机遇，又是挑战

在下一届世博会，中国已经没有"主场"的优势。诸如：中国馆处于"一轴四馆"的"风水宝地"，并且面积超大，各省市自治区都设有自己的专馆，大批对中国和中国文化有兴趣人员"追星"。当这些都"风光不再"的时候，中国文化还能够如此"风光无限"吗？世博会如何展出中国？自从中国参加世博会以来，就一直是问题。到下一次世博会时，除了中国馆的总体考量

---

①　2010 年 7 月 3 日下午，笔者应约专门采访了上海世博会瑞典展区总代表任安莉女士，提出了六个问题：1. 我们知道瑞典有许多具有世界影响的创造，这次上海世博会场馆又以"创意之光"为主题，那么，创意在瑞典国民中的认知度如何？又是如何实现的？2. 瑞典馆除了造型亮点外，文化亮点是什么？3. 瑞典是如何保持文化传统的？又是如何使传统和时尚结合起来的？4. 瑞典作为森林王国，是如何把森林保护和利用结合起来的？5. 作为湖泊王国，是如何保护和利用的？6. 斯德哥尔摩孔子学院是欧洲第一所孔子学院，瑞典人民对中文兴趣如何？对哪些中国文化最有兴趣？

总代表的回答使笔者进一步了解到：瑞典的创意之光始于孩童时期，学校通过各种活动帮助孩子们发展创意性思维和行为。创新的思想和创意的才能，是瑞典在众多领域都处于世界先进水平的主要原因。瑞典是全球最具创意的国家之一。

外，还得考虑中国文化的位置及其表现。这里，需要考虑三重因素：

一是世博会展示方式的演变。世博会的展示，大体经历过三个阶段，第一阶段是从 1851 年开始，为新发明、新创造的实物展示；第二阶段是从 1933 年芝加哥世博会到 1970 年的日本大阪世博会，是主题型的实物展示；而从 20 世纪 90 年代开始，特别是汉诺威、爱知世博会，注重于理念展示。我们要面对和适应这种展示变化，把中国文化融入理念展示。

二是正确处理好中国传统文化与新兴文化的关系，处理好中国文化与经济、科技的关系，处理好中国文化展示与活动、表演的关系。爱知世博会时，时任上海世博会组委会主任的吴仪看了那届中国馆后有一句言简意赅的话："历史太沉重，现实太单薄。"其实，就是要处理好各方面的关系。

三是理解参观者和服务好参观者。上海世博会是在中国举办，因此，95％参观者是中国人。对于本国本地区文化的热爱，使上海世博会的中国文化表现有了坚实的群众基础。而在外国举办的下届世博会，中国能去的参观者毕竟有限，中国馆更多的是面对外国参观者，因此，理解他们的需求，才能使中国文化激起他们的热情，受到他们的欢迎。

（五）让中国文化真正走向世界是长期的过程：千里之行，始于足下

北京奥运会举办之前，笔者曾发表一篇文章《后奥运时代的茶文化》，[1] 首次提出"后奥运"的概念。上海世博会之后，中国同样面临"后世博"的状态。"后世博"的经济、科技、文化都是值得关注的。尤其是"后世博"时中国文化能否走向世界，如何走向世界，更值得我们牵挂。文化的传播，可以强力推动；但文化的传承，则需要双方的合力。让中国文化真正走向世界，不仅仅是世界各地有中文电视落地，不仅仅是全球各个角落有中文书刊发行，更重要的是，中

---

① 余悦：《后奥运时代的茶文化》，《农业考古》2006 年第 6 期。

国文化被接受，中国文化成为异域的文化肌理，这是更为艰巨和长期的任务。语言文字的障碍、思想观念的差异，这些都是中国文化走向世界的困难之处。当然，这是一个"水滴石穿"的过程，是一个"润物细无声"的过程。现在，中国文化对外"发声"的渠道更为广阔，中国文化对外传播的方式更为多样和便捷，中国文化对外交流的舞台更为丰富，这些都是有益的基础。特别是更多的国人走出国门，走向世界，自然而然地把中国文化传统带到世界。如春节在世界各地红火，就是由于世界各地的华人要过春节，甚至一些外国政要也必须正视这种状况，向华人祝贺新年。另外，也有更多的外国人来到中国，或是经济贸易，或是文化交流，或是读书求学，或是观光旅游。不论何种情况，都会在潜移默化中受到中国文化的熏陶。在这种双向互动中，对于双方文化的了解、理解、认知、认同，就会更容易地"无缝对接"。上海世博会为中国文化走向世界作出了一定的贡献，但不能寄希望"毕其功于一役"。我们要总结上海世博会的经验，在今后充分利用好每次世博会推介中国文化的机会，并且将中国文化运用外国人喜闻乐见的方式，与新的高科技手段结合起来，产生更大的冲击力、向心力和凝聚力。中国文化的推介和中国文化产业的发达，两者都要并行不悖。"中国文化能否走向世界化，取决于中国文化的'实力'，取决于中国文化能否适应世界化的需要。""中国文化只有在化解、协调现代人类所共同面临的五大冲突和危机中，发挥出自己独特的巨大魅力和价值，才能获得世人的认同，才能真正走向世界和走向现代化。"[①]

　　上海世博会是中国人寄予厚望的盛会，也是世界寄予希望的盛会。为城市生活更美好提供解决之道，是这届世博会的活动主轴。在世博会159年的历史上，1851年的伦敦世博会，开启了世博会的新纪元。法国大革命100周年时的1889年巴黎世博会，埃菲尔铁塔的建设成为象征。1939年的纽约世博会，标志着汽车时代的开启。1970年的日本大阪世博会，宣告走进信息时代。那

----

① 张立文：《中国和合文化导论》，中共中央党校出版社2001年版，第21页。

么，上海世博会是否能宣告走向"城市再生时代"呢？而中国文化又是否能成为"城市再生时代"的名片呢？我们希望历史能留下世人难忘的记忆。这也正是本章探究"中国文化与上海世博会"问题的起因。

第二篇

民俗节庆的新走向

第五章　民俗文化与当代都市生活解构

　　民俗作为直接影响着人们思想观念、行为规范的文化体系，是国家和民族最根本的文化根基，是原生文化和基因文化。任何国家的竞争，包括经济的实力、政治的实力、军事的实力，也包括文化的实力。文化力、文化竞争力是国家综合实力的重要组成部分之一。如何使中国民俗文化能够绵延不绝而又适应新时代，的确是紧迫而又需要做出现实的选择。民俗文化与每个人密切相关，需要大家都了解、理解，以形成"文化自觉"。

　　要讨论民俗文化与当代都市生活的话题，首先需要对民俗文化的概念，中国民俗及其学科的运行轨迹，乡村民俗与都市民俗有个简单了解。俗话说："十里不同风，百里不同俗。"那么，什么是民俗文化呢？中国民俗学泰斗钟敬文先生有一句精辟的概括："民俗文化，简要地说，是世间广泛流传的各种风俗时尚的总称。"对民俗文化的理解，我想起码有三个层面是必不可少的：一是民俗文化是人们在长期的生活中形成的共同需要；二是民俗文化是经过几代人的努力和传承的结果；三是民俗文化是民众传承的精神文化和物质文化的整合体系。

　　"民俗"这个词早在两千多年前就出现了。先秦典籍《礼记》中记载："故君民者，章以好示民俗。"被誉为"至圣先师"的孔夫子就说过"移风易俗"，宋代大文学家苏东坡把风俗的地位提得很高："人之寿夭在元气，国之长短在风俗。"被称为"十一世纪改革家"的王安石认为："安利之要不在于它，在乎正风俗而已。故风俗之变，迁染民志，关之盛衰，不可不慎也。"总之，"求治之道，莫先于正风俗"，是古代许多有识之士的一致看法。

　　"民俗"作为一门独立学科，在中国萌芽于 19 世纪末期。兼有政治家、外交家、诗人和学者多重身份的黄遵宪，1877 年出使日本任参赞期间在当地作过民俗学调查。他以家乡客家人的民俗为本，创作了具有民俗风味的《己亥杂诗》及诗论，认为："风俗之端，始于至微，搏之而无物，察之而无形，听之而无声；然一二人倡之，千百人合之，人与人相接，人与人相续，又踵而行之，及其既成，虽其极陋其弊者，举者之人，习以为常；上智所不能察，大力所不能挽，严刑峻法所不能变。"梁启超、严复、蒋智由、鲁迅等一批有识之士，发现与关注民俗在保持和兴建一个既非西风也非自我封闭的新社会中的重要作用。1918 年 2 月，北京大学歌谣征集处成立，随后，中国民俗学发展更是风起云涌，一批大家耳熟能详的人物，对此做出了不可磨灭的贡献。

中国传统社会是以农耕为主业的，因此，从一定意义上说，乡村民俗是中国民俗的主体。在相当长的一段时间里，似乎民俗等同乡俗。其实，民俗文化也包括都市大众的伦理观念、价值取向、行为模式、思维习惯、人际关系，以及在衣、食、住、行等日常生活中表现出来的具体民俗事象。在民俗事象的继承手段方面，乡村重在直接习得、农事载体和人际网络，而都市则重在间接习得、非农载体和信息网络，使两者的民俗特性存在明显的差异。另外，两者又呈现出不断整合的趋势，随着改革开放的深入，这种互动整合进一步加快。

明确了以上几点，就可以专门来讨论"民俗文化与当代都市生活"的问题了。不过，这是一个范围很广、含义很深的话题，又是个"仁者见仁"、"智者见智"的话题。这里，只从传统民俗与当代都市生活的实际出发，作些初步探讨。

第一节　民俗文化在当代都市生活的状况

都市民俗是城市文化一个主要组成部分，又影响着城市的发展和城市居民的生产与生活。这里指的民俗文化在当代都市生活的现实状况，既包括城市自身形成、发展、历史积淀、建筑风格、城市景观、地域特色和市民生活等方面的民俗，也包括城市化过程中经过改变并被赋予城市色彩的乡村民俗；既包括传统的城市文化形态中大多数居民所秉承的民俗，也包括在现代冲击下产生的泛民俗。

在民俗分类上，各个学者的归纳有所不同，但大体包括：一是物质生产民俗，如农业生产民俗、狩猎生产民俗、渔业生产民俗、牧业生产民俗、行业生产民俗。二是物质生活民俗，如服饰民俗、饮食民俗、居住建筑民俗、商业与交通民俗。三是人生仪礼，如诞生仪礼、成长仪礼、婚姻仪礼、丧葬仪礼。四是信仰民俗，包括信仰、巫术、禁忌、占卜、预兆等。五是民间科学技术，如民间科学知识、民间工艺技术、民间医学。六是岁时节日民俗，如二十四节气，民间传统节日。七是社会组织民俗，如家族的民俗、村落的民俗、行业的民俗。八是民间语言，如各地方言、常用型民间俗语、特用型民间俗语。九是民间文学，如神话、传说、故事、歌谣。十是民间艺术，如民间音乐、民间舞蹈、民间戏曲、民间工艺美术。十一是民间游戏娱乐，如民间游戏、民间竞技、民间杂艺。这些民俗事象在当今都市生活中几乎都存在，只不过有的传承多些，有的变异多些。而在当今都市民俗中，大家感受最深的，应该是民间礼俗的变迁、岁时民俗的消长、游乐方式的更新。

民间礼俗的变迁，例如，在婚嫁观念中，"大龄"、"晚婚"的观念已经淡化，30岁以上的未婚者已大有人在。婚姻模式从"男尊女卑"、"男大女小"、"郎才女貌"、"门当户对"、"妻从夫居"中走出来，已都无固定的模式。婚姻中的经济关系、男女地位、生育权利、家庭责任、对双方老人赡养等，都变得平等、理性。婚姻仪式由聚饮亲朋的宴会式婚礼，而趋向个性化、多样化。有的婚嫁礼俗采用旧时仪礼，以复古的形式追求新奇的效果和跨时空的感受，也有的婚礼具有简约化和公益化的特征。还有的婚礼采用"古装式"或"体验式"，如在昆明出现的着古代将军盔甲、坐木轮战车的仿古婚礼，在北京举行的乘坐滑翔伞从天而降的"成事在天"婚礼等。

岁时民俗的消长中，传统年节事象的演进与转化、洋节的接受与化用、人造会节的纷至沓来，这些年显得特别突出。在中国汉族的传统节日中，除春节、元宵节、清明节、端午节、中秋节、重阳节、除夕外，有相当一部分已经在都市很少有人问津。就是最重要的民俗节日春节，近些年常被质疑："为什么年味越来越淡了？"甚至有学者提出"保卫春节"的口号，签署相关的宣言。作为举国同庆的民族节日，春节的民俗事象近年发生了很大的变化，例如：年夜饭挪到了饭店宾馆，通宵"守岁"的习俗已被全家看央视"春节晚会"所取代，飞帖拜年变为用电话、手机短信拜年等。端午是夏天的重要节日，作为节日重要象征物的粽子，已从节日的氛围中拓展开来，成为每日可以品尝的民俗食品。作为特定节日纪念性的龙舟竞渡，成为群众性的竞技体育活动和文化旅游项目。草药禳毒的民俗事象已整体弱化，挂天师符、钟馗图等民俗活动难得一见，饮"雄黄酒"等习俗也已绝迹或淡出。

与此同时，改革开放后随着中西之间经济、文化交流合作的增进，带有域外风情和宗教色彩的西洋节日跻身中国都市生活，成为又一套岁时文化系统。在当代中国都市的"洋节"，有人们早已熟知的元旦、圣诞节，近些年还流行情人节、母亲节、父亲节和万圣节等。洋节的传入丰富了中国都市的岁时生活，它表明文化正在更大范围内整合与发展。而保护本民族的传统节日，不因"洋节"挤压而淡化，是文化多样性和文明延续性的重大问题。

此外，还有一些人为设定的"新兴会节"，包括政治性和公益性节日如"三八国际妇女节"、"五一国际劳动节"、"五四中国青年节"、"六一国际儿童节"、"七一党的生日"、"八一建军节"、"十一国庆节"和9月10日的"教师节"、3月12日的"植树节"等；国际性专题节日，如"世界气象日"、"世界卫生日"、"世界地球日"等众多的节日；旅游性节日，如潍坊"风筝节"，南京"国际梅花节"，哈尔滨"冰雪节"，苏州"丝绸节"、淮南"豆腐节"，景德镇"陶瓷节"等。这些"新兴节日"就其事象来说基本不属于民俗范围，却又不乏与民俗节日相连相通的成分，补充着传统的岁时节日。

都市游乐活动与时俱进，其休闲空间的拓展、夜生活的繁闹、旅游的兴盛、向各类市场的延伸，以及儿戏的变迁，成为当代都市游乐方式更新的主要标志。传统民间游戏娱乐具有娱乐性与竞技性、阶层性与对象性、地域性与民族性，这些基本特征在当代都市游娱活动中得到继承和发展，但是，具体活动空间与活动内容既有继承，又有淡化或改变。例如：说急口令、绕口令，猜谜语、捉迷藏、丢手绢、各种棋弈、荡秋千、拔河、接力赛、龙舟竞渡等都得到继承。踢毽子、跳绳、跳皮筋、抽陀螺、打弹弓、丢石子等，则远没有过去风行。在游乐方面，90 年代以来，呈现出电子化、单体化、消费化的特征，如随身听、手掌机、手机、遥控玩具、网络游戏、饲养宠物等。至于休闲，则有学习型、交际型、健身型、游戏型、消费型等种种类型，夜生活也更为丰富。随着闲暇时间的增加，旅游更是从市内到郊县，从省内到国内，到出境出国游。

民俗文化在当代都市生活中的存在，与传统民俗事象一样，既有良俗又有陋俗，可以说利弊兼存。一方面，民俗文化的存在保护了中华文化的根基，又与社会的发展相适应，这是主导和主流；另一方面，也有的民俗事象与社会公德相冲突，与科学文明相冲突，这虽然是非主流的，却值得重视和改善。例如：包二奶这种畸形婚恋，破坏了一夫一妻制、破坏社会道德，有的专家就提出既要从法律上来制止，又要从民俗的角度来限制。在当代都市民俗之中，还有的良莠并存，很难截然分开。比如：建造房屋讲究"风水"，这是中国建筑文化的传统之一。"非典"时期，香港淘大花园病人多，就有人认为是"风水"问题，是房屋设计导致病毒浓度高，容易引发疾病。现在开发的楼盘，大多打出"风水"牌，一旦入住就能家财大涨、福寿延年，虽然入住以后，并非人人都成大款，诸事圆满，但相信风水的观念依然如此。这些，很难用良俗或陋俗作简单的切割。

第二节　民俗文化在当代都市生活的特征

当代都市更具有聚集效应，城市化进程的加快，城市生活节奏的快速，城市资讯的发达，经济全球化和文化多样性的博弈，这些使民俗文化在当代都市生活呈现出以下基本特征：

首先，都市民俗的复杂性。这种复杂性，一是由于城市的地域自然条件、经济发展水平、政治地位不同而形成的城市文化和城市个性。如北方城市的大气，南方城市的秀美，海滨城市的明丽，山区城市的峻峭，都面貌不一，个性不同。如，苏州是水城，济南是泉城，重庆是山城，武汉是江城，大连、青岛是海滨城市，拉萨是高原城市，它们各具文化色彩。也有的城市以其优势的产业形成城市民俗的个性，如景德镇是名闻天下的瓷都，长春是新中国最早的汽车城，大庆是因油田的开发而形成的石油城。二是城市设立和发展的进程中，自然形成的城市不同特色。如六大古都形成的"都城型城市"，表现出注重礼仪、崇尚门第、建筑气派、服饰侈丽、饮食精美、生活奢华的民俗追求。因古代交通便利商业发达形成的"商埠型城市"，则民性轻扬、喜好艺文、看重儒术、耽于逸乐、善于消费为民俗基调。而近现代作为对外经商口岸形成的"洋场型都市"，形成兼容并蓄、趋新善变、崇尚洋派、引领风尚的民俗特质。三是都市民众的多样性。虽然从根子上说，城市居民都来自农村，但是由于来的时间长短不同，经济条件不同，享受教育不同，社会地位不同，行业职业不同，宗教信仰不同，这些因素都促使形成一个个独特的"民俗圈"，其影响力扩展为具有辐射效应的"民俗场"。改革开放以来，特别是近些年城市化进程加快，一些新兴城市形成"移民城市"，带来了各地的传统习俗。尤其是随着境外人士的增多，一些"洋节"传播开来，港台地区一些名词、口语、称谓在内地被广泛接受。

其次，都市民俗的变异性。民俗是一条流动的河，不变的民俗是不存在的。民俗的变异，可以说都市是领风骚者。正如流行的手机短信所说的："乡下人好不容易吃上细粮，城里人又改吃粗粮了；乡下人好不容易吃上肉了，城里人又改吃素了；乡下人好不容易吃上糖了，城里人开始尿糖了；乡下人好不容易坐汽车了，城里人又改走路了；乡下人好不容易用卫生纸擦屁股了，城里人又用纸擦嘴巴了；乡下人好不容易娶上媳妇了，城里人又时尚闹离婚了；乡下人好不容易到城里旅游了，城里人又往乡下跑'农家乐'了。"虽然这里所说的事象并非都是民俗，却从一定程度说明都市总是走在乡村的前面。传统民俗的变异，通常比较缓慢，也相对平稳。但是，都市民俗的变异，则存在异化和新创。例如：年节习俗的食品，端午吃粽子，中秋吃月饼，这种民俗传统虽得到继承，但如今都市里的人们很少自己动手制作年节食品，而是去商店购买。又如：在饮食文化中，受肯德基、麦当劳等洋式快餐文化的影响，中国快餐店应运而生。都市民俗的变异有两种形式：一种是民俗自身为协调与外部世界的联系而进行的自我调适；另一种是作为政府行为的外部干预。如近年来一些大都市出台的禁止燃放鞭炮令，就是一种行政干预。这并不是说政府不能干预民俗，而是要充分看到民俗发展的自身规律，因势利导，化陋为良。

再次，都市民俗的趋新性。这种趋新性，首先表现在追求时髦。在这种心态下，不仅国外的东西是新潮的，把传统民俗的东西改造利用同样可以达到新潮的效果。如蜡染布是云贵高原少数民族世代传承的技艺和普通服饰，而在许多城市，这种布料已被制成姑娘们时髦的衣衫和帽子。江南农村 50 年代前十分流行的蓝印花布，如今也制成了时髦女郎的漂亮衣衫。都市民俗的趋新性，还表现在对传统民俗的简约化，以适应快节奏的都市生活。传统汉族民俗婚礼非常繁琐，现在都市婚俗已简化为迎亲、坐轿车、婚庆、婚宴、闹洞房等几个简单的步骤。都市民俗的趋新性，同样表现在"洋为中用"的时尚化。中国传统婚俗中，新娘的服装基本以红色为主，如今都市新娘大多是穿西式长礼服、头纱，颜色以白色为主。在赠送礼物方面，中国传统是物品，而现在送鲜花的礼仪渐渐多起来。花语有一定的特殊含义，对于不同的节日、不同的事项、不同的人员，都有不同的讲究。这些创造延伸了原来民俗的意义，又发展了传统文化的内涵。

还有，都市民俗表现出很强的商业性。商业民俗本身就是物质生产民俗的一部分。我们所讲的都市民俗的商业性，既包括商业民俗，又涵盖其他民俗事象的商业意味。例如：现在商家讲究员工服饰的统一，讲究礼仪的标准，讲究开张的吉庆，供奉财神的虔诚，都属于商业民俗的内容。更值得关注的是，有的民俗就是一种商业活动，有的民俗里面充满着各种商机，商家也十分关注用传统的民俗文化元素来增加产品的竞争力。茶俗本来是日常生活的一部分，茶艺也是品茗活动的实际需要。现在，茶艺也已经商业化了，有专门的茶艺馆，在旅游景点大多有以茶艺来招徕游客和推销茶叶的。在都市里，复原乡村和少数民族的民俗风情，统统进入民俗村，成为商业和旅游产业的有机组成部分。如深圳的中华民俗村、云南的少数民族民俗村都显现出表演的成分和明显的商业气息。各地的民间艺术品，如江南的刺绣，陕北的剪纸、虎头鞋，西南苗族的蜡染、扎染制品，江西南丰的傩面具等，在都市商店里大多能够买到，成为民俗展示和人们喜爱的商品。至于民俗节日和庙会，更是商业展示和销售的大舞台。在上海城隍庙会，《新民晚报》曾报道集中展示民俗产品的盛况，其表演传统民俗的目的在于制造人气，促进商品消费。在江西南昌，绳金塔庙会也是以民俗来做文章，并初步形成品牌效应。

最后，谈谈都市民俗的游乐性。所谓"游乐性"，是指都市民俗游戏娱乐的功能得以加强。这也表现在三个方面：一是传统的游艺活动得以继承，并且又有许多新的游艺方式。如耍龙灯、踩高跷、扭秧歌、打腰鼓等表演活动，跳绳、拔河、角力、爬杆、跳房子等传统体育竞技活动，枪术、拳术、剑术、射术、马术、拳击等武术项目，依然为人们所爱；而新兴的门球、台球、足球、乒乓球、羽毛球、网球等体育活动，老年迪斯科、各种健美操，又活跃在人们的生活中。二是传统民俗的其他属性逐步衰减，而游乐性功能得到强化。像民间传统的岁时民俗与节日民俗，大多原有巫术、祷祝、祭祀、信仰、禁忌的意味，现在日趋减弱，而游艺娱乐性则日益加强。山西临汾的威风锣鼓原是过年过节、祈福许愿的社火活动，而现在则将原有的求神祈福的内涵进行改造，成为一种地方文化的重要展示。在北京亚运会上，数千人的威风锣鼓表演，像万马奔腾，如春雷滚动，似黄河咆哮，震撼世人，气势蓬勃，被评为"神州第一鼓"。三是民俗的参与性更强。物质生产民俗原是生产的一部分，现在有的变成了游乐活动的组成部分。例如：农业果实的采摘，农业技能的掌握，传统的工艺技巧，传统的手工制茶，现在成为人们的游乐活动。四是民俗与旅游的紧密结合。除前面提到的民俗村外，还有民俗博物馆、民俗山庄、民俗商店，以及与此相配套的民俗饮食。同时，以民俗为主题的专项旅游，以民俗旅游作为主打的旅游热线，得到进一步的开发。

第三节　民俗文化在当代都市生活的前景

正如前面所论述的，都市民俗的复杂性，决定了事物走向的不确定性；变异性，决定了都市民俗演变的快节奏；趋新性，表现出都市民俗的两极或是面目一新，或是旧瓶新酒；商业性，则是实用性、功利性的强化；而游乐性，则是传统民俗由娱神为主轴，走向娱人为主体。在这些繁杂的变化面前，民俗文化在当代都市生活，会呈现怎样的前景呢？初步梳理一下，大致有五个方面。

1. 中国传统民俗的内核不会变

传统民俗的内核就是其总体追求和内涵，是和民族精神、民族性格相关联的，是和中国传统文化整体精神相和谐的。诸如：祈福祝福，讲究仪礼，平等友爱，重信明智，安土乐生，求吉求利，求善求康，这些最基本的对中国传统民俗的向往，将会长期存在。虽然民俗事象发生局部变异与整体变异，内容变异和形式变异，数量变异和质量变异都可能出现，但其根本性的价值观念和指向是不会"突变"的，因为人人追求美好、追求理想的思维模式已经成为定势。像我们所熟知的神话，基本上随着人类文明的成熟不再产生了，但并不等于说神话思维、神话心理也一同消亡，而是以另外的形态和方式延续下来。现在有的作家对传统的神话传说进行"翻新"，所谓"重写神话"也是对逝去岁月的追寻。这种状况不仅是"形在"，更是"神在"。

我们再来分析一下争议不断，甚至引发高层关注的年节问题。中央文明办曾下达一个关于中国传统节日文化的课题，并由中国民俗学会承担。中国民俗学会与北京民俗博物馆还共同主办"民族国家的日历：传统节日与法定假日国际研讨会"，进行中外合作的深入探讨。如对春节的担忧，一种是淡化，另一种是异化。所谓"淡化"，就是年味越来越淡了，其实是用新的内容、新的方式承载着原有的民俗内核。所谓"异化"，就是像有的人所主张的走向全民族的"狂欢节"。

不过，春节要变成全民性的"狂欢节"并非易事，甚至可以说在相当长的时间内并不现实。世界上有不少国家都有狂欢节，它是全民族的活动，是给所有人提供一个"抬腿就跳，张嘴就唱，快乐可以传染，情绪得以宣泄"的场合，是对平常生活状态的反向运动。狂欢节的嫁接需要文化的链接，要有相近的文化支持和文化认知。中国人向来讲究含蓄、深沉，所谓"温柔敦厚"、"宠辱不惊"、"发乎情，止乎礼"、"乐而不淫，哀而不伤"，要求人们时刻保持内心平静，行动表现应有克制。看来，中国春节和外国狂欢节在表象和旨趣都存在不少差异，很难短期内磨合与接轨。

2. 民俗变异的速度加快甚至泛化

当代民俗变异的速度加快，而其相对稳定性的特征正在减弱。像在服饰文化中，20世纪80年代流行过喇叭裤，后来又有五分裤、七分裤、九分裤，但流行时间都很短。原来最为稳定的方言，也逐渐开始退出或缩小原有的领地。如原来纯正的上海话现已变味变调，融入许多地方方言，加入普通话的成分，大大冲淡了上海话里原本以江浙方言所组成的语言因素。

不过，民俗变异的这种加速度，并非是民俗的销减，同样是民俗嬗变的机遇。因为：时尚是可以演变为民俗的。如20世纪初叶，西装和旗袍是时尚的服装，而现在变成日常生活中普遍可以穿着的服装。民俗也可以变为时尚。戒指原是男女婚嫁的凭证，后来成为一般的时尚用品。沐浴是传统的民俗，现在也时尚化了，有了冲浪沐浴、森林沐浴。有时候，时尚与民俗真是难解难分。像年轻女性穿肚兜，成为都市的一道风景线。而肚兜原本是江南农家妇女夏天劳动的衣着，后成为江南妇女消夏的衣着。那么，肚兜到底是时尚还是民俗？这只能作具体分析。时尚能够长久流行并积淀下来的，会变成新的民俗；而流行一段时间后就消失的，就只能是一种时髦。

在民俗未来变异的进程中，还有循环和泛化两种情况。所谓"循环"，就是旧的民俗经过一段时间的沉寂或消失后，又以原有的或变异的面目重新出现。如染指甲是中国传统民俗，后来几乎绝迹，现在的美甲习惯就来源于传统的染指甲的良俗。又如佩玉，在商周社会就有佩玉的风俗，现在，佩玉之风重又盛兴，这是一种轮回。所谓"泛化"，是指民俗无所不在，把它延伸到一切领域内。像家常菜、农家菜成为新宠，甚至进入高档的宴席。又如：建筑方面，中国民居往往强调依山傍水而建。城市区内一般不会有山，如今现代房地产开发强调亲水观念，是中国民俗的泛化，是堪舆文化的延伸。

3. 都市民俗实用功能进一步扩大

民俗文化除了生产、生活的层面外，还有精神的、文学艺术的、语言的多个层面。如今，都市使多种类型的民俗进一步走向实用性。像有的新兴节日，如桂花节、风筝节、食品节、艺术节，还与民俗有一定的关联度；那么，空调节、科技节、百货节等，没有实质的民俗内容。演出时区分角色的京剧脸谱本，原为民间吉祥物的"中国结"，寺庙的撞钟，这些如今都成为了商品。灶王爷是民间信神，现在精明的商家也盯上了他，南昌市"灶王爷"大酒店红红火火。圣诞节是西方人的宗教节日，在中国许多地方已经世俗化了，圣诞时在一起吃圣诞大餐、跳舞、唱圣诞歌。大酒店举行的圣诞活动，大商店出售的节日商品，并非出于其宗教信仰，而是一次可贵的商机。在这种实用性氛围的鼓噪下，有一些民俗事象被风马牛不相及地进行了改造。最有代表性的，可以说是打造"中国的情人节"。中国原没有情人节的概念，但在商业推动和本土文化推崇的双重作用下，人们正在将传统的七夕节作为与西方情人节相似的节日。其实，中国的七夕节与西方的情人节完全不同。"牛郎织女"的传说故事本是一出悲酸的爱情故事，与现代浪漫并不沾边。传统的七夕节又在各地有不同的活动：如晚上陈列瓜果，拜祭月亮；妇女在月光下穿针，以应乞巧名目；有的将新嫁闺女接回娘家，怕王母娘娘拆散新婚夫妇；还有的祭七姐神，月下结盟七姐妹；体弱多病的孩子，也常在此日将红头绳结七个结，戴在脖子上，祈求健康吉祥。而中国情人节活动，给心爱的人送花或与其共进晚餐等都与这些无缘。

4. 伪民俗的出现并影响着真民俗

所谓"伪民俗"，是指并非民俗，却又以民俗的伪装出现。早在1999年，著名作家王蒙就发表文章直言《大红灯笼高高挂》中表现的"挂灯"表示"驾幸","捶脚"增进性欲等情节，全都是杜撰，中国并不存在这样的风俗。我也曾在1991年写的《文艺民俗学引论》中指出《红高粱》中的"颠轿"不是民俗原型。不过，由于张艺谋的影响力，"颠轿"这一形式已进入大众的接受范畴，许多景点有"颠轿"项目。又如：过去在上海大街小巷听到磨刀剪小贩的吆喝声，一般是苏北口音，其吆喝声都为"削刀——磨剪刀！"而现在的吆喝声却成了带普通话韵味的："磨剪刀来——锵菜刀！"这显然不是原汁原味的民俗，而是学京剧《红灯记》的吆喝声。再如有的旅游文化景点是根据文学创作所建的，一些景点的"民间传说"、"民间故事"也是新的创作而非传统的口头流传。最有代表性的是云南石林的阿诗玛，还有广西的刘三姐，都是文学创作的人物形象。对于民俗中的真假问题，著名民俗学家徐华龙先生曾有精辟分析："这里所说的真假，在大多数情况下，是没有褒贬之分（除了故意、凭空制造出假的东西来骗人，并且引起了不好社会效果之外）。假的泛民俗有可能产生好的社会效果，真的传统民俗也会带来坏的社会效果。"应该指出的是：泛民俗的东西和传统民俗的东西应该加以区别，这种意见很有见地。不过有些"伪民俗"经过时间的检验，历史的打磨，大众的首肯，也许能够流传下去，就会转化为真的民俗。

5. 民俗文化保护任务艰巨并将长期存在

民俗文化植根在大众的土壤里，但随着社会的变迁，保护民俗又是一项长期而又艰巨的任务。国家已经把每年的6月份第二个星期六定为"文化遗产日"，国家首批公布的非物质文化遗产名录518项，江西省有19项；江西省首批非物质文化遗产名录62项。这些遗产，相当一部分属于民俗文化的范畴。江西省在这方面做了大量行之有效的工作，但任务依然艰巨。

民俗文化保护，有三种层面：一是已经进入博物馆的民俗文化，是已经消失和即将消失的文化。像鄂伦春的狩猎习俗，随着动物保护法规的实行，村寨的迁移，这种习俗基本上已经消失，只能在博物馆里展示。而一些古代生活、生产的各种民俗器物和民俗技术，除了少数依然在使用，或是特色状态下的使用，大多已脱离现实生活。二是进入保护性工程的民俗，也是正在面临消失危险的文化。非物质文化遗产保护名录的原则之一，就是首先抢救那些濒临灭绝的文化遗产。这些遗产，特别是技艺性的，往往随着传承人的离去而艺绝。所以，现在把传承人的保护视为重要环节，正在采取措施抢救他们身怀的绝技。三是依然活跃在现实生活中的民俗，也有一个需要保护的问题。这就是不被污染，不被偷梁换柱，在承认正常变异中把民俗文化的根留住。

在民俗文化保护中，要注意保护名义下的破坏。最有代表性的是在旧居、旧街、旧城区的保存与改造方面，毫不留情地拆除旧的房子和街道，大兴土木重新仿造旧的街景。这种保护与破坏的矛盾，将长期处于博弈之中。

我们的意愿是：让每一个人都能顺应时代潮流，又能在民俗文化的大海中自由遨游，获得生活的乐趣和提升生命的质量！

第六章　传统节日成为国家法定
假日的文化解读

2008 年 1 月 1 日起，全国法定节假日进行了重大调整。这一改变，牵动着广大民众的神经，也在学术界引起了广泛关注。不同专业背景的专家学者，都把眼光投入自己重视的层面，特别是对劳动者休息的权利、带薪休假、黄金周的影响等有众多的讨论。① 而本章则从传统节日成为法定节假日的文化意义与未来发展，作些探讨，因为这些法定节假的调整起因，很大程度上就是由于文化的推动力，民俗学家是其中最早关注、研究、呼吁、策划的重要群体之一。②

第一节　传统节日成为国家法定假日的历史演变

2007 年 12 月 14 日，国务院对《全国年节及纪念日放假办法》进行了修订。这是一次历史的延续，又是一次最有文化意义的构建。

早在 1949 年 12 月 23 日，中华人民共和国诞生不足百日，政务院就发布了《全国年节及纪念日放假办法》，订立的节日主要是元旦、三八妇女节、五一国际劳动节、五四青年节、六一儿童节、七一党的生

---

① 这方面代表性的意见有：国务院法制办规定对不能休年假职工须付 3 倍报酬；发改委负责人解释为何决定取消"五一"黄金周；劳动法"工作时间、加班时间"问题总结；清华大学假日改革课题组指出，黄金周有四大弊端。以上均可从网站查得。

② 早在 2004 年，中国民俗学会理事长刘魁立先生就主持完成"传统节日文化的复兴与当前假日制度的改革"课题，其中部分成果集中刊登在 2004 年第 5 期《民间文化论坛》。陈连山、黄涛、高丙中、萧放四位学者分别对春节、清明、端午、中秋四大传统节日的习俗改革提出了自己的建议。中国民俗学会与北京民俗博物馆还共同主办"民族国家的日历：传统节日与法定假日国际研讨会"。

日、八一建军节、国庆节，外加传统的春节，使中国公民有了元旦 1 天、春节 3 天、"五一" 1 天、"十一" 2 天的基本公休假格局。46 年后的 1995 年，有了"双休日"制度。1999 年 9 月 18 日，国务院对年节及纪念日放假办法进行了第一次修订，最重要的是形成了春节、五一劳动节、十一国庆节 3 个"黄金周"。而 2007 年 12 月 14 日，则是第 2 次修订，突出彰显了这次修订的"文化含量"。办法规定了全体公民放假的节日：新年，放假 1 天；春节，放假 3 天；清明节，放假 1 天；劳动节，放假 1 天；端午节，放假 1 天；中秋节，放假 1 天；国庆节，放假 3 天。这 7 次全民放假节日，共 11 天，其中，传统节日 4 次，共 6 天；而新兴节日 3 次，共 5 天。也就是，传统节日在全国法定假日中，无论次数和天数都超过新兴节日。此外，国家还规定：少数民族习惯的节日，由各少数民族聚居地区的地方人民政府，按照各该民族习惯，规定放假日期。传统节日更多地纳入法定节假日，是顺应民意、尊重民间习俗的重要举措，也是继承和弘扬传统文化的重要方式。其文化意义，我们不妨从多个方面作些具体分析。

（一）传统节日是农业文明的继承与再现

历法的种类很多，大体可区分为以月亮盈亏为基准的"太阴历"和以太阳周期为基准的"太阳历"。在人们普遍的印象中，中国传统社会所使用的历法是"阴历"，亦即所谓"旧历"、"农历"、"民历"。其实，这是一种并非全面和准确的看法。因为，中国传统社会的历法是"阴历"兼具"阳历"，实为"阴阳合历"，故又叫作"太阳太阴历"。1912 年，孙中山宣布废除阴历而采用阳历，但由于中国文明一直是以农耕为基础的，而阴历和农耕生活的节气、节律之间有着千丝万缕的联系，所以现代中国也一直是阴历和阳历并行延续的局面。① 正因为如此，依据阴历、节气等编排和设计的各种传统的年节、

---

① 中国实行的是阴历和阳历并举的做法，从各类年历、挂历、台历和万年历的编制中都能得到很好证明。其实，中国是多种历法并行的国家，还有各种物候历（如独龙族就曾经存有物候历）、各种宗教历法（如开斋节是依据伊斯兰教历法来安排的节庆）和少数民族独有的很多历法（如傣族历法、藏族历法、彝族的十月太阳历）等。

庆典和仪式，这些所谓"传统节日"的节庆体系，依然根深蒂固，特别是春节、元宵、清明、端午、中秋等堪为代表。中国的传统节日是农业文明的缩影，既是我们先辈长期不懈地探索自然规律的产物，包含着大量科学的天文、气象和物候知识，也是中华文明的哲学思想、审美意识和道德伦理的集中体现。节日表现的人与天（自然）的关系，体现出中国人阴阳平衡、天人合一、顺其自然的哲学思想；欣赏柔美，追寻浪漫的美学观；享受团圆美好气氛，根据年龄辈分长幼有序的伦理观念。这些优秀的文明成果，通过节日可以很好地继承和再现。

（二）传统节日是中华文化传承的基石

传统文化的继承和弘扬，是需要载体的。节日是日常生产的亮点，节俗文化是时代精神的聚焦。传统节日及其相关活动，是传统文化的重要载体之一。传统的春节，人们印象最深的有王安石《元日》诗"爆竹声中一岁除，春风送暖入屠苏。千门万户瞳瞳日，总把新桃换旧符"。其实，春节最有生命力的，是举国共庆，全民欢腾的活动，是盼春节、迎春节、庆春节的繁复、温馨的过程。每年从农历12月23日开始就进入年的程序，祭灶神、扫尘、贴春联、贴年画、贴门神，祭祖、吃年夜饭、守岁，拜年、走亲戚、舞龙灯、跳狮舞、吃元宵、观花灯，等等。每一个辰光，每一个环节，都紧扣着辞旧迎新的寓意，期盼祝福的心愿，尊崇先人的礼教，还有许多传统文化的符号。如果缺失春节这个载体，如果简化或省略这些熟悉而陌生的过程，淡化或消除这些民间文化符号，也就失去了年味，失去了年的本质的意义，也就使文化传承失去了根脉。同样，像年节的放鞭炮、扭秧歌，清明节的踏青、放风筝，端午节的赛龙舟，中秋节的燃宝塔灯，都是象征着闲暇、欢乐、温馨和幸福，都是展示欢庆喜悦的有效形式。正是在这些活动中，人们可以感受到传统文化的魅力。

（三）增强中华民族的认同和团结

中国是一个由56个民族组成的国家，各民族都有自己的传统节日，但一些传统节日又是多民族共同享有的。例如，春节不仅是汉族的节日，也是其他38个少数民族的重要节日。其中，31个民族普遍过春节，它们是汉族、满族、朝鲜族、赫哲族、蒙古族、达斡尔族、鄂温克族、鄂伦春族、土族、裕固族、锡伯族、普米族、羌族、彝族、白族、哈尼族、傈僳族、纳西族、景颇族、阿昌族、怒族、苗族、布依族、侗族、水族、仡佬族、壮族、瑶族、京族、黎族和畲族。而另外8个民族中也有部分群众过春节，它们是回族、东乡族、土家族、毛南族、佤族、仫佬族、傣族和柯尔克孜族。可见，春节在我们中华民族的共同生活中具有极其重要的影响。同时，还有其他一个民族或多个民族的传统节日，如蒙古族的白节、马奶节、那达慕大会，回、维吾尔、哈萨克、东乡、柯尔克孜、撒拉、塔吉克、乌孜别克、塔塔尔、保安等民族的开斋节、古尔邦节，藏族及珞巴、门巴民族的藏历节、望果节，藏族的雪顿节、沐浴节，苗族的花山节、姊妹节、芦笙节，壮、苗、布依、侗、瑶、畲、仫佬、仡佬等族的三月三。① 这些节日，数以百计，恰好反映了中华文化"合而不同"的优良传统。② 中华民族分布广泛，却能保持强烈的民族认同感，这在相当程度上得益于节日民俗的存在。正因为如此，国家法定假日的实行办法，还体现出我国民族一律平等，国家对各民族传统节日和风俗习惯的尊重，也是国家法定假日规范体系的组成部分。

（四）传统节日还有助于增强中华民族的向心力和凝聚力

海外华人一直把春节视为民族文化的代表，他们身处异族文化之中，但是每年仍然坚持过春节，并加以展示。这既是强化自己的文化信念，也宣传了中华文化。香港和台湾现在都把春节、清明节、端午节、中秋节列为有假的节日。海外侨胞对清明祭祀十分重视，每年清明节都有大批海外华侨归国祭祀祖先，也祭祀本民族的始祖。每年清明节，数以万计的海外侨胞来到陕西桥山黄帝陵、轩辕庙，祭祀华夏始祖轩辕黄帝。每年清明节，很多台湾同胞也来到海峡对岸祭奠祖先并与亲人同聚。③ 可见，共同的清明节俗，使侨居海外多年的侨胞和

---

① 据高占祥主编：《中国民族节日大全》统计，知识出版社1993年版。

② 可参阅叶大兵、乌丙安主编的《中国风俗辞典》，上海辞书出版社1990年版。

③ 徐杰舜主编《汉族民间风俗》，中央民族大学出版社1998年版，第382页。

台湾同胞的心与祖国连在一起。如今，把清明节作为法定节日，必会进一步增强民族文化认同意识和民族自豪感，进一步增强民族凝聚力。内地和港澳台在现代化道路与现代文化上有意识形态的差别，但是两岸四地的民众在传统节日文化上却是相互认同的，这也是祖国实现和平统一的重要基础之一。

（五）传统节日的弘扬有利于"和谐世界"的构建

中国的传统节日作为中华文明的象征，自创立以来就不断地向周边国家传播，如韩国、日本等国的节俗活动很多都能在中国的传统节日中找到源头。春节在韩国、越南、新加坡都是最主要的假日，韩国甚至把中秋节列为法定假日。日本虽然从1873年起把春节和元旦合二为一，现在却还把三月三（女儿节）、五月五（端午节、儿童节）列为节日。中国传统节日传到域外，并且被民族化和本土化，这一点也引起外国学者的关注。越南阮翠鸾的论文《越南的端午节》写道："农历五月初五是中国的端午节。其实，在越南，也有这个节日，但在称谓上民间多俗称为'杀虫豸节'或'五月初五节''五月节'等。越南一年中有三大节，它们分别是元旦节（即春节）、端午节、农历七月十五节（即中国的鬼节）。其中元旦节和农历七月十五节都带有个人团聚祭供祖先的意味，而端午节却与节气气候及农业生产有关。""端午节虽从中国传入越南，但由于取决于当地社会和环境，农历五月初五实际有其名，但内容有区别。按越南的习俗，纪念祭祀屈原已不是主要的了，他们把中国文化色彩本土化了，同时创造出新的符合于自己的实际生活和自然环境的习俗，例如吃糯米酒、水果、正午采草药、拷树取果、杀虫豸等习俗。"[①] 正是由于传统节日在时间和空间的场域内不断被传播和再生产，使其文化价值得以永恒。而且，我们正在倡导"和谐世界"，不同的国家具有相同的节日，更有利于"和谐世界"的构建。

（六）传统节日成为法定假日有利于文化遗产的保护

现在是经济全球化的时代，又是文化多元化的时代。传统节日正

---

① 陶立璠主编《亚细亚民俗研究》第六辑，学苑出版社2006年版，第82、89页。

是民族文化最集中的体现，最活跃和最有生命力的部分。传统节日，既有物质文化的存在，又有非物质文化的表征，是一个综合的文化体系。而且，任何文化遗产的保护，活态的保护远胜于静态的保护；大众参与的保护，远胜于单个传承人的保留。传统节日正是通过大众共同参与的方式，使这份宝贵的遗产得以生生不息。春节、清明、端午、七夕、中秋、重阳和部分少数民族节日，都已经列入第一批国家级非物质文化遗产名录。元宵节也作为第二批国家级非物质文化遗产名录的备选对象，正在公布征求意见。苑利、顾军在《传统节日遗产保护与我们应该秉承的原则》一文中提出：传统岁时节日的保护重点是两个方面，一是传统节日所传承的物质文明，二是传统节日所传承的精神文明。传统节日文化遗产保护的基本原则是：传统节日文化遗产保护的"有形化"原则，以人为本原则，整体保护原则，活态保护原则。"有形文化遗产与无形文化遗产无论是自身状态还是保护方式都完全不同，如果把前者比喻成鱼干，后者则是一条活鱼。前者的保护方式主要是防腐，而后者的保护方式主要是养生。将无形文化遗产接受并记录下来，固然重要，但说到底，将无形文化遗产做成标本存入博物馆或是资料库则并不是我们的最终目的，我们的真正目的是想让这些无形文化遗产像水中之鱼一样，永远畅游在中国文化的海洋里，生生不息，永无穷尽。而传统节日的保护正需要这样一种理念。"[①] 传统节日成为法定假日，正是通过全民参与的方式，使文化遗产永远成为"活态"的物质与精神财富。

第二节　传统节日成为国家法定假日的文化意义

传统节日更多地成为法定节假日，这是我们对传统文化有更深刻认识后的举措，也是符合整个民族的追求和价值取向的。但是，这一举措从规定层面来说，只是解决了大众的休息权问题，并为文化的弘

---

① 苑利、顾军：《传统节日遗产保护与我们应该秉承的原则》，中国民俗学会、北京民俗博物馆编《节日文化论文集》，学苑出版社 2006 年版，第 108—123 页。

扬提供了可能性。而要真正使其具有的文化意义落到实处，得到体现，还有赖于我们对传统节日，特别是对春节、清明、端午、中秋"四大节"的文化内涵的认识与挖掘。

春节、清明、端午、中秋被称为中国传统的"四大节"，这些都是历史悠久而逐步发展演变定型的。因为中国传统的岁时节日体系萌芽于先秦时期，成长于秦汉魏晋南北朝时期，定型于隋唐两宋时期。元明清时期对这一体系没有大的突破，但对传统节日实现重大调整，突出春节、清明、端午、中秋四大节日在社会生活中的地位，以适应民众生活的需要。但真正"四大节"的地位定型，则是在现代社会。辛亥革命后，中华民国政府为了标榜自己的现代性，放弃作为王朝遗产的"夏历"的官方地位，改用"公历西历"。1914 年 1 月，北京政府内务部在致袁世凯的呈文中提出"拟请定阴历元旦为春节，端午为夏节，中秋为秋节，冬至为冬节。凡我国民均得休息，在公人员亦准给假一日"。袁世凯批准了该呈文。从此，阴历的 1 月 1 日把自己原有的名称"元旦""新年"让给阳历的 1 月 1 日，自己则称为"春节"。中华人民共和国成立以来，春节早就纳入了法定节假日，但人们普遍反映现在"年味"越来越淡了。随着人们生活水平的普遍提高，这"年味儿"指的就是节日文化。还有的年轻人简单地认为"清明节就是扫墓，端午节就是吃粽子，中秋节就是吃月饼"。与此同时，各种非法定节假日的洋节却搞得红红火火，有人戏称为："汤圆"动辄败给"玫瑰"。这些，都涉及春节、清明、端午、中秋，以及其他的中华民族传统节日，我们应当充分了解并挖掘其文化内涵，使我们的传统节日越来越受到人们的喜爱，使我们的传统节日文化越来越兴盛。

"年味儿"越来越淡了的说法已经流行多年。的确，无论城乡，传统节日的影响都在消退，这是当代社会处在全面变革过程的现实。对于这一现象，我们要客观辩证地分析。一方面，由传统的农业社会体系进入现代工业文明体系，传统节日在现代生活中的时序意义明显消退，传统节日地位的下降是可以理解的。另一方面，如果研究社会生活史和节日演变史，我们就会发现：人们追求生活和谐、闲适，满足精神需要的本性是不会改变的，因此，传统节日的变化只能是程度上的，或者是形式上的变化。正因为如此，我们既要勇于正视传统年节的状况，又不要把这种情况无限夸大。那么，应该怎样挖掘传统年节的文化内涵呢？我们还是以春节为例证，作点具体分析：

第一，要从年节产生的源头，来寻找文化内涵的根基。春节，是现代人对于夏历（农历）新年的称呼。古时，正月初一被称为"元旦"，亦云"三元"，即"岁之元，时之元，月之元"。意思是说：这一天是新年的开端，新季节的开端，新月份的开端。春节是反映太阳和月亮运动规律的自然节日，也反映了中华民族传统的核心价值观念——阴阳和谐，反映了我们民族对于顺应天地自然的人生境界的向往。

第二，要从年节的全过程考察，破解其文化的丰富性。春节的各项活动主要包括两个方面：辞旧岁，迎新年。广义的春节概念包括腊八直到元宵节，相关的民俗活动非常丰富：从腊月初八的"腊八节"、腊月二十三的祭灶节、除夕守岁、初一拜年、初五"破五"、初七人日，一直延续到正月十五"元宵节"。过年行事尽管纷繁复杂，但文化内涵则集中在三个方面：一是有关过年者主体自身物质及精神需求的；二是为协调和加强现实人际关系的；三是反映人天关系，也就是人与超人的、神秘的天神和鬼怪世界关系的。

第三，对年节的重点民俗事项作深入剖析，解读其社会功能和文化象征意义。例如：春联、年画都起源于古代驱鬼辟邪习俗，现代发展为表达喜庆吉祥意愿的民间艺术。年夜饭又称团圆饭，是人们对于生活幸福的最基本要求：阖家团圆，人人平安。除夕守岁是等待辞旧迎新时刻的到来，包含着对美好未来的强烈期待。放爆竹的原始目的是驱逐鬼怪，或迎接神明，后以强烈的喜庆色彩发展为辞旧迎新的象征符号，成为最能代表新年到来时刻的民俗标志。年糕和饺子是最具代表性的新年食品，表达人们对未来的美好期待。春节祭神、拜祖、拜年，是对人神关系、人伦关系的重新确证，即对于人类作为一个文化存在的确证。海外华人通过春节民俗活动，重新确证自己是一个文化上的中国人。

　　第四，对于年节事项的禁忌分析，可以清晰了解中国人的心理追求。由于春节是除旧布新的日子，所以春节的一切行为（包括日常行为）也都具有象征性、仪式性。春节时住的房子要除尘和装饰一新，穿的衣服也必须是全新的，据说这样才有美好的新生活。吃的饭要有剩余，以求"年年有余"。春节的"铺张浪费"简单地斥之是难以奏效的，因为还存在文化的象征：未来的生活要像春节一样丰盛。春节要讲吉利话，孩子打碎了碗也不能责备，要说"碎碎（岁岁）平安"。这既是过年禁忌，又包含着禳解方法，是万一不慎出现失误的补救措施。①

　　总之，春节被赋予的文化内涵需要作全面立体深入的考察。其实，这也可以推广到所有传统节日的探究。只有充分了解和挖掘传统节日的文化内涵，我们才能懂得人们在传统节日喜爱什么，才能正确地把握除弊兴利的科学选择，使传统节日文化越来越兴盛。也正因为如此，我们才能更深刻地理解：为什么有的地方经过十年的努力禁放烟花爆竹，最终又不得不回归"限制"的轨迹，就因为传统节日的文化内涵在制约和规范着人们的心理与行为。

　　遵循同样的原则，我们再来看看清明、端午、中秋节的文化内涵。与其他传统节日比较，清明节有三个特点：一是兼有节气与节日两种身份，二是以户外活动（扫墓、踏青等）为主，三是兼有肃穆（在扫墓祭奠活动中的悲伤）与欢乐（在踏青等游玩活动中的愉悦）两种情感氛围。这种特色的形成与其来源密切相关，因为清明节是"清明"节气、寒食节、上巳节三者融合而成的节日。这一时间的拐点是在唐代，王维的《寒食城东即事》诗句"少年分曰作遨游，不用清明兼上巳"，是寒食、清明与上巳三者融合为一体的有力佐证。自唐宋以来，清明的民俗活动之丰富在中国传统节日中足以和春节一比高下。清明的民俗活动可以分为三大部分：一是祭祀。清明祭祀的参与者是全体国民，上至君王大臣，下至平民百姓，都要在这一节日

---

①　可参阅陈连山《论春节的文化象征意义》，《民俗学刊》第四辑，澳门出版社 2003 年版。吴效群《高扬春节的文化价值》，《江西社会科学》2006 年第 2 期。

祭拜先人亡魂。从唐朝开始，朝廷就给官员放假以便归乡扫墓。祭祀的对象是祖先和去世的亲人，表达祭祀者的孝道和对死者的思念之情。祭祀的时间在清明前后，一般是"前三后四"，最多不超出"前七后八"。祭祀的场所可分为墓祭、祠祭，以墓祭最为普遍，还有的远离在外，就在山上或高处面对家乡方向遥祭。祭祀的方式或项目各地有所不同，常见的是整修坟墓，挂烧纸钱，供奉祭品。二是春游活动。旧时，清明的春游场景非常盛大热闹，游乐活动在清明节俗中占有重要位置，差不多与祭祀平分秋色。明代的《帝京景物略》就记载了扫墓与郊游并行不悖的情形"三月清明日，男女扫墓……哭罢，不归也，趋芳树，择园圃，列坐尽醉"。传统的春游活动有：踏青，就是脚踏青草，在郊野游玩，观赏春色。挂饰，有折柳、戴柳、赠柳的习俗，据说因柳枝有辟邪的功能。放风筝，古人认为清明的风很适合放风筝，放风筝可以放走自己的秽气。荡秋千，由于清明荡秋千随处可见，元明清时期遂定清明节为秋千节。拔河，拔河发明于春秋后期，开始盛行于军中，后流传于民间，唐玄宗后成为清明习俗的一部分。此外，清明的传统游艺还有踢球、斗鸡等。三是节气食品。清明节时，各地有不同的节令食品。由于寒食节与清明节合二为一的关系，一些地方保留着清明节吃冷食的习俗。很多地方在完成祭祀后，将祭祀食品分吃。此外，各地还有不同的清明饮食风俗，如上海的吃团，浙江湖州的吃粽子，还有的清明节办社酒，同宗祠的人家或同房子孙在一起聚祭。浙江桐乡河山镇有"清明大似年"的说法，清明夜全家团圆吃晚餐，饭桌上少不了几样传统菜：炒螺蛳、糯米嵌藕、发芽豆、马兰头等。①

端午节风俗在中国广泛流传，根据汉文典籍的记载和后人的研究，端午节的来历比较有影响的说法大致有四种情况：源于古时的"兰浴"；起于古时的夏至日；本是古百越先民举行龙图腾崇拜活动的节日；与纪念历史人物（如屈原、介子推、伍子胥、曹娥等）有关。一般来说，与自然物有关的可能发生在前，与人物有关的可能发

---

① 可参阅黄涛《清明节的起源、变迁与公假建议》，《民间文化论坛》2004 年第 5 期。

生于后，秦汉以后，由于屈原人格及辞赋的深刻影响，端午节源于纪念屈原一说广泛传播，逐渐为大多数民众所接受。端午节俗有两大主题：一是消灾避疫，二是悼念屈原。这两大主题自六朝之后，一直存在于端午节俗之中，一直服务于民众的生活。如果细分一下，消灾避疫的节俗，存在于社会之中，更为久远和广泛。而追悼屈原的传说虽然同样流传全国，但一般集中在知识阶层。当然，在两湖地区人们纪念屈原的色彩更浓。传统端午节俗有三类：一是佩艾采药，辟疫得健；二是裹粽竞渡，祭祀与凭吊屈原；三是斗草送扇，归省探亲。像大家所熟悉的，汉族地区民间大都有赛龙舟、食粽子、饮雄黄酒、挂香花、戴香包、插菖蒲、斗百草等风俗活动。①

　　中秋是中国秋季的传统大节，地位仅次于春节。中秋之夜是一年中最迷人的月夜，古人就有诗句"一年月色最明夜，千里人心共赏时"。宋代林光朝"秋高气爽，丹桂飘香，天上明月，人间情怀"，何等的生动自然，何等的令人陶醉。其实，在中国的四大传统节日中，中秋节形成最晚，在汉魏节俗体系形成时期尚无踪迹，唐宋时期以赏月为中心节俗的中秋节日出现，明清时上升为民俗大节。不过，中秋节的源头可追溯到古老的月亮天体赏析，唐朝中秋赏月玩月已成为时尚。宋代中秋节已成为民俗节日，放假 1 日。一方面，中秋是令人感怀的节日。由于唐人精神浪漫、气象恢宏、亲近自然，吟月多是河山壮美，友朋千里，邀赏明月，诗酒风流。而宋人则常对月感物，多愁伤怀，以阴晴圆缺喻人情世态，发出"此生此夜不长好，明月明年何处看"的浩叹。（宋代苏轼《中秋》句）但另一方面，中秋又是世俗欢愉的节日，"贵家结饰台榭，民间争占酒楼玩月（《东京梦华录》卷八），取消例行宵禁，夜市通宵营业，玩月游人，达旦不绝。明清之后，社会生活的现实功利因素突出，当时节日中世俗的情趣愈益浓厚，中秋节俗主要体现在：祭月、拜月，庆祝丰收；分享、馈送"团圆饼"。南方地区普遍流行中秋祈子习俗，还有燃宝塔灯习俗。

---

① 可参阅刘亚虎《中国南方民族端午节》、萧放《端午节俗及其意义》，均收入《亚细亚民俗研究》第六辑，学苑出版社 2006 年版。

有的是镂瓜作灯，其形似月；有的是用红柚皮雕刻各种人物花草，中间安放琉璃盏，红光四射；还有的是儿童堆砌瓦砾作浮屠（佛塔），中置薪柴，点燃后"四面玲珑，如火树"。不论节俗如何演变，中秋节的主旨是亲朋团圆庆贺，尤其重视"花好月圆"时的夫妇团圆。[①]

总之，中国传统节日有深厚的文化内涵，春节欢庆，清明踏青，端午临水，中秋赏月，已成为民众节日活动的重要习俗，所承载的文化意蕴不仅存在传统社会，在当代社会依然有活力，在未来社会也会被不断传承。

第三节　传统节日成为国家法定假日的未来走向

如今，更多的传统节日纳入国家法定节假日，表现出国家层面对于传统文化回归的召唤之举。虽然对于具体措施还有争议（如年三十休假而正月初七不休假，取消"五一"黄金周等），而总体的价值指向是不容置疑的。但是，在这一休假的过程中，愿望和现实能否达到一致，还有待于社会的实践和民众的共同努力。除了社会的因素，有时候自然界也会对人类进行考验。2008年南方出现50年一遇冰雪灾害，春运的返乡潮依然热度不减，这既证明节庆文化的魅力、乡情、亲情的合力，也给我们如何继承和弘扬传统节庆文化提出了新课题。传统节日未来发展如何，我们虽然无法去制约、去规范，却可以进行必要的想象和提出合理的建议。

（一）要有继承传统文化的危机感和责任感

传统文化的继承，我们既有自豪感，又有危机感。一方面，随着中国国际影响的增强，随着华人遍布世界的脚步，中国传统文化正成为世界许多地方共享的文化。另一方面，今天是网络化与地球村的时代，同时也是咫尺千里的陌生化时代，在现代社会时间机器的操纵之下，人们的日常生活匆忙而功利，人们的精神世界焦虑而孤独，传统

---

① 可参阅萧放《中秋节俗的历史流传及当代意义》，收入《节日文化论文集》，学苑出版社2006年版。

文化正在逐步流失。在这样的状况下，如何传承中华优秀文化，建设中华民族共有的精神家园，是社会主义文化建设的重要议题。这项工作，繁难而艰巨；这项任务，紧迫而又持久。首先，要有全民的"文化自觉"意识。"文化自觉"，是已故的著名社会学家费孝通先生人生最后的几年最热衷的概念和话题。文化自觉是在具有文化自信的基础上，对自己的文化的来源、得失的清醒反思。文化自觉是在跨文化系统的前提下对文化自身的一种自知之明，文化自觉是要克服文化上的盲目性，是要建立从本民族的文化实践思考民族未来的宏观意识。也就是说，文化自觉是要清醒地看到西方对现代化历程的影响，又要具备采取正确的文化发展路向的自觉意识。只有"文化自觉"，才能把传承中华优秀传统文化始终摆在重要和正确的位置。其次，要有传承中华优秀传统文化的准则和责任心。什么是准则？就是规矩，就是方圆，就是路径。而最大的、最重要的、最根本的准则，就是法律的规范和坚定不移的执行。对于优秀传统文化保护的法律法规，已有的还要根据情况不断完善；而没有的法律法规，则要及时制定和颁布。法律法规必须不折不扣、毫不走样地执行，而不能变样、走样、走过场。所谓"责任心"，是指不同层面、不同岗位、不同年龄、不同性别，所有能够负起社会责任的公民，承担起一份责任。政府应该出政策，出规范，抓管理。专家学者应该多关注，多研究，多呼吁。每一个人都应该身体力行，尽自己一份微薄的，却又是必不可少的力量。最后，要"活化"优秀传统文化，使其永远保护和有活力地生存在民间。现代化消融并拆解了传统文化与现代艺术的界限，"技术文明"使传统文化失去许多有形的物质载体和无形的技艺形式，有的走入困境和濒临消亡的境地。如今，我们正在积极抢救和保护某些文化遗产和非物质文化遗产，却存在太多的静态的"死保"。这种对传统优秀文化进行"搜集—整理—归档"，自然是必要的；使之定格在相框里，锁定在影像上，请进博物馆和展览馆，自然也是存留的方式之一。但是，要真正建设中华民族共有的精神家园，更重要的是使优秀传统文化扎根在民间，保存在民间，使之与民众生活和精神需要紧密地联系起来，成为一种历久弥新、长盛不衰的，真正为广大民众所创造、享用和传承的生活文化。

（二）传统节日不仅需要继承，更需要发展，是必然的趋势

首先，传统节日的演变和与时俱进是一种历史衍变的潮流。举一个人们熟知的例子，正月十五元宵节就是由最初的宗教祭祀活动最终发展为一个全民狂欢的重大娱乐性节日。元宵节起源的说法很多，但较可靠的是起于汉代皇家在正月上辛日祭祀太一星——北极星。晋代已有元宵张灯的做法。隋代元宵节，"鸣鼓聒天，燎炬照地，人戴兽面，男为女服，倡优杂技，诡状异形"，发展为张灯结彩、锣鼓喧天的化装游行节日。唐代，元宵张灯习俗风靡于世，政府还专门开放夜禁三天，便于赏灯。宋代，元宵观灯更加兴盛，从十四延续到十八，而且燃放烟火。宋词之中，就有不少名作生动描写了这一情景。此外，元宵节还有猜灯谜游戏，高跷、旱船、舞龙、舞狮、秧歌等表演，而张灯则为最突出、最有代表性的民俗活动。其次，传统节日的与时俱进，必须符合民众的心理和得到大众的拥护方能实行。而得不到民众普遍的关心、支持和参与的"与时俱进"，是没有生命力的。历史上，不乏这样的例证。1928 年 5 月 7 日，南京政府内政部决定"实行废除旧历，普用国历"，企图改变 1912 年以来阳历、阴历并存的制度。1930 年 4 月 1 日，南京政府又强令把贺年、团拜、祀祖、春宴、观灯、扎采、贴春联等习俗"一律置国历新年前后举行"。这种不顾传统、一意孤行的做法是很难维持的。1934 年初，南京政府停止了强制废除阴历，不得不承认，"对于旧历年关，除公务机关，民间习俗不宜过于干涉"。再次，传统节日文化的与时俱进，要有利于人文精神的建设与弘扬。清明节祭黄帝陵是传统，近些年黄帝陵景区扩大规模，加强了祭拜功能的景区建设。同时，由政府和有关部门主持，举行盛大的公祭活动，进一步扩大了祭黄帝陵的影响。每年清明节，数以万计的海外华侨来到陕西桥山黄帝陵、轩辕庙，祭祀华夏始祖轩辕黄帝，增强了世人的民族文化认同意识和民族凝聚力。成批的台湾同胞和久居台湾的内地乡亲也到黄帝陵拜祭，清明节习俗还有利于国家统一大业。此外，清明扫墓习俗变化较大，趋势是简单、文明、不断翻新，如以献鲜花、上网扫墓等形式寄托哀思。这些，都是

符合社会文明进程的，是传统节日与时俱进的做法。

（三）传统节日应该面对和适应中国社会的变革

在中国社会的变革中，有两方面对于传统节日休假带来了明显的冲击，一是城市化的进程，二是乡村人员远离家乡务工带来的影响。城市化进程对于社会的进步和经济的发展显然是有益的，但是对于以农业文明为基石的中国传统节日的影响则是销减性相当强的。我曾在《民俗文化与当代都市生活解构》一文中指出："在岁时民俗的消长中，传统年节事项的演进与转化、'洋节'的接受与化用、人造会节的纷至沓来，这些年显得特别突出。在中国汉族的传统节日中，除春节、元宵节、清明节、端午节、中秋节、重阳节外，有相当一部分在都市已经很少有人问津。就连中国最重要的民俗节日春节，近些年也常被质疑：为什么年味越来越淡了？甚至有学者提出'保卫春节'的口号。春节的民俗事项近年也发生了很大的变化。例如：年夜饭由自家宅室挪到了饭店宾馆；年夜饭前的祭祖仪式大多淡化或休止；煮'隔年陈饭'以象征'年年有余'，几乎被废弃；燃点红烛、支起撑门棍、通宵'守岁'的习俗，已被看央视春节晚会所取代。与此同时，带有域外风情甚至某种宗教色彩的西洋节日跻身中国都市生活。'洋节'的传入丰富了中国都市的岁时生活，但随之而来的保护本民族的传统节日，不因'洋节'挤压而淡化，成为保持我国文化多样性和文明延续性的一个重大现实问题。"① 随着中国城市化进程的发展，这种"城乡差别"将会进一步明显。

同时，农村的人员结构也在发生变化，越来越多的青壮年到城市和其他地方务工，除了春节长假，其他时间的短假他们很难再回到故乡庆贺，他们的生活带有城乡两地的印记。这种情况，专家学者已经关注到，中国民俗学会名誉理事长乌丙安教授指出："几千年来中国长期处于自给自足的农耕经济，农民很少离开家园。即使在外，过年要祭祀要团圆，不管千难万难也要回家。但由于种种原因，又总有一部分人不能回家过年。千百年来，那些行商的、闯关东的、走西口的

---

① 余悦：《民俗文化与当代都市生活解构》，《江西日报》2007 年 6 月 19 日。

人，到了过年时不能回家，都是撮土为香，向家乡方向遥叩父母，算是拜年尽孝。而中华文明一直倡导扶危济困、互相帮助，本地居民对在外过年的人也格外热情，豪爽大方。随着市场经济的发展，越来越多的人过年过节要坚守岗位，也有不少农民工因为特殊情况滞留在外，党和政府重视民生是一方面，另一方面全社会都要发扬优良传统，嘘寒问暖，体贴备至，让在外过年的人有回家的感觉，过上一个祥和的春节。"① 2008 年的冰雪天气，有大批人员在外地过年，党和政府给予特别的关照，使他们过上欢乐、祥和的春节。这也给我们以启示，适应中国社会变革的实际与要求，倡导休好每一次传统节日假期，是不可等闲视之的。

（四）给传统节日赋予新的文化意义

文化要能自新方有活力。在当代社会，传统节日应该转化为被当代人接受的现代文化。文化传统是特定时代中华民族所积累的生存文化和文化思维与文化智慧。今天与过去的生存时代有很大甚至根本性的不同，简单地还原传统成为一种"奢望"。我们需要的是传统与当代的对话，与当代人的对话，满足当代人的需要，成为当代人的需要。当然，这种传统节日的当代文化阐释，又是不能脱离传统的，又必须有传统的元素和基因。在对传统节日内涵挖掘的基础上，进行合理的文化重组有两种方式：一是原有内涵的延伸，二是原有内涵的再造，从而树立起新的节庆民俗的标志，这是传统民族节日存在与延续的关键。从而，使人们对传统节日不仅是文化欣赏与精神留恋，而且是与人们生活紧紧依存的必需和空间。在现实生活中，春节文化的张扬，可以说是内涵的延伸，而七夕节倡导为情人节可以说是内涵的再造。春节，虽然作揖、磕头、祭祀的习俗变了，拜年、娱乐的方式变了，甚至有的年夜饭的方式也变了，但充其量是传统春节所包含的辞旧迎新、平安团圆、祝愿祈福文化内涵的延伸。春节期间开展的许多社会性活动，是这种内涵的延伸：由关爱亲友，延伸到关爱社会；由亲朋邻里的和睦，延伸到社会群体之间的和谐；由小家的阖家团圆，

---

① 乌丙安：《善待在外过年的人是传统美德》，《人民日报》2008 年 2 月 13 日。

延伸到社会、民族这个大家庭的凝聚与团结。而中国传统的七夕节，是以乞巧节为主打的，如今却有一部分人则把其中两情相悦的节日之事进行再造，提出七夕为中国情人节或爱情节日说法①。2002 年农历七月初七，河北文联在石家庄举办首届爱情节，并举办七夕文化学术研讨会。2005 年，有全国政协委员提议将七夕定为中国的情侣节。2005 年，福建在武夷山举办七夕国际风情节，并举办中国传统节日高峰论坛。2006 年，河北邢台天河山举办第二届七夕爱情文化节。2007 年 8 月 19 日（七夕节），第二届东方情感文化论坛在南京举行，号称东方情人节，举行万人相亲会。同一天，舟山举行首届桃花岛中国七夕爱情文化节，在海边看牛郎织女相会，进行"山盟海誓"爱情漂流瓶放漂活动。这些活动，虽然不断有争议，但也受到相当多的吹捧。随着时间的推移，也许这种再造活动会越来越强烈。

（五）传统节日应有新的文化载体与创新

传统节日纳入法定节假日后，要防止"复制古董"，要对传统民俗去粗取精，去伪存真，在传承传统民俗文化的基础上，要根据时代特征，进行文化载体和活动的创新。一是活动空间的创新。传统节日活动以家庭为主体，应走向以社区为重点；过去以室内为主体，应走向以室外为重点。二是旧有内容的创新。如有专家建议，端午节可以从卫生、体育、文艺三方面发展节俗：可以从原来的送灾驱疫保平安（如蒲剑、艾虎、雄黄酒等）的活动发展为全民的卫生活动，把爱国卫生日设在此日；以举办各种层次、各个地区的龙舟比赛为核心，推动民间群众性的体育活动，激发节日热情；可以从吃粽子、纪念屈原发展为设立诗歌节，推动诗和歌的创作、唱诵。三是表达方式的对接与创新。例如，中秋节不是家庭团聚和吃月饼，更多的应发展为富有浪漫格调与狂欢精神的月下活动，如歌舞、饮酒、赋诗、游园、赏

---

①　七夕再造为中国的爱情节或情人节，其中包括一些热衷传统文化的年轻人以此作为满足他们情爱的载体。而 2006 年，在第四届民间文化青年论坛上刘宗迪的论文《七夕故事考》，提出"七夕原本完全是一个农时节日，无关乎爱情与婚姻，更非什么中国的情人节"。这本来是学术研究范畴的东西，却引起网民激烈抨击，背离了作者学术的本意。

灯、逛夜市等，以增强和拓展其浪漫格调与娱乐功能。四是提炼、开发、延伸节日纪念物，用于布置节日文化空间，营造浪漫欢快的节日氛围。"节日纪念物本是节日习俗的基本元素，但在古代社会，它们是与农业文明和传统生活浑然一体的，作为纪念物的意义就不显著。在现代社会，这些看起来有些'老旧'甚至奇异的东西，就成为人们纪念、怀恋过去生活方式和历史文化传统的寄托物，也成为装饰节日文化空间、刺激节日文化消费的重要手段和渠道。"① 传统节日的文化载体与创新，需要理论的探讨，更需要实践的探索。

（六）以开放的姿态对待传统节日

在文化流通全球化的社会中，中国民族文化应该转化为世界共享的文化。同样的道理，中国传统节日也正在越来越受到世界的关注。据媒体报道，美国自从 2000 年 2 月 2 日克林顿总统率先以美国政府名义书面向中国人民致以新春贺词起，小布什任总统 8 年，年年代表美国人民向中国人民拜年。西方其他国家也是如此，英国首相从先前的布莱尔到现今的布朗，法国总统从密特朗、希拉克再到萨科奇，借农历新年向中国示好已成惯例。德国总理默克尔也把春节作为纠正对华"偏见外交"的难得机会，2008 年中国春节，德国半官方的庆贺春节的一系列活动，论规模堪称世界范围最大。2008 年春节，全球有 20 多个国家的邮政部门发行中国生肖邮票。至于美国邮政总局，逢春节发行中国生肖邮票已坚持十几个年头。部分国家州（省）一级的政府，甚至已把中国的春节定为各自的法定公共假日，譬如美国纽约州、加利福尼亚州等。2 月 7 日中国农历正月初一晚上，纽约最高建筑帝国大厦的顶部亮起了红黄两色彩灯，给整个纽约市涂上了喜庆色彩，使这个世界大都市的夜景更加美丽迷人。当天中午，纽约华埠发展总会在曼哈顿举办盛大的"新春爆竹文化节"。在数十万人的欢呼声中，焰火腾空而起，60 万响鞭炮和着舞狮队伍的震天锣鼓，使唐人街沉浸在欢乐的海洋中。外国人对中国春节的重视与参与，自然与中国的国力增强密切相关，同时，也是因为今日在西方人眼里，

---

① 黄涛：《给传统以新意》，《人民日报》2008 年 2 月 2 日第 4 版。

春节隐含着普世文化价值，即重在一个"和"字：和谐、和睦、和合、和平、和而不同、不同而和，尽显其中。另外，我们也要以平和的心态，对待外来"洋节"的进入。正像任何文化必须与本国文化相结合一样，"洋节"必须与中国文化相结合才有扎根的可能。甚至有时候，我们还要吸收其他国家年节文化有益的养料，以丰富我们的节日。例如，新加坡的中秋节，华人社区要热热闹闹地过 20 多天，每晚在公共场所举行庆贺活动，如游园、夜市、灯展、游行、放烟火、灯笼制作比赛、传统京剧表演、月饼群英会、赏月诗会、猜灯谜等，声势浩大并融入现代气息。这些活动方式，也是完全可以借鉴的。

总之，传统节日更多地进入国家法定假日，是一个良好开端，是增强文化综合力和文化"软实力"的有益举措。只有中国优秀传统文化得以传承和弘扬，我们才能在全球化浪潮中坚守住自己的精神家园，在文化多样性中闪现出民族文化的光彩，在世界的竞争中永远有中华民族伟岸的雄姿。

第七章　新休假制度下的旅游产业发展

经过国家对休假制度的多次调整和双休日的实行，现在的休假时间比原来几乎增加一倍，中国人能够休闲的时间多了。那么，新休假制度究竟有哪些特点？将给我国旅游业的发展趋势带来什么？我们有必要对旅游业的历史情况及其现状进行理论上的探讨和实践上的解答，以便按照科学发展观的要求，使中国旅游业得到持续健康的发展，也使旅游者树立正确的旅游观和有益的心态，真正实现旅游业界、旅游人群与自然生态、人文生态的和谐和美和乐。[①]

第一节　传统休假的演变与新休假制度的进步

国家休假制度的确定，是和一定社会历史的发展、经济水平、生存状况与价值取向相联系的。只有从现实来反思历史，以历史来观照现实，我们才能够看得更清楚，理解得更透彻。

1. 新休假制度的基本内容

中华人民共和国成立后，休假制度进行过多次调整。而我们讲的所谓"新休假制度"，是指 2007 年 12 月 14 日《国务院关于修改〈全国年节及纪念日放假办法〉的决定》颁布，并于 2008 年 1 月 1 日起施行。主要变动有：

（1）春节放假 3 天，加前后双休日，依旧为 7 天的"黄金周"，但放假具体日期调整为年三十至正月初六。

（2）清明节、端午节、中秋节各放假 1 天，加上与一次"双休

---

① 本章写作于 2008 年，曾以单篇形式发表，并进行演讲。其中的一些观点，具有前瞻性，已为后来的实践所证实。为了留下研究的历史印迹，故保留了原有论述。

日"相衔接，形成三次周期为 3 天的"小长假"。

（3）劳动节由放假 3 天改为放假 1 天，并与一次"双休日"相衔接，由"黄金周"收缩为"小长假"。

2. 中国历史上休假制度的形成与演进

从这几点，可以鲜明地看到：新休假制度与实行"双休日"和"黄金周"后的假期相比，总体上只增加一天的时间。新休假制度增加和调整的是传统节日成为国家法定假日。而作为政治性节日的"五一"劳动节，则缩短了两天休息时间，虽然这两天只是"双休日"衔接而来的。这种调整，除了顺从民意之外，还基于经过 30 年的改革开放，经济实力的雄厚，劳动效率的提高，同时也认识到，休闲度假不仅仅是消费，照样可以创造社会效益和经济价值。

当然，实行"新休假制度"，是一个历史的渐进过程，悠悠岁月可以追溯到两千多年前。如果用一句话概括，可以说：中国传统的岁时节日体系萌芽于先秦时期，成长于秦汉魏晋南北朝时期，定型于隋唐两宋时期。

我们所讲传统节日体系包含两方面：岁时与节日。什么是岁时？就是我们习惯上所讲二十四节气。二十四节气虽然未必都是假日，但是中国是农耕社会，传统的节日和农耕联系在一起，和二十四节气联系在一起。另一个是节日。中国农耕社会采用的历法，习惯上被称之为阴历。其实，这种历法既考虑到月亮运行的规律，又考虑太阳的运行规律，所以，中国实行的阴历准确的说法应该是阴阳历（亦称"夏历"）。人类有着丰富的想象力，人类对世界的认识，远的方面最早是天文。先秦时由于天文的发达，岁时节日体系开始萌芽。

为什么说先秦时期节日体系萌芽呢？因为当时形成了以春社、伏日、秋衣、腊日为主的节日序列，同时，还出现了包括二十四节气和干支记日的历法，以及祖先崇拜、天地崇拜等原始宗教信仰，这些都是后世创设传统节日的文化准备。

秦汉魏晋南北朝时期，除了历法的稳定，还由于社会经济的发展，以及道教和佛教的影响，中国传统节日也更为完备。梁代宗懔的《荆楚岁时记》中，就记载有：正月一日元旦、正月七日人日、立春日、正月十五日、正月晦日、二月八日、春分日、社日、寒食、三月三日、四月八日、四月十五日、五月五日、夏至节、六月伏日、七月七日夜、七月十五日、八月十四日、秋分、九月九日、十月朔日、冬至日、十二月八日、除夕等。

隋唐两宋时期，传统社会的重要节日基本都已出现和定型。宋代陈元靓《岁时广计》就收录有：元旦、立春、人日、上元、正月晦、中和节、二社日、寒食、清明、上巳、佛诞日、端午、朝节、三伏节、立秋、七夕、中元、中秋、重九、小春、下元、冬至、腊日、交年节、岁除。

元明清时期节日体系没有大的突破，仅突出新年、清明、端午、中秋节四大节日。当时的新年，我们读过王安石的《元日》，那时也称元旦，而不是现在的春节。

3. 中国休假制度的现代转型

辛亥革命后，放弃"夏历"，改用"公历"（西历），节日体系分化为二元结构。所谓二元结构，一方面保留中国传统的岁时节日体系，另一方面也采用公历过一些新的节日。

阴历的 1 月 1 日原有名称"元旦"、"新年"让给阳历 1 月 1 日，自己被称为"春节"。另外，政府还把自己要纪念的重要日子作为全民的假日。例如，1912 年 9 月 24 日北京临时政府所拟"国庆日和纪念日案"被参议院通过。其中，10 月 10 日为国庆日，所以，中华民国的国庆节又称为"双十节"。此外，1 月 1 日为中华民国临时政府成立纪念日，2 月 12 日为宣布共和、南北统一纪念日。后来不断地又有新的纪念日出来，到 1929 年，这种纪念日增加到 28 个，还进行过多次合并与删减。中华民国新的节日体系，主要包括：元旦、国庆、革命先烈纪念日、国耻纪念日、国父诞辰、国际妇女节、儿童节、国际劳动节、学生运动纪念日、教师节、植树节等。

中国民国时期，过节是两方面的，其主要节日是由政府部门和国有部门按照公历建立新的节日体系过。而民众，尤其是城市私营部门的劳动者和农民，仍然按照夏历过自己的年和节。那时，民国政府也下决心废除一些传统节日，但未能奏效，老百姓不接受。因为当时老百姓习惯根据农事安排日常活动，采用夏历计时更为方便，过传统节日也顺理成章。

4. 中华人民共和国成立后，继承了节假日体系的二元结构

我们现在的假日体系仍然是二元结构，一方面有很多根据传统过的节日，另一方面又有根据公历（公元纪年）过的节日。现在国家规定的节日主要有：元旦、植树节、妇女节、国际劳动节、青年节、儿童节、党的生日、建军节、教师节、国庆节，外加传统的春节。1949 年 10 月 1 日，中华人民共和国成立，12 月 23 日，当时的政务院发布《全国年节及纪念日放假办法》。但是，在这些节日中，全民假日安排在元旦、春节、劳动节、国庆节，端午节、中秋节未能成为国家法定假日。另有部分公民放假的节日及纪念日：妇女节、青年节、儿童节、建军节，这些是针对特定人群所放的假日。少数民族习惯的节日，由各少数民族聚居地区的地方人民政府，按照各该民族习惯规定放假日期。比如泼水节、三月三、火把节等。如果我们去西双版纳旅游正巧碰上泼水节，那么，不管是谁，走在大街上，都有可能被当头泼上一盆水。在泼水节，谁被泼的水越多，谁就越吉祥。我们要尊重当地的风俗习惯，并且有必要了解和理解。

中华人民共和国在实行节日体系的二元结构时，一方面不断创设新活动的仪式，另一方面又尽量希望影响与改造传统节日的内容。春节的遭遇，堪称这方面的典型。新中国成立之初，春节作为全民节日有了 3 天假期，而国庆节为 2 天，劳动节为 1 天（只有 1953 年例外，劳动节放假 2 天），元旦也为 1 天。应该说，这种假期安排足以体现出对春节的重视。但是，《人民日报》历年又发表文章，批判春节的祭拜活动为迷信，燃放鞭炮有危害，大吃大喝是浪费。这种状况随着"文化大革命"的爆发更是变本加厉，1967 年 1 月 30 日，国务院发出通知，春节不再放假。此后十多年，都要求大家过"革命的春节"，也就是春节不休息，"抓革命，促生产"。直到 1979 年，随着思想解放运动，又是《人民日报》发表《为什么春节不放假?》《让农民过个安全年》的读者来信，部分省区颁布春节放假，次年全国也恢复原有春节的假期。这也从一个侧面反映出二元结构休假制度在一

个时期内的价值取向。

　　1999 年 9 月 18 日，国务院对放假办法进行第一次修订，从 1999 年国庆节开始实行。而我们所讲的新休假制度已经是第二次修订，现在全年公休假日达到 114 天。

　　5. 新休假制度是一种社会进步

　　为什么说新休假制度是一种社会进步？人人有工作的权利，人人有休息的权利。越是发达的国家，休息的时间越是科学、合理、更多。这是一种社会趋势。我们通过提高劳动生产率，中国的劳动者也应该通过更少时间的劳动达到更多时间休息这样一种进步。

　　（1）新休假制度的提出，经过较长时间的酝酿和广泛听取意见。这个时间至少有五六年，最早是一批民俗学家提出来要改革休假制度。早在 2003 年，民俗学家已经受中央文明办委托进行了关于现代国家休假制度与中国休假制度改革研究的课题，对中国的假日如何实行改革，对中国传统的节日如何看待已经有所阐述。这次休假制度改革出台前，政府又在网上广泛征求意见。

　　（2）新休假制度坚持原有的二元结构，又突出了传统节日的传承与弘扬。关于其意义，可以看看《江西社会科学》2008 年第 2 期拙著《传统节日成为法定假日的文化意义及未来发展》。在文章中，笔者提出了六个方面的文化意义，同时指出：把清明、端午、中秋纳入休假范畴，对海峡两岸民众有积极影响，因为台湾民众传统节日是休假的；也对世界华人具有重要的影响，因为一些主要的传统节日，海外华人是休假的。新休假制度的安排，有助于增强中华民族的向心力与凝聚力。

　　（3）尽力满足原有休假制度的延续性和社会现实的科学性。为什么这么讲？我们经过双休日之后，经过几年的黄金周之后，带来的问题也是有目共睹的，这次休假制度着眼于改进和改变，同时考虑到社会现实如何更好地满足大众的需要。

　　（4）尽力完善和全面建立职工带薪休假制度。在职工带薪休假问题上尽管国家有制度，但一直没有得到更好的执行。现在不一样，职工带薪休假带有一定的强制性。工作年限越长，休假时间越多。

（5）新休假制度首先尊重大多数社会成员的意愿。大家可以上网看看，当时的调查有不同意见，特别是对取消"五一"黄金周意见较大。各方成员反应不一，但70%的人支持现在这种改革和改变。因此，政府就选择了以大多数人的意见为主导。

第二节　新休假制度给旅游产业带来的影响

旅游要考虑的是游客，是与旅游相关联的六大要素，是与旅游相关的许多产业。新休假制度给旅游事业带来的影响，大体上包括四个方面：一是给旅游行业带来的影响，就是旅行社、旅馆、酒店、景点、景区、交通，以及直接为旅游服务的诸多行业与部门。二是给旅游者带来的影响，如旅游者的取向和诉求，旅游者目的地的选择与出行方式的改变等。三是给旅游管理部门带来的影响，如行业主管部门怎样分析旅游态势，怎样指导景点景区建设，怎样科学引导旅游消费。四是给社会与经济带来的长期影响，如旅游给自然环境带来的影响，给旅游景区人文环境带来的影响，无限度地扩大旅游人数给环境与社会带来的负面影响等。这些方面的问题，从整体上来考量，应该说新休假制度给旅游带来的是积极的、正面的影响。不过，能否完全达到期望的目标，使新休假制度更为完善的同时，也使中国的旅游更为健康完善，仍然需要不断努力。现在，我们就来具体分析，新休假制度到底给旅游带来些什么影响。

1. 新休假制度总体时间只增加一天。总体休假时间表明给旅游带来的影响并非震荡性的。网上有人认为，现行的休假制度给旅游带来了根本性变化。我们认为从全年来看，并不是震荡性的，因为只增加了一天，当然还有若干调整。但是，如果要说是震荡性的，最重要的是"五一"旅游发生了很大变化，由于"黄金周"到"小长假"还有一个适应调整的过程。如2007年，以千岛湖风景区为品牌的浙江淳安县旅游，全年人数突破200万人次，一个"五一"黄金周创造的游客数量占全年的1/3。据杭州市旅游委黄金周情况通报，2007年，5月1日淳安县接待12.37万人次，3日为16.61万人次，4日为

15.77 万人次，6 日为 6.62 万人次，7 天共接待游客 84.56 万人次（2 日、5 日具体数字不详）。而随着总量一天的调整，却又改"五一"为"小长假"，起码在一段时间内难以出现那样"火爆"的局面。

2. 增加清明、端午、中秋三个传统节日，将使与这些传统节日相关联的旅游活动更为活跃。新休假制度实行前，这三个传统节日是无暇外出的，现在加上双休日，便于外出旅游，因此，清明出游的人多了。清明时节，一方面祭奠先人，是对生命的尊重，对自然规律的一种认同，有生就有死。清明节在传统上又是旅游的时候，南宋吴惟信就在诗中写道："梨花风起正清明，游子寻春半出城。日暮笙歌收拾去，万株杨柳属流莺。"这首诗题为《苏堤清明即事》生动形象地写出了春光的明媚艳丽，游人如织的热闹场景，以及诗人对大好春光的依依不舍之情。2008 年，南昌黄马乡搞了樱花节，针对的就是踏青的人、春游的人。樱花本是日本的国花，中国樱花最有名的地方在武汉大学。南昌县黄马乡搞樱花节瞄准清明节不能说与新休假制度没有关联。在我们前面谈到的千岛湖，清明 3 天就有 2.69 万人去旅游，其中 4 月 4 日为 5100 人，6 日为 7000 多人，而 5 日则为 1.48 万人，创造历史以来 4 月份单日最高纪录，这也是基于清明节成了"小长假"。

3. 由原有的三个黄金周，节假日调整为五个长周末和两个黄金周，旅游构架将发生变化。原有的三个黄金周：春节、劳动节、国庆节，现有的两个黄金周：春节、国庆节，五个长周末：元旦、清明节、劳动节、端午节、中秋节。调查显示，2008 年"五一"劳动节由黄金周变成长周末，76% 的网友表示有外出旅行的计划，出行意愿相比清明节提高了近 3 成。但原本在"五一"最受欢迎的多日长线游，随着假期的缩短全数遇冷。这就是说，只有三天时间，虽然有 76% 的网友选择外出，但他们肯定不是长线游而是短线游。支撑这种预测的，同样有数据说话。在以往黄金周的旅游中，长假 5 日游以上的线路占旅行社产品的八成以上。而占周末的"小长假"对于想出游的人来说，时间实在太短，只能是就近游览，或干脆在家与家人团聚。如北京清明节当天上午 11 时，北京市 11 家市属公园的人数就达 15 万人以上。

4. 春节黄金周由正月初一至初七，改为年三十至初六，短期内影响长距离的外出旅游。中国老百姓习惯年三十团聚，初一拜年，外出旅游一般是初二至初六，甚至可以延续到初七，选择的是长距离外出旅游。由于现在发生变化，2008 年春节期间长距离外出旅游人数受到影响。更重要的是，旅游也正在朝两个方面转型露出端倪：一是由观光型旅游向休闲度假型旅游的转型；二是从以团队为主的旅游方式向自助式旅游的转型。过去春节黄金周，许多是"疲于奔命式"的多景点景区甚至多区域的"狂奔"，而现在选择一地或距离不远多景点景区的人员增加，由观光朝休闲度假转变。而且，现在更多的人是与亲人朋友结伴同行，更充分地享受亲情与友情。那种一家三口，甚至一家三代同游的，也并不鲜见。随着经济的发展与家庭汽车的增加，自驾游的人员也越来越多。

5. 国庆节黄金周依然是旅游的火热期。因为天气、时间，这都是最适合旅游的。秋高气爽，南方依然树木葱茏，而北方也是红叶烂漫，正所谓"不似春光，胜似春光"。还有，上半年原有"五一"黄金周取消后，春节和国庆节之间间隔有八九个月，有更多的人希望利用这个机会走出去。这只是预测，情况如何，事实会给出答案。因此，2008 年"十一"黄金周有可能出现"井喷式"的观光需求，以至于车水马龙，人流如潮，旅游地变得水泄不通。这种状况，在一些旅游景点景区大大超过其接待能力。如浙江乌镇，著名文学家茅盾故里，往往就是 200% 多以上的游客，大为影响游人的心情和接待的水准。2007 年"五一"黄金周时，进入千岛湖镇的旅游车辆平均每天就有 6000 多辆，七天共计 4.2 万辆汽车。最多的 5 月 2 日，停放在千岛湖镇的汽车竟然多达 1.1 万辆。如果 2008 年国庆出现"井喷式"状况，那将更为人山人海，甚至可以用"可怕""恐怖"来形容，旅游业应该早有思想准备和对应措施。

6. 带薪休假从理论上来说，将使旅游有更多的时间选择，分布更加均匀，但实际效果还有待于观察。带薪休假制度带有一定的强制性，从旅游的研究者角度看，大家有更多的时间安排旅游，各地旅游资源也可以更均衡地分布。理论上如此，实践如何，还有一个时间过程。因为带薪休假制度有了规定后，能否马上得到执行。对此，我持怀疑态度。报纸、网络等媒体对先进人物的宣传总是节假日不休息，以至于累倒累死在工作岗位上。按理，我们的带薪休假制度进入国家法规层面，应该执行。但是，实际上能否带薪休假还存在问题。行政机关、事业单位和工厂企业，都有各自不同的情况，影响着贯彻落实。有的，也许工作太忙，有的，也许是工作人员缺乏带薪休假意识，还有的，也许是考虑人员成本和经济效益。另外，带薪休假对旅游资源的影响，对旅游者的影响也都有待于观察。

7. 旅游者将对出行质量有更高的要求。两个黄金周，五个长周末，加上带薪休假，使能充分享受休假时间的人员会更加精心安排假期，对出行时间、旅行社的要求更高。改革开放后旅游兴起之初，旅游者往往是比较出行的价格，以价廉作为最重要的选择。因为那时候大家收入比较少，又希望能够游览到更多的地方。而随着大众收入的增加，服务质量成为更重要的追求。特别是闲暇时间更多后，世界各国旅游目的地更广泛后，旅游者对于出行地区、热点线路、整体安排、住宿条件、餐馆质量、购买物品、服务质量，也有了更多的个性化、人性化的诉求。相对而言，旅游行业的服务要更加热心、诚心和精心。

8. 新休假制度有利于交通、住宿、商场、景点的日常经营安排，也有利于旅游资源的保护。现在，随着游人的剧增，中国的旅游资源受到了极大的损害。婺源被称之为中国最美的乡村，那里的水原来清澈见底，现在有的会长出各种各样的水上生物。太湖有蓝藻，洞庭湖的水也受到污染。江西提出建立鄱阳湖生态经济区，经国务院批准上升为国家战略。因为，鄱阳湖也是一个旅游景点密集区，包括庐山、鄱阳湖本身、永修柘林湖等。人群多的时候，人体散发出来各种气息，温室效应也是很厉害。更不用说文物性资源，如非物质文化遗产的破坏。博物馆免费开放对文物资源也会有损失。南昌八一起义馆免费开放后，经济损失三四十万元，展品受到破坏。所以，新的休假制度对旅游有喜有忧，有好的也有潜在的问题。但是，总体看来，由于休假时间多了，人们可供选择的出行时间也多了。相对而言，游人的均衡，对于旅游目的地的各项安排，旅游资源的合理利用与适度恢复，都会带来一定的良性循环。

第三节　以新休假制度为契机的旅游可持续发展

新休假制度的改变，使我们的思想观念发生变化，使我们对旅游的理解认识以及相应举措发生变化，但更是一个发展的契机，特别是提升旅游可持续发展水准。旅游是朝阳产业，是无烟工业，但实际上朝阳产业未必总是阳光灿烂，有时太阳会被云遮住，被雾挡住，也会阴雨连绵。同样，作为无烟工业，烟似乎少了，但也可能产生其他的损害。我到敦煌莫高窟去看里面的壁画，十多年前已经开始改变。导游拿着手电筒照着壁画说，你看看这个角落是什么，看看那个角落是什么，为什么？我们的壁画色彩不是那么鲜艳了。另外有一些洞窟是限制人员进去的，人多了，他身上的汗腺、排出来的热量都影响到壁画。所以，新休假制度下给我们旅游发展带来很多的契机，但要瞄准旅游可持续发展来做文章。可持续发展的前提应该是绿色的、生态的、健康的、协调的旅游，只有这样，中国旅游发展才具备长久不衰的潜力。

为了便于对今后旅游发展的了解，这里有几个数据。亚太旅游协会副总裁迈克·雅茨对于中国旅游业寄予厚望，并坦言到 2010 年将会有 2500 万的境外旅行者来到中国，中国所有地区的旅游业都将会有所增加。这是他的一个预测。这里面透露了几个信息，一个是到 2010 年。2010 年是个什么概念，今年是 2008 年，即还有两年。两年后，旅游业将全面发展，对于就业来说是个利好。二是境外将有 2500 万的人口到中国来，巨大的人流将带来巨大财富。三是他一句话"中国所有地区的旅游业都会有所增加"，显然所有的地区，我们不能说小到每一个县、小到每一个乡，但起码到一个省来说有巨大的机会。

江西省也有一个预测。2008 年春节之后，江西省旅游局专门做了一个课题，就是对于江西旅游业的发展有一个分析。当时请了几位专家去，笔者也是参加者之一。2008 年，江西省旅游业力争实现旅游接待总人数 8000 万人次，总收入 552 亿元，入境游人数 80 万人次，旅游外汇收入 2.3 亿美元，国内旅游人数 7920 万人次，国内旅游收入 535 亿元，其中红色旅游接待人数 3500 万人次，综合收入 240 亿元。总体目标比头一年增加 15%—20%，大体是这样测算出来的。

红色旅游应该说江西是最早做的，也是最早提出来，并且在全国是有影响力的。另外，红色旅游是带有公益性和有一定周期性的。周期性在哪？比如说，红军长征出发 70 周年纪念日，江西的红色旅游最火爆，但遵义会议 70 周年的时候遵义的旅游人数最多。去年由于三个 80 周年又使江西的红色旅游红火起来。所以，我们要看到优势和各方面因素带给旅游的各方面影响。

在新休假制度下旅游发展有哪些契机，应该把握些什么呢？我们觉得有以下几个方面：

1. 新休假制度后，全国旅游将由重在观光旅游向观光、休闲度假游双向并重扩展。旅游有一种重在观光，跑马观花。比如有一段时间我们去欧洲游，游客之间都会互相问对方到哪几个国家，似乎去的国家越多越好。为什么这么说呢？那是观光旅游。观光旅游我们又称为印象游，到了那个地方留了一个印象。只要在旅游的大巴上，上车睡觉、下车拍照，照片一拍就可以了，表明自己来过这里了。但休闲度假游不一样，它要求的是要充分享受到这个地方的自然环境、人文环境所给他的快感。他不是跑马观花，而是坐下来、住下来充分地享受旅游的乐趣。记得十年前到过一次夏威夷，那里每天只是安排两个小时到一个旅游点看看，剩下的时间没有安排，后来才明白，那时候中国人去得太少，日本人去得多。日本人去了那，就是享受那里的蓝天、海水、阳光，所以剩下的时间，无论是在住的宾馆，还是到海滨去，泡到海水里去，在那里享受着阳光。所以现在中国的旅游在新休假制度后将会双向并重，因为休闲度假游有了一定的基础。以前只有三个黄金周，现在两个黄金周再加上五个长周末，所以双向并重趋势可能会出现。

2. 新休假制度后，全国旅游将由重点抓黄金周走向黄金周与长周末双头并重，这是从旅行社的角度来说的。为什么这么说呢，因为从旅游企业来说，必然要这样。黄金周只有两个，其中春节还带来一定影响，那么在这种情况之下，如果放弃了长周末，它有多少机会呢。所以旅行社和旅游者的思维都要发生变化，长周末同样是出行的好时机，两者都要意识到这个问题。

3. 新休假制度后，应由长线旅游为重点，逐步拓展周边地区游。前些天到景德镇，专门参加了一个"千年瓷都与文化旅游发展"论坛，该论坛请我去主持。他们也意识到长线旅游这种走势可能会逐步地向周边地区拓展，所以景德镇觉得机会来了，浮梁觉得机会来了。因为现在南昌市到景德镇就是三个多小时的车程。三天的旅游除掉路上的时间，应该说还有完整的两天可以享受，所以这样也会使周边的路线热起来。

4. 新休假制度后，区域旅游合作将进一步加强，并将使城市间的游客也呈现双向交流。区域旅游合作我们一直在努力，但是有的地方做得好，有的地方做得差。新休假制度实行以后，由于长周末的增加，区域性的旅游热线的推出就更加重要了。现在南昌至九江的城际铁路在修，九江至赣州的城际铁路也在规划当中，今后南昌人到赣州去，甚至九江人到赣州去都会觉得非常便利。如果城际铁路时速200公里、300公里，那到赣州非常便利。南昌到赣州才400公里，所以区域旅游合作必然会进一步加强。研究旅游的人都发现一个现象，即什么地方的人到某个地方去得多，你这个地方的人如果去他的地方去得少，就会产生一种不平等，就会产生一种萎缩。比如，为什么江西的三清山旅游有一段时间非常火爆，就是因为上海的游客多，而同样作为上饶地区的人跑浙江、跑上海的人也多，城市之间有一种双向交流的趋势。

5. 新休假制度后，旅游形式将进一步走向多样化，如自驾车游、自助游、探险游、主题游、特色游等有更大的份额。自助游是若干好友结伴而行，包括国际性的自助游，即旅游社给买机票，安排住宿，其他的就自己来。自己到了那就自由转悠。主题游就是围绕一个目标，比如茶文化游，春天来了，就是要去逛茶园、品新茶，整个活动就是围绕这而来。观桃花、古村落游等，这就是特色游。旅游份额会越来越大，因为大家会有更多的选择和更多的时间。

6. 随着短期旅游的升温，各地博物馆等文化场所的免费参观，将使游览的景点、景区发生一定的变化。据我所知，原来有些旅行团对于安排到博物馆、纪念馆积极性小，什么原因呢？这些地方都要拿门票，于是它就不安排。现在因为不要门票了，从旅行社来说，它需要更少的投入获得更大的效益。在这些方面会发生一些变化。

7. 在带薪休假消费方面，出国出境游依然是重点之一。在2008年，赴台湾地区和北京看奥运都将是热点。作为江西，能否承接部分参观奥运的海外游客，将对入境游产生影响。据悉，我国大陆居民团队赴台旅游最早要等到7月才能成行。目前旅行社设计了两条旅游线路：6晚7天游览包括日月潭等若干景点；9晚10天环岛游，但报价都在1万元左右。2007年因会议去了趟台湾，就笔者个人感受比出国都难，中国人在中国的土地上比出国难。为什么有这种体会呢？台湾当局玩猫腻。第二天早上六点钟要离家到机场，但今天下午四点钟我们才接到台湾方面电话，说请你进入台湾。幸亏早有准备，因为台湾的朋友不断打电话给我们鼓气，叫我们不要放弃，肯定能成行，就是要把一切旅游准备做好。因为台湾当局希望，你大陆的人，我同意你来了，但由于你自己准备来不及而放弃，就不能怪他了。还好我们当晚十一点多拿到机票，第二天早上六点就走了。到了台湾高雄机场，得到他们移民局送出来的入境正式批准才进去。但是以后，海峡两岸进一步交流之后，应该不会再出现这种情况。并且，台湾旅游的设计方面与大陆人员所要求的有些距离，比如说在我们的印象当中，郑成功相关的一些景点我们是要去的，但按其原有安排不多。现在的9晚10天环岛游应该增加这方面的内容。另外就是看奥运。2008年初到北京，北京的朋友告诉我们，住很普通的一个标间，价钱也是大涨。因为有人出钱，把房子都包了。多少钱呢？平常的时候两三百块钱一间房，他出价六百块钱一间房，他承包的人还要赚钱。可见，

2008年去北京看奥运会是一个很重要的旅游热点。

8. 适应新休假制度的安排，传统节日时期的特色项目，交通、购物、住宿、特色饮食等，都应有所提高和对接。比如传统节日，包括少数民族区域性的节日，由于都是以民俗为号召力的，以本身的民俗特色来凝聚人气的，所以在交通、购物、住宿、特色饮食等方面一定要做足做好自己的文章，这样才能使大家觉得去参加这项旅游物有所值，才能够与旅游者对接。云南的某些地区有一些表演，作秀的成分很重。那时我们参加西双版纳的泼水节，每个人的喜悦都是发自内心的。而现在云南的某些民族村，都在想着水洒出去，游人的钱就过来了，所以他们的那种笑是表面的、肤浅的而不是发自内心的笑。

9. 恐怖势力、境外敌对势力可能对我们旅游产生的负面影响。2008年北京奥运火炬在世界范围内的传递，在英国、法国等国的传递，都受到"藏独"分子的冲击。德国的一家基金会全程参与了"藏独"分子一系列的破坏活动。巴厘岛的一声爆炸，给当地整个旅游业带来了巨大的负面影响。这是鲜血和生命带来的警示。所以在执行新休假制度的时候，在我们有更多集中休息时间的时候，更多的旅游景点都需要我们投入更多的警惕性，确保旅游发展的和平与和谐。

第八章　城市化浪潮中的春节 传统节日文化

——以江西省南昌市为个案

　　中国的春节传统节日文化正在发生变化，这是不以人们意志为转移的客观事实。特别是随着中国城市化进程的提速，这种演化的速度越来越快。近些年来，即使春节被列为国家级非物质文化遗产，并进一步强化作为国家法定假日的地位，也未能阻止和减缓春节传统节日文化的嬗变。对于这种状况，我们只能正视和以理性的思维看待，既顺应时代的潮流又尽可能多地使原有的优秀传统节日文化得以流传并发扬光大。江西省南昌市的春节传统节日文化的演变，正好可以作为活态化的个案。

第一节　南昌市春节文化的历史传统与时代特点

　　所谓"春节传统节日文化"，是指在中国漫长的历史发展中所沉淀下来的，在春节期间所展现出来的传统节日文化。而这种传统既有古代的文化因子，也有不同历史时期的衍化。由于中华人民共和国成立以后，对于春节与传统节日文化曾经有不同的认识和改变，我们这里所指的春节传统节日文化更多是经过风雨冲刷而依然为社会所认同和认知的。至于"城市化浪潮"，与一般意义上的"城市化"我们理解也是有差异的。"城市化"在本章中，是指自然而然的、水到渠成的城市化进程，是经济发展和商品交易达到一定程度时的必然产物。在这样的历史进程中，城乡的春节传统节日文化就有不同的表现。这一点，笔者在谈都市民俗时就已经关注到了。① 而这里所使用的"城市化浪潮",则指特定的 20 世纪末、21 世纪初期,在一些地区出现的,带有"跃进式"的强力推进的"城市化"。其大体做法,是大规模扩展城区,使原有的郊区、郊县和农村、农民,由于政府管理层面的改变,非常急速地进入城区,农民转变为市民,但他们原来所习有的传统文化与现有的生存环境发生了急剧的变化,特别是春节传统节日文化更表现出两种文化的更替。

　　我们之所以把南昌市作为解剖的案例,是基于多方面的原因:一是南昌市是江西的省会,是全国 35 个特大城市之一,又是国务院公布的第二批国家级历史文化名城。二是南昌地区在距今五万年前的旧石器时代就有先民生产劳动,又有 2200 多年的建城史,素有"物华天宝""人杰地灵"的美誉。三是南昌民俗既属于长江流域民俗文化圈,又地处"吴头楚尾",带有春秋战国时期楚文化的特点;既是农耕文化积淀深厚的地区,又具有商业都会的市民文化。四是近现代社会以来,南昌的春节传统节日文化既有些得以传承,也有些发生了变异。特别是中华人民共和国成立以后、"文化大革命"和改革开放这三个时期,南昌春节传统节日文化经历了不同的命运。五是南昌市正在经历城市化的洗礼,由原辖市区及两县,发展为市区和南昌、新建、安义、进贤四县。市区也由原有的老城区,扩展为"一江两岸"及原郊区改设为青山湖区。据有关方面介绍,原有南昌市城区 76 平方公里,人口 160 万人;现在城区 230 平方公里,人口 220 万人;而在"十二五"期间,城区将要达到 350 平方公里,人口 330 万人。② 这一区域的变化,是城市化的缩影,也是春节传统节日文化变化的基础之一。

　　而要讨论春节传统节日文化,首先要了解其历史的状况。地方

---

　　① 余悦:《让我们时时在民俗的海洋中畅游》:"作为部分城乡、不分阶层、不分职业的举国同庆的民族节日,春节的民俗事象近年发生了很大的变化。"(《2007 江西社科大讲堂》,第 40 页,江西省社联《科普动态》增刊,2007 年第一期。)

　　② 关于南昌市城区规划面积,因多次修改,数字稍有不同,此为其中一说。

志的记载，是曾经存在的南昌春节传统节日文化的实录。我们不妨从原有的文字，看看这方面的基本状况。由于古今区域的变化，我们以现均属南昌市管辖的县份为依据。清朝同治年间《南昌县志》①记载：

> 元旦燃炬出行。亲友遇于途，则交拜。小儿辈以彩绳岁钱，挂衣领间，主招喜。
>
> 正月三日，婿不往妇家，谓"送穷"。
>
> 元夕张灯（乡间崇板灯。其制设龙头龙尾，贯以板。板置灯数笼，节节相承，共成一灯。农人每远验灯色以占岁，黄为丰年，白主水，赤主旱），曰"晡送墓灯"。门路井灶设烛。好事者夜窃园门，鼓吹诣富家送喜，主生子。
>
> 闰岁正月，伴童男为传奇戏，舁行乡村，前列旗纛，从以金鼓，谓"迎闰"。观者数万人，敷标上谌店二十三、二十五、五十八、三百尤甚。

在这些记载中，涉及拜年习俗、元宵灯彩等春节传统文化。而清朝道光年间的《新建县志》，则留下了关于"行献岁礼"和"上七羹"的记述：

> 元旦行献岁礼。人日俗称上七。早食羹汤毕，农事农功，商理商业。谚曰，"吃了上七羹，大人小子务营生"，其力勤类如此。

清朝同治年间的《进贤县志》，同样有关于元宵灯彩的记录：

---

① 此外所引《南昌县志》及后面各种清代、民国时的县志，所记"元旦"，均为我们现在习惯称呼的"春节"，即农历正月初一。这是农历一年中的第一天，故又称"元日""元辰""端日"。因现代使用阳历后，将阳历的1月1日称为新年，又称"元旦"，而原来的阴历正月初一的"元旦"，改为春节。

> 元夕，乡间设板灯。其制象龙头龙尾贯于板。板置灯数笼，节节相承，共成一板。农人验灯色以占岁。闰岁正月，扮童女为传奇，名"台阁"，舁行城乡。又多扮铁拐李，持酒葫芦，遇人辄饮之。前列旗盖，从金鼓，谓之"迎闰"。

不过，清朝道光年间《新建县志》还有一条最值得回味的内容："上元张灯，家设酒茗，竞丝竹管弦，极永夜之乐。明末为最盛，鼎革后遂绝响矣。乡俗是日扫墓，插竹为灯。省俗则于此夕修垄致祭焉。"其中所说的"明末为最盛，鼎革后遂绝响矣"，反映明朝末年和清朝道光期间，春节传统节日文化也在不断发生变化，甚至有的成为"绝响"。

到了现代（1912—1949），南昌春节传统文化大体维持着旧有的形态，但又有新的变化。民国《安义县志》记载：

> 元旦，夙兴开门燃鞭爆，陈香烛，虔礼天地、祖宗。长幼以次展拜。捧宗谱，集家庙谒祖，散饼谕，谓之"丁饼"。各街市商店罢市三日。家家门首更易春联，贴门神、花钱。贺客至，则设果盘，奉欢喜团（即糯米汤圆），进元宝茶蛋等。给小孩钱，谓之"赏红"（在清同光年间以红纸裹钱十枚以下，自光宣后，则用红纸裹百文、二百文小票）。不亲到贺年者，则递贺柬。自光复改用阳历后，其于旧历元旦积习难返，仍旧钟行庆贺。惟县区各机关、团体、学校，以元旦为中华民国开国纪念日，举行庆祝典礼后，即团拜贺年，并饬役分投贺柬。
>
> 人日，俗名上七，各家以青菜治羹。谚云："吃了上七羹，农工商贾各营生。"
>
> 新年邀集宾朋宴饮，以上七至元宵前为盛。名之"请春酒"。谚云："过了正月半，大家寻事干。"言有节也。迄今踵事增华，宴饮春酒，延至花朝尚未止也。

值得注意的是，这条记载透露出重要的信息，当时由于时代的变迁，存在"旧历元旦"两种不同的风尚。而且城乡之间，也存在春节传统节日文化的差异，民国《安义县志》也有这方面的记载：

> 近城内外，自正月十一日起，至十五日止，灯彩辉煌，笙歌嘹呖。鳌山竹燎、鹤焰、龙灯，所有在皆有，尤以禳灾船最为巨观。其制竹编巨筏，糊以红纱，上扎楼台亭阁之船舱，副以奇巧纱灯千百，其中为三大夫像，侍从舟子数十人舁之。游行街市，鼓乐喧天，佐以俚歌。
>
> 元宵前数日，比户具酒馔，祭墓燃烛，一谓之"送灯"。近西山一带，则用竹梢长三尺，破开尺许，编灯燃烛插墓前。自远望之，高下灿如星点，往来疏林中，若隐若现，诚奇观也。

这则记载非常明确地指出，元宵灯节，"近城内外"与其他地方就有不同的特点。

总之，这些地方志的记载表明，从清代到1949年以前的春节传统节日文化，大体维持相同的格局，只有细微的变化。而且，即使在现今属于南昌版图的地方，也有区域性的特征。

中华人民共和国成立以后，对于春节的认识和休假规定，虽有多次的变化，但在南昌市这座逐步发展的中部城市，春节传统年节文化大体还是保持着原有的格局，举其要者大致为：

（1）南昌有"过了二十四，天天都是年"的说法，也就是说南昌从腊月二十四开始过年，一直到正月十五日元宵结束。

（2）南昌每年腊月二十三左右，都有家家祭灶的传统。民间有"官三民四船家五"的说法，就是当官的人家二十三日祭灶，一般百姓在二十四日，水上人家则在二十五日。

（3）南昌的祭灶称为"送灶"或"辞灶"，多在黄昏入夜举行。先向设在墙壁神龛中的灶王爷敬香，供上用饴糖和面做成的糖、糯米团。然后，在灶神嘴上涂蜜，嘴里塞糯米团，再把灶神像撕下烧掉，意为嘴巴甜甜的，肚子饱饱的，上天言好事，下界保平安。

（4）南昌讲究大年三十的年夜饭是"四盘两碗"，四盘：一是红烧鱼，要有头有尾，完完整整，过元宵后再吃，象征"年年有余"；二是豆腐条烧鸡，条意黄金条、人参，鸡为凤凰，意为吉祥、富贵；三是炒节节高，即竹笋，意寓来年步步高；四是炒青菜，指清清吉吉、平平安安。两碗，一是牛肉炒米粉，牛肉象征有力量，米粉象征延年益寿；二是炒年糕，谐音"年年高"，求官运亨通、升官发财。

（5）南昌有"三十晚上的火，元宵夜里的灯"的说法，年夜饭后有各家围火团坐"守岁"（又称"熬年"）的习俗，直至深夜。夜深时要吃"糊羹"，由薯粉、鸡杂、肉丁、荞丁、花生丁、豆干丁煮制而成。晚辈给大人叩头辞岁，长辈给小孩压岁钱。

（6）守岁后要鸣鞭炮封门，谓之"封财门"。初一起床后，又要"开财门"，即燃放鞭炮，迎财接福。

（7）南昌拜年的习俗讲究："初一崽，初二郎，初三初四拜姑娘。"也就是说：初一儿子给父母拜年，初二女儿、女婿给父母、岳父母拜年。初三、初四给姑姑（俗称"姑娘"）等亲戚拜年。过年的时候，亲戚不论远近亲疏都要致贺，否则"新春不拜年，素日无来往"。

（8）正月初三，有"送穷"的说法，意谓送走贫穷，迎来幸福。同时，要祭祖先，供奉祭品。还有的要到宗庙祠堂拜祖像，行跪拜大礼。

（9）南昌春节有"上七大似年"之说，非常重视初七这一天，因其为人日。初七南昌有隆重的敬神活动，还有吃糊羹的习俗，用七种带叶子的蔬菜做成，据说吃了老人身体健康，孩子聪明伶俐。

（10）南昌民间有"正月十五大过年"的说法，突出"闹元宵"的一个"闹"字。"闹"的方式有：张灯、观灯、舞龙、舞狮、扭秧歌、踩高跷、跑旱船等。南昌还有"过了元宵罢了灯"之说，过了元宵才结束了春节活动。

这些春节传统节日文化，在相当长的时期内，依然存在于南昌市民，特别是郊县的生活中。随着改革开放初期对传统文化的重新认识，某些春节传统节日文化，如祭神拜祖得以恢复甚至兴盛。但是，20 世纪末、21 世纪初，随着大规模的城市化浪潮，南昌市的春节传统节日文化又呈现出新的特点。

（1）由于城市化进程，南昌春节传统节日文化呈现消减的态势，特别是如"送穷"等更是不再出现在人们的生活中。

（2）城市中，春节传统节日文化的强弱程度，与城市的区域有一定的关系，一般来说，中心城区不如传统的郊区，郊区又不如郊县，县城又不如乡村。传统春节文化的影响力，越是发达地区相对而言越是比较薄弱。

（3）城市中，春节传统节日文化的生存度，也与人员的年龄构成有一定的关系。大体而言，老年人重视传统，而年轻人对传统知之甚少，特别是较少受到传统民俗心理的影响。不过，对于娱乐性的春节传统节日文化，年轻人往往有浓厚的兴趣。

（4）城市中春节传统节日文化的演变，与其原有的文化生态变化是密切相关的，城市的生存、生活方式和人员交往，使原有的文化心理与文化追求都发生了生存基础变化，某些春节传统节日文化成了支离的"文明碎片"。

（5）随着国家对非物质文化遗产保护的关注和重视，春节传统节日文化中某些带有技艺性的活动，重新受到重视，并得到传承。但是，整体的"文化空间"不复存在，春节传统节日文化的变化是不可逆转的潮流。同时，由于高科技的出现，春节传统节日文化也有的与时尚结合起来。

第二节　南昌春节传统节日文化嬗变与稳定的特征

综观城市化浪潮中南昌市春节传统节日文化的命运和表象，我们可以清晰地看到其主要特点。

（一）依然以旧有的农耕文化传承为基础

农耕文化的特点，是以农业生产为中心，以农时节气节令为标志，开展的各项农事和其他活动。春节的由来，一说源于原始社会的"腊祭"，《左传·僖公五年》载："虞不腊矣。"西晋杜预注释说："腊，岁终祭众神之名。"即一年农事完毕，为报答神的恩赐而举行的活动。甲骨文中的"年"字，都是果实丰收、谷穗成熟的形象。《穀梁传·桓公三年》称："五谷皆熟，为有年也。"过年，就是祝贺丰收的喜庆日子。春节之所以成为最盛大的节日，丰富多彩的娱乐活动，华美崭新的服饰穿戴，美味丰盛的美食佳馔，都集中到这一节日，原因之一就是："这些活动既是农时中的休整，也是为迎接春季农时到来作精神准备。"①春节要吃团圆饭，以示家庭团结、和睦相亲。过春节必放爆竹，源自于驱鬼辟邪，后来又增加"除旧岁""卜来岁"等巫术意义，现在则成为祈求平安的象征。而春节最突出的特点之一是拜年，又称"走春""探春"，是为了加强家庭、家族和邻里、朋友之间的交往、交流。至于先拜见父母，后拜见岳父、岳母，再是其他亲戚朋友，则显现出农耕时期以血缘关系为特点的联系网络。在整个社会交往中，以骨肉之情最为亲密。而祭拜神灵的活动，更是希望"上天言好事，下界保平安"，体现出农业文明的特点。由于以农耕为人类生存最重要的手段时，对于自然界的依赖与敬畏成为民间信仰的主要方面，因此，春节期间对神灵的膜拜成为理所当然的事项。而江西与农耕文化的关系，可以追溯到近万年前。万年县的仙人洞遗址，是距今八九千年前的新石器时代早期的文化遗址，是中国华南、东南沿海地区同类型文化遗存的典型代表。仙人洞遗址地发现的水稻遗痕，说明在近万年前江西已有种植水稻的农业生产。战国时期，由于使用铁农具，垦种面积扩大，粮食产量增加，并已有较科学的贮藏方法。秦汉时期，国家统一，经济发展，江西地区"鱼米之乡"的特色也日益明显起来。隋唐以后，国家经济中心南移，江西土地得到进一步开发，粮、茶等产业都曾在全国居领先地位。从此之后，江西均以农业地区闻名全国。有如此深厚历史积淀的农耕文化，以农业文明为标志的春节在南昌保持旧有传统，也就顺理成章了。

---

① 李露露：《中国民俗传统节日》，江西美术出版社1994年版，第3页。

（二）具有吴楚文化遗留下的印痕

江西为"吴头楚尾"之地，与吴越①和荆楚文化有血脉相连的关系。清朝光绪年间《江西道志》"风俗"篇有诸多记载："本吴越与楚接比，数相并兼，故民俗略同吴。""豫章之俗，颇同吴中。"引杨侃《郡厅记》称："（江西）地接湖湘，俗杂吴楚。"又引敖英《清江县题名记》："风俗之厚，文物之雅，在楚越之间，谓之乐土。"这种"吴头楚尾"的特征，也融入南昌市的春节传统节日文化。不同区域文化的共同存在与不断交融，是历史文化的一种基本走向。吴越地区与江西一样，是农作物种植的重要产区，并且都以水稻种植为主，具有优越的种植水稻的自然条件。稻谷不仅成为民生所系的根本，也成为吴、越关系国家命运的战略物资。稻谷收成的丰歉，成为战略进攻时机选择的重要依据之一。② 而楚地生存的环境，则是以"火耕水耨和筑陂灌田盛行于夷夏错居地区"。"所谓火耕，就是烧掉杂草；所谓水耨，就是在水中用镰芟去杂草和用手拔去杂草，并让水把杂草沤烂。"③ 吴越和楚都有关于农耕的需要和关切，为此，对于丰收的庆贺、神灵的敬畏，也自然成为重要的事情。虽然在先秦之际是否有春节还有争议，但这种文化的因子，也浸润到春节传统文化之中，则是有迹可循的。后世乡间，春节时还有看风云、观日色、测晴雨、看参星、听雷鸣、看征兆等占卜年岁的风俗，是可以从吴越文化与楚文化找到源头的。

（三）随着社会变化与经济发展春节传统节日文化也会发生变化

如前所述，我们在征引地方志资料时就可以看出，春节传统节日文化不是一成不变，而是随着社会与经济发展而渐进式发展的。

---

① 董楚平《吴越文化新探索》指出：我们现在所指的吴越文化，在春秋以前是以茅山为界的两支自独立发展的区域文化，即吴文化与越文化。到了春秋时期，吴文化发生了突变，即吴文化的越化，特别是吴人逐渐向东部太湖平原迁徙并在姑苏建都以后，这两支独立发展的区域文化终于水乳交融，合二为一了，发展成为具有共同特征的文化，后世称为"吴越文化"。

② 详见孟文镛《越国史稿》，中国社会科学出版社 2010 年版，第 671—678 页。

③ 张正明：《楚文化史》，上海人民出版社 1987 年版，第 45—50 页。

中国一直处于不断的发展变化之中，特别是改革开放 30 多年来，社会变化的程度，经济发展的程度，更是日新月异。在现代交通更为发达、传媒更为先进的情况下，人们的交流交往更加便利，获得各种资讯的方式更加多样，也更加迅速和直接。尤其是国门打开之后，境外的人员和信息一段时间轰炸般地涌入，人们走出中国、走向世界，各种光怪陆离的事项进入视野。而且物质供应的丰富、个人收入的增加，也为人们求新趋变的心理提供了条件。这些，都为民间礼俗的变迁、岁时民俗的消长、游乐方式的更新，创造了社会与经济的条件。而"当代都市更具有聚集效应，城市化进程的加快，城市生活节奏的快速，城市资讯的发达，经济全球化和文化多样性的博弈，这些进一步使民俗文化与当代都市生活的基本特征呈现出来，即都市民俗的复杂性、都市民俗的变异性、都市民俗的趋新性、都市民俗的商业性、都市民俗的游乐性"。① 体现在春节传统节日文化方面，例如团圆的年夜饭和除夕守岁，就与传统既有关联，又有变异。传统的团圆饭，俗称年夜饭，是以家庭为单位举行的。因为面对新年，人们的第一个愿望就是全家团圆。年夜饭非常丰盛，要求全体家庭成员都到，即团圆、平安、健康、幸福。如果家人远在外地无法赶回，则空一个座位给他。而且这顿年夜饭都是在家里吃的，需要精心准备。但是，近十多年来，南昌市民和全国许多地方则更多地走出家门，到酒店、宾馆去订餐，去享受这顿美味的佳馔。酒店也乘势而上，把商业操作进行得有声有色，推出不同档次、不同品牌的团圆宴。这自然与人们的春节喜庆观念有关，也与经济和收入水平有关。另外，俗有"生旺火"的习惯，就是在院里点燃火把、火堆或者在家里烧炭火盆。这在古代称为"庭燎""烧火盆""烧松盆"等，现代民间则称为"生旺火"，或"点发宝柴"等。《后汉书·礼仪志中》和《隋书·礼仪志四》都有关于国家礼仪在元日庭燎的规定。南朝宗懔《荆楚岁时记》则记载了民间

---

① 余悦：《让我们时时在民俗的海洋中畅游》，收入《2007 江西社科大讲堂》，江西省社联《科普动态》增刊，2007 年第 1 期。

庭燎习俗。古代庭燎是为了驱邪，或者祭神祭祖，后来生旺火发展为象征全家兴旺发达，表达美好希望。但是，随着保护自然生态的需要，城市已普遍使用燃气，没有了烧柴草的可能；家庭普遍使用空调，一般很少用木炭火取暖，"烧旺火"的习俗也难得再现。

（四）城市化规模迅速扩大，春节传统节日文化呈现城乡二元差异的痕迹

城市化的快速发展，虽然使农村变成了城市，农民变成了市民，但是，失掉土地的村庄和村民，在短时间内很难尽快地融入城市，融入城市的主流文化，农民与市民的精神差别，农村与城市的文化差异，在相当长一段时间内还是存在的。例如，"城中村"问题，实际上是快速城市化后，原有的村庄形态和村属领地未能也随之成为城市的肌体，而以独自的风貌存在着。在这块领地里，一方面接受着现代城市的熏陶，另一方面又顽强地表现着自己的个性。"城中村"的市民，有更多的血缘联系和姻亲关系，有更多的家族和宗族的纠葛。又如，腊月二十三或二十四日是民间送灶神上天的日子。灶神是和百姓生活最接近的神，灶神观念先秦时就已出现。用糖瓜祭祀灶神，用清水和草料祭祀灶神的坐骑，这种习俗一直延续至今。但在城市化浪潮的过程中，我们调查发现：一般来说，越是城市的中心区，祭灶的风俗越少。因为随着煤气灶、微波炉等的出现，灶在人们的观念中也越来越淡薄。而在城中村，大多都保留着祭灶的风俗，也有的还存在原有的大灶。再有祭祖活动，其重要目的是感谢祖先，祈求祖先保佑全家幸福，并加强家庭成员、家族成员的情感联系。春节祭祖是一年里最大规模的祭祖活动，是春节习俗中最古老的内容之一。在城市里，一般已无大规模的春节祭祖活动。而在城中村，特别是属于城市的郊县，依然有大规模的祭祖活动。春节前或大年初一，摆好祭品，集体祭祀全体祖先，回家再分别祭祀自家的直系祖先。同样是祭神，都是为了在新年时祭拜诸神，获得精神支持，受到福佑。但原有的市民大多是到城中的著名寺庙（如佑民寺、万寿宫）去顶礼膜拜。而原有的村民，则大多在家里祭拜，也有的去寺庙烧香。同样，虽然放烟花爆竹，原始目的是驱逐鬼怪或迎神，后来成为辞旧迎新的象征符号。

但在城市的中心区，大多受到政策性的规范规定，虽有燃放却规模小得多。而在原有村民的居住地，大多处于城市的非中心区，有了更多的宽松政策，也就燃放得更热烈、更潇洒。即使是正月十五的元宵节，从最初的宗教祭祀活动最终发展为全民狂欢的最大娱乐性节日，市民与村民的参与程度也是大不一样的。晋代已有元宵张灯的做法，隋代元宵节发展为张灯结彩、锣鼓喧天的化装游行节日。元宵张灯本是为了祈求生育，而不仅是游玩欣赏，这种观念一直延续到民国时代。现代社会，张灯则成为元宵节最突出、有代表性的民俗活动。元宵节有高跷、旱船、舞龙、舞狮、秧歌等狂欢，还有赏灯等活动，是一个渗透到社会各方面、民众各层次的节日。然而，一般来说，原有的市民大多是赏灯的参观者、游艺的观赏者，而原有的村民则是游艺的参与者，舞龙、舞狮、秧歌等活动往往以群体的面貌出现。也可以说，正是由于春节传统节日文化是农耕文化的产物，也就与原有的村民，现在的新市民有了更多的精神上的血肉相通。

（五）春节传统节日文化的形式虽有嬗变，其文化的内核则鲜有变化

历史总是要前进的，文化也是在不断的发展中嬗变的。正如前面所说，城市化浪潮所带来的，是春节传统节日文化往往以更为现代、时尚的方式出现。但是，春节传统节日文化的内涵是不会变化的。因为"节日民俗是传统文化中最能反映民族大众心理需求的部分。自古以来，中华民族就是一个特别追求吉利、祥瑞心理感受的民族。这种心理追求在传统节日民俗中得到了最为生动、强烈、集中的体现。吉祥成为五光十色的传统节日民俗的共同主题，虽历经沧桑，其流风余韵至今犹存。传统节日民俗的构成要素，诸如神话、传说、典故、庆仪、仪物、饮食、服饰、祝辞、符图、谚语、禁忌等，无不呈现出鲜明的吉祥色彩"[①]。春节传统节日文化虽然有外在的演变，但其祈年贺年祭神的原始节日文化因子都是不变的。例如，全国大多数地区都

---

① 向松柏：《传统节日民俗吉祥主题论》，收入叶春生主编的《现代社会与民俗文化传统》，黑龙江人民出版社 2002 年版，第 234 页。

要吃年糕，就富有岁熟年丰之意。清人诗云："人心多好高，谐声制食品，义取年胜年，藉以祈岁稔。"在吃团圆饭和新春佳节时，饭桌上都要有鱼。过年吃鱼，因鱼与"余"谐音，又派生出"年年有余"之类的吉祥语。而且随着市场化的进程，人们更多地把属于农耕文化的祈丰年变成求生财、求富贵。节日期间举行的舞龙玩灯活动，原以向龙神祈求风调雨顺、五谷丰登为目的，现在更多的是因其喜庆热闹，广泛运用到各种商业庆典场合。当然，其间的吉祥含义照旧存在。

第三节　面对城市化春节传统节日文化的多种选择

城市化浪潮给春节传统节日文化带来的，总是时尚与其相伴，遗憾与其相生；总是原有的文化因子以新面貌出现，也有的走过一段其他道路后又殊途同归。但是，无论如何，春节这一历史悠久、内涵丰富、内容多样、参与广泛的节日，总会与中华民族一直相伴相随。而且，在春节传统节日文化不断变化的过程中，旧有的形式可能衰落，但新的内容可能添加进来。面向城市化的浪潮，面向全球化的势头，面向未来的岁月，春节传统节日文化的流向和前景如何？目前，起码有三方面值得关注的问题：

（一）春节成为非物质文化遗产事项后的态势

春节成为国家级非物质文化遗产，并且通过加强在国家法定假日中的地位，又强化了人们对春节的关注、重视，这无疑是一件好事。但是，从另一方面来看，春节加强在国家相关机构的认知和认同，又是一种官方的干预。这种干预的结果，是更多的政府参与进入其中。2010 年 1 月 8 日，中国江西新闻网登载有《今年春节文化活动精彩纷呈，南昌八大活动闹虎年》：

　　1 月 8 日上午，由中共西湖区委、西湖区人民政府主办的"和谐之美、虎跃年丰"迎新春金塔文化月在绳金塔景区开幕。据悉，为迎接新年到来，绳金塔景区将于本月起推出以"和谐之美、虎跃年丰"为主题的迎新春金塔祈年系列活动。

据悉，"和谐之美、虎跃年丰"迎新春　金塔文化月活动时间为 1 月 8 日—2 月 28 日，其中包括"百件民间藏宝明代以上官窑瓷器精品展"、"南昌电视台鉴宝栏目走进绳金塔"、"绳金塔舍利子暨清铸十八罗汉展"、"2010 年绳金塔新年钟声佑平安活动"等八大活动。

春节前夕，此次文化月活动之一——"迎新年　送对联　献爱心"　绳金塔义赐墨宝活动将正式拉开帷幕。届时，南昌市众多著名书法名家和书法爱好者将聚集绳金塔景区，一展才艺，为新年来绳金塔景区游园参观的市民挥笔泼墨，并将其中一些优秀作品送到社区孤寡老人、五保户、低保户手中，为他们送去新年的祝福与喜悦。

众多精彩纷呈的新春文艺演出将为南昌市民烘托欢乐、祥和的新年气氛。而"绳金塔舍利子暨清铸十八罗汉展"也是这套十八罗汉像第一次与世人见面。

政府组织的活动多达八项，而且是与春节传统节日文化活动交流在一起的。从积极的方面来看，"纵观汉代以至清代近两千年的时间里，虽然也确实存在着官方对某些节日或节俗活动采取否定态度并加以规范甚至禁止，以引导节俗向利于官方倡导的价值观念方向发展的事情，但认同和参与无疑是二者关系的主要方面"。其体现有三个方面：一是官方或官方代表人物是某些传统节日或节俗的创造者；二是将一些节日作为假日；三是积极参与节俗活动。因此，从历史考察，"在当下语境中，官方以复兴为目标干预传统节日不仅是必要的，也是可行的，有多种途径可以选择"①。春节成为国家非物质文化遗产，就是一种积极的官方干预。作为文化空间，如何保护好春节传统节日文化，应该是最重要的内容。其实春节传统节日文化面临着三种选

---

① 张勃：《从传统到当下：试论官方对传统节日的积极干预》，《民俗研究》2005 年第 1 期。

择：对于大众所喜闻乐见的，依然有顽强生命力的内容，应该得以弘扬；对于部分技艺性的内容，应该有目的、有组织地进行传授，以免后继无人；对于一些已经式微，甚至濒临灭绝的事项，应该更多地保护和抢救。当然，在对春节传统节日文化进行传承和保护的前提下，我们也要以极大的热诚关心、关注、关怀时尚的、新兴的文化元素，与春节传统节日文化相结合，开出更加绚丽的花朵。

（二）面对城市化更加猛烈的浪潮，春节传统节日文化应早有应变之策

城市化浪潮不仅是中国的，而且是全球化的。"20 世纪 1.5 亿人口居住在城市，占世界人口不到 10%。20 世纪结束时，全球城市人口达 29.26 亿人，增长了 20 倍，差不多占世界总人口的一半。1995年，非洲和亚洲的城市化水平差不多，约有 35% 的人口可被界定为城市人口。然而，这两个大洲亦是全球人口高度集中的地方，特别是亚洲，占全世界总人口的 60.4% 和城市人口的 46.3%。事实上，以'百万人口级'巨型城市而言，亚洲占了 47.5%，拥有 143 个'百万人口级'城市；在全世界 28 个超巨城市（人口在 800 万以上）中，亚洲有 13 个，目前非洲和亚洲的城市化水平只有其他区域的一半，都仅达到英国和北美洲一个多世纪前的城市化水平。然而，非洲和亚洲正在进入急速城市化的阶段，并开始形成新的城市形态。中国和印度这两个人口大国都位于亚洲。1995 年中国的城市人口为 3.6 亿人，占全国总人口的 30%；印度的相应数字为 2.5 亿人和 27%。2008 年，中国的城市化已达到了 44% 左右。中国和印度这两个国家的城市化规模和速度，都将对亚洲未来的城市化产生重要的影响。""在全球迅速城市化之际，大城市亦以惊人的速度冒起。1950—1990 年期间，人口达百万以上的城市增加了 3 倍。1950 年时，全球'百万人口级'城市仅有 78 座；至 1990 年，达到这个规模的城市已超过 276 座；到2010 年时，估计将增加到 511 座。1990 年，全世界的城市人口中有33% 居住在'百万人口级'城市，有 10% 居住在 800 万人或以上的超巨城市群（United Nations，1991）。毋庸置疑，这些大城市支配着

世界各地许多人的经济和社会生活。"① 在这股全球化的城市化浪潮中，以农耕文化为基点的春节传统节日文化，其生存的土壤必然进一步紧缩，其面临的问题必然会有所增加。所谓"适者生存"，如何适应这种态势，需要给力，需要智慧，需要韧劲。城市化所提供的，既有原有文化被磨损的忧虑，又有新文化成长的有利基因。春节传统节日文化所面对的，也是两种状况，就看我们如何顺势而行。

（三）面对全球化的势头，春节传统节日文化应该有抗力和活力

经济全球化引发世界格局的变化，也引起对于多元文化的讨论。春节传统节日文化，仅仅是中华民族众多节日文化中的"一元"。站在全球的立场来看，也仅仅是世界各国传统节日文化的"一元"。如何使这"一元"，真正融入全球化的"多元文化"，也是需要我们进一步思考的。近些年来，"洋节"进入中国，引起了人们的关注，而且，把春节与洋节相比较，又引起了"年味淡了的"感叹。对于全球化面前的春节传统文化，专家们发表了许多真知灼见："在民族生存和进步的大是大非面前，维护国家统一，加强民族团结是中华子孙的责任。我们是在中国各族人民创造的文化传统的基础上建立现代化、走向全球化时代的。我们身后的民族节日文化传统，是一笔得天独厚的文化遗产，是我们民族生存和进步的宝贵资源，等待我们去弘扬和利用。发掘中华传统节日优秀文化的内涵，开展传统节日文化活动，在加强民族意识、打造民族灵魂、巩固爱国主义精神传统、建设社会主义精神文明等方面，有着难以估量的积极作用。同时我们也希望把各个民族节日的优秀传统和古老智慧变成人类共享的文化遗产和共同的精神财富，在人类前进的过程中发挥它们的活力，去创造更加丰富、美好的生活。"② 对于开放的中国都市而言，"各种外来文化的融入是非常必要和重要的，无论是以欧美文化为代表的西方文化，还

---

① 鲍宗豪：《全球视野下的都市精神文化》，本文为"国际都市文化比较研究丛书"总序，见《国际大都市文化导论》，学林出版社 2010 年版，总序第 3—4 页。

② 孟慧英：《传统节日的性质、作用及其发展》，见陶立璠主编《亚细亚民俗研究》第六辑，学苑出版社 2006 年版，第 152 页。

是以日韩文化为代表的东亚文化，抑或是以港台文化为代表的中国海外文化和各区域的本土文化，包括今后还会陆续进入的非洲文化、阿拉伯文化、南亚文化、南美文化等，各种异质文化的碰撞和交融可以为本土文化注入鲜活的血液，植入不同的基因，从而使其更具魅力和活力。但这里有一前提是必须强调的，即每一个中国区域城市都应该有自己的文化底色，这个底色就是个性鲜明的中国特色，以及风格迥异的区域特点，包括在区域文化土壤上生长起来的千姿百态、生龙活虎的民间民俗文化。否则，城市文化的趋同化，必然使我们的城市面临'千城一面'、'千城一色'、'千城一调'的危险。"① 总之，春节传统节日文化应对全球化的良策，无非一是增强自身的活力、吸引力和影响力，二是对于多元文化通过吸收消化后为我所用，三是同样"走出去"，成为具有国际影响力的节日文化。这样，才能有海纳百川的气势和奔向大洋的勇力。

　　城市化浪潮中的春节传统节日文化，本章只是从江西南昌市的个案出发，作了些鸟瞰式的思考。对于相关的问题，我们计划作更加精细的田野作业，即进行较为广泛的社会调查，包括问卷调查和实地调查，以取得较为准确和深入的数据。出于对中国民族的关切，对中国文化传统的热爱，对中国未来文化竞争力的关心，我们还将继续这方面的研究。城市化是一个不断的进程，春节传统节日文化也处于动态之中，生活之树将给理论不断注入新的活力。

---

　　① 孙逊：《江南都市文化：历史生成与当代视野》，鲍宗豪、（新西兰）燕·雪莉主编《文明与后现代亚太都市》，学林出版社 2010 年版，第 176 页。

第三篇

民俗文化事项的新观察

第九章　中国饮食民俗的传统与特色

中国民俗从远古开始便逐渐形成，与原始人群和原始部落的生存直接有关的饮食民俗，是史前期最早孕育和发生的民俗事项之一。

人类的饮食活动形成了饮食风俗。而要了解饮食风俗的源流，就要追溯我们祖国广大土地上远古的人类活动，追溯整个中国饮食史和烹饪史。因为民俗学所探讨的饮食习俗，包括"饮食调制法的传承及其类型；饮具、食器的传承及其类型；饮食方式、餐制的传承及其类型；食物原料、结构的传承及其类型；饮食职业者的传承及其类型"（乌丙安《中国民俗学》）。

第一节　中国饮食民俗的起源与发展

社会的进化史，从一定意义上可以说是从猿到人的演变史，是从人类的原始文明到现代文明的发展史。饮食作为人类的生理需要的天然本能，到运用自己的智慧和技能创造了人类文明的饮食物和饮食习惯，无疑是人类与动物的不同点之一，是一件关系着整个社会进程的划时代大事。

在原始社会，我们的祖先经过了一个漫长的自然饮食状态：生吃采集到的植物根茎和果实，活剥生吞捉到的飞禽走兽和捕捞的鱼虫蚌蛤，过着原始的、粗陋的生吞活嚼、茹毛饮血的生活。正如《礼记·礼运》篇记载的："古者未有火化，食草木之实、鸟兽之肉，饮其血，茹其毛"。虽然初民的肠胃还保留有动物一样的功能，不过，长期吃生冷腥臊之物，对肠胃造成很大损害，所以身体健康的人极少。当人类认识了火的功能，跨入火食的时代，初民的生存质量和社会发展就迎来了新的时期。

　　火的发现和利用，是人类发展史上具有变革意义的大事。掌握了用火技能的人类，从此有了光明，有了温暖，也有了熟食。初民们曾用炽热的激情，丰富的想象，讴歌第一个发明用火的人。古代希腊神话传说，天神普罗米修斯把火种带到人间，自己宁受折磨，坚毅不屈。而中国两千多年前的文献中，就记载着发明用火的圣人——燧人氏。"燧人始钻木取火，炮生为熟，令人无腹疾，有异于野兽。"（《周礼·含文嘉》）《韩非子》甚至说：燧人氏取火"民说（悦）之，使王天下，号之曰'燧人氏'"。由于火的利用对先民的生活有重大影响，所以燧人氏被拥戴和推举为统治天下的王。燧人取火的传说，虽然比普罗米修斯的传说要早得多，也现实得多，但是，燧人氏只是最早摸索到长时间摩擦生火原理，并且在饮食中主动采用烤烧技术的先行者。

　　现代考古学的考证成果表明，早在一百七十万年前的云南元谋人遗址中就有人类保存和使用自然火的证据。元谋人化石产地地层，有经火烧过的颜色发黑的骨头。五十万年前的周口店北京猿人化石的山洞里，发现了木炭、灰烬、烧石、烧骨等叠压很厚的用火痕迹，证明北京直立人已经能有意识地对火进行控制使用。迄今为止，世界各国还没有发现像我国如此古老的人类开始用火的证据，可以说，我国是世界上最早学会用火的国家。当然，人类使用火经历过漫长岁月的摸索，最初是由天然火受到启发，开始走上火食之路；接着又发明了取火和保存火种的方法，人工火照亮了人类文化的进步之路。所以，恩格斯兴奋地指出：火的使用，"第一次使人支配了一种自然力，从而最终把人同动物分开"。人类成了火的主宰者，揭开了人类改造自然、征服自然辉煌篇章的第一页。

　　火的发现与运用，结束了人类茹毛饮血的蒙昧时代。不过，最初由生食到熟食的比重是逐渐增加，火熟的方式由简单向复杂演进，烹饪技艺逐渐发展和完善起来。熟食法的开端，采用"炮肉为熟""火上燔肉"的方法，就是把捕捉到的兽肉和鱼放在火上直接烧烤。在漫长的烧烤食物过程中，又逐渐发明了间接烧烤的方法，把食物放到烧热了的石板上烤。现代一些少数民族仍有用石板烙饼的，正是远古遗风。由于食物有时烧烤焦了不好吃，初民们又探索出原始的"水煮法"：用烧热的石块，投入有食物的水中，到水沸食物熟为止。至于盛水的器具，或是就地取材的洞穴，或是兽皮制作的容器，或是不漏水的编织物或木制器皿。直到标志着人类进入新石器时代的陶器诞生，使熟食的方法产生了新的变革，也使烹饪技术获得了突破性的发展。

陶器起源的时间，历来众说纷纭。《古史考》载："夏后氏时，昆吾作瓦，以代茅茨之始。"认为四千多年前的夏代，才"制作陶冶，埏埴作器"。而《黄帝内传》持"黄帝始作陶"之说，认为黄帝发明了稻米加工工具——杵臼，"掘地为臼，以火坚之"，便是原始陶器。这样，又把时间上推了许多年。黄帝对于饮食的贡献，还有多种说法，如"黄帝作釜甑"，"始蒸谷为饭，烹谷为粥"，"初教民作糜"（《古史考》）；"黄帝作灶，死为灶神"（《淮南子》），至于是双连地灶，还是轻便小陶炉，则语焉不详。然而，还有比黄帝更早的记录：《太平御览》引《周书》佚文云："神农耕而作陶"。《初学记》引《周书》佚文亦载："神农作陶，冶斤斧鉏耨，以垦神莽。"陶器是原始农耕部落的创造，在很大程度上是为谷物烹饪发明的。而且，经科学鉴定，西安半坡出土的彩陶盆是六千多年前的产物，这时正是"神农之世"。看来，《周书》佚文的记载相当可信。但是，现代考古学的考证又把这一时间大大提前了，因为南方和北方都发现了将近有一万年历史的破碎陶器。最初的陶器多为炊器，也有食器。釜和鼎是最早问世的两种不同型式的锅，釜多为敞口圆底的样式，许多其他类型的炊器几乎都是在釜的基础上发展改进而成；鼎是一种比釜更为实用的三足器，是一种兼作食器的重要炊具。此外，在新石器时代常用的还有其他器具：底部穿孔的甑，可以说是最原始的笼屉；鬲、斝都是当时煮粮食用的饭锅；甗是甑和鬲相结合构成的，也就是最早的蒸锅。这些炊具的出现，烹饪时蒸、煮、熬、炖等技术才应运而生。

进入火食阶段后，随着原始烹饪技术的发展，人类又开始了调味实践。太古时代的抓食掬饮，人们只能尝到食物的本味，只烹不调的饮食是单调的，有了陶器才使调味成为可能。据推测，也许是几种食物在陶器中混合煮食时产生了特别的滋味，于是，引发了初民们的思考，他们有意识地以一种具有某种特别滋味的食料，与另一种食料组配一起，达到变化和丰富滋味的目的。许多调味品，就是这样筛选出来的。烹饪加上调味，人类食物才有了多样化的必要条件。而在所有的调味品中，盐是最基本和最关键的，所谓"盐者百味之将"。相传，伏羲氏和神农氏之间，诸侯中有宿沙氏（夙沙氏）始煮海作盐。这则传说见于《淮南子·修务训》。盐的发现和利用，不仅使食品的储藏加工更加方便，而且有利于增进消化能力，促进人类体质的发展。酒也是最早利用的调味品之一，最初是野果成熟后自然发酵生成的醇香果酒，在人类从事农业生产和粮食有了剩余后，才逐渐认识并掌握了发酵技术。"有饭不尽，委之空桑，郁积成味，久蓄气芳，本出于此，不由奇方。"人工造酒始于何时？"酒之所兴，肇自上皇。成自帝女，一曰杜康。"（江统《酒诰》）"上皇"即黄帝，"帝女"指大禹之女，"杜康"即夏代第六世中兴之主少康。这张时间表，也许是表明酒类不断提高和演进的过程，酿酒技术的产生使调味品又有了新的发展。在我国新石器时代遗址中发现了许多尊、罍、盉、杯之类的陶土酒器，证明那时就已会酿酒，并用陶土烧制各种酒具。那么，初民发现的调味品到底有多少种呢？这是至今无法确知的问题。但据现代人研究，中国烹饪采用的调味品多达五百种左右，基本类型大约可区分为九种，即咸、甜、酸、辣、苦、鲜、香、麻、淡。而这几种类型，又以前五种为常人所称道。其实，《黄帝内经》即云："五味之美，不可胜极。"《文子》也说："五味之美，不可胜尝也。"可见，初民已经懂得五味调和能够给人带来美好的享受。

　　总之，从生食到火食，陶器的产生使烹饪之技比较完善，调味品的开发使饮食的味型不可胜计，这三个阶段是人类饮食发展的关键时期。只有当这三个阶段都已经跨越并且成熟，我们的祖先才告别简陋的野蛮生活，真正进入意义完备的文明的烹饪时代。而在史前时代，人类的创造与发明多半围绕着饮食生活展开，中国远古文化的发达和成就的取得，也相当程度体现在饮食生活方面。随着饮食生活被推进到新的水平，人类社会也发展到新的阶段。

第二节　饮食民俗的地方特色与菜肴风格

经过漫长的烹饪萌芽期，夏、商、周三代是我国烹饪的形成时期，秦汉至隋唐是烹饪的发展时期，宋代至明清是烹饪的高度兴旺时期。而中华人民共和国的诞生，又掀开了烹饪史上新的篇章。

中国饮食的形成、发展、演变，有历史、民族、宗教、民俗、文学、艺术、语言、地理等多种因素，并受到这些因素的制约和影响。随着人类文明的进步，饮食从简单到复杂，由低级到高级，又反过来影响涉及人类生活的各个方面。饮食水平被视为人类文明的标志之一，饮食消费是为了满足人们的生理需要、享受需要和发展需要。当代烹饪学家曾概括地总结了中国饮食的基本特征："养助益充"是中国人的传统饮食结构，即《内经》所提出的"五谷为养，五果为助，五畜为益，五菜为充"。"五味调和"是中国烹饪基本原理的核心，其目的就是要烹饪出人们喜欢的美馔佳肴来，满足人们对于味的选择的需要。"养营卫生"是中国烹饪基本原理的命脉，即通过摄取饮食以求营养，达到保护身体健康及预防疾病的目的。而中国烹饪的技术理论则强调十个方面的特征，即"水最为始""火为之征""味为之本""刀为之要""料为之博""配为之当""器为之美""名为之雅""肴为之新""筵为之丰"（参阅熊四智《中国烹饪学概论》）。这些方面，可以说是中国饮食文化最重要的内容，中国饮食文化的发展演变也基本上围绕着它们进行。

但是，作为中国饮食文化一部分的饮食民俗，虽然也与上述的林林总总密切相关，不过在其演进过程之中，最关键性的"内核"则是充溢其间的浓郁的乡味与乡情。现代著名剧作家、散文家黄宗江曾经深情地写道："'美不美，乡中水！亲不亲，故乡人！'人在异国每患怀乡症，首先勾起相思或曰单思的常常还不是山水人物，而是食物。"（《美食随笔》）他的体验，很可以作为乡味乡情的注脚。

我国地方风味的形成有着悠久的历史渊源，这是熟食的烹饪技术发展到一定阶段，生产力发展到一定水平，食物原料不断扩大，菜肴品种不断增多而逐渐孕育产生的。现存最早的医学专著《黄帝内经》，就记载古代五方之民由于地理环境、气候、物产等不同，饮食民俗有很大区别：东方之域，"其民食鱼而嗜咸"；西方者，"其民华食而脂肥"；北方者，"其民乐野处而乳食"；南方者，"其民嗜酸而食胕"；中央者，"其民食杂而不劳"。先秦时期，由于已有商业比较发达的都邑，地方风味的饮食已经萌芽，形成朝歌牛屠、孟津市粥、宋城酤酒、燕市狗屠、鲁齐市脯的局面。秦汉以后，"夜市千灯照碧云"，"夜泊秦淮近酒家"，发达的城市商业经济极大地刺激了饮食消费，也形成了具有代表性、典型性的风味流派。烹饪技术高度发展的明清时期，"肴馔之有特色者，为京师、山东、四川、广东、福建、江宁、苏州、镇江、扬州、淮安"（清·徐珂《清稗类钞·饮食类》)，各地风味菜相互影响、渗透、抗衡，但又各自保持和发展自己的特色。

我国菜肴的风味差异是客观存在的，自古以来素有"帮口"之说。所谓"帮"，是指饮食业从业人员的地方性"行帮"；所谓"口"，指的是口味，即地方风味特色。而20世纪70年代以来，则以"菜系"的新词指称地方菜肴风味特色的差异。菜系的形成时代，烹饪史专家研究的结果出入很大，有的认为先秦已见端倪，有的认定唐宋以后相继形成，也有的甚至界定在晚清。但我们认为，菜系的源头可以上溯到商代初期，已有三千多年的历史，而其定型则在唐宋时期，以后逐渐增加发展，到今天形成了较为科学意义上的菜系。菜系源起于地方风味，不过，地方风味并不都已形成菜系。菜系是指众多地方菜中地方特色最浓郁的风味菜肴体系，只有那些有别于其他地方的独特的烹饪方法，有特殊的调味品和调味手段，有众多的烹饪原料，有从简到繁、从低到高、从小吃到大菜、从大众菜肴到筵席菜肴等一系列风味菜式，以及有省外甚至国外公认影响的风味菜肴体系，才能够当之无愧地戴上"菜系"的桂冠。也只有物产丰富，传统饮食习俗历史悠久，烹饪术广泛普及和有一大批精于烹饪的技术人才，有一定数量和规模的本菜系的风味餐馆，烹饪文化相对比较发达的地区，才能够盛开出绚丽多彩的"菜系"的鲜花。

那么，中国到底有多少菜系呢？研究者们意见也大相径庭：有的说一个省可以算一个菜系，有的说一个省可以分几个菜系；有的提出"八大菜系"，即鲁、川、粤、扬、浙、闽、湘、鄂，或指鲁、川、粤、扬、闽、徽、京、沪，或指鲁、川、粤、扬、闽、浙、徽、湘；也有的提出"十大菜系"，甚至"十二大菜系"。不过，大多数研究者认为，影响最大的还是鲁、川、粤、扬四大菜系，其他的应属这四大菜系的支系或流派。

鲁菜即山东菜，主要由济南和胶东两个地方风味菜构成，在国内外享有很高的声誉。山东为古文化发祥地之一，鲁菜的孕育可以追溯到春秋战国时代，发源于当时的齐国和鲁国，真正形成是在秦汉以后，经元、明、清三代大发展，大量进入宫廷成为御膳珍馐，并且远播华北、东北、京津等地，逐渐成为北方菜的优秀代表。鲁菜取材广泛，选料精细，海味尤佳，刀工讲究，调味极重纯正醇浓，用盐之法十分精到，善烹海鲜，精于制汤，面食极多，种类丰富。鲁菜还工于火候，技法多样，尤其以爆炒烧炸熘塌焖扒为其特长，具有北方粗犷味厚的风格。

川菜即四川菜，由成都菜、重庆菜、自贡菜为主构成，发源于古代的巴国和蜀国，萌芽于西周至春秋时期，形成于秦代至三国时期。川菜烹法注重烧、熏、烤、干酥，调味不离辣椒、胡椒、花椒这三椒及鲜姜，品味重酸辣麻香。虽然在一般人的心目里，川菜以麻辣、鱼香、怪味等独到的味型著称，其实，川菜的味型相当丰富，还有咸鲜、家常、红油、椒盐、姜汁、蒜泥、甜酸、荔枝、五香、香糟、芥末、椒麻、酸辣、甜香、麻酱豆瓣、陈皮、香辣等几十种，咸甜麻辣酸调配多变，诸味高低起伏各具特色。所以，川菜享有"一菜一格，百菜百味"的美誉。川菜还具有众多菜式的适应性，可分为高级筵席、普通筵席（三蒸九扣）、大众便餐、家常风味、民间小吃等数种。川菜对长江中上游和滇、黔等地有相当的影响，现在已遍及全国，以至海外，故有"味在四川"之说。

扬州菜又称淮扬菜、维扬菜。扬州之地，春秋至两汉已以珍馐异味著称，六朝以来又以素馔极精闻名，宋元成为宫廷贡食基地，明清饮食市肆更为繁荣。扬州菜用料品种繁多，调味重清淡适口，醇和宜人，以"一碗各成一味"、"善烹江鲜家禽"、"善制花色菜点"为突出特征。扬州菜擅长炖、焖、蒸、烧等法，以刀工精湛取胜，"刀在扬州"一贯闻达于世。扬州菜风行在长江中下游、淮河流域等地，淮扬厨师遍及全国大多数地区。

粤菜又称广东菜，由广州菜、潮州菜、东江菜三大流派构成。岭南地区远古时代就有独特的饮食传统，唐宋时中原的饮食文化与当地烹调技术相融合，明清时粤菜脱颖而出，扬名海内外。"食在广州"，"广东人什么都敢吃"，已经饮誉全国。粤菜用料广博奇异，兼收并蓄外地技法，尤以蒸、炒、煎、焖、煲、炸、炖、焗等为独特，具有清鲜、嫩滑、脆爽的南国风味。

当然，我们所说的菜系是从地方风味来看的，如果从不同的角度，还可以看出我国菜肴的其他差异，例如：从民族来看，有汉食、回食、蒙食、藏食、满食、苗食、维吾尔食、高山食等区别。从消费特色来看，还有宫廷菜馔、市井菜品、平民家食、宗教食方、疗养食馔等区别。

第三节　饮食民俗的突出优势与三大特点

饮食民俗是人类智慧和技能的结晶，门类齐全、花式品种繁多，加工精致、烹饪技术高超，色、香、味、形俱臻上乘的食品，使人们得到精神上的陶冶和美的启迪。但是，饮食文化虽然已经成为生活的艺术，而创制美味佳肴的根本目的还是为了满足人们养生健身的需要。以食当药防病治病，是中国古代医学取得的一个伟大成就，也是中国古代饮食文化的一个突出的优势。而其中，包含着"医食相通"、"药食同源"和"亦食亦药"三个方面。

所谓"医食相通"，是指古代把医疗与饮食共同进行管理的制度。这种做法，周代就开始了。据《周礼·天官》记载：当时领导宫廷饮食工作的官员称膳夫，领导宫廷主疗疾之事的官员称医师，他们虽然分属两个机构，但有共同的职责。膳夫总领"掌王之食饮膳馐，以养王及后、世子"；膳夫领导下的庖人"掌共六畜、六兽、六禽，辨其名物"；内饔也是在膳夫统管下"掌王及后、世子膳馐之割烹煎和之事，辨体名肉物，辨百品味之味物"。而医师的统管之下，又设食医、疾医、疡医等，"食医掌和王之六食、六饮、六膳、百馐、百酱、八珍之齐"，掌和这些饮食的原则，如"凡和，春多酸，夏多苦，秋多辛，冬多咸，调以滑甘"。食医虽然并不烹饪食物，却要负责饮食的调和、调配。唐代时，负责治病的太医和主持膳食的太官都属于一个部门管辖。《旧唐书》载：具体办理皇帝饮食的属"尚食局"，"尚食之职，掌供膳馐品齐之数，总司膳、司酝、司药、司饎四司之官属"。直到元代，还沿袭了"医食相通"的管理制度。元代饮膳太医忽思慧著《饮膳正要》，就是宫廷医食结合制度的产物。而且，古代医家也多是懂烹饪的行家，常以食方疗疾；烹饪里手又多能兼职行医，甚至有"妙手回春"的高招。据《古今图书集成·医部全录》"医术名流列传"记载：被称为烹饪之圣的伊尹，又是一位医家，"今医言药性，皆族伊尹"。相传为豆腐发明者的汉淮南王刘安，"博览群书，善医药"。古代杂烩"五侯鲭"的发明人楼护，是医生世家出身，"少随父为医长安"。讲究饮食的后蜀主孟昶，"好方药，母后病，屡更太医不效，自制方饵进之，遂愈。群臣有疾，亲召诊视，医官服其神"。同时撰写烹饪著作和医书的人士更是屡见不鲜，清代《中馈录》作者曾懿著有《医学篇》两卷，《素食说略》的作者薛宝辰另有《医学绝句》、《医学论说》。无论是制度还是人员，医与食都是相通的。

　　所谓"药食同源"，是指医药和饮食都具有共同的健康肌体，悦神爽志，治疗疾病的功效。《周礼·天官》有一句精练的表述："以五味五谷五药养其病。"春秋时的神医扁鹊，较早阐明了药食关系，他说："安身之本，必资于食；救疾之速，必凭于药。不知食宜者，不足以存生也；不明药忌者，不能以除病也。""是故食能排邪而安脏腑，悦神爽志，以资血气。若能用食平痾，释情遣疾者，可谓良工。长年饵老之奇法，极养生之术也。夫为医者，当须先洞晓病源，知其所犯，以食治之，食疗不愈，然后命药。"扁鹊提出了一个重要的医疗原则：一个好的医生，首先要弄清疾病产生的根源，以食治之，如果食疗不愈，再以药治之。这一原则历来被中医学采用，并且形成和发展了"养营卫生"的优良传统。扁鹊的这一番论述，见之于唐代百岁名医孙思邈撰的、被后世人称之为《千金食治》的著作。这本书原为孙氏所撰《千金要方》（共30卷）中的第26卷"食治"，此卷包括序论第一、果实第二、菜蔬第三、谷米第四、鸟兽第五（虫鱼附）几个部分，综述前代诸书，系统地把日常饮食之物的防病治病的药用功能作了简要叙述，对后世有良好的影响。"药食同源"还反映在两者被发现时的同源性，药物原是食物，而食物又先被药用。如现代最常用的饮品茶，首先就存在一个药用时期。"茶之为饮，发乎神农氏。"而神农之所以发现茶叶，是因为"日遇七十二毒，得茶而解之"。至少在战国时代，茶叶作为一种药物，已为人们所了解和服用，秦汉以前也基本上是茶的药用时期。《神农本草经》说："茶叶苦，饮之使人益思，少卧，轻身，明目。"《神农食经》说："荼茗久服，令人有力悦志。"华佗《食论》说："苦荼久食，益意思。"这种种记载，都立足于以茶为药的经验之谈。魏晋以后，茶的主要功能已转移到饮料上，人们还念念不忘它的药用功能。唐代陆羽《茶经》多次指出茶的治疗效用，陈藏器《本草拾遗》称茶为"万病之药"，直到明代李时珍还以中医辨证论治的理论肯定茶的药理功效。有趣的是，中国茶叶传入日本，也是因为茶有养生延龄的作用。被誉为日本"茶祖"的荣西禅师（1142—1215）所撰《吃茶养生记》，开宗明义便称："茶者养生之仙药也，延寿之妙术也。"时至今日，人们依然在挖掘茶的医药功能，所以各种"保健茶"应运而生，并且有广泛的市场。

　　正是在"药食同源"的理论推动下，人们热衷于"亦食亦药"的饮食保健。而这种实践，一是"以食当药"，二是"以药当餐"。"以食当药"首先是重视日常饮食，充分发挥食物的良药保健之功。按照古人理论，饮食之物都有温、热、寒、凉、平的性味，还有酸、苦、辛、咸、甘的气味。五味五气各有所主，或补或泻，为体所用。日常饮食如果偏食一味，就会筋骨受损、脾胃不和，或者肝肾不舒、心血不畅，甚至病而气虚、性命攸关。《黄帝内经·藏气法时论篇》曾列举日常饮食的药用功效："肝色青，宜食甘，粳米、牛肉、枣、葵皆甘。心色赤，宜食酸，小豆、犬肉、李、韭皆酸。肺色白，宜食苦，麦、羊肉、杏、薤皆苦。脾色黄，宜食咸，大豆、豕肉、栗、藿皆咸。肾色黑，宜食辛，黄黍、鸡肉、桃、葱皆辛。"这里谈到的五谷、五畜、五果、五菜的保健功能，已经被现代医学证明是正确的。不过，日常饮食的"以食当药"重在保健，重在养生，而一旦疾病缠身，"以食当药"就重在疗疾、重在治病，也就要采用"食疗方"。西汉名医太仓公淳于意曾采用药食结合的"火齐（剂）粥"、"火齐米汁"等，治愈过不少疑难杂症。唐代四川名医昝殷撰有《食医心镜》，记载了大部分内科病症的食疗方。这些食治药方不仅列出了食物名称、标明分量，而且连如何制作、如何进食都写明了，实用价值非常高。唐代的另一位著名医药学家孟诜写了一部食疗专著《补养方》，后由他弟子张鼎增补，易名为《食疗本草》。这部书集药用食品于一册，在每种食物品名下注明性味、服食方法及宜忌，并标明有些食物多食或偏食可能招致的疾患，也载录了不少相关食物的烹调与加工贮存方法。至于"以药当餐"，虽然与"以食当药"的食疗有相通之处，但却是"以药入食"，变用药的方式为日常用餐，达到防病、保健、治病和康复的目的。药与餐的结合，使单味食疗进入到复合食疗，出现了现代人们都熟知的药膳。北宋的《太平圣惠方》和《圣济总录》这两部医药巨著，都列入药食共煮的食疗方，这些药膳包括粥方、羹方、饭方、饼方、脍方等多种。宋代陈直撰成《养老奉亲书》，后于元代由邹铉增补为《寿亲养老新书》，其中"食治老人诸疾方"收入十多种老年病症的食疗方162剂，大多以食物加少量药物配伍，烹调成饮料、羹汤、菜点等。对于"以药当餐"，古人提出了"立方平和"、"量体选药"、"重在脾肾"等原则，使药膳方成为比较完整的养生体系。

　　无论"以食当药"，还是"以药当餐"，一直是中国人养生之道遵循的方式之一。科学的日常饮食，及时的食疗方法，热门的药膳食谱，伴随着中国人走过了千百年。而且，影响远及海外，七百多年前马可波罗从中国带到欧洲的不少保健食品，现在依然畅行于欧美大地，进入越来越多的西方人的饮食生活之中。

第四节　饮食民俗的进食方式与就餐时制

知味犹如知音，高山流水，知其意之所在，才有情趣，才有意境。进食方式，也就是如何把食物送到口里，实在是司空见惯的常事。但是，要说清其演变的源流，说清其内在的文化，又是非常不简单的。中国人的进食方式，包括技能、餐式、餐制是如何变迁的。这种进食方式变革的表象，也是生活方式变革的一项重要内容。

进食技能，是指用什么方法将食物送达口腔里。世界上的进食方法，可以分成用手指、用叉子、用筷子。1983 年 7 月 27 日的《国际先驱论坛报》发表了美国加利福尼亚大学历史学名誉教授小林恩·怀特的演讲，题目就是《手指、筷子和叉子——关于人类进食技能的研究》。这篇演讲具体分析了进食技能的三极世界：用叉子进食的人主要分布在欧洲和北美洲，用筷子吃饭的人主要分布在东亚大部，而用手指抓食的人多是在非洲、中东、印度尼西亚及印度次大陆的许多地区。中国这个使用筷子的国度，的确技艺高超，别具风采。

但是，中国人最初使用的代替手去抓而食之的辅助性食具并不是筷子，而是仿似羹匙的匕，以及模仿手的形状做成的叉。匕就是餐匙，因为先秦时代就是这样命名的。考古发现证实，餐匙是由史前时代起源，在中国经历了至少有 7000 年以上的发展过程。新石器时代制器的主要材料是兽骨，铜器时代则是青铜。战国时期除青铜餐匙外，又有了漆木产品。同时也见到少量金质产品，随州曾侯乙墓出土就有金盏和金匙。隋唐时代开始大量打造银餐匙，在上层社会，这个传统一直到宋元时仍受到重视。而中国古代使用餐叉的证据，也是现代考古学提供的。考古发现的古代餐叉大约有六七十件，大部分为骨质，也有的为铜、铁质。中国最早的餐叉是在甘肃武威皇娘娘台齐家文化遗址出土的，属早期铜器时代，年代距今约为四千年。中国古代餐叉集中出土在黄河流域，以中游地区所见为多。餐叉的规格，通常一般在 12 厘米以上、20 厘米以下。叉齿多为双齿，齿长 4—5 厘米左右。古代餐叉只在战国时代盛行，而其他时代并不普及。[①] 西方餐叉使用的历史充其量不超过一千年，与古代中国人在四千年前就已开始使用餐叉，实在是无法相提并论。

不过，古代中国使用的餐叉，从来没有成为餐桌的主宰。在中国长久受到普遍欢迎的，还是显得更朴素更平常、使用技艺却要求更高的筷子。我国使用筷子的历史，至少可以追溯到夏代。古代制作筷子的材料很多，除大量采用竹木，也用金、银、铜、铁等。考古发现最早的竹筷属西汉早期，最早的银筷属隋代，最早的铜筷属商代，出土于殷墟的一座墓葬中。先秦时期，筷子叫"梜"，有时也写作"筴"。秦汉时筷子又称为"箸"，隋唐时筷子叫"筯"。直到宋代，因为避讳和谐音，才改称筷子。陆容《菽园杂记》载："民间俗讳，各处有之，而以吴中为甚。如舟行讳住，讳翻，以为快儿，幡布为抹布。"《推篷寤语》亦载："世有讳恶字而呼为美字者，如立箸讳滞，呼为快子。今流传之久，至有士大夫亦呼箸为筷子者。""筷"确实比叫"箸"、叫"筯"要贴切些。筷者，快也，是颇能表达出人们进餐时的动作节奏和愉悦心情的。远古的筷子，多是就地取材的树枝或竹棍，间或也用天然的动物骨角。夏商周以后，人们开始有意识地制作，于是，美观大方、质料各异的各种筷子也就大量出现。其中，最贵重的要数象牙筷、犀角筷、乌木镶金筷和各种玉筷。筷子诞生后历久不衰，原因是多方面的：制作简便，原料广泛，使各种各样的人员都用得起，用得到。筷子对食物的适应性也最强，可夹、可挑、可戳、可扒，可以取食除羹汤以外的任何肴馔。虽然使用筷子要熟练自如需经一段过程，但据研究说可以牵动多少根神经、扭动多少条肌腱，于身心大有益处。甚至有人认为，筷子对某些菜肴的诞生和某些食俗的形成，起了十分关键的作用。如涮羊肉的吃法、长面条的问世以及北京烤肉，等等，都离不开筷子。早在唐代，筷子就传到日本。在日本，还将每年八月四日定为"筷子节"。如今，筷子已进入国际

---

① 详见王仁湘《中国古代进食具匕箸叉研究》，《考古学报》1990 年第 3 期。

市场，遍布欧美的许多地方。

在就餐方式方面，现代中国给人印象最深的是围桌会食的方式。这种既热烈隆重，又彼此亲密无间的聚食制，其长期流传于我国原始社会解体后的村社共同体，并且在历史发展的历程中得以始终延续，是受到高度重视的血缘亲族关系和家族、家庭观念在进食方式上的反映之一。其实，在中国漫长的社会发展中，经历过聚食—分食—会食各为主导的不同时期，还出现过形为会食、实为分食的混合式。聚食制起源很早，考古发现表明，原始时代就食者围火聚食。在氏族公社制社会里，由于食物按人数平分，出现了最原始的分食制。后来，虽然进入等级森严的阶级社会，饮食习俗渗透进许多等级身份必须遵循的礼仪，但由于直至周秦汉晋都采用小食案进食，分食制的传统也没有大的改变。而当用高椅大桌进餐，聚食制的传统又重新得到光大。当然，这并不是旧有形式的重演。唐代基本上抛弃了席地而坐的方式，才最终完成了这次改变——餐厅里摆着大方食桌和条凳或椅子，桌上摆满餐具和食品，众人围坐一起会食。不过，由唐代出现的会食，直到宋代才真正完成。宋代会食制的副产物是"一种古今中外所无的奇异职业"——白席人伴随而生。他们的主要职责是统一食客行动，掌握宴饮速度，维持宴会秩序（参阅高阳《古今食事》）。不过，由唐代兴起的会食制有一段过渡期。晚唐五代的会食制，人们虽然围坐在一起，但食物还是一人一份，实质上属于具有场面热烈的会食气氛的分餐制。南唐画家顾闳中的传世名作《韩熙载夜宴图》，给我们留下的正是这种餐式的形象图景。现代以来，随着社会的进步，观念的变化，饮食卫生的讲究，人们越来越多地提出了对传统会食制的意见。已故著名语言学家、北京大学教授王力就对此深恶痛绝："中国人之所以和气一团，也许是津液交流的关系。尽管有人主张分食，同时也有人故意使它和到不能再和。譬如新上来的一碗汤，主人喜欢用自己的调羹去把里面的东西搅一搅匀；新上来的一盘菜，主人喜欢用自己的筷子去拌一拌。至于劝菜，就更顾不了许多，一件山珍海味，周游列国之后，上面有五七个人的津液。将来科学更加昌明，也许有一种显微镜，让咱们看见酒席上病菌由津液传播的详细状况。"（《龙虫并雕斋琐语·劝菜》）如何既有热烈的气氛，又符合饮食卫生，实在是当代的餐式改革的课题。

至于就餐时制，中国饮食也有自己的独到之处。餐制出现在农耕社会，殷代甲骨文中就有"大食"、"小食"之称，采用的是"日出而作，日落而息"的食制。东周时代，"列鼎而食"的贵族已采用较合理的三食制，故《周礼·膳夫》有"王齐日三举"的记载。到了汉代，一日三餐的习惯渐渐为民间所采用。《白虎通》云："平旦食少阳之始也，昼食太阳之始，晡食少阴之始也。"这就明确规定了一日三餐的时间：太阳即将出来的时候，人们吃早饭；太阳当顶，正中时吃午饭；太阳下山，月亮尚未出来时吃晚饭。这种一日三餐的习惯，后来一直成为中国最基本的餐制习俗。不过，由于地区的不同，天气长短的不同，进食内容的不同，我国还有其他餐制：一日四餐制，始于汉代，早起时加上一餐小吃，现多在晚上加"夜餐"，也有的体力劳动时在早餐与午餐之间加上一餐。一日二餐制源于食物还不丰富之时，或是青黄不接之季，也有在节假日实行。此外，还有"一日多餐制"及"无餐制"等特殊食制。

第五节　饮食民俗的文化意味与艺术魅力

作为科学、哲学和艺术相结合的一种文化现象的中国饮食，早已超越了维持生存的本能，升华到满足人的精神需求的境地，成为人们积极地充实人生、提高人生体验的表现。而且，中国饮食讲究"色、香、味、形、器"的五个方面，呈现出丰富多彩的美学特征，展示了不同凡响的艺术魅力。

著名散文家秦牧认为："饮食是一种文明，烹调是一种艺术。"他曾经在文章中绘声绘色地描写了中国饮食的花样百出和令人赞美："我对于卓越的厨师，心里是极其佩服的。好的原料，到了他们手里，可以变化无穷，烧出精美绝伦的菜肴来，固然不在话下；就是普通的材料，一经他们烹调，也可以变得十分可口。什么'家常豆腐'、'凉拌茄子'之类，可不就是这样么！另一方面，在一些大宴会上，常见服务人员捧出一样菜式来，就说一只琥珀色的烤鸭，或者一个美轮美奂的大拼盘吧，它的色、香、味，以至于美术图案，样样都是那样的吸引人。进食之前，不少人就已经感到倾心了。""简单中寓复杂""平淡里见功夫"，这正是中国烹调技术的高明之处。秦牧还进一步写道："高明的厨师，还表现在他们能采用各种各样的手段，使菜式各方面都异常吸引食客。我们平时说的'色、香、味俱全'，其实并未形容尽致。好些菜式，还以它的美术图案吸引人，如把萝卜削成玫瑰花装饰在旁的大拼盘或者'松子鱼'之类就是。有些菜式，还以音响来吸引人，如四川菜中的'锅巴海参'之类就是。有些菜式，又以风格奇特，莫测高深来吸引人，如广东的'灌汤饺子'、'炒牛奶'之类就是。总之，调动多种手段，使酒席之上，好像繁花竞放，万紫千红一般，这正是出色厨师的卓越之处。"（《赞巧手厨师》）①

我们之所以不厌其烦地摘引秦牧的描写，是因为这些文字实际上揭示了中国饮食文化的艺术魅力所在：食用性与审美性的和谐统一，自然美与艺术美的巧妙结合。不论"好的原料"，还是"普通的材料"，菜肴烧出来都是为了吃，所以"食用性"是最基本的和第一位的。但是，"精美绝伦"、"美轮美奂"、"样样都是那样的吸引人"，这种审美性与食用性的和谐统一，"进食之前，不少人就已经感到倾心了"。另外，"家常豆腐""凉拌茄子"之类是一种自然美；而"美术图案""把萝卜削成玫瑰花装饰"，又是一种艺术美。两者的巧妙结合，就能够"化平凡为奇特"。

除了上述两方面之外，中国饮食文化的艺术魅力还表现在实物美与意境美的有机交融。实物美偏重客体，是可以观照的、具有形象性的；而意境美则讲究神韵，所谓"象外之象"、"景外之景"，或称"韵外之致"、"味外之旨"，给人以神气氤氲、韵味无穷的感觉。中国饮食文化的实物美与意境美的有机交融，主要体现在三个方面：

一是美食与美器的配用和谐。古人早就强调："美食不如美器。"

---

① 秦牧：《晴窗晨笔》，花城出版社 1981 年版。

所以，中国自古以来美食促进了美器的生产，美器又促进了美食的发展。从"污尊抔饮"，到炊食器兼用；从古朴的陶器，到美观的青铜器；从漆木器具的盛衰，到瓷器的已臻佳境；从民间的自然之物，到贵族的"金罍玉钟"，饮食之器由简到繁，由粗到精，由陋到美，美器与美食相得益彰，不可或缺。宋代大诗人苏东坡就曾陶醉在美食与美器的优雅协调之中："倒一缸之雪乳，列百柂之琼艘"；"响松风于蟹眼，浮雪花于兔毫"（《老饕赋》）。清代江南才子袁枚是诗人和评论家，也是一位造诣很深的美食鉴赏家。他特意提出"器具须知"："宜碗者碗，宜盘者盘，宜大者大，宜小者小，参差其间，方觉生色。若板于十碗八盘之说，便嫌笨俗。大抵物贵者器宜大，物贱者器宜小；煎炒宜盘，羹汤宜碗；煎炒宜铁铜，煨煮宜砂罐。"从袁枚的论述中，我们可以体会到传统美食美器的总体要求：美器首先是和谐之美，既讲一肴一馔与一碗一盘之间的和谐，又讲一席肴馔与一席餐具饮器之间的和谐。美器也表现为精巧之美，即菜肴的色味形的精巧与餐具的巧妙配合。美器还表现出古朴之美，特别是民间饮食更倾向带有古风的质朴和粗犷。总之，诚如熊四智先生所指出的："菜的形态有整、丰、腴美者，亦有丁、丝、块、条、片、泥及异形者，菜的色泽有红、黄、棕、绿、白、黑等色，但一经与恰如其分的餐具相配，大小相同，高低错落，形质谐调，组合得当，完整又气派的美食美器就展现在人们眼前了。"[①]

二是美食与美名的相映成趣。饮食的命名，既要使风雅之士赞叹，又要使流俗之人共赏；既要适应品尝的需要，又要满足精神的享受；既要反映烹饪技术的概念，又要体现历史文化内涵，所以，肴馔的名称实际上是朝两个方向发展：追求情趣，追求高雅。追求情趣者，多用于表现祝愿和庆贺节庆。例如：发菜豆腐，称"发财多福"；竹笋炒猪蹄，称"祝君进步"；用多种原料并陈的，称"全家福"；整鱼菜，称"年年有余"；发菜蚝豉，称"发财好市"；百花馅酿鸭掌，称"满掌黄金"；大小寿桃四周围芝麻香菇，称"麻姑献

---

① 熊四智：《中国人的饮食奥秘》，河南人民出版社1996年版。

寿"；用莲子百合制成的甜羹，称"百年好合"；瓜形船上放什锦果粒，称"一帆风顺"；四川虾仁，称"贺岁喜洋洋"；榆耳扒竹荪芥胆，称"如意吉祥"。如此等等，不一而足。追求高雅的，多是表现奇巧之雅，谐谑之雅，但也有质朴之雅，意趣之雅。例如，汤菜"推纱望月"，用川南竹荪示意"纱"，鸽蛋是"月"，高级清汤作"湖水"。这道菜，体现出《西厢记》的"风静帘闲，透纱窗麝兰香散"，"彩云何在，月明如水照楼台"的意境。此外，辽宁的"游龙戏凤"，上海的"鹦鹉衔珠"，北京的"孔雀开屏"，山东的"诗礼银杏"，广东的"白云猪手"，等等，都是备受赞赏的雅名的佼佼者。

三是美食与美境的相得益彰。中国哲学的"天人合一"的整体观，在饮食文化的美学追求中也得到了体现。良辰、美景、可人、乐事，是进饮美食的重要因素。自从商周时期起，古人就注意饮食的美境。殷商时就有进食奏乐之习，到了周代此风更盛，钟鼓齐鸣，其乐融融，使与宴者的食欲大振。其后，不仅皇宫豪门注重饮食氛围，连繁华的市井也注意饮食环境。南宋时的杭州，酒楼和食店都讲究环境布置，以"勾引观者，留连食客"。高级酒楼大多彩画店门，设红杈子、绯绿帘幕，挂红纱栀子灯，还有的拓宽店堂，厅院廊庑，花木森茂，酒座雅洁，分阁座次，重帘遮隔，自成天地，不使食客群集一处，避免人来客往，嘈杂不适。为了以雅致环境增添食客酒兴，有的还插四时花，挂名人字画。《都城纪胜》曾载："大茶场张挂名人书画，在京师（汴京）只熟食店挂画，所以消遣久待也。今（临安）茶坊皆然。"高级酒楼都有吹打弹唱者，少则十余人，多者数十人，为顾客侑酒助兴。甚至酒楼所用器皿，夏日降温用的冰壶，冬天取暖用的火箱，都十分讲究，皆饰金银，精美华贵。（详见《南宋京城杭州》）如果说，都市的酒楼环境虽追求高雅，也不免流俗，那么，品茶就更讲究优雅的环境。唐人津津乐道："竹下忘言对紫茶，全胜羽客醉流霞。尘心洗尽兴难尽，一片蝉声片影斜。"真是"香茗涤除尘烦，美景更添茶兴"。明代人欣赏的是"明窗净几""小桥画舫""茂林修竹""荷亭避暑""小院焚香""清幽寺观""名泉怪石"。这种与大自然的和谐，有助于茶人悟道。周作人更是一语中的："喝茶当

于瓦屋纸窗下，清泉绿茶，用素雅的陶瓷器具，同二三人共饮，得半日之闲，可抵十年的尘梦。"（《吃茶》）

总之，中国饮食文化的艺术魅力是难以穷尽的。"表征烹饪艺术的形式因素有色彩、形状、香味、滋味、触感、质感、器皿、环境等。构成烹饪艺术的形式美法则有对比、调和、节奏、平衡、多样统一，等等。色彩、形状、质感、环境诸因素作用于我们的视觉；滋味作用于我们的味觉；香味作用于我们的嗅觉；物性作用于我们的触觉。我们欣赏烹饪艺术时，可以感到部分的美，也可感到整体的美。"①

---

① 梅方、谷季朴：《中国烹饪艺术》，高等教育出版社 1992 年版。

第十章 庐山历史文化遗产的生态考察

——庐山文化景观与自然风物的完美结合

1996 年 12 月，联合国教科文组织世界遗产委员会根据文化遗产遴选标准（Ⅱ）（Ⅲ）（Ⅳ）（Ⅵ）将庐山列入《世界遗产名录》。庐山作为"世界文化景观"被列入世界遗产，这在中国现有的世界遗产地中尚属首次，全世界目前也仅有 11 家。正因为如此，庐山的历史文化遗产受到关注和重视。但是，庐山的面貌并非单一的、唯一的，而是具有总体性、整体性、全面性。本章从生态的视角对庐山的历史文化遗产进行考察，力图探索庐山文化景观与自然风物完美结合的规律，全面科学地认识和理解庐山的"底色"和亮色。

第一节 庐山历史民俗文化遗产的特色与优势

所谓"生态"，从某种意义上说，是指物的最基本的存在方式。"从哲学存在论（或本体论）的角度看，宇宙万物无不处于生生的状态，生生是一切存在物的最根本特征。任何一个被我们所看到的事物，并不是它自身真实的面目。物自身不可能向我们呈现出它的全部内容。呈现在我们面前的事物，已经是物自身经历了生发、生化、生物、生成过程之后的现实结果。物从生机、生性、生发、生化，到生物、生成、生长，直到生命、生活、生存，披星戴月，栉风沐雨地走过了一个漫长而遥远的路程。事物所呈现给我们的样子，实际上是事物自身进入主观之后的现象与表象。"① 从生态视角考察庐山的历史文化遗产，我们不妨从自然发生和自然演进入手进行探索。

————————

① 余治平：《"生态"概念的存在论诠释》，《江海学刊》2005 年第 6 期。

首先，庐山的历史文化遗产是由特殊的山体承载，这是自然造物沧海桑田般伟力的产物，是自然史迹翻天覆地般的巨变。

2001 年，庐山被批准为首批国家地质公园。2004 年，又被联合国教科文组织批准首批列入世界地质公园。庐山具有突出价值的地质、地貌和独特的第四纪冰川遗迹，保存了极高的科学价值、生态价值和美学价值的风景环境，是珍贵的自然纪念物。10 亿年前，庐山地区是浅海，中生代燕山运动使庐山在 2500 万年前形成了一座独特的"地垒式断块山"。它的地质构造复杂、古老，集中了地壳演化史的主要过程。庐山第四纪冰川研究对地球地理、人类生存的环境演变规律的研究，都有重要意义。遗存的冰川地貌，成为庐山自然美的重要部分。庐山第四纪冰川遗迹的研究及形成的理论，是著名冰川学和地质力学专家李四光在 20 世纪 30 年代进行的。这项研究是在庐山所有的科学研究中最著名、最具有挑战性的，而且持续时间长、影响大，形成了以《冰期之庐山》为代表的一系列专门论著。[①] 李四光在庐山发现中国东南部中纬度中低山区第四纪冰川遗迹，创立庐山第四纪冰川学说，对第四纪地质、气候环境、生命起源等研究都具有重大意义。虽然李四光的研究和学说，始终受到不同意见的质疑并延续至今，但庐山作为国家地质公园和世界地质公园的确定，无疑是庐山第四纪冰川学说依然受到重视的证明之一。庐山是沧海桑田的活证据，

----

① 李四光所著《冰期之庐山》（中英文对照）完成于 1937 年，书前特别注明"1937年原稿"。民国三十六年（1947 年）作为国立中央研究院地质研究所专刊出版，全书约 4.5万字，16 开本，130 页，有图 33 幅。全书各章篇目为：一、探求中国冰期冰川之经过；二、冰川流行之痕迹概说；三、庐山岩石及其构造之概略；四、庐山冰蚀地形之残迹（包括冰斗、u 谷、悬谷、冰笕、冰阶、盘谷）；五、庐山之冰碛物（包括山中之冰碛物、山下之冰碛物、漂砾）；六、冰碛物释疑；七、冰溜遗痕；八、庐山冰川之进退与中国各冰期（包括鄱阳冰期、大姑冰期、庐山冰期）。早在 20 世纪 30 年代初，李四光就对庐山地质作过充分考察。吴宗慈修《庐山志》时，还特别请他专门撰写《庐山地质志略》一节。李四光在研究第四纪冰川的同时，还以庐山为中心，把研究范围扩大到长江流域和中国东部地区。民国二十二年（1933 年）李四光在《中国地质学会志》第一卷第一期发表《扬子江流域第四纪冰川》，全文约 5 万字（发表时为英文）。这部著作，虽然以长江冠名，但却以庐山为基本点展开，其内容更详尽、论据更有力、观点更明确。

而其历史文化遗产得以出现与生存，与自然造物的伟大密切相关。李四光对此有许多精彩的论述，现在读来依然闪烁着智慧的光芒。例如，对于牯岭与仰天坪的自然条件，以及因此形成的居住条件，他写道：

> 世人只知牯岭甚高，空气清洁，殊不知天下不乏高山，高山绝顶，正为狂风暴雨嬉怒之场，坚牢如岩石者，且瞬息间为急流洗刷以去，乌可为人类久安之所！牯岭最大之利益，即在山顶有谷，且谷向西南倾斜，四周有较硬之岩层（即女儿城砂岩）以为屏障。谷中岩石性极疏松，无潮湿之虑。仰天坪地势非不幽美，四周亦有屏障。然其中规模甚小，且皆泥质之岩石，终年潮湿，决不适于居住。女儿城砂岩不独为牯牛之屏障，且能供给构造房屋之原料。是皆人烟繁盛必需之条件，而牯岭则兼而有之，宜乎其为山林城市也。

作为一位杰出的科学家，李四光不仅注意到自然物本身，还进一步洞察到自然对人类的重要影响，而庐山又最能说明这一点：

> 庐山面积甚大，景物可人之处，亦复不少，而此处独见繁盛者，实地势使然。至牯岭之所以成今日之形势者，则又地层构造使然也。识此可见自然与人生相关之一端，容后分述之。①

这种对自然与人生关系的清晰认识，充斥于李四光著述的字里行间。他指出，匡顶板岩"性颇坚审，击之铿然作声，可充葺屋之用"，是大自然给予就地取材的恩赐。庐山女儿城砂岩，在营造牯岭时功不可没，他赞为"天造地设之机会"。而岩中清泉流出，"以之

----

① 均见李四光《庐山地质志略》，民国二十二年（1933 年）吴宗慈《庐山志》收录，由上海仿古印书局刊行 500 本。现载（民国）吴宗慈编撰《庐山志》（上册），胡迎建注释，江西人民出版社 1996 年版，第 13—27 页。

煎茗，虽粗陋之物，亦觉清香可掬，盖水质纯洁使然可"。① 庐山的历史文化能够得以留存和发展，实在有赖于这独特的山体作为依托。

其次，庐山的历史文化遗产得益于特殊的自然区位，"一山飞峙大江边"，与鄱阳湖相互辉映的自然环境，为这里的历史文化遗产铸造辉煌。

对于庐山特殊的自然区位，古人早就注意到了。东晋时期创建庐山东林寺的佛教思想家慧远，在《庐山略记》就对庐山的区位给予特别的关注：

> 山在江州浔阳南，南滨宫亭，北对九江。九江之南为小江，山去小江三十里馀，左挟彭蠡，右傍通川，引三江之流而据其会。

庐山地处江西省北部的鄱阳湖盆地，九江市庐山区境内，濒临鄱阳湖，雄峙长江南岸。这种独特的区位优势，成为庐山受到青睐的原因之一。民国二十二年（1933 年）九月，章炳麟（号太炎）就写道："中国名山数十，自五岳及终南、青城、点苍、峨眉，近道有黄山、括苍。其地域或僻左，或当孔道，而航船不得至，独庐山枕大江，蕃客俗士，即易窥其变迁乃如是，固地势然也。"② 章太炎是站在俯瞰中国名山的角度，比较出庐山区位优势的。

庐山的这种区位优势，表现为山水辉映，与中国第一大水系长江、中国第一大淡水湖鄱阳湖密切相关。这一点，古人也早就关注到了。清代恽敬在嘉庆十八年三月和四月，先后两次游庐山，作《游庐山记》和《游庐山后记》。两篇文章，所记内容不同，前者记庐山南部，后者记庐山北部。《游庐山记》开头就写道"庐山据浔阳、彭蠡之会，环三面皆水也。凡大山得水，能敌其大以荡潏之，则灵；而江

---

① 均见李四光《庐山地质志略》，民国二十二年（1933 年）吴宗慈《庐山志》收录，由上海仿古印书局刊行 500 本。现载（民国）吴宗慈编撰《庐山志》（上册），胡迎建注释，江西人民出版社 1996 年版，第 13—27 页。

② （民国）吴宗慈编撰《庐山志》，胡迎建注释，江西人民出版社 1996 年版。

湖之水，吞吐夷旷，与海水异。故并海诸山多壮郁，而庐山有娱逸之观。"① 正是由于大江、大湖、大山浑然一体，形成襟江带湖、江环湖绕，水光山色、岚影波茫的景象。古人云"峨峨匡庐山，渺渺江湖间"，恰到好处地形容了这种世所罕见的壮丽景观。

鄱阳湖与庐山的交相辉映，还给人们带来舟楫之利。在古代，舟船是便利和惬意的交通工具，从水路来到庐山，然后再登山，应是惯常的做法。所以，首先在江湖的舟船上观赏庐山的雄姿，弃舟后从山南登上庐山，这是民国以前的路线。吴宗慈就指出"山北属九江，山南属星子。""山南为面，北为背。兹先山北后山南，非故反向背，因人事交通之便，今登山者多从九江，故先之。"② 所谓"人事交通之便"是因为古代经鄱阳湖乘船为首选，而民国之后由于有汽车作为更快速的陆路工具，大多数人才改由山北（九江）登山。毛泽东1959 年 7 月 1 日作的《七律·登庐山》写道"一山飞峙大江边，跃上葱茏四百旋。冷眼向洋看世界，热风吹雨洒江天。云横九派浮黄鹤，浪下三吴起白烟。陶令不知何处去，桃花源里可耕田"?③ 好个"一山飞峙大江边"，以生动形象的诗歌语言赞美了庐山的区位特征。

最后，庐山的历史文化遗产得以不断发展和丰富，还由于庐山拥有独具个性的峰峦、植被、自然和气候，才使之成为教育名山、文化名山、宗教名山、政治名山。

"横看成岭侧成峰，远近高低各不同。不识庐山真面目，只缘身在此山中。"④ 宋代著名文学家苏轼的这首诗，写出了庐山独特的地形地貌，也在平常话中突发新奇语，寄寓深刻的哲理。庐山风景区总面积

---

① 恽敬：《大云山房文稿》。恽敬（1757—1817），字子居，号简堂，江苏武进人。清乾隆四十八年举人，以教习官京师。历知富阳、江山二县，后擢南昌府同知，改署吴城。其诗文属"阳湖派"。

② （民国）吴宗慈编撰《庐山志》，胡迎建注释，江西人民出版社 1996 年版。

③ 毛泽东：《毛泽东诗词选》，人民文学出版社 1986 年版。

④ 这首诗为《题西林壁》，系苏轼元丰七年（1084 年）四月游庐山所作。西林寺即乾明寺，在庐山，晋高僧慧永所居。本文所引，为最流行的版本。而《庐山志》"历代文存"载苏轼《游庐山》一文，称第二句稍有差异，句为"各处看山了不同"并自叙"余庐山诗尽于此矣"（《庐山志》下，江西人民出版社 1996 年版，第 35—36 页）。

382 平方公里，山体面积 282 平方公里，主峰大汉阳峰海拔 1474 米。庐山自古命名的山峰便有 171 座，群峰间散布冈岭 26 座，壑谷 20 条，岩洞 16 个，怪石 22 处。水流在河谷发育裂点，形成许多急流与瀑布，共有瀑布 22 处，溪涧 18 条，湖潭 14 处。著名的三叠泉瀑布，落差达 155 米。唐代著名诗人李白的名句"飞流直下三千尺，疑是银河落九天"，正是对庐山瀑布壮丽景观的形象生动描写。这些瑰丽的山水景观，以雄、奇、险、秀闻名于世，素有"匡庐奇秀甲天下"的美誉。

庐山地处亚热带地区，自然环境的复杂性，提供了丰富的植物和动物资源。在这 300 平方公里的土地上，森林覆盖率达 76.6%，高等植物近 300 种。首次在庐山发现或以庐山（牯岭）命名的主要植物有 40 种。山上山下植物分布有亚热带竹林、热带常绿阔叶林，有温带落叶阔叶林、寒带针叶林以及一般灌木林、混交林，同时夹杂野花野草，形成竹木茂盛、花草芬芳、郁郁葱葱、幽雅翠境的植物胜地。庐山还有丰富的动物资源，至今尚知兽类有 37 种，鸟类 170 余种，昆虫 2000 余种，其中多珍稀品种和新种。首次在庐山发现或以庐山（牯岭）命名的昆虫有 33 种。山下的鄱阳湖鱼类有 139 种。这些丰富的植物与动物资源，使庐山成为良好的生物基地，也使其风光自然美与运动自然美融为一体。

"人间四月芳菲尽，山寺桃花始盛开。长恨春归无觅处，不知转入此中来。"唐代大诗人白居易写庐山大林寺桃花的诗句，同样被千古传颂。诗中写出了庐山气温的自然现象：当山下春事已过，山中却是桃李盛开。深山之中的气温，要比平原地带低一些。白居易于元和十二年（817 年）四月九日曾游大林寺，他在《游大林寺序》中说：大林寺"孟夏月，如正二月天。梨桃始华，涧草犹短。人物风候，与平地聚落不同，初到恍然若别造一世界者"。庐山节气的特点是：春迟、夏短、秋早、冬长。气候温适，夏天凉爽，冬天也不太冷。按季节平均计算，春季是 11.51℃，夏季为 22.6℃，秋季为 17.41℃，冬季常在 1℃左右。"其气候之佳，秋为最，春暮次之，冬初又次之。夏季并不佳，惟游人避暑多以夏季来耳。至冬虽觉冷，然雪景奇丽，足偿寒冷之苦。"庐山雨量丰沛，全年平均降雨量 1917 毫米，年平均有雨日达 168 天。除此之外,"诚哉庐山之云,为奇景之一也"。庐山云雾较多,全年平均有雾日达 192 天。奇异的云雾常年此出彼没,变化莫测,给庐山增添了妙景。"大雾后忽放晴,登高望远,日光穿云雾中,常有奇丽之景,所谓云海是也。山上晴,山下雨;或山上雨,山下晴,均得见之。"①

正是由于庐山具有巍峨挺拔的青峰秀峦,喷雪鸣雷的银泉飞瀑,盛夏如春的凉爽气候,瞬息万变的云海奇观,所以成为中外游客向往的胜地,是国内盛名不衰的风景名胜和避暑游览佳处。也正是由于古今中外著名人物的到来,千古著名书院的设立,重要宗教场所的建筑,重大历史事件的发生,使自然风光衍化为历史与文化遗产的共同佳构。而这种演进,自然的优势和生态的优越,就是其中的基石。

第二节　庐山历史民俗文化遗产的多重文化体现

任何历史文化遗产的生存与发展,除了自然的天造地设之外,更得益于自然界中最有思想和智慧的人类。人们的观念与自然的吻合、默契,使自然的生存物与人工的建筑物成为有机体的融合,从而达到中国古典美学的最高境界。作为"苍润高逸,秀出东南"的名山,庐山的自然,是诗化的自然,也是"人化"的自然。庐山的历史文化遗产,是生态的产物,也是人类生态观念的结晶。在庐山的发展史上,有三件最具有"变革"意义的大事:一是东晋时慧远创立东林寺,二是宋代朱熹重建白鹿洞书院,三是近代英国基督教美以美会的传教士李德立在庐山建别墅。著名学者胡适在《庐山游记》中写道:"庐山有三处史迹代表三大趋势:(一)慧远的东林,代表中国'佛教化'与佛教'中国化'的大趋势。(二)白鹿洞,代表中国近世七百年的宋学大趋势。(三)牯岭,代表西方文化侵入中国的大趋势。"这"三大趋势",在庐山留下了三种不同类型的历史文化遗产。而这些遗产,同样是佛教、儒学和西方三种生态观念的遗存。

---

① (民国)吴宗慈编撰《庐山志》,胡迎建注释,江西人民出版社 1996 年版。

（一）以东林寺为代表的佛教生态观的体现

在庐山引人注目的佛教场所中，堪称江西佛教丛林之冠的是庐山东林寺。这座寺庙始建于东晋太元十一年（386 年），由江州刺史桓伊资助，著名佛学家慧远兴建。该寺曾为全国八大道场之一，一度成为全国佛教第二中心。

从中国寺庙建筑的演变来看，东林寺就有很强的自然追求。中国早期的寺院多为官吏富贵施舍现存的官署或私邸所成，其特点是"以前厅为佛殿，后室为讲堂"，将府第住宅与寺院融为一体。至南北朝时期，受印度佛寺影响，塔庙与石窟寺作为两种寺院建筑程式在中国普遍兴起，"降至隋唐，住宅式寺院与塔庙布局形式逐渐发展融合成为南边建塔、北边建殿、周围绕以门廊等以庭院为单位的建筑体式。供奉佛像的佛殿转而成为寺院的主体，塔尽管还是寺院的一个组成部分，但已从寺院中心退居次要"。① 而东林寺在创建之始，就有强烈的自然观念。对于东林寺的赞美，人们特别关注到："远创造精舍，洞尽山美，却负香炉之峰，傍带瀑布之壑。仍石下累基，即松载构，清泉环阶，白云满室。复于寺内别置禅林，森树烟凝，石经苔合。凡在瞻履，皆神清而气肃焉。"② 这里，展现出寺庙选址、布局与环境的协调和美，有奇峰，有瀑布，有松林，有清泉，其景象已与园林相仿。慧远选中东林寺的地址，是对庐山进行全面考察的结果。他在《庐山略记》中曾对庐山景观有系统和细致的考察：

> 又所止多奇，触象有异。北背重阜，前带双流。所背之山，左有龙形而右塔基焉。下有甘泉涌出，冷暖与寒暑相变，盈减经水旱而不异。寻其源，出自龙首也。南对高岑，上有奇木，独绝于林表数十丈。其下似一层浮图，白鸥之所翔，玄云之所入也。东南有香炉山，孤峰独秀起。游气笼其上，则氤氲若香烟；白云映其外，则炳然与众峰殊别。将雨，其下水气涌出，如车马盖，

---

① 段玉明：《中国寺庙文化论》，吉林教育出版社 1999 年版。
② （梁）慧皎：《高僧传》卷六，汤用彤校，中华书局 1992 年版。

此龙井之所吐。其左侧翠林，青雀白猿之所憩，玄鸟之所蛰。西有石门，其前似双阙，壁立于千馀仞而瀑布流焉。

慧远的自然观是与其"法身论"思想相通的，并为山水与佛理的融通提供了理论基础。他认为："法身之运物也，不物物而兆其端，不图绘而会其成，理玄于万化之表，数绝乎无形无名者也，若乃语其筌寄，则道无不在。"① 佛之"法身"是无所不在的神灵，它无形无名，但却能像"道"一样，生群物，运万物。如来之迹也体现在各个方面，也可以体现于山川万物之中，"神道无云，触象而寄"②，山水自然也成为佛的他身，体现出佛的神明。他在庐山造佛影窟，认为佛影也体现佛形，体现法身，影和形"原无二统"，是一而二、二而一的东西。慧远"在庐山隐居三十年，影不出山，迹不入俗，他是把庐山当作知己的朋友来看待的"。他还率领众僧饱览庐山风景，入于物我两忘的境界。"在他的影响下，庐山诸道人也将山水视为佛之神灵的表现。在《庐山诸道人游石门诗序》里曾记载，他们在游览庐山石门风景之后，'乃悟幽人之玄览，达恒物之大情，其为神趣，岂山水而已哉？'也是从山水推及物理，联系到佛之神明无所不在的本体的。"③ 正是由于东林寺的示范效应和慧远的自然观，"曲径通幽处，禅房花木深"（唐代常建诗句）成为一种常态。

（二）白鹿洞书院是儒家自然观的展示

白鹿洞书院是中国最早的书院，其前身为南唐升元年间（937—943 年）所建"庐山国学"，宋初改名，居宋代四大书院之首。后著名理学家、教育家朱熹振兴这一儒家教育中心，并亲自在此讲学，被誉为"海内第一"，其学术影响遍及全国。

淳熙六年（1179 年），"朱熹出知南康军，他派教授杨大法、星子令王仲杰访求庐山五老峰下的白鹿洞遗址，重新修建。修建以后，

---

① 慧远：《万佛影铭》，《广弘明集》卷十五。
② 同上。
③ 李文初等著《中国山水文化》，广东人民出版社 1996 年版。

又购置田地，赡养到此读书、研究的人士"①。当时，由于朝廷压制理学，不支持理学家重建书院，"各地书院的数量和规模既不能与北宋前期书院教育衰落之前，更不能与南宋后期朝廷支持理学之后相比"。② 朱熹重建白鹿洞书院，"度损其旧十七八"③，建筑规模不及北宋时 1/3。而学生只有一二十人，远不及北宋初期的几十至一百人。④ 朱熹重建书院，还特别向朝廷表白。其白鹿洞所立书院，不过小屋三五间，姑以表识旧迹，使不至于荒废湮没而已。"不敢妄有破费官钱，伤耗民力。"⑤ 建筑工程很小，绝不敢劳民伤财。既然如此艰辛，而且已有县学"要求乡党乡老推选子弟送往学官，并和教官共同讲说经书要旨"，为什么还要费神费力地重建白鹿洞书院呢？这是因为：白鹿洞书院历史悠久，便于祀奉先贤，推崇楷模，以励后学，使见贤思齐，奋发自强。而且书院与县学相比有更大的思想与学术空间，教学内容以研习儒家经籍为主，间亦议论时政，教学方法采用个别钻研、相互问答、集众讲解相结合，更利于学术思想的发展。⑥

除此之外，这也与朱熹的自然观相关联，与他对风景名胜的向往密切相关。他知潭州时，修复的岳麓书院位于抱黄洞下，同样是风光秀美。他个人创建的武夷精舍和竹林精舍（后更名"沧州精舍"）也是处于名胜之所。这种亲近自然，以胜景为"读书佳处"的观念，深入朱熹的骨髓。朱熹《次韵四十叔父白鹿之作》诗写出了这种深情：

诛茅结屋想先贤，千载遗迹尚宛然。

① 余悦：《综罗百代的朱熹》，江西人民出版社 1986 年版。
② 袁征：《宋代教育——中国古代教育的历史性转折》，广东高等教育出版社 1991 年版。
③ 朱熹：《晦庵先生朱文公文集》卷三四《答吕伯恭》。
④ 朱熹：《晦庵先生朱文公文集》卷一三《延和奏札》七、卷一六《缴纳南康任满合奏禀事件状之四》。
⑤ 朱熹：《晦庵先生朱文公文集》卷二〇《申修白鹿洞书院状》。
⑥ 余悦：《综罗百代的朱熹》，江西人民出版社 1986 年版。

故作轩亭揖苍翠，要将歌诵答潺湲。

诸郎有志须精学，老子无能但欲眠。

多少个中名教乐，莫谈空谦莫求仙。

朱熹对大自然的独特感受和一往情深，同样也在其他作品中得到体现。如《春日》这首写春游的名篇："胜日寻芳泗水滨，无边光景一时新。等闲识得东风面，万紫千红总是春。"在活泼流畅、清新质朴的文字中，不仅形象地概括了春光的明媚灿烂，而且抒发了诗人的愉快心情，没有对自然的真切体验是写不出来的。此外，在朱熹的词中，《鹧鸪天》的"已分江湖寄此生，长篷短笠任阴晴。鸣桡细雨沧州远，系舸斜阳画阁明"，写出了"此生"要远离嘈杂尘世，在苍茫烟水间放旷情怀，舒畅心情。《西江月》"睡处林风瑟瑟，觉来山月团团。身心无累久轻安，况有清池凉馆"，当林壑幽谧、山月融融时，这景致令词人陶醉，顿觉"身心无累久轻安"。朱熹重建白鹿洞书院，也不能说与此没有关联。

朱熹的自然情怀，使其与人们已经形成思维定式的理学家形象大相径庭。其实，朱熹继承的是儒家对山水感悟的延续。儒家创始人孔子的"智者乐水，仁者乐山"两句名言，对后世产生了深远的影响。孔子把山水的自然美与人的情操、精神品质沟通起来，赋予山水自然美以人的社会属性，在自然山水与人的精神世界之间架设起沟通的桥梁。此后，孟子、荀子以及汉代的董仲舒都对孔子的山水道德感悟，特别是"智者乐水，仁者乐山"作了更为具体和精细的阐释与发挥。

白鹿洞书院之后，书院设在山林名胜地成为传统。白鹿洞书院在鼎盛时期规模甚大，气势恢宏，有建筑360多间，殿宇书堂，楼台亭榭，莲池小桥，牌坊碑廊，一应俱全，俨然山城。后人还在朱熹讲学读书和游览之处建立30多座亭子，与山水景色相互映衬，使人想起这位大师与学子在书院游乐讲学的风采。这些，都已经成为历史文化遗产，并且与青山绿水融为一体。

（三）庐山别墅群的出现是西方文化的"入侵"

庐山优美的景色、温润的气候，使之成为举世瞩目的避暑胜地。

1885年，英国传教士李德立花500大洋租借牯岭长冲河一带的800亩土地为避暑之所后，俄、美、英、法、德、意、日、瑞典、瑞士、丹麦、挪威、葡萄牙等20多个国家的商贸名流和国内各界人士，都争相来此兴建度假别墅。"自1885年至1949年，庐山共建有别墅八百余幢，其中1895年至1925年，为别墅的繁荣时期。八百余幢别墅中，外籍人士占用355幢，面积86821平方米。英国的别墅最多，有124幢，面积34678平方米。"① "时至今日，庐山别墅已成为庐山风景区的有机组成部分。作为近代历史的见证，石头的史书，它在中国建筑史上毫无疑问，具有一定的地位。"②

其实，李德立最初到庐山租地不只是为了建避暑别墅，而且为了商业盈利，将地皮按31000平方尺划成片，又将之编成号，然后出售。在他的眼中，当时庐山的情景是"我们便决定要在这山巅，得一块地皮。山巅原为一片荒郊，豺虎野豕所出没的地方。间有一二烧野山者，寄居其间。古庙遗迹，隐约可见。在这寂寞荒凉之中，只有古刹一所，傲然独立。孤寥景象，更添上一点隐遁之风"。③ 正是由于庐山的"隐遁之风"，李德立除了出卖地皮，还于1898年选定私宅的土地，那就是牯牛岭的南端、医生洼的东口。这里东濒长冲河，西靠松树路，左有日照峰，右有吼虎岭，面对大月山，水源丰富，阳光充足。而且，李德立"因了对这'隐遁之风'的内心向往，他在他住地的山前山后，遍植松树，这片密集的松树长大成林，人们就把它叫作'万松林'。庐山著名的风景'月照松林'也就因此而出"。④

李德立从商业的实用走向对自然的观照，符合传统的西方人的观念。建筑被认为是环境的一部分，它的美从整体上来说还要服从于周围的环境，以保证建筑不会粗暴地破坏与周围环境的协调。杰弗里·

① 欧阳怀龙：《庐山近代别墅群屋面的特点》，见方方《到庐山看老别墅》，人民文学出版社2006年版。

② 张敏龙、姚糖：《近代庐山别墅面面观》，见方方《到庐山看老别墅》，人民文学出版社2006年版。

③ 李德立：《牯岭开辟记》，见方方《到庐山看老别墅》，人民文学出版社2006年版。

④ 方方：《到庐山看老别墅》，人民文学出版社2006年版。

斯科特（Geoffrey Scott）认为：好的建筑要有三个条件，即实用、坚固、使人愉快。建筑就是这样三个不同目的的汇聚焦点。三个不同的目的混杂在一种方式之中，完成在单一的结果之中，然而这三个不同的方面在本质上都有着深刻的差别，它们的不一致性很难消除。① 李德立的别墅，可以说印证了这种观点。"深隐于万松林间的李德立的别墅是一层楼。坐东朝西。四面墙中有三面是以窗代墙。一长排从屋檐一直落地横推式大玻璃窗，使得这座别墅颇有日本意味。玻璃却是彩色的，有如我们在教堂里常见的那种。当地人没见过这种式样的屋子，便管它叫'玻璃屋'。这幢房子东方色彩和西方色彩混为一体。有人觉得它混杂得十分和谐，别出一格，也有人却不以为然，觉得这种生硬地拼凑东西方风格，显得很蠢。"②

　　不论人们对李德立别墅的评价如何，实用、坚固、使人愉快的观念，成为庐山别墅建筑的自然法则。在庐山的别墅中，虽然有英国式、美国式、俄国式、瑞典式等，千姿百态，争奇斗艳，却都秉承着这一法则。从实用来看，庐山别墅群虽然是建筑群落，但建筑密度较低，体态轻盈，层面不高，多为一至二层。"长冲的每座别墅，都有用庐山自然石筑成的围墙。大多数别墅都布置有小庭园。每座园的入口处都有石造门阙。门阙的左侧刻有别墅的房号，右侧刻有别墅的名称，如美庐别墅，松岩别墅，小梅别墅，竹隐别墅等。"③ 从坚固来看，别墅墙体，大都由未打磨的不规则的粗石块砌筑，呈现出厚重朴实、质感强烈、色调沉着的美感。"山中风高，屋顶覆以洋铁，固以铁钉，更以铁线系于屋础，始免风患。或以美国毛毡覆之，则既免风患，又无雨时淅沥声，然其价甚巨，非普通用品。"④ 从使人愉快来看，生态自然的保护与和谐成为一大特色。别墅建造时尽量保护原有

　　① ［美］杰弗里·斯科特：《建筑的要素》，朱狄译，《当代西方美学》，人民出版社1984年版。

　　② 方方：《到庐山看老别墅》，人民文学出版社2006年版。

　　③ 彭开福：《牯岭地区的初期规划及别墅建筑》，见方方《到庐山看老别墅》，人民文学出版社2006年版。

　　④ （民国）吴宗慈编撰《庐山志》，胡迎建注释，江西人民出版社1996年版。

高大乔木，建成后又在周围广植乡土观赏树木，别墅从而掩隐在绿荫丛中，使人赏心悦目。"别墅建筑单体简洁而自由、紧凑而不规则，一幢别墅就呈一种几何形体，形体的变化与地形的起伏相互配合，与道路的蜿蜒曲折相互呼应。一幢别墅一种式样，几乎难以寻觅到两幢面目相同的别墅，永远予人以新鲜的感受。"① 此外，别墅庭院、券廊、房庭也都意趣油生。屋顶的浓墨重彩，特别而又动人；屋脊线的变化丰富，屋顶"老虎窗"的形态各异、趣味多变，也都令人难忘。

　　此外，道教"天人合一""天父地母""道法自然"的生态观，"慈心于物"的道德认知，"守道而行"的道德准则，也在庐山历史文化遗产中得到体现。道教的"洞天福地"位于自然山水之间，庐山刘宋时著名道士陆修静建的"简寂观"，唐宋时最壮丽的道观——太平观，八仙之一的吕洞宾修炼得道之所——仙人洞，都有鲜明的道教生态观念、生态追求和生态智慧。这里，就不一一评述了。

　　总之，正是由于佛教、儒家、道教和西方各种文化与生态观念的影响，使庐山的历史文化遗产多姿多彩，各领风骚。古今相通，中外相和，成为庐山自然生态与人文景观交织的亮丽风景线。

第三节　庐山历史民俗文化遗产与自然生态的协调

　　庐山的自然风光，成为其历史文化遗产得以生存和持续的基石；而庐山的人文构建，又进一步使其历史文化遗产得以丰富和发展。两者之间的媒介，如何互为因果，这无疑更值得关注。1996 年，庐山被列入《世界遗产名录》时，世界遗产委员会的评价是：

　　　　江西庐山是中华文明的发祥地之一。这里的佛教和道教庙观，代表理学观念的白鹿洞书院，以其独特的方式融汇在具有突出价值的自然美之中，形成了具有极高美学价值的，与中华民族精神和文化生活紧密联系的文化景观。

---

　　① 段宝林、江溶：《山水中国·江西卷》，北京大学出版社 2005 年版。

在这段评语中，世界遗产委员会明确指出庐山历史文化遗产的特色：一是"以其独特的方式融汇在具有突出价值的自然美之中"；二是"具有极高美学价值"；三是"与中华民族精神和文化生活紧密联系"。这里，我们仅从美学风格的角度，对庐山文化景观与自然风物的完美结合作些分析。

（一）沿山布局，雄伟壮观

"山川之美，古来共谈。"① 庐山"具有突出价值的自然美"，包括前文已述的冰川遗迹、群峰叠嶂、瀑布溪流、云雾烟霞、植物动物等。而庐山的魅力，是以山水风物为依托，渗透着人文景观的综合体。仅就旅游而言，现主要有 12 个景区、37 个景点、230 个景物。列中国四大书院之首的白鹿洞书院，以东林寺为代表的佛教庙寺及道教宫观，毛泽东留下脍炙人口诗篇"无限风光在险峰"的吕洞宾修仙而居的仙人洞，朱元璋与陈友谅大战鄱阳湖时屯兵饮马的小天池，白居易循径赏花的花径，被唐代"茶圣"陆羽誉为"天下第一泉"的谷帘泉，胡先骕创建的中国第一个亚热带山地植物园，都是历史文化遗产"以其独特的方式融汇在具有突出价值的自然美之中"。这种"独特的方式融汇"，首先是沿山布局构筑起的雄伟壮观。民国二十二年（1933 年），吴宗慈编撰《庐山志》，就把"山川胜迹"按照"山北"和"山南"进行介绍。从其所列目次，很清晰地显示出"沿山布局，雄伟壮观"的气势，现仅录"山北"的第四路：

　　牯牛岭及其附近　牯牛岭（附各租借地）　女儿城　小天池山　莲谷　剪刀峡　松光岭　土坝岭堡垒　大林峰　医生洼　医生凸　推车岭　上大林寺　游泳池　花径　白鹿升仙台　周颠碑亭（俗称御碑亭）　佛手岩　竹林隐寺　访仙亭　锦绣谷　黄谷洞　锦洞桥五亭　庐山高石坊　天池山　天池塔　天池寺　龙首岩　文殊岩　狮子岩　清凉台　掷笔峰　火莲院　赤脚塔山　白云观　霞封寺（青龙观　新白鹿升仙台　青云庵　白云道院）神龙

---

① （南朝）陶弘景：《答谢中书书》。

宫　黄龙寺　黄龙潭　黄龙山　江西省立庐山林场　交芦桥　芦
林　星洲　猪卷山　猪转山①。

《庐山志》所列，山北为四路，山南为七路，不啻星罗棋布，疏
密有致。特别是人文景观和自然风物很好地"融汇"，形成了壮美与
秀美、动态与静态的情景交融。正因为如此，民国三十六年（1937
年）春天，史幼安为张佚凡的《新编庐山导游》写的弁言，就是对
庐山自然与人文交融颇有心得的概括：

> 余尝谓吾邑庐山有三优点，即：大、久、美也。以言乎大，
> 庐山周回，凡五百里，博大雄奇，仅次于五岳，而超乎黄、霍诸
> 山之上，不可谓不大也。以言乎久，庐山得名，自周定之时之匡
> 俗起，历秦、汉、晋、隋、唐、宋、元、明、清以迄民国，凡二
> 千七百余年，不可谓不久也。以言乎美，层岩叠嶂，则舒黛张
> 屏；飞瀑流云，则悬河成海。虬松卧石，古树参天，溪涧纵横。
> 李白有"回崖沓嶂"、"红霞翠影"之谣，苏轼有"横岭侧峰"、
> "远近高低"之咏，不可谓不美也。

而张佚凡的《新编庐山导游》，"于名胜古迹分纪中，分山中、
山东、山南、山西、山北为五部，是揽其全山之大也"。该书于民国
二十六年（1937 年）6 月由中华书局出版。②"这是中华书局为庐山
出版的最好的一部导游图书，其内容的丰富、编排的妥帖、校对的严
格、印刷装帧的精致，都可以称得上是民国时代庐山导游之著的
代表。"③

---

① （民国）吴宗慈编撰《庐山志》，胡迎建注释，江西人民出版社 1996 年版，目录
2—5 页。

② 张佚凡：《新编庐山导游》，第 108 页，32 开，有图。该书出版于 1937 年 6 月，正
系"七七"事变之前，庐山作为南京政府的"夏都"，处于历史的转折点。中国共产党派
遣周恩来等为代表，赴庐山与蒋介石谈判，敦促蒋介石顺应人民意愿和历史潮流一致抗日。

③ 徐效钢：《庐山典籍史》，江西高校出版社 2001 年版。

（二）倚险造景，奇异独特

"奇险之美"，也是中国古代的基本审美形态与审美范畴。奇者，出其不意；险者，惊险峻峭。庐山的"奇险之美"，既表现在自然风物，又体现在人文景观，更展现在自然与人文的结合。

从自然风物来看，庐山峦峰绵延，高低悬殊。"庐岳诸峰面面奇"，90 多座山峰险峻峭拔，刺破云天，雾霭缭绕，云海滚滚，千奇百态。唐伯虎《登庐山》诗云"匡庐山高高几重，山雨山烟浓复浓"，正是其写照。东南部的大汉阳峰海拔 1474 米，为庐山最高峰。登临汉阳，北望长江，南俯鄱阳，星子县城历历在目。至其峰顶，可见紫霄峰千崖层叠，极为险峻。清代戏剧家李渔曾登大汉阳峰，并题写对联："足下起祥云，到此者应带几分仙气；眼前无俗障，坐定后疑生一点禅心。"

如果说，大汉阳峰是以自然取胜。那么，海拔 1358 米五老峰的险峻，则是自然与人文的结合。由于庐山是断块山，千百万年来一直在不断上升，而其东侧则断陷下沉为鄱阳湖。襟江带湖使庐山更加高耸壁立，表现出气吞长江、影落鄱湖的雄险气势。尤其是在鄱阳湖畔仰视五老峰，悬崖万仞，壁立蓝天，令人望而生畏。仅此，就能如李白所说："予行天下，所游览山水甚富，俊伟诡特，鲜有能过之者，真天下之壮观也。"但人文使其更加增添风采：一是近观五老峰，奇峰怪石，气象万千。从北麓海会寺看去，轻烟薄雾中的五位老人，有的临湖垂钓，有的端坐静观，鹤发龙钟，怡然自得，飘飘欲仙。而关于五老峰来历的传说，更为这座高峰带来了神奇和神秘感。二是有"诗仙"之誉的李白作《望庐山五老峰》赞颂此峰。"庐山东南五老峰，青天削出金芙蓉。九江秀色可揽结，吾将此地巢云松。"而且，李白曾隐居的叠屏山即在峰背，存青莲寺，更使之增添了文化韵味。

而因传说"八仙"之一的吕洞宾在此修炼得名的"仙人洞"，则是由人文成就盛名。站在仙人洞外凭栏远眺，但见绝壁危峰，千岩飞峙，万壑生烟。距仙人洞不远的入口处，景色更为险绝。只见一块巨石横空出世，上有劲松，下临深渊，如苍龙昂首欲飞，崖上横书"纵览云飞"四个大字。站在巨石上，只听脚下松涛阵阵，瀑布轰响，恰似万马奔腾而来，金鼓齐鸣远去，令人惊心动魄。这里历来是著名景点，特别是毛泽东《七绝·为李进同志题所摄庐山仙人洞照》发表之后，更使游人如织。"天生一个仙人洞，无限风光在险峰。"① 诗句经久不衰，这就是文化的力量。

（三）沿水成趣，阳柔兼融

庐山的历史文化遗存，除了壮美，也有秀美。一般说来，自然山水的秀美表现为温柔、优美、秀丽，给人以舒适、恬静、安逸、幸福的美的享受，属于阴柔美的范畴。然而，庐山的水并非只展现出阴柔一面，也有的具有阳刚的壮美。而这两者的兼容，正是庐山的又一特色。

在水系中，庐山瀑布为庐山一绝，与泰山青松、黄山云海、华山摩岭、峨眉古寺并称于世。虽然其气势不如黄果树大瀑布，甚至比不上雁荡山的大龙湫瀑布，但仍然以阳刚之气的壮美名声远在两者之上。这得益于历代名人的题咏，特别是李白的诗篇。如李白的《望庐山瀑布》只短短的 28 个字：

> 日照香炉生紫烟，遥望瀑布挂前川。
> 飞流直下三千尺，疑是银河落九天。

精练的诗句，写出了庐山瀑布的壮观与神韵，给人以极大的审美享受。其实，诗中所写开先瀑布自鹤鸣、双剑峰间泻下，分为东西二瀑。枯水季节只如一丝细线，山雨过后水旺之时才气势雄伟。西瀑与东瀑（马尾瀑）汇合后注入青玉峡龙潭，气势极为壮观，名香炉瀑。故明代李梦阳也有诗："瀑布半天外，飞响落人间。莫言此潭小，摇动匡庐山。"

而庐山的深潭名泉，更多地表现出秀美。谷帘泉、三叠泉、招贤泉、龙池山顶泉、小天池泉、聪明泉等，泉水清纯甘甜，既是优美景色，又是驰名好水。相传，唐代"茶圣"陆羽认为天下最好的泉水在庐山，他把谷帘泉品评为"天下第一泉"，把招贤泉品评为"天下

---

① 毛泽东：《毛泽东诗词选》，人民文学出版社 1986 年版，第 107 页。

第六泉"。"谷帘泉"因泉水如帘而得名，宋代朱熹将泉名刻在石上。宋代陈舜俞有《谷帘泉》诗："玉帘铺水半天垂，行客寻山到此稀。陆羽品题直龊齷，黄州吟咏尽珠玑。重来一酌非无份，未挈吾瓶可忍归。终欲穷源登绝顶，带云和月弄清辉。"写出了一种恬淡和向往。

人们常说"庐山之美在山南，山南之美在秀峰"。宋代大诗人苏轼把秀峰推上庐山景观之巅，大书法家米芾又称之为"第一山"。秀峰是"以其独特的方式融汇在具有突出价值的自然美之中"的历史文化遗产，堪称这方面的典型之一。这里的自然景观，以水景著称，如有李白吟唱的开先瀑布，有苏东坡评赞的庐山二绝之一的漱玉亭，有米芾流连忘返的青玉峡、龙潭。而在人文景观，有南唐中主李璟的读书台，有庐山五大丛林之最的开先寺旧址，有清代康熙皇帝南巡时所辟的双桂堂，最奇的是无所不在的摩崖石刻，目前已经勘定的达144处。秀峰的自然与人文的相融相协，随处可见。如秀峰石刻中最大的一个字，是宋代南康军守李亦的篆体字"龙"。这"龙"字悬在石壁上，石壁下一泓碧水，那"潭"字便不言而出，正好成为"龙潭"的题刻。其实，正如世界文化遗产委员会指出的，庐山的寺庙、道观和白鹿洞书院，都是文化景观与自然风物完美结合的典范，因前文已有涉及，就不做具体分析了。

古人云"山之最在石，山之趣在水"。对庐山的历史文化遗产来说，还应加上山之神在于气韵生动，山之饰在于四季植物，山之情在于人文胜迹，山之精髓在于生态与文化的和谐。所谓"登山则情满于山，观海则意溢于海"，是山水审美中令人陶醉的境界。"以山水为代表的自然景观，总是以其生机勃勃、无羁无绊的自然生命，给人们以生命真谦的观照和领悟，使之对自身的生存状态作一次生命意义上的反思"，最终"表现为人格的震动和灵魂的震颤，表现为精神的升华和灵魂的净化"。① 这也是本章对庐山历史文化遗产进行生态考察的目的和意义。

---

① 任仲伦：《中国山水审美文化》，同济大学出版社1991年版。

第十一章　赣南客家围屋的文化透视

　　客家人是汉民族中的一个民系。据 1956 年全国人口统计数据及全国方言普查资料显示，客家人约 2000 万。现国内客家人约 4500 万，主要分布在 9 个省区的 151 个县市。其中，纯客县市约 33 个，均处于赣、闽、粤三省交界的三江流域及东江中下游地区，这里是客家人居住的集中区域，也是客家文化的发源地、"大本营"。

　　近十多年来，随着民俗学、社会学、人类学研究热潮的兴起，越来越多的学者都将目光从客观的外部世界转移到人类自身的生存状态、生存意识上来。从而掀起了一股人类文化研究的旋风，而在这当中，客家文化的研究则又不失为一亮点。据罗香林先生在《客家研究导论》中介绍，早在明末清初，土客冲突就引起了有关学者的注意，1808 年执教于惠州丰湖书院的徐旭曾先生，便以当地土客械斗事件为由对其门生讲述客家来源、谚语风俗等客家文化，其门生为之笔记，后收录和平《徐氏族谱》。若以此为客家研究的起源，则到现在，客家研究经历了二百年沧桑，而从 20 世纪 80 年代开始，则是客家研究的黄金时代：专著、论文层出不穷；研究领域从追本溯源发展到对客家的生活习俗、民风民情、文化教育、经济发展、自然环境等纵深层次；研究方法也从原来单一的史学角度衍化开来，分别运用史学、文学、社会学、民俗学、人类学、建筑学等知识，立体地、全面地、细致地解剖客家这一中华民族所特有的民系，取得了丰硕的成果，丰富充实了我国文化研究领域的成绩。

　　研究客家文化，必然要有宏观与微观、一般与个别、整体与局部的结合性研究。因而，本章着眼于赣南客家围屋这一客家研究的细节，意图从中发掘一二。

第一节　赣南客家围屋的整体视角

本章的研究对象——赣南客家围屋，即是指现存于今江西省赣州地区所属县、市、区，由客家人建造并使用的具有明显封闭性，聚族而居的大型民居。

本章所指"赣南"是今江西南部现属赣州地区的 18 个县市，在赣州市范围内除个别城镇因其方言（属西南官话）和民居形式（属徽派民居）与其他各县市客家方言和土木混合结构为主的民居不同（这当属非客家居地），其余各县市基本上属客家人居地，约有人口600 余万。

这里既有唐宋以来世居的"老客家"，也有明末清初从粤东和闽西回迁的"新客家"。新老客家和谐相处在一起，用勤劳和智慧开发着这片山区，并创造了绚丽多彩的"赣南客家文化"。赣南和闽西都是客家民系的重要发源地，孤立地谈赣南是客家民系的摇篮或闽西是客家民系的摇篮都是片面的。赣闽边区是客家民系的发源地，这是由两地不可分割的历史地理条件和客家先民南迁的历史事实决定的。赣南地处赣江上游，江西南部，"地大山深，疆隅绣错，握闽楚之枢纽，扼百粤之咽喉，汉唐以前，率以荒服视之"。历史地理环境非常复杂，然地理位置又十分重要。这里除布满丘陵外，更处于大山环抱之中，北有雩山，东有武夷山，西有罗霄山，南有大庾岭和九连山。源于东西两侧山中的贡水和章水，交合于虔州古城下，汇成千里赣江奔腾北去。

客家民系的形成是个历史的过程，它起于客家先民南迁的西晋末年，历经六朝、隋、唐、五代十国时期，至北宋末南宋中完颜亮南侵结束而最终完成。其间经过的孕育、成熟、发展三个阶段分别为：六朝至唐末、五代十国至北宋，北宋末至宋元之交，元末至明清。大体空间即现客家人的聚居地：赣州地区，龙岩地区及三明市的部分县，梅州市及韶关市、惠州市的部分县区，或称之为赣粤闽边三角地带。然而三地在客家民系形成过程中的地位又是不平衡状态，大体言之可概括为孕育于赣南，成熟于闽西，发展于粤东。作为客家建筑的代表作——围屋，则恰是生于斯地，长于斯地。闽西的土楼，粤东的围龙屋早已为世人所熟知，亦引起了学界的极大关注，但赣南客家围屋却依然是"养在深闺人未识"。

客家民居研究的先驱者是为曾昭璇先生，他于1947年发表的论文《客家屋式之研究》讨论五凤楼问题（详见武昌亚新地学社《地学季刊》1947年第5卷第4期），这是客家民居研究的滥觞之作。其后，又有张步骞先生、朱鸣泉先生、胡占烈先生于1957年联合发表专业论文《闽西永定县客家住宅》（详见《南京工学院学报》1957年第4期）。自刘敦桢先生在《建筑学报》（1956—1957年）上发表"中国住宅概说"一文，将客家土楼及五凤楼介绍到学术界之后，立即引起了中外专家的广泛注意，并吸引了大量知名人士对客家民居研究的投入。由于许多学者几十年的艰辛耕作，客家民居研究成果喜人。出版专著有：林嘉书先生所著的《土楼与中国文化》（上海），茂木计一郎先生编著的《中国民居研究——关于客家的方形、环形土楼》，路秉杰先生编撰的《龙岩适中土楼实测图集》等三本测绘图集，还有专门研究江西赣南围屋的黄浩先生的《江西土围子》（专著），以及万幼楠先生的一系列有关赣南客家围屋的论文等。

透过缤纷万千的建筑现象来把握建筑的本质和结构，是客家聚居建筑研究的关键。为了更清晰地认识客家聚居建筑的特征，需要引进一个建筑理论概念——类型。所谓类型，是指一种按相同的形式结构对赋予特性化的一组对象所进行描述的概念。"它既非一个空间的图解，也非一系列目的平均，本质上它是基于一定的内在结构相似性。"理论的倡导者认为：类型的概念是建筑的基础，是建筑的真正思想，它永久而复杂，它是先于形式而且是构成形式的逻辑原则，原则是永恒的。这一思想将建筑作品设想为一结构，这种结构显现在作品中而被认可，称其为典型要素的类型，不能再简化为城市要素和建筑要素的研究了。

按照布雷利的观点，任何一个建筑都是由诸多布局构成的。客家聚居建筑之所以有各种各样的形式，是由于它们局部结合方式的不同而产生的。建筑局部的不同组合使建筑具有可区别于其他建筑的特性。客家聚居建筑基本特征赖以存在的条件是：在这类建筑中存在清楚的和不可替换的元素。这些元素的空间价值和建筑含义没有发生实质的变化，因而就能保持客家聚居建筑原有的面貌。而在客家聚居建筑中，某些组合形式是可衍化和替换的，它们使建筑产生相对于基本形式的偏差，造就出多姿多彩的具体形式。因此要素的概念是判断客家聚居建筑存在的一个标志。要素源于整体中可用分析方法来分离的局部，但它只有与整体相联系时才有效，而并非自身有效。

类型学理论和结构主义理论意义在于为我们提供了一套研究和分析问题的方法。客家聚居建筑研究离不开对其整体的分析，也不可忽视赋予整体的个体特征。我们不仅可以从千变万化的建筑中抽象出客家聚居建筑的类型，也可以从客家聚居建筑所处的历史文化背景中，挖掘出潜在的"建筑类型"概念，去识别丰富多彩的客家聚居建筑的共性。

客家聚居建筑的最大特点是将个人与家族最大限度地联系在一起。建筑形式十分严谨，平面几何形状完整性无可挑剔，中轴对称没有丝毫偏差。如果没有特定的文化背景和历史条件，这类居住建筑的出现是很难想象的。在世界居住建筑历史上，容纳如此庞杂家庭的大规模居住建筑，而且在形式上能达到如此高度的统一也是十分罕见的。

汉民族社会很少从法理上观察个人，多数都是以道德伦理作为评判个人的标准，所以，"固私"是绝对罪恶的。只有无私无欲、主动地认同社会的行为规范、完全驯服于社会强加给他的尊卑地位，他才可能达到与社会完全协调的状态。个人或"私"不仅在思想道德领域中被评为丑陋的东西，而且在大众常用语汇中也常遭鞭笞。私与厶通，《说文·厶部》曰：厶，奸邪也。韩非曰："仓颉作字，自营为私"。段玉裁《说文解字注》加之：背厶为公。可见自古以来"私"的名声就不好。所以《书·周官》要"以公灭私"，《宋史·杜范传》称："同心为国，岂容以私而害公。""存天理，灭人欲"的"公"意识畸形发展，限制了人格尊严和人身的自由。这便是梅因在《古代法》中所描述的以"家族依附"为特点的"身份"社会文化。在身份社会中，身份是在人身依附关系中社会强加给个体的尊卑名分。愿意也罢，不愿意也罢，不得不接受。

客家聚居建筑中居住系列用房是由一排毫无个性的单一的房间组成，除了排列秩序外，我们很难描述每个房间的特征。这与传统观念中"灭私兴公"的思想是一致的。抹杀了象征家庭或个人的单元房间的特点，象征群体或家族的系列用房组合体的特征才能充分显示出来。居住系列用房的基本特征是线状形态。理论上讲，线是由无数点组成的，当一系列点规则地排列，就会产生线状感觉。这时，点的自我特征被大大地削弱。它作为线的一部分，与其他点共同表现出线的特征。这与分析客家社会状况的结论是一致的。进入客家聚居建筑之后，我们很难辨认出张三与李四居住状况的差异。也很难通过他们的居住状况，了解他们在家庭中的地位，即他们是父子关系，还是兄弟关系、亲属关系。只有一点是明确的，那就是他们同属于一个祖公。

客家聚居建筑规模庞大而形式统一的秘密在于居住系列用房设计中消融了家庭的特征。家庭个性的削弱自然保证了家族的核心地位和作用。如前所述，在客家聚居建筑中，标志家族存在的祖堂和议事厅等公共用房呈现点状状态，无论祖堂规模大小如何，它在建筑内部都保持核心地位。

就具体的建筑形式而论，客家聚居建筑型制的特征表现在四个方面：（1）点、线围合关系。以点为核心，以线来围合是客家聚居建筑型制构成的基本法则。这种点、线围合的形式创造了一种极为完整、严谨的建筑形式，它具有向心性、整体性、秩序性的特点，重点突出了礼制思想、伦理观念和社会秩序的表现；（2）具有显著的独立特征，从宏观上讲，客家聚居建筑很少受到其他建筑的影响，它的构成往往与自然界的山水相关。它既反映客家人的强烈的家族观念（不苛求代表每一家族的建筑形式与其他建筑的协调），也反映了客家人"天、人合一"及追求建筑与大自然协调的思想，还反映了客家人的美学观念及注重风水作用的理论；（3）基本构成要素简单明了。客家聚居建筑虽然形式多样，但其基本构成要素仅有厅、房两种形式；（4）具有极大的灵活性。客家聚居建筑形制在点、线围合构成法则的基础上，各种构成要素可采用不同的形式，形成不同的建筑形态。

这里，我们需要了解赣南客家围屋的分布情况及其地理状况。

1. 赣南客家围屋的分布情况

据有关专家统计调查，赣南客家围屋现在约有 600 余座，主要分布在赣州市南部的几个县市如龙南、全南、安远、寻乌一带，其分布范围恰好是江西省南部凸入广东东部、福建西部的那块"楔子"中。

此外，在石城、瑞金、会昌三县也分布有少量的小土楼和零星围屋；于都、宁都、兴国三县交界地则流行村围。围屋以龙南县的最具代表性，也最为集中。据不完全统计，现存围屋尚有 200 座以上。有些山谷村庄，往往一个自然村，便有七八座。形制形式也最全，除大量方形的围屋外，还有半圆形的、近圆形的和不规则形的。平面上既有"国"字形围，也有"口"字形和"回"字形围；结构上既有三合土和河卵石构筑的，也有青砖和巨条石垒砌的；体量上既有赣南最大的围屋——关西新围，也有最小的围屋——里仁白围（俗称"猫柜围"，形容小如养猫之笼）；年代上则有赣南现存最早的一座围屋——乌石村盘石围。杨村的燕翼围、桃江的龙光围、关西的新围，都是赣南围屋中具有代表性的精品。定南县几乎各乡镇都有围屋，但较为零散、精品也少。多用生土夯筑墙体，故屋顶形式也多为悬山，此为别县所少见。全南县围屋基本上采用河卵石垒砌墙体。为了争取到多一层的射击高度，大部分围屋顶上四周还砌有女儿墙和射击孔，以便必要时上屋顶做殊死抵抗。安远县围屋主要分布在以镇岗、孔田乡为中心的南部各乡镇，现约存一百余座。信丰县围屋较破残，今多存见于小江乡。寻乌县属珠江水系，过去受粤东文化影响，因而这里南部乡镇多行围龙屋，其正面两隅多设有炮楼。以上各县围屋，估计总数至少在 600 座以上。

2. 赣南客家围屋的地理分析

赣南是江西省山地面积比重最大的地区，山岭耸峙、丘陵起伏、山高水险。穷山恶水的阻隔使人们长期蜷伏在山乡僻野，困厄在固定的地理区域，闭守在祖祖辈辈继承下来的小天地中"帷守本业"，过着自给自足的生活。天然的隔离带使各个自然地理区域形成相对独立的"亚文化群"。这种闭封的小社会，构成了与其他地区民居形式风格差异的基础。江河使内部交往十分密切，赣南人民在共同经历与斗争中，创造了颇有特色的地方文化，促使赣南民居特有风格的形成。

地质和地壤植被也为地域性建筑风格的形成提供了重要的物质条件，赣南大量的花岗岩为石建筑提供了丰富的材料来源，丘陵的土质为土墙准备了理想的条件。亚热带气候使森林成为这里植被的基本类型。所以，木石结构一直沿用至今就理所当然了。

以上分析可见地理环境与民居的形式风格密切相关，但我们不能简单地说地理环境决定民居的形式，因为同一地理区域存在几种不同的民居形式是常见的：在赣南各县，方楼、圆楼、"九进十八厅"并存。有些县主要是木构瓦民居，但也可见茅草房和完全石构的民居。据说茅草房是早年逃荒而来的浙江平阳人老家采用的形式。地理环境确是促使各个自然地域富有特色的"亚文化群"的形成，对民居的形式、风格起制约作用，但并非是唯一起作用的因素。

（1）对气候的适应

适应亚热带的气候使赣南围屋中开敞空间广泛采用。大中型住宅外部封闭，内部开敞。敞厅、敞廊、内天井构成了富有特色的"厅井"空间。在小型围屋中挑廊、敞廊更是常见。它以活泼、轻巧的外观区别于北方寒冷地区的民居。两侧较高的建筑和山墙，使天井里白天大部分时间处在阴影之中，由于辐射热的减少和空气的对流，使居室既通风又阴凉。因为当地夏季高温时节盛吹的西南信风并不凉快，在居室中穿堂风不受欢迎，因此这种布局避免了热风，创造了阴凉的环境，在夏季有着特殊的意义。这种平面布局显然也是适应当地气候条件的产物。

雨量风速的影响也使赣南的围屋明显不同于其他民居。在赣南，雨量大、风速小，客家围屋巨大的出檐也因此能够保留下来，久兴未坠。否则如果经常被大风所掀，早就自然淘汰。可见传统民居一般来说都能对气候作出很好的适应。但是如果单纯为了适应炎热的气候，也许外向开敞的住宅似乎更合理。然而赣南围屋则多内向的院落。这些都说明，除了气候条件之外还有更为决定性的力量在起作用。但气候条件作为重要的修正因素是毫无疑义的。

（2）地方材料的运用

赣南盛产的杉木是穿斗构架的物质基础。在龙南县，花岗石的大量利用，形成了赣南客家围屋鲜明的地方特色。赣南的夯土墙及巨石在建筑中的运用，在国内传统建造格局中可谓奇迹。从三南（龙南、定南、全南）到寻乌、安远一带的农村，一幢幢或深青或土黄的围屋，一片片静谧的村落掩映在绿野浓荫之间，这是我国其他地区农村极少见到的安详的色调和动人的景象。

砖石混砌的"出砖入石"的做法是赣南围屋的一大特色。它既用上了大大小小的破砖，又直接使用不规则的天然石块。利用了废料又便于施工。这种墙面由于材料质感的对比、红白颜色的对比、大小粗细的对比给人以绚丽、自然、优美的感受。这是地方材料按其天然性质得以成功运用的突出例子。地方特有的做法形成了地方特有的风格。

地方材料的成功使用与极致的表现，构成了赣南围屋形式风格的突出因素，它使得传统民居犹如该地土生土长，洋溢着一股乡土风味和生命气息。但是，同样利用泥土和木材，赣北民居和别处客家民居却呈现不同的形式。显然可资利用的地方材料影响民居的形式，但不最后决定民居的形式。它不过是提供一种现实的可能性。最后决定材料运用的毕竟是人，无疑除了自然因素之外还必须探索社会因素的影响。

第二节　赣南客家围屋的人居文化

赣南客家围屋是中国传统民居中极为独特的一支，个性鲜明。其突出的防御功能、极端内向的空间形式，以及聚族而居的庞大体型，都是其他民居所无法比拟的；而其所运用的高超绝伦的夯土版筑技术，更是令人击案叫绝。

一　赣南客家围屋的人居特色

1. 突出的防御功能

防御功能是赣南客家围屋最为突出的特点之一，特别是早期赣南客家围屋，所体现出来的防御功能最为明显，对防御的要求高于一切，是中国传统民居内向性的极端表现。

客家人早期从中原迁徙至闽、粤、赣交界的山区，环境恶劣，野兽出没、匪患甚多，且与当地土著冲突激烈，宗族械斗也较频繁。因此，防御功能便成为最高要求。为了在这样的环境中生存下去，客家人将住宅建成易守难攻的设防楼堡，聚族而居。

赣南客家围屋的防御功能主要表现有：外围封闭，墙体坚固厚实，围楼高大，防卫设备齐全。如圆楼，以坚实的外环墙围合成对外封闭的形式，底层和二层一般均不开窗，三、四层窗洞内大外小，并加设木栅栏，甚至采用条石窗框。外围一般只设一道大门，门板厚实，包有铁皮，门上甚至还设置了防火水柜；此外，有的围门还增设了闸门，确保门户无虞。墙体坚硬厚实，厚达1米以上，且外围多以卵石勒脚，高1.5米以上。楼高可达十余米，易守难攻。楼内设备齐全，设有水井、粮仓、畜圈等，即使紧闭大门也能维持数月的生活；有的圆楼住房内壁为"面粉墙"，即以和稀面粉刷成墙壁，以备被围绝粮时充饥度日。

赣南客家的方形围屋，有的全部以清一色的码条石浆砌而成，无缝可入；高可达十余米，墙上有许多火枪眼，外小内宽，便于瞭望与射击；四角有炮楼，均向外突出，便于向四周瞭望警戒。这样的围屋犹如碉堡，设防严密，固若金汤。

总之，无论哪种形式的赣南客家围屋，都在不同程度上体现了它的防御性；在冷兵器甚至初级火器时代，它使客家人得到足够的安全保障。当然，随着历史的发展，社会环境的变化，赣南客家围屋的防御功能也渐趋淡化；而其内向、封闭的形式仍因给人足够的安全感而得以长久地延续下来。

2. 聚族而居的庞大体型

作为中国建筑史上典型的大型民居，赣南客家围屋聚族而居的特点是十分突出的。

客家人南迁，是在动荡的社会条件与恶劣的自然环境中，因此很自然地群聚一起，合族协力，抵御各种侵袭，共谋生存。

而客家人牢固的宗族观念则使其稳固地保留了传统的封建家庭结构，以父系血缘关系将家庭成员联结起来，数代同堂，数百乃至上千人聚族而居。因此能够合族协力建成体型庞大，向心围合的大型民居。

赣南客家围屋体型之大，所住人口之多，在中国乃至世界民居中都是十分罕见的。圆楼体量最大者直径可达 80 米，高 5 层共 18 米；体量如此庞大的民居在世界建筑史上恐怕也是极为罕见的。

方楼如龙南的"燕翼围"，四方形，每边长 50 多米，高 12 米，共四层，至今仍住有 800 余人。同处龙南的徐家新围子，边长各 100 多米，占地一万多平方米，中轴线上三进三横，九井十八厅，聚居着徐姓千余人。

而围龙屋规模大者有三围环形围屋围成，占地数千平方米，500 多间房，居住多达五代同堂，千人共居。

可见，赣南客家围屋聚居人数之多，体量之大，是中国其他传统民居所无法比拟的。

3. 向心内聚的空间形式

赣南客家围屋无论何种类型、规模大小均聚族而居，因此住宅往往成为家族力量的象征。四周墙垣环绕，内向的院落具有强烈的向心性。大堂是供奉祖先灵位、祭祖和供典的神圣场所，明确而无可置疑地成为全宅的中心，占据着至尊无上的地位，也是整个家族强大内聚力的体现。

赣南客家围屋有明显的中轴贯穿，强调出中心所在，左右严格对称，主次分明，结构严谨。在围龙屋中，下堂、中堂、上堂沿轴线渐次升高。中轴线上最高的上堂，放置祖宗牌位，是一屋的中心所在；

这一中心，不仅在平面布局上显著，而且在立面上也明显可见。整个住宅中每个房间的地位都以相对于这一中心的位置而定，如越近中心的居所，由辈分、地位越高的人居住。

在圆楼平面布局中，也隐藏着三堂屋的中轴意识，而且祖堂居于整个圆楼中心，也表明了其至尊的地位。

总之，赣南客家围屋强烈的向心内聚形式，反映了聚族而居方式中必不可少的尊卑秩序，是封建伦理在建筑上典型的再现。

4. 优美独特的造型

赣南客家围屋造型独特，有较高的艺术性。

赣南客家围屋群体组合的特点使造型层次丰富，气韵生动。各种不同的组合方式形成各具特色的建筑造型，产生了丰富多变的艺术效果。

如八卦形围屋，环环相围，组合奇特，变化多端，群体造型生动协调。再如五凤楼，三堂屋在中轴线上依山势渐次增高，两翼横屋重叠的山墙面也随之增高，层次分明，在主立面上形成独具一格的秩序构图，富于韵律感与节奏感，而从侧翼看，横屋瓦顶层叠而上，飞檐突起，错落有致，如五凤展翅，气韵生动，相当优美。

而圆楼造型，则以浑然一体的纯粹形态出现于山岭之间，圆顶外形与天穹呼应，厚实的土墙与大地相接，融于自然之中，气度超群而又宛若天成。

圆楼古老斑驳的黄褐高墙，白灰勾缝的灰黑色卵石勒脚，加上黑色滚圆的一脊两坡屋顶，高挑的宽大出檐，显得雄伟、古朴、粗犷、凝重，极具阳刚之美。

总之，赣南客家围屋的群体组合变化丰富，聚落高低错落有致，整体造型和谐完美。以其特有的整体气势与古朴风韵，形成了与南方各地民居迥异的独特风格。

5. 高超绝伦的版筑技术

赣南客家围屋主要以普通的黄土为主要建筑材料，沿袭了传统的生土建筑形式。运用得较多的是版筑墙建筑，即俗称的"干打垒"。

它是以木板为模具，中填湿度适宜的泥土，以"杵"筑实为墙。层层加高，筑至所需高度为止。客家夯土墙建筑，一类为以一般黏土加竹木筋夯筑而成；另一类为以三合土夯筑而成，即以石灰、黄泥、沙三种材料，或石灰、黄泥、卵石三种材料掺加红糖、糯米饭、桐油等黏性物夯筑而成。

三合土夯筑墙，材料配方比例与湿度十分讲究，因此十分坚固，硬度强度都很好。如三合土夯筑墙，坚硬得连铁钉都难以插入，其硬度强度毫不逊色于水泥混凝土；又如土楼墙体高大结实，高近 20 米均以人工夯筑而成，而且数百年屹立不倒，甚至经过地震、炮击仍完好如初，令人惊叹。

赣南客家围屋是客家人思想智慧和文化素质的结晶，在长期的历史进程中，它很好地满足了客家人的基本生活需要、生理需要、心理需要和社会需要。因此它具有极强的生命力，千百年来得以生存、发展，保存至今。

二　赣南客家围屋的建筑优点

概括起来，赣南客家围屋除了上述造型壮观优美、风格独特的艺术特色，还有坚固、实用、安全、经济等优点。

1. 坚固

赣南客家围屋外围墙都十分厚实，如土楼墙厚常达 1 米以上。墙体多以大块卵石筑基，再在石基上以三合土或加以竹筋、木条等材料夯筑而成。因而十分坚固，既耐压又抗拉，且无缝可插，不怕风雨侵蚀。

土墙内部稻草、木片和竹筋可起到水平拉结作用，因此即使受到强力冲击而产生裂缝，整体结构也不会有危险。据说曾有围墙被炸药炸开墙洞而墙体仍屹立不倒；还有围屋经地震产生裂缝，而后又自行弥合。

此外，圆楼的筒状结构能均匀地传递荷载，而且外环墙底部最厚，往上渐薄且微向内倾，形成了极好的力学结构，即预应力向心状态，即使在局部被破坏的情况下，圆楼整体也不会发生破坏性变形而依然屹立不动。

又如有的方楼全部以码条石浆砌而成，或结合片石浆砌，固若金汤，无懈可击。

2. 实用

赣南客家围屋十分实用，设备充分，功能完善，很好地满足了生活需要和心理需要。赣南客家围屋无论大小，其内部设备都十分周全、合理。厅堂、住屋、浴厕、厨房、畜圈、水井、池塘、内院，凡生活所需，一应俱全。

如围屋厚实的墙体，除满足防御要求外，还可以隔绝寒热，冬天抵住寒风侵袭，夏天隔绝热空气进入，形成楼内冬暖夏凉的小气候。在客家人聚居的闽、粤、赣三省交界地区，年降雨量大，晴雨变化快，空气干湿度变化较大。而厚实的墙体则可在空气潮湿时吸收水分，空气干燥时放出水分，起到明显的调节作用，使室内始终保持着宜人的湿度。这些优点是其他墙体所无法比拟的。

客家围龙屋，在内禾坪与外菜园之间挖深为塘，整个围屋的废水都可通过水沟排至其中；而围龙屋成倾斜地势，后龙最高，入口处最低，入口前池塘正好处于最低地势，就势蓄水，解决了整个屋宇的排水问题。此外，池塘还可养鱼、养鹅鸭、浇灌，关键时还有防火、抗旱的作用。

一些方楼在四围犄角处设置以整块大石凿成的喇叭形漏斗，离地数十厘米，用以排水。

总之，赣南客家围屋充分满足了生存、生活和生产等各方面的要求，可谓考虑周全，功能完善合理，极为实用。

3. 安全

赣南客家围屋另一巨大的优点是安全。

由于赣南客家围屋有良好的防御性能，即使敌人围困数月，也能维持正常生活。传说中便有一团军队围攻围屋，数天不下，动用火炮也只破墙皮的例子。

赣南客家围屋防火性能也十分好。如土墙入口门板包有铁皮，门后设置防火水柜，围外无暴露可燃物。在内部则有水井，围屋前多有池塘，如遇火灾，亦可合族协力，迅速汲水灭火。

许多客家围屋又以大块卵石筑基，其高度在最大防洪线上，这就保证了防洪要求。另外，赣南客家围屋墙厚实，防震效果也十分不错。

4. 经济

赣南客家围屋的经济性主要体现在取材用料上。赣南客家围屋体量庞大，建筑用材量大，而就地取材则可以大幅度节约原料和成本。

赣南客家围屋主要建筑材料是黄土和杉木，还有石块。而在客家人聚居的闽、粤、赣三省交界的山区，这些材料十分丰富，有取之不尽用之不竭之源。而建筑用土，多取自山坡，不破坏耕地。若旧楼拆除后，其建筑材料无论土木均可再次利用，不浪费而且不产生建筑垃圾。

赣南客家围屋建筑施工技术不复杂，易掌握，完全由族人参与，农闲时合族齐力，省工省时，大大降低了建筑费用。

三　赣南客家围屋的主要形态

为了便于分析，我们又将赣南客家围屋分成四种形态分别加以论述：

（1）方围。俗称"四点金"。这是赣南客家围屋的典型代表。四角构筑有朝外凸出 1 米左右的炮楼（碉堡），外墙厚在 0.6—1.5 米间。围屋立面高二至四层，四角炮楼又高出一层。外墙上不辟窗，仅在顶层墙上开设一排排枪眼，有的还有炮孔。屋顶形式以硬山为主。围内必设有一至两口水井。围门一般为一孔，大者则有两孔。围屋平面"口"字形的除四周围屋外，围内别无房屋，这一类数量较少，规模也较小。而"国"字形围屋则是在围内还建有一座带祖堂的主体建筑，这类府第式民宅较为常见，小者或一明两暗，但更多的是三堂两横，或规模更大的中轴线对称式宗祠民居，大者面积近万平方米。建筑材料以砖石为主，墙体大多采用俗称为"金包银"的砌法，即 1/3 厚的外皮墙体，用砖或石砌，2/3 厚的内墙体，则用土坯或夯土垒筑。围屋楼层一般比粤东的围龙屋高，而较闽西的土楼低。较之闽粤围楼，赣南围屋的防御功能更为完善。围屋四角所建的炮楼，其功用显然是为了便于警戒和打击已进入墙根或瓦面上的敌人。这些炮楼形制多样，不仅建在四角，有的还建在墙段之中，如同城防之"马面"。还有的则在四角炮楼上，再抹角建一单体小碉堡，从而完全消灭了死角。另外，在围门的设计上，也体现了追求万无一失的特点。门是整个围屋的安危所在，故一般在板门之后，还设有一道闸门。而有的围屋则在闸门之后，还设有一道便门，板门之前设一道"门插"（栅栏门，如同广东之"躺龙门"）。为防火攻，门顶还设有漏水孔。总之，防卫是围屋的最大特点。

（2）圆围。圆围是用生土夯筑，木料构架，即用没有熔烧过的黏土加石灰、红糖水、糯米饭搅拌夯筑而成，主要分布在福建西南和广东东北部客家地区，其形式有方楼、圆楼两种。赣南客家圆围虽然罕见，但也并非没有。如龙南县临塘乡黄竹陂村的谢屋圆围，按照"天圆地方"之说，沿外圆围墙建有两层房屋36间，围内又建有一排圆形房屋，有两层房屋28间，丰富了赣南客家围屋的造型。

（3）马蹄形围屋（围龙屋）。围龙屋主要散见于寻乌、兴国、龙南三县。其中寻乌因紧靠粤东，河流又属珠江水系，其历史文化受粤东文化影响较大。因此，县内尤其是南部地区多见围龙屋，与此有必然关系。兴国县围龙屋仅见极个别，可以看成是特例现象。因清代前期，兴国县境内曾接纳大量粤闽客家移民。但两县围龙屋在细部构造上仍有别于原乡，它们大多数都设有炮楼、枪眼，受本地区的围屋影响较大。可是，龙南全县境内均盛行围屋，其状况犹如闽西之永定盛行土楼一般。而其中夹杂的少量围龙屋，其风格又与寻乌、兴国的有较大区别，换句话说，性质更类似当地流行的围屋，年代也更早，具有综合围屋和围龙屋的主要特征。由堂屋、横屋组合而成，屋中有不少天井围绕，后层建成马蹄形，有一围、二围、三围。典型的围龙屋有寻乌孔田的曾氏围屋，是"三堂四横三围"的大屋，内有300多个房间，后面三排半圆形的房屋，环绕成封闭状，外面用门楼围封，严密安全。

（4）村围。所谓村围，即将整个村庄都包裹在内的围子。它与围屋的区别在于：围屋一般是由某一位绅士一手策划、统一布局设计而建的，围内居民都是他一人的后裔。因此，构造较精工，整体性能好；村围则往往是先有一个同宗（也有不同宗姓的）的自然村，后因安全的需要，而聚众捐资出力修起的环村之围。因此，它面积一般较大，平面呈不规则形，围内建筑大多杂乱无章，炮楼、门楼根据需要而定。这种村围，赣南几乎各县都有，盛行围屋的地方，同样也盛行村围，有的围屋还在村围之内。较早的村围如于都县葛坳澄江村围，它设有东南西北四门，现县博物馆将其南门、北门的门匾收藏。其中北门门铭落款是："文天祥题"。

第三节　赣南客家围屋的历史与现状

据资料证明，赣南的客家围屋现存几座最早并有较可靠年考的围屋，均为明末清初时所建。其中，寻乌县文峰乡的东团村围迄今已有六百多年的历史，并以族谱记载为史实依据，或为早期标本。另外，全南县乌柏坝乡的白云围，据围中老人李辅仁口述为洪武十七年所建。其李氏族谱记载，洪武十七年是其先祖在此开基之年。根据建筑形制考察，白云围建筑不晚于明末清初。

经查文献，"围"字作为民居代名词，最早见于明末，如《安远县志·武事》载："（崇祯）十五年，阎王总贼起，明年入县境，攻破诸围、寨，焚杀掳劫地方，惨甚。""（顺治）十年，番天营贼万余，流劫县境，攻破各堡、围、寨。"又如《定南县志·兵寇》载："康熙三年七月，流贼由九连山出劫，冲城不克，旋破刘舍围，杀伤甚众。"康熙年以后，攻围的记载渐多。因此，围屋的出现，充其量始于明代晚期，围屋在赣南大量出现，并形成规模和特色是在清代中晚期，现存围屋约70％都是道光以后的。进入民国后，赣南围屋便很少建筑，不似闽西土楼，不仅明清建，而且民国，乃至20世纪70--80年代，仍在大量营建。其意义已超越建筑，而成为民俗文化，形成今日土楼世界的氛围。而随着当代乡村民居样式的改变，围屋逐渐为近些年来的新民居所湮没。

那么，促使赣南围屋发生、发展、盛行、消亡的文化背景是什么呢？

（1）险恶的自然环境。赣南位于赣江上游，地势周高中低，平均海拔约500米，地形如同一个"U"字，往北流的赣江及其支流，几乎贯穿全境各县。其地域东靠武夷山，与闽西的龙岩地区和三明市相连；西傍罗霄山脉，同湖南的郴州地区相连；南横五岭和粤东北的梅州市、河源市和韶关市相邻；北倚本省的吉安和抚州两地区，面积约4万平方公里、民谚称："七山一水一分田，还有一分是道亭"，与闽西和粤东民谚："八山一水一分田"有所差别。赣南形胜，史称："处江右上游，地大山深，疆隅绣错，握闽楚之枢纽，扼百粤之咽喉"。"然山僻俗悍，界四省之交，是以奸宄不测之徒，时时乘间窃发，叠嶂连岭，处地既高，俯视各郡，势若建瓴"（汤斌序《赣州府志》清同治三年版）。如"三南"、安远这些盛行围屋的县，县志上均有"地处万山之中"之语或类似意义的概述。因此，宋元以来，这就是块不安静的骚土，小乱不断、大乱必有份，所谓"自古以来，江右有事，此兵家之所必争"。故元代一度设"赣州行省"，辖江西、广东、福建；明后期设"都御使"，巡抚赣闽粤湘交界的"八府一州"；清亦设"赣南道"，这种险恶的生存环境也就成了围屋诞生的温床。

（2）无法约束的移民。明末清初，赣南由于天灾人祸等原因，人口相对减少，而闽粤客家则由于"朱明至清初的生息，系裔日繁，资力日充，而所占地，山多田少，耕植所获，不足供用，以是，乃思向外移动"。（罗香林《客家的源流》，《客家研究导论》第一章）

因此，自明后期，尤其是清前期，闽粤客家大量回迁入赣。所谓"回迁入赣"，是指当初客家先民，从中原南迁至赣南和闽西北，形成客家民系后，部分客家人继续南迁闽西南、粤东北。这部分客家人在那里获得蓬勃发展壮大后，于明末清初亦大举向外迁徙，其中便有一支劲旅就近迁往赣南。这些自闽粤迁来的客家，因考其族谱，其祖先绝大部分是宋元时自赣南迁出的，故客家史研究者们称之为"回迁"或"返迁"、"倒迁"入赣现象。现在赣南的客家人，十有六七，都是这期间回迁入赣客家的后裔。而"三南"、安远一带盛行围屋的县，回迁的客家人则达十之八九。如定南县因"广东异籍穷民来此垦种，异籍环处，日渐繁剧，今非昔比"，而改县为厅。上犹《张氏宗谱》谓："赣水东西之客家，十九皆闽粤之人。"（罗勇《略说明末清初闽粤客家的倒迁入赣》，华东师范大学编《客家学研究》）其移民形式大致可分为四种情形：①流寇安辑式；②田主招佃式；③官府招募式；④安插投诚屯田式。（《赣州府志》卷七十三道光版）

（3）连年不断的兵火。围屋是以强调防御功能为特点的民居，其发生发展显然与强敌和战火有密切关系。明末清初，闽粤大量移民赣南，造成赣南生态失衡，人口激增，鱼龙混杂，杀机四伏，加上地处四省之交，山深林密，易于藏奸纳匪。根据清同治十一年版《赣州府志·经政志·武事》统计：自明正德（1506 年）至清同治十一年（1874 年）的 368 年里，见于记载的兵火便有 148 起。在这 148 起中，起源或波及"三南"、安远、寻乌一带围屋较多县的兵火就有 92 起，平均每四年有一起。在这一带边界山区盘踞出没的小股土匪，还不知有几。加之明后期，赣闽粤湘边农民起义。风起云涌，此起彼伏。《龙南县志》载："有明之季，奸宄不靖，兵燹蹂躏，几无宁岁。"为了加强对这地区的军事镇压，明弘治八年（1495 年）始，在赣州设都御使，巡抚南安、韶州、汀州、郴州等四省交界的"八府一州"，前后派出了王阳明、谭纶等这样的能臣名将任职，从事镇压。并在农民起义失败的废墟上，相继建立了崇义、定南、长宁（今寻乌），以及广东的和平、平远等县。王阳明称此为："变盗贼强梁之区为礼义冠裳之地。"（《宁都直隶州志·艺文志》卷三十一道光版）从这些县的命名看，也可闻出其诣意。到了清初，因客家人强烈的主体意识，遂使阶级矛盾转化为激烈的民族矛盾，赣南发生了异乎寻常顽强的抗清战争。现存的赣南围屋楼，约 70% 以上都是这一历史时期所建。如于都马安乡的宝溪围，据《宝溪钟氏八修族谱》中的《宝溪围序》载："况迩年来，贼盗蜂起，举境仓皇，或匿迹于深山穷谷，或寄食于别邑他乡，受尽风霜，倍历险阻。迨寇退返舍，则室如悬磬，春粮尽为贼赍，衣物皆为匪攫，连年遇寇，累岁不安。于是，学琚始思固族之谋，请求御侮之法。"围屋修成后，"从此日上竿无惊，白发高眠长乐，一坊永保青山无恙矣"。又如，安远镇岗乡的东生围，是赣南重要围屋中的典型代表之一，据现重修的《颍川堂陈氏族谱·总谱》中的《建造东生围详记》载："……至咸丰二年（1852年），肆布谣言，时势大乱，父子重议，要有坚实墙体，方可保护人口财产，旋请工师再议重围外围加城，墙厚需四尺五寸，对外门窗，均用条石段嵌。……竣工后同年五月，李元古造反，乡邻皆躲入我围。又两年，长毛贼来乱，再两年庚申八月，花旗贼来犯。前后三次之乱，皆由我围躲难，计一千余人得保平安，众乡亲皆谓我有先见之明，加紧造好围屋防贼。"

（4）宗族间激烈的械斗。客家人受先祖士族门阀观的影响，加之本身形成的坎坷历史，形成了一种讲宗亲、重家族的传统。为了本姓宗族的利益，往往不惜身家性命，为些小事而大动干戈，结下世仇，乃至数十百年不解。明代晚期以后，由于大量闽粤客家回迁赣南，于是，激起新老客家之争夺生存空间的矛盾。为了保家卫族，防止仇族的袭击报夏，他们需要有像围屋这样有防卫功能的居所。进入民国以后，土匪武装和宗族势力大大受到制约，人民生命财产的安全有了一定的保障，因此，围屋的兴建渐渐少见了。

明后期以来，官府为了对付"三南"、安远一带的屡治不平的"盗贼"，采取的措施是设"巡检司城"（由武将充任，隶属州县指挥，专职镇压反抗势力的军事堡垒）和增设新县城。自明嘉靖年间始，先后在安远、龙南、会昌县分别设置了黄乡司城、下历司城、羊角水司城。以后又增设了定南、长宁（今寻乌县）和全南县，后又在这些县属下设置了高沙堡土城、新坪司城、观音阁城等。这些司城或土筑或砖砌石垒，一般只设一或两孔城门。如黄乡司城："周围一百二十五丈、雉堞二百有零，门曰：'镇定'。"其周长仅略大于关西新围和东生围。观音阁司城："周围二百二十五丈，高一丈五尺，宽阔九尺，辟门二，城楼二座。"也只相当于一般村围大小。筑城堡有利于镇防"盗贼"，那么，官行民效，百姓造围屋，自然会联想到借鉴司城形状。这些小城堡出现于明代中晚期，在赣南又主要见于"三南"、安远一带，这与围屋发生的时代背景、分布区域是相吻合的。从围屋的状貌看，大围两门，小围一门，与司城也是一致的。变城楼为围屋角堡、变城墙和雉堞为围屋房间和枪眼，这也是作为民居的围屋，考虑经济实用、便于生活的结果。

（5）山寨、村围的影响。赣南地属边远山区，自古以来，固有山寨、村围。先是草寇占山为王，垒寨盘守。如南宋时"赣寇陈三枪据松樟山寨"，后官府也在要冲和易滋事的地方设寨防守。如南宋"度宗咸淳六年（1270年）二月，立赣、吉、南安要冲四寨。每寨屯兵百，地势联络，御寇为便，择三郡将官领之"。明代则在赣南各险隘处设"长洛、平头、新田等十三个'寨巡检'，每寨设弓兵一百名"。（《赣州府志·武事》卷三十二同治版）百姓们为了同样的目的，往往也在村子附近山头垒寨，寇至举家避寨中，寇去则返村。至今赣南一些偏远乡村，尚能见到许多废弃的山寨。著名的如于都县银坑镇的"岳飞寨"，为北宋时岳飞来此镇压农民起义时所垒。

若从安全便利来看，围屋显然优于村围，村围又优于山寨。从三者的性能和外形看，山寨和村围显然仿自城堡，围屋则又显然脱胎于山寨、村围。

情况到了20世纪80年代发生了一系列变化，随着改革开放浪潮的推进，在赣南农村盛行的那种自给自足的小农经济生存方式开始逐渐瓦解，而这一经济生产方式的产物围屋，也随着其附着物的解体开始走向了历史。据调查统计数字所知，现在围屋中的住户已经减少至原来全盛时期的1/20左右。那些依旧居住在围屋中的住户，其主要原因是家庭经济情况不佳，无法自己在围屋外独立建居。而围屋里的新生代们则充满了对屋外世界的向往，据抽样统计，围屋里16—40岁的青壮年90%外出打工，留守者多为老弱。

第四节　赣南客家围屋的文化定位

著名前辈学者费孝通先生，提出了"中华民族多元一体格局"的著名论断。它对研究我国民族关系和民族文化，具有重要指导意义。

客家文化就是其中一个典型、一个缩影。从客家文化入手，我们就能更好地分析客家围屋。

客家文化，恪守中州传统，不违典礼。在生产活动中，通力合作，保留了井田时代相友相助之义。服饰，喜穿"唐装"，古风犹存。民居，客俗聚族而居，是汉族传统宗族观念与封建家庭结构的一种反映，而殿堂式的建筑，则是古代中原汉族府第风格的典型形式。婚制，沿袭"六礼"，"名虽异而近古"。丧葬之礼，一遵古制而不变，如丧服，春秋时晏子服粗麻衣、麻带、杖行、草履，旧时客俗与此无二致。祭祀，客俗祭田名"蒸尝"，本于古代中原秋冬二祭之名，冬祭名蒸，秋祭曰尝。家族关系，"崇尚朱子家礼"。岁时节日，客俗以冬至为"冬年"，可远溯"周正建子"以十一月为正月之制。宗教信仰，重祖先崇拜，与儒家思想一脉相承。重教育，文化之乡，举世公认，更是继承和发扬了"礼仪之邦"的传统。强烈的爱国爱乡意识，是客家人以天下为己任的国家、民族意识的集中体现。脍炙人口的山歌，情意缠绵，上承《诗经》中的《国风》余绪。至于客家方言，保留了古代中原音韵，已是语言学界的定论，如客家人讲吃早饭为"食朝"，可从出自先秦典籍《左传》的成语"灭此朝食"中得到印证。如此等等，可谓俯拾皆是，不胜枚举。

客家文化深深刻上了南方少数民族文化的烙印。显然，如果仅囿于客家文化源于中原说，是无法解释客家文化内涵的复杂性与多样性的。

在经济生活中，客家人栽种的旱稻，直接从瑶畲族人中传入。宋人王象之在叙及梅州畲禾时，就曾揭示其间的源流因袭关系："此本山客畲所种，今居民往往取其种而莳之。"此中所谓"山客畲"，即山居的瑶畲族人，"今居民"，则系指早期由闽入粤垦辟的客家人。客家人从事贸易交换活动的农村"墟市"，则从其名称至交易方式，均袭自古代越人，故古人有"越之市名曰'虚'"之说。

在劳动组合与分工中，存在着"女作乃登于男"的现象。旧时，外地人讥客家妇女在田间劳作，男人则在家抱小孩，虽言过其实，但并非纯属无稽之谈。客家妇女肩负田间劳动重担，已是举世闻名。这与相邻的闽南民系妇女在家工女红之风迥异。这不能不从客俗受南方少数民族"女劳男逸"影响中，窥见其蛛丝马迹。

客家人的服饰，挽髻与打赤脚，与"椎髻跣足"的越俗有关；所穿"百褶裙"，与南方民族的"桶裙"有相似处；此外，客装还与畲族服装有采借关系。

在饮食习惯中，客家人也喜生吃、嗜"异味"。如，食"鱼生"，似受讲广州方言的广府民系影响所致，究其源当是古代越人"啖生"遗风流存。好食蛇肉，则受"越人得髯蛇，以为上肴"之习感染。总之，中原人视为可骇可怖之物，竟成了客家人的美食。与中原传统食俗相比，其反差相去竟达十万八千里之遥。

婚制中，虽说是保持古风最浓，但仍有"蛮"风杂其间。"用槟榔为聘"的客俗，脱胎于岭南"蛮僚"流行的婚仪。童养媳婚的盛行，与唐代以来岭南地区蓄奴成风有不可割断的联系。

丧葬礼制中，有悖"祖训"者为多。其突出之处有三：一是"买水"俗。粤东地区客家人，当亲人死后，投钱于水，汲而归浴。清人已正确地将其归入"蛮风"、"僮俗"类。二是丧葬奏乐。早在宋代，苏东坡就曾讥惠州此俗为"钟鼓不分哀乐事"。至清代，客家方志作者也自觉脸上无光，斥为"失礼"、"不经"之举。因为根据儒家孝道，人死了，只许哭哀，哪能还兴奏乐呢？此俗，确是来自非汉族的文化系统，即南方少数民族的"暖丧"制。三是"二次葬"。棺朽后，腐肉化，捡骸骨，置罂再葬。倘据祖传的周礼来衡量，这是大逆不道之事。但客家人还是终于接受了南方民族的葬俗。

客家地区械斗陋习，虽是封建宗法制度的产物，但其风之炽，则与古代越人及其遗风不可分。早在秦汉时期，越人内部就争斗不息。从古越到百越，此风流传，故又有"粤人之俗，好相攻击"之载。至后世，粤东械斗之风，则"起于福建之漳、泉，渐染及惠、嘉、广、肇、韶、南"。即由古代越人传至闽南民系再波及客家民系，其渊源因袭关系，可谓一目了然。

在宗教信仰方面，客俗"专事师巫"，种种神灵崇拜泛滥；而"巫风事妖神""重淫祠"，正是南方民族文化的一大特点。流行鸡卜，而早在汉代岭南越人已有此俗。祭"盘古"，"盘古"为"盘瓠"的讹传，而"盘瓠"则是瑶畲的图腾崇拜。

客家山歌，除上承十五国风传统外，南方民族的"竹枝词"是其又一重要源头。其主要表现有二：一是从形式至内容，与瑶、畲、壮歌不乏相类之处；二是被壮、瑶奉为始造歌者的歌仙刘三姐的种种传说故事，在广东客家地区同样广为流行，只不过刘三姐摇身一变为刘三妹而已。

上述事实证明：赣南客家文化的核心是继承了中州古风，又"重之以修能"，融合了地方性文化传统在内。一言以蔽之，客家文化是二元或多元一体的文化。反映在赣南客家围屋就有了以下特点：

1. 天人合一的思想观

在文化思维与文化情感方式上，中华民族似乎在其连续不断的"记忆"里，一直保留着关于"天人合一"这源于远古的文化经验，中国人把其在远古人与自然"原始的友善"（《尚书》中称为"神人以和"），从最遥远的时空一直带到了文明时代，用马克思的话来说，中华民族似乎总是难以割断人与自然这"共同体的脐带"。也许是这个民族所处的地理环境的优越，即自然环境、气候属于典型的半封闭的大河大陆型，很适于农耕的缘故吧。中国将大自然与自己的关系，看作是父子般亲和的关系，没有奴役自然的文化态度，因此，天人合一即人与自然的亲密无间，是中华建筑的基本文化母题。在天与人之际，活跃着建筑的"模糊"之美，这也便是表现在中华建筑文化中的"天人"观。

同时，环境与建筑风格也是相互协调的。要使建筑与自然环境相互协调不出两法：第一，使建筑与环境"对立"，在"对立"之中求和谐。此时，建筑是整个环境的一个新的、强烈的因素，由于建筑物的屹立，很大程度上改变了自然景观；第二，使建筑风格服从于自然环境的美学基调，建筑之美融渗在自然美之中，此时，建筑对整个自然景观的改变不大。

而这一点在赣南客家围屋这里得到了充分的肯定。先看赣南客家围屋的选址，无一不是依山傍水。龙南乌石围前那蜿蜒而过的小河，远处一带黛色的笔架山，围后苍翠的龙脉山……风习至此，以至无水之所，建造围屋时则自行挖掘水塘，以合天地。寻乌孔田的曾氏围龙屋即为此典型。再看围屋内所置，大门进入，左右两口井，号为阴阳。

2. 血缘向心力

中国人的传统思想，或者说文化精神，有着强烈的血缘色彩。社会人群结构以血缘模式为主，基于这血缘本身（如居住模式的血族谱系形态）和血缘文化（如祭祖和继承等有极强社会功能的传统），人们的思想必然表现出强烈的向心性，与血缘核心规律相合。血缘家族的兄弟手足亲情，从另一角度上说往往是同等级的竞争，于是讲究公道平均，忌偏颇失度。所有长辈都巴望后代比自己更有成就，这不仅仅是血亲之爱，也是一种需要和心理安慰。这样说不一定全面、准确，但是没有人会怀疑：居住土楼的人们对血缘和血缘文化是何等重视。传统土楼的造型布局，其显著特征就是向心性、对称性与前低后高主次分明的规律。这是以血缘和血缘文化为核心的传统思想的物化模式。这是物质的同时也是精神的双重性质的遗产，它规定了人们的居住状况，也通过它有形无形的力量而影响子孙的思想。

住宅建筑的血缘文化表现，在中国传统民居中并不是什么新鲜事，如四合院与徽州民居就是这样。但是客家围屋的向心性、对称性与前低后高规律，却是表现得最为突出，无论圆、方形围屋抑或是半圆形的都是如此。

相对而言，圆形围屋的向心性、匀称性最为直观、显眼。因圆的造型的不可抗拒的限定性，圆围的房间就非得统一朝向中心天井不可，而它的房间也很自然必须匀分才合理。或者说，人们建造圆围，就是采用这种住宅模式的平均主义形式。我们看到的圆围实例，无论大型小型，无论年代长短，这种布局规律几乎一成不变。有人以柑橘瓣来形容圆围的向心性、匀称性，这是很形象的说法。方围、椭圆围屋、马蹄形围屋、八卦围的向心性与匀称性也可以说是同圆心的展开，即周环建筑围绕一个中庭天井核心。

3. 风水观念

源自中原的"理水建筑"思想，中国人历来重视天人感应。禹始肇风水地理，公刘相阴阳，周公置二十四局，汉王况制五宅经，管辂制盘择葬地……中华的理水文化（又称风水），发源于大约四五千年前的夏，孕育于商周，成型于两汉，至魏晋而臻于完备，广泛流行于中原。此时，客家先民开始大批南迁，成熟的理水之学则随之带到了南方粤、闽、赣等当时的边远地区。受到恶劣的生存环境的影响，趋吉求福的客家人在与"天地"搏斗中对理水之学十分尊崇。有不少客家人致力于对此的研究，到明清时期，理水之学发展到了巅峰，朝野上下，莫不趋之若鹜。客家聚居地接连产生两大"风水流派"——江西派和福建派，而福建派又源于江西派。客家各姓族谱，对其居住建筑，从选址、布局、特色等，无不对其体现的理水思想进行一番铺陈，以示其重视。

客家人营造房屋极讲究风水，认为一族一人的成败兴衰，与屋宇及祖坟的风水息息相关。因此客家人建屋前必须先堪风水，择阴阳方位，取势、定向、接龙脉、合阴阳、成形状。而且建房前必须先选定吉日良辰，祭祀"杨公"，方可破土动工；竣工之后还要赶鬼"出破殡"，祈求平安。

客家人常为建屋择地不遗余力，不惜代价地寻求风水宝地，苦心经营，以求功成名就、人财兴旺、庇福子孙。期望通过住宅与地形地物的某种暗合，获得通达顺利的运道。

在选址择地上讲究"龙"、"局"、"水"三字。"龙"指山势之脉络，要求发脉雄壮，奔腾有势；认为"龙"主人丁兴旺。因此围屋后的"后龙山"总是树木成林，郁郁葱葱，即为接应来龙。"局"指龙脉分出的山峰，要求似公堂格局，旗鼓皆备，印案俱全，坐镇基地。认为"局"主功名显赫。"水"指前方水势，求水势回环，忌直来直去。认为"水"主财源涌现。因此常在屋基前方填坝、植树"筑水口"，使水口回环，拦住财源。因此，只要见到"后龙"与"水口"，便可知必有村落。

在围屋中，除了取势定位，开门定向也都由八卦而定。如八卦形围屋，其外围如八卦形状，楼角分明，围门便是按八卦定向定位的。有的则按八卦图顺序依次建成八个厅堂围绕中央大厅，犹如八卦图中四周八卦维护中心太极。此外还有"九龙托珠形围屋"，"盆形围屋"，"灯盏窝围屋"，都是以八卦定位布局的。

还有其他形式的方圆组合形式也是由风水而定。又如围龙屋中，三堂屋与天井高低大小，开间进深，都依照一定的尺寸、要合乎"吉数"。厨房开向与炉灶位置也必须依风水而定。而横屋尽头伸出两三间"伸手廊"，意即接住财源。可见，在赣南客家围屋中，风水观念的影响无处不在。

儒道追求天地人"三才"合一，在围屋里得到了鲜明的体现。林嘉书根据多年来的研究发现，圆围、方围和五凤楼的造型模式与天地人合一模式，是同圆心的重合，而八卦形土楼更是与其天衣无缝。日本教授茂木计一郎曾经提出，"圆形土楼是母性，很像包容一切的子宫"。在林嘉书看来，五凤楼更像是一个孕育生命的子宫，"它前面的池塘，居前居下，且必然是半圆形的，它象征太极阴阳化生图的属阴的一仪，是充盛羊水的子宫的一半；羊水是滋养胎儿的阴精，是赋形禀阳之液。围龙或屋后伸手部分居后居上，高昂为阳，是阳精生气之所在。三堂两横的标准五凤楼，后堂是胎头，中堂是心脏，下堂是命（肾）门，上、中、下三焦之气贯通无阻，两横为手脚肢节"。[①]

天地人之中的人，正是在土楼里实现了和天地阴阳的沟通。

第五节　赣南客家围屋的比较研究

赣南客家围屋的研究，无论是对其超体透视，还是人居文化的追寻；无论是历史与现实的命运，还是文化定位的衍化，都充分展现出中原文化与南方地域文化的融合。我们再具体比较赣南客家围屋与其他建筑形态的关系，各方面的特质就会进一步清晰。

---

① 林嘉书：《土楼与中国传统文化》，上海人民出版社1995年版。

（一）赣南客家围屋与当地其他非围屋客家民居比较

在赣南，除去围屋以外，最为流行的就是厅屋组合式民居。赣南客家人一般称堂为"厅"或"厅厦"，堂专指祠堂。称一栋房子为"屋"，一间房子为"房"。厅是房屋的中心，许多栋"正屋"和"横屋"连在一起便组合成了一幢大房子。这种民居实质上取法脱胎于古代中原庭院府第式民居。赣南客家民居以此为主流，各县都有，但以东北部的宁都、兴国、石城、于都等县为盛，也最具代表。

1. 平面

其最简单的组合单元是："四扇三间"也称"三间过"，即一明两暗的三间房。明间为厅，次间为室，厨房、家畜栏舍等一般傍房或另搭建。稍富有者一般是前后两栋，每栋三间或五间，之间隔一横向天井，并通过腋廊将前后两栋连在一起。两栋屋的明间便成了前厅（门厅）和后厅（上厅），前后厅也合称"正厅"。前厅次间为厢房，后厅次间为正房。这样便构成了一幢封闭式的由两个单元组合成的"正屋"，通称即"两堂式"。在此基础上，房屋需要扩大或本来规模就大的，便在正屋两侧扩建"横屋"，横屋的进深与正屋等齐或前部凸出两间，平面成倒"凹"字形。正屋与横屋间留一走衢，称"巷"或"塞口"，闽粤称"横坪"。走衢前后对开小门。巷中相应留竖向天井，以为采光排水。横屋各房间门均朝巷开。正屋从腋廊处开门通往巷。这样便以正屋的正厅为中轴线，加上两侧的巷和横屋，构成了一幢通称为"两堂两横"式房屋。这种民居还需扩建的话，便可在横屋外侧对称继续增加类似的巷和横屋，这可相应称"两堂四横，六横……"也可在正屋之前隔以天井、腋廊，再建一栋三间或五间式正屋，使原来的前栋和前厅变为中栋和中厅，所建的这栋称为前栋和前厅，同时再将两侧的巷和横屋向前推齐。这种由三栋正屋和两排横屋组成的房屋，便称"三堂两横"式。这是此类民居中最具代表性的形式。如前所述，若有必要，三堂两横式还可扩建为"三堂四横，六横……"笔者在调查中均闻有"九井十八厅"和"九厅十八井"这样的大房子，说法不一，但都从进深和面阔方面反映了其规模，是当地人建房追求的最高境界。一般两堂两横式以上的民居，屋前往往有因取土做砖而形成的水塘和禾坪，这水塘、禾坪既是居民洗涤、晾晒物件的场所，又自然成了其继续朝前发展的势力范围。总之，以两堂或三堂两横式房屋为基本单位组合，向前和向左右不断扩建，可直至数十百间，乃至一村即一姓一幢房屋。至今宁都、石城等县尚存百间大屋。

2. 立面

普通列式房，无非是青瓦土墙两层楼房。两堂式以上的民居，有青砖墙和生土墙两种，其中纯砖墙房较少，大多是局部的。如山墙或裙肩以下、门窗等部位用砖，余为生土粉墙。在每栋山墙上多砌有防火砖墙，是房屋外部形象重要装饰点之一。但最重要的外部装饰点，还是大门或门屋。其主要方法是用水磨方砖（也有的用青石或红石条）砌贴门面，上面精工细作繁复的线脚和精美的雕塑。形式简单的便在门额上做点方框枭混线或做点小装饰，复杂的则做仿木牌楼式样，常见的有二柱二楼和四柱三楼，高级的如宗祠大门或独立大门屋，往往作四柱五楼式样，仿木构件更加精工，并有抱鼓石。一般从大门装饰的精良奢华程度上，便能看出民居主人的权势或富有。

此外，赣南客家还兴行"门榜"风气。在那大门匾额上，大多书有昭示其姓氏家族的渊源郡望地或显示其高贵门第、先贤能人之后的题铭，也就是"堂号"、"堂联"。如张姓便书"清河世泽"、黄姓"江夏渊源"、孔姓"尼山流芳"、曾姓"三省传家"、刘姓"校书世第"，还有书"大夫第"、"司马第"等的标榜内容。

3. 结构与装修

赣南客家民居是土木混合结构和砖木混合结构并存，但土木结构是主流，砖木结构的民居一般限于富贵之家的住宅或祠庙建筑，如若使用砖房，便多为清水墙面。其中又以北部的砖房多于南部。土木结构，又可分为土砖（土坯）和夯土结构。其中夯土结构民居南部又多于北部。无论砖石墙还是生土墙皆承重。柱的使用不广，主要用于厅内，因这种民居的厅是敞厅（后厅无前檐墙，前厅无后檐墙），且一般不设楼层，一些空间大的正厅为了支撑挑檐和天花，便在减了檐墙的位置上设两根檐柱，有门廊的厅也是因减了檐墙，而增设廊柱。

按说赣南在古代也是盛产木材的，但木构件并不发达，跟赣北比用木节省，所用梁、檩、挑枋、桷子等，加工也粗简。装修上，少数富有人家住宅朝内（天井）的门、窗较考究些，窗棂、格心多为冰裂纹、灯笼框、方格条花心等。高级的也用雕花棂、绦环板上雕人物故事或吉祥的动植物，大多髹漆。朝外的窗较小，多为直棂窗，砖房的外窗往往是一狭长的"牖"，并常见一些预制的小石窗，窗棂有汉文、花格动植物等漏窗花式。天花板主要用于正厅上，一种自檐口平钉板条，一种为顺屋面坡斜钉板条，前者有的做藻井，并有彩画，很少是砌上明造式。在敞厅的前部或门廊上也常见轩顶做法。另外，正厅上很流行使用太师壁，壁上设神龛，壁前正中放神案。

（二）赣南客家围屋与闽西、粤北客家土楼比较

客家聚居建筑主要分布在闽西、闽南、粤东及赣南的五十多个区、县内。特别集中的区域有：闽西龙岩地区的永定、上杭、宁化、武平、龙岩，粤东梅州地区的梅县、大埔、蕉岭、五华、兴宁、平远、丰顺，闽南漳州地区的南靖、平和、诏安，赣南赣州的寻乌、安远、龙南、全南、定南等。即在北纬24.5°以南，北回归线以北，西至东经114°，东至东经118°的范围内，空间分布略呈三角形，东部与属闽越系的潮、汕、漳州地区略有渗透。这一地区属丘陵山地区域，各地方志都有"山多田少"、"地瘠民贫"之类的记载。客家文化地区的气候条件以温和湿润为主要特点。这一地区的气候普遍存在着潮湿的弊病，容易诱发疾病。

客家聚居建筑各种形态的分布具有极为明显的区域特征。从宏观上看，闽西、闽南建筑以多层为主，以土楼及五凤楼为代表。这种建筑风格逐渐向西渗透，至梅州地区的大埔等县区。梅州地区的中心枢纽梅县的建筑则以单层为主，以围龙屋及三堂屋为代表。这种建筑风格对北部赣州地区的寻乌、安远等县区亦产生影响。但赣州地区的大部分客家聚居建筑仍以多层为主，以土围子为代表。土围子的基本形态与福建土楼相同，只是在建筑称谓和局部特征上略有差别。概而言之，梅州地区为单层建筑，沿三省交界为多层建筑。多层建筑的分布呈较完整的半圆形，正好形成了对梅州地区的半围合状态。这种现象

的产生与各地区自然环境密切相关。

客家聚居建筑分布区域东部的多层建筑有土楼与五凤楼之分。土楼又有方、圆之别。方土楼与圆土楼分布状况相近，仅方土楼分布略向北方延伸一点，圆土楼分布区域向南有稍微渗透。通常情况下，在一个村落里，既可看到方土楼，也可看到圆土楼。五凤楼主要分布在永定县的高陂、坎市及湖雷三乡。五凤楼名源出《名义考》卷四："梁太祖即位，罗绍威取魏良材建五凤楼，周翰所谓去地百丈。在天半空，五凤翘翼者也。"客家民系所称五凤楼实际是指三堂二横式组合楼房。一般来讲，凡耕地较少、经济较差、交通不甚便利、历史上匪患械斗多发的区域，具有防御功能的土楼占明显优势。反之建筑的防御功能则逐步退化、演变成五凤楼形态。五凤楼亦称府第式，是民间习以相传的一种土楼建筑形式。五凤楼分布区域平川面积较大、耕地较多、交通便利，自古就是客家地区中盛产粮、烟、煤的聚宝盆，与一般"八山一水一分田"的贫瘠景象大不相同。

客家聚居建筑分布区域的中部以单层建筑为主，主要是在梅州大部分地区，并向西南的惠州地区、港澳地区及西部、北部大部分地区渗透。梅州地区属五岭山脉以南丘陵山地，地势北高南低，中有阴那山脉斜垣。全区大小盆地星罗棋布，总面积约2000平方公里。如兴宁盆地约350平方公里，梅城盆地约100平方公里。这些盆地的经济、交通及社会治安等条件相对于山区较稳定、优越。因此，防御性较弱的单层建筑在这里得到了普遍的发展。

客家聚居建筑分布区域的西部以多层建筑为主。主要分布在赣州地区南部的几个地区。如寻乌的中和、晨光、澄讲、留车；安远的镇岗、孔田、鹤子圩；龙南的杨村、武当、里仁、临江、马牯、东坑、南亨；定南的老城、月子、天花；全南的龙源坝、竹山等。这些地区即为"七山一水一分田，还有一分是道亭"的贫困山区。山地与丘陵多在海拔200—800米之间，面积占当地面积的80%以上。由于自然环境的影响，加之与粤北、闽西客家人千丝万缕的联系，及明末清初粤、闽客家人大批量地倒迁入赣，决定了这一地区多层建筑的基本形式。赣南地区的多层建筑俗称土围子，以方形为主，如龙南地区现统计的二百余座土围子均为方形。这种方形建筑与闽西方土楼的主要差别在于它们的四个角楼凸出屋面的现象更为普遍。

客家聚居建筑立面形式可分为三类：单层建筑、多层建筑及复合建筑。在这三种类型的立面形式中，单层建筑所表现的秩序最具感染力。通常情况下，单层建筑平面布局以二面围合或三面围合形式为主，处于核心位置的厅堂建筑自然成为建筑立面构图的中心，两侧居住用房配置左右，建筑造型丰富，构图严谨，节奏感强烈。与传统四合院建筑立面形式相比，它的特点在于：主入口位于建筑群体的主轴线上，建筑造型突出地表现了主要建筑的特征，建筑屋顶依主次高低错落，加强了立面的节奏感和韵律感，建筑外观直截了当地表达了主次尊卑秩序观念。

由于多层建筑不存在固有模式，加之防卫功能不允许外墙有许多的繁缛装饰，且汉民族不过分追求某一比例数值等多种原因，客家聚居多层建筑的立面多数都是处于"自由主义"状态，建筑外部造型无人工刻意雕凿的痕迹，浑如天然所成，人们常冠以"外观宏伟"、"气度超群"、"形神兼备"、"韵味无穷"及"雄伟"、"凝重"、"古朴"、"大方"、"极尽阳刚之美"等华丽的词藻。建筑立面的高度、宽度及形式主要取决于建筑平面布局及房间的数量。

下面具体谈谈粤北的围龙屋。

围龙屋造型以后面半圆形或马蹄形而成围屋，犹如巨龙盘桓，有的构成太极图形，故因其整体布局而得名。典型的围龙屋包括三大部分：即中央的堂横式合院，后面的半圆形围屋和前面的禾坪、水塘。

它主要的中央部分是横向的矩形。它又分两部分，一部分是正中轴线上前后一进两进院子，有正房和厢房，夹着一个或两个天井。正房正中有堂屋，所以称这为两堂式或三堂式。福建永安的围龙屋比较小，多为两堂，广东梅州一些20世纪初造的大型围龙屋，多为三堂。另一部分是核心左右两侧前后走向的"横屋"，面向堂屋，大多为居室，也有厨房。每侧一排横屋的称两横，每侧两排横屋的称四横，合起来叫"两堂两横"、"三堂四横"等，这是广东梅县的称呼。福建永安地区则将横屋称为"扶厝"（或为护厝）。

　　横屋与正屋之间有狭长的天井。跨过天井，在永安，两堂式的有三座"过水亭"，连系横屋与正屋。两座在横屋两端，一座在中间，通向上堂的前檐廊。上亭与中亭之间的上半截天井，左右分别称日井和月井，中亭与下亭之间的下半截天井，左右分别称龙井和虎井。不过上下半截天井并不隔绝，因为三座"过水亭"都是架空的，下雨时，天水和檐水落到天井，向前流出门外。过水亭像个廊桥，下面有木栅或石栅挡着，防外人从上亭和下亭之下钻进来。在梅州，因为排水都用暗沟，所以过水亭下不架空，成了一小段廊子，就叫"掩雨过道"。但还保存着"过水廊"这样的名称。

　　正房通常有三开间或五开间两种，以五开间居多，也有一些间数超过五间，如广东梅县寺前排、高田、塘肚三村，潘氏的老祖屋，正房竟有十一开间。中央一间为堂。两堂的，下房明间的门厅为下堂，上房的明间为上堂，又叫祖堂，是供奉建造这幢围龙屋的祖先的神牌和其他神祇的地方。随着围龙屋扩大，人口增多，这位祖先就成了家族的始迁祖。后代再如此另建围龙屋和形成新家族，老几代的就会升格成房派的祖屋。这间祖堂就会成为房派的分祠，不另建祠堂。老围龙屋仍然住人，叫作祖屋。这间祖堂是围龙屋的礼制中心，一个最神圣的空间。仪典时僧尼道士在此作道场。三堂的，祖堂仍在后进的上房。第二进正房的次间压窄而明间加宽，辟为三间通敞的中堂，是最开放空阔的生活空间，平日可待客，节庆时设祭摆宴等。堂的两侧，次间和梢间都是居室，分隔成前后间，叫堂屋间。天井两侧为厢房，有的厢房无前檐装修而全部敞开，就叫敞厢。在广东梅州，到近代有些已逐渐演进成精致的花厅。

　　梅县和永安两地大都是丘陵地带，"八山一水一分田"，为节约农田，围龙屋都贴山根而造，"坐实向虚"。它们主要的中央部分紧靠山脚，后面马蹄形的部分便造上了山坡，依循地势，围屋越往后越高，有些甚至很陡，如梅县寺前排村的景冈围。最高处是中轴线上的一间，叫"龙厅"。围屋马蹄形两端与左右横屋（扶厝）的后端相接。

　　围龙屋是大家族聚居的建筑，随着家族人口的增加，围龙屋可以逐渐扩大，扩大的方法便是添建横屋和围屋，一层又一层。所以围龙屋有一圈、两圈或三圈围屋的，甚至有的多到五圈。为了使院落宽敞，最近中央的两横不接围屋。于是常见的是三堂（或两堂）四横一围龙和三堂（或两堂）六横两围龙，等等。不过这种多圈的围龙屋要造在山脚平坦的地方，而且相互之间距离相当大，以便加圈。

围屋所环抱的院落叫"化胎"，它既不是平地也不是斜坡，而是一个饱满的球面。即使在比较平坦的地方，化胎仍是饱满的半球形。它和龙厅都有重要的"风水"意义。化胎与中央部分的上房后檐之间有一道沟。沟底是上房的散水，而化胎一侧的沟沿是一米多高的断坎。这道沟里的水向两侧分流，叫"小八分水"。

围龙屋的第三部分是它前面的禾坪和水塘。禾坪便在主屋门前，左右长度大致与主屋正面相等，前后宽度应与主屋前进屋脊高度相等。禾坪是晒谷用的，年节时是舞狮耍龙灯的场所，婚丧寿庆时可以设宴。禾坪前大多有水塘，半圆形的，直径长度相当于禾坪的长度。水塘有实用价值，可养鱼、可洗涤、可改善小气候、可防火灾。宋代袁采著的《袁氏世范·治家》中说："居室不可无邻家，虑有火烛无人救应。宅之四周如无溪流，当为池井，虑有火烛无水救应。"

此外，围墙左右或一侧设有"斗门"，位置及朝向由风水师按风水术确定。在福建永安，斗门前的地面上还做一个高于地面一二寸的半圆形的小台，称为龙舌，可将一切路过此门的财气收入宅内。龙舌前必有极细水沟一弯，自右向左流，是龙涎，也是象征性的"腰带水"。

梅州的围龙屋还有一个必不可少的部分是它后面围屋之外的封围树，都是高大的梓木和凤尾竹，梓和"子"谐音，凤尾和"封围"谐音。

围龙屋的建筑与赣南客家围屋相比，虽然有不少个性与特色，但在整体功能、文化观念方面，却惊人地一致，具有异曲同工之妙。

（三）客家围屋与其他类型民居的比较

1. 与四合院式民居的比较

中华大地的各类古建筑，绝大多数都是四合院型的。这种布局的渗透力极为强劲，从整体构架来说，道观庙宇也可视之为同一类型。而这当中，在民居类别，自然是以北京四合院为经典。下面就将其与赣南客家围屋作一比较。

北京四合院是外观成"回"字形建筑，四面以房墙包围，单门独户，自成一体，是自给自足的传统家庭生活观念在居制上的体现。四合院多为前后二院，前院窄长，是宅外通向后院的过渡之境，后院方阔，为住宅主体。大门开在前院外墙左角，称为"青龙门"，坎宅巽门，以为吉利。前院大门之右正对住宅中轴为"倒座"房，作客房，其旁边的一些配屋则为仆室和厨厕。这些房屋又被分割成前后院的一座中门及其墙体隔在内院之外，它是封建家庭生活中内外有别的立体写照。由前院过中门进入方阔的后院，中门所对正房即为堂，是全宅中心，地位最高，作为敬神祭祖、举行家庭礼仪、接待尊贵宾客之用。堂的左右接出耳房，居尊者长辈，耳房前有小角屋，常作书房；耳房后的长排"后照房"，作居室或杂屋之用。后院主体的一正（堂屋）两耳（左右耳房）布局，常被称为"纱帽翅"。这一称谓，正点明了作为家庭礼仪、祭祀、宣教、修读等精神文化生活的后院正房，以及作为尊长所住的左右耳房，如同人身之首脑，具有特殊重要的意义和尊严。后院东西厢为晚辈居室。正房、厢房朝向院子都有前廊，如用人之两手，从正房出发左右展开，把整个后院环抱起来，后院这种立体结构，也很鲜明地将长幼有序的家庭伦理观念在住房的安排中展示了出来。

相较而言，北京四合院与赣南客家围屋存在着许多相同因子。事实上，布局谨严的四合院展现出中华民族所固有的向心凝聚的精神，而这在赣南客家围屋那里得到了更为清晰的体现。同样与赣南客家围屋类似的院落的整体对外封闭，对内开敞的格局，往深处里挖掘则恰恰是中华文明两大思想源头的另类展示：一方面，自给自足的封建家庭需要保持与外部世界的某种隔绝，以避免自然和社会的不测，常保日常生活与心灵的宁静与私密，这恰是儒家文化心理的反映；另一方面，根源于农业生产方式的一种深刻心态，又使得华夏儿女特别乐于亲近自然，愿意在家中时时看到天、地、花草与树木，这不正是老庄常念叨的吗。

除此以外，在注重伦理次序与风水堪舆上，二者亦有不少相似之处。北京四合院将最为显亮、最大之正房称堂，供奉"天地君亲师"牌位，举行家庭礼仪，接待尊贵宾客。同样，赣南客家围屋将中心地带最为显亮之处作为祖堂，为逢年过节举行祭祀家祖大礼之地。至于"风水"之说，可说是中国建筑都脱免不了的，二者亦是相同此理，单从大门上即可窥其端倪。北京四合院大门开在前院外墙左角，坎宅巽门，称为"青龙门"，全南县白云围为讲风水，甚至一反常规于两侧墙各开一斜门，称之曰："一山两线"，"风水"之于二者可见一斑。

二者比较，除去以上所讲的相同之处外，亦有不少差异，也由此折射出两者虽同处中华，却因地分南北，而文化亦有相别之处。大的方面讲，则有以下几点：

其一，建筑形制上。北京四合院皆为独门独院，四周围墙围而不高，院落大而方阔。相形之下，赣南客家围屋却是聚族而居，外层围墙坚固而高耸且不开窗户只有枪眼，院落相对人口而言小而精致。一方面，这种差异的造成是由于南北日照时间的不同；另一方面，危机感的程度不同则是产生这种差异的根本。

其二，文化心理上。北京四合院"家"的色彩浓厚，等级尊卑观念反映明显，而赣南客家围屋则"族"的性质突出，尊卑等级心理不彰显。北京四合院前院后院、正房厢房之分在实用层面上打上了中国封建社会、父权统治、男尊女卑、主仆有别的家庭伦理秩序。而赣南客家围屋除祖堂之外同一形制、同一大小的房间分配则让围屋中"和"的氛围得以了加强。

当然，二者可比之处甚多，其他诸如门窗雕饰、础柱艺术、建筑艺术等，此处则不再赘述。

2. 与汉魏坞堡、欧洲中世纪城堡的比较

赣南客家围屋除了与不同地区的围屋有共性，还与中原地区的坞堡制度有渊源关系。黎虎先生曾极有见地地指出："汉族民系之一客家的民居，具有两个基本特征：其社会特征是宗族共同体聚居，其建筑特征是坞堡式大屋。前者渊源于汉魏晋南北朝中原宗族共同体聚居制度和坞堡宗族聚居方式，后者渊源于汉魏晋南北朝中原大宅与坞堡建筑。中原地区这两种居处制度与南迁后的生存、发展需要相结合，从而形成了具有客家民系特色的住宅和居处方式。"①

但是，我们是否还能够提供另一种思路和视角。因为当年中原汉人因"永嘉之乱"、"安史之变"、"靖康之难"，被迫南迁，本是无目的性的，宋元时成为客家始民的那部分人，也是经过数十百年以上的沿途盘桓、波浪式从黄河流域，向淮河流域、长江流域逐渐推移，首先来到赣南、闽西的北部县份的。可是，在这些县地，以及中原南迁沿途民居中，却不见或流行过围屋民居，反而在赣南紧连粤东北的南部数县率先出现并流行围屋，按说这些地方若早有因袭，保存一些清以前的围屋是完全可能的。据大量出土的坞堡来看，大多是在围墙内独立设一或两座高耸的炮楼，而像四角设炮楼形似围屋者，实仅见广州汉墓一例。且就平面看，与围屋也存较大差异，坞堡的围墙，是单体独立的围护墙，而围屋则既是围护墙，又是各房间的承重外檐墙。尤其像广州汉墓出土的那种坞堡式围屋，在赣南是清嘉庆年间以后才出现并盛行的。因此，赣南围屋的源本，只能就近就地，往上和往周围寻找，而无须跨越数千里、上千年的大时空去舍近求远。

在此亦把赣南客家围屋与汉魏时期的坞堡作一比较。相比较之下，两者具有许多共性。其中最为突出的就是均有坚固、周密的防御设施和功能，规模都非常巨大。

《说文解字》："陽（坞），小障也。一曰庳城也。"《资治通鉴》胡三省注曰："城之小者曰坞。天下兵争，聚众筑坞以自守。"可见这是一种具有防御性设施的城堡式建筑。坞堡既然是在战乱、流离之中兴起，故其建筑之时首先就考虑到它的防御设施。西晋八王之乱时，庾衮在禹山立坞，"于是峻险阨，杜蹊径，修壁坞，树藩障……缮完器备"（《孝友·庾衮传》）。表明坞堡除选择险要地址外，还要有相应的防卫性建筑和设施。考古发掘所见坞堡建筑形制，如嘉峪关

---

① 黎虎：《汉魏晋北朝中原大宅、坞堡与客家民居》，《文史哲》2002 年第 3 期。

魏晋墓出土了七幅"坞"的画像砖，"'坞'的四周都画有高墙厚壁，有的在'坞'内还有高层碉楼，有的坞壁上设有望楼或敌楼"。俨然一座小城堡，是为当时北方坞堡建筑的外观。文献所见，如董卓在关中所建的郿坞，"高厚七丈，号曰'万岁坞'"。（《三国志·董卓传》)，或谓其坞"高与长安城垺"（《三国志·董卓传》)。公孙瓒在易京所筑，也是一种坞堡。它们都有坚固的围墙和高大的碉楼，显示了其聚众自保的特征。坞堡的规模，各个时代和各个地区不尽相同。据历代资料推算，一个坞堡的人数从一千多人到数万人之间都有，而以三四百户，二千人左右者较多。

坞堡具有良好的防御功能。东汉末年"时汝南葛陂贼万余人攻（许）褚壁"，许褚率众御敌。"贼不敢进"（《魏志·许褚传》)。常林，河内温人，"依故河间太守陈延壁"，遭到军阀张杨的进攻，常林为之策谋拒敌，"见围六十余日，卒全堡壁"（《魏志·常林传》)。可见这些坞堡防御功能之完善和可靠。

而赣南客家围屋外墙的坚固（燕翼围厚达 1.5 米）、良好的防御性能、体形的巨大亦是同出一辙。赣南客家围屋外形构堡筑垒，围屋外墙厚一般为 1 米左右，高二至三层，四角构筑有朝外和往上凸出的碉堡。碉堡的形式多种多样。为了消灭死角，有的在碉堡上转角悬挑一单体小碉堡。围屋顶层设置一排排参差的枪眼炮孔。

赣南客家围屋有一突出之处就是精构重门。门，是围屋防卫的重点所在。首先，门墙特别加厚，门框皆用整石制成，厚实的板门上包钉铁皮。板门后大多还没有一道闸门，闸门之后还有一重便门，真可谓水泄不通。为防火攻，门顶上还备有水漏。除少数大围外，一般只设一孔门。

除此之外，赣南客家围屋还设计夹墙御敌。围屋顶层是作战备用房，一般都不堆放杂物，并取外墙内侧 2/3 的墙体，作环形夹墙走廊（因墙体至此高度没有必要那么厚了），俗称"外走马"（围内中间楼层的环形吊脚通廊称为"内走马"），使整个顶楼间贯通一气，以利战时调兵遣将，方便作战。

另外，赣南客家围屋还在围内囤粮掘井，水和粮草是防卫者必备的物质条件。因此，围屋内均掘有水井。许多围屋还辟有专门存放粮草的贮藏间。

如位于龙南县城东约 15 公里处的关西圩旁边的关西新围，占地面积 26980 平方米。新围平面为"国"字形，呈长方形，长边 94.75 米，短边 83.36 米，为三层土木结构，每层围屋共 79 间。二层有悬挑外廊，三层为不设挑廊的楼阁，底层为三合土夹卵石夯筑外墙，厚 90 厘米，二层外墙为带内壁柱厚 50 厘米的筑墙，三层用 35 厘米的厚青砖砌成。各层均布置火炮眼，屋顶为硬山搁檩小青瓦两坡顶。炮角楼为两层的歇山式屋顶。再如江西省安远县镇岗乡的尊三围，在土地革命时期曾是镇岗乡苏维埃政府所在地，1933 年陈济棠部 44 师围剿尊三围，每天出动飞机十余架次，对尊三围狂轰滥炸，并用大炮机枪等轰击，长达 40 余天，因围内弹尽粮绝才被攻破。赣南客家围屋的坚固性与防御性由此可见一斑。

3. 赣南客家围屋与流坑、婺源民居的比较

江西传统民居呈现出丰富性、多样性，其中有代表性的，除了赣南客家围屋，还有赣北地区明清天井式民居，婺源地区的徽派建筑，赣中东部的家族村落住房，赣江之西的天井民居和砖木混合结构民居，赣南地区东北部的厅屋组合式民居。这些民居样式，都有其传统与特色。在此，将赣南客家围屋与赣东区系的流坑民居及婺源区系的民居作一比较，发现其异同之处，并分析其深层原因。

乐安县地处赣中南丘陵的北段，境内低山、丘陵、岗地和小型的盆地交错分布，而流坑村就地处县城西南 38 公里的金鼓峰下。金鼓峰海拔不高，在于山山脉的西北麓。于山也是发脉于赣南，蜿蜒至此，于乐安西南境跌而复起，形成几个群山环抱的小盆地，流坑村所在即为其一。这里四周远山围立，近则有乌江（又称牛田河）之水绕村而过。村子就座落在这东南北三面环水、西侧一面依山的"半岛"之上，当地人形象地将其称为"活水排形"。

赣东区系民居群体的主要特征是：（1）古村落有悠久古老的历史和高度发达的文化，是宋明以来宗法制度维系的，以儒学道家教化的大家族聚居群体的典型。（2）十分重视人与自然的高度和谐，从选址到

整个族村的建立及环境的整治，充分体现"天人合一"的传统文化思想。（3）村落总体布局，自明中叶就有规划思想。街道码头、祠堂庙宇、住宅、村门、风水林、排水沟等，都布置得很合理。（4）民居建筑数量多，类型齐全，规模较大，有显著的江西（赣）民居特色。（5）平面功能明确，构架合理，布局严谨，选料精良，装饰素雅，简朴实用。（6）建筑多为砖木结构的一层半式楼房或者明间单层、次层设楼层，或者下堂单层、上堂设楼层。一般有天井，但许多建筑将天井缩小，有的甚至将天井取消。（7）祠堂多、分布广、功能全，设立文馆书院，重视文化教育，有点"重儒轻商"。家藏文物遍布民居之中。

婺源原属古徽州六县之一。1934 年，国民政府将婺源县从安徽省划归江西省管理，1947 年又划回去，1949 年 4 月婺源县再次划归江西至今。可见，婺源县自 1934 年以前，它实际上一直是安徽省所辖，我们要探讨的江西民居群体的区系研究也应当注意到从这个历史时段的角度来讨论。婺源县既然有这种行政区划建置的特殊性，那么它保留至今众多的著名的明清古代民居建筑群实际上属于皖南徽派民居，其特点也是对徽派民居的补充。可以把婺源视为皖南徽派民居对江西民居群体产生重要影响的桥头堡，也可以把婺源视为江西民居对皖南徽派民居进行辐射影响的第一站。总之，随着文化的交融、建筑形式也在跨区域慢慢地过渡与变化，这是跨越单纯的时间和空间概念的，不可拘泥于地头归谁管的问题。本章论述的重点意在江西（赣）民居群体的区系研究，为将婺源民居的特点和区系归属清晰归纳，所以将婺源单独划成一个区系去探讨。

婺源区系民居的群体的主要特征是：（1）立面：大门楼大多是石库门坊，水磨青砖门面。门罩翘角飞檐，门面似一个"商"字，有经商兴旺之意。马头形风火墙高高耸立。（2）平面：立体建筑分前堂、后堂两部分，厨房等附属设施多置于屋侧，也有作为第三进的。有的在屋侧置学馆，前后堂都有大大方方的天井，用来通风、采光、排水。屋内四面的雨水通过横、直的陶瓷笕从高向低流入门堂。门堂设计成"古铜锁"形，以锁住门堂内的肥水——财气，意思是"四水归堂"，使肥水不外流。（3）房间功能：堂前两侧的房间分正房、厢房共六个房间（有的有八间），楼上亦同。楼上、楼下一共12个房间。房间面积、每间约10—12平方米。东边正房通常住尊长，闺女住楼上。（4）装饰：堂前上方大梁及门窗都有木雕，采用平、浮、透雕手法，雕刻题材丰富，表达各种寓意，或描绘日常生活、风俗习惯。（5）陈设：气氛清新、宽敞明亮。正前方是一张讲究的八仙桌，桌边摆有两把太师椅，椅后靠壁是长条形的香火桌。桌上中间摆设一座时钟，东瓶西镜，谐音"平静"。钟声瓶镜，祝福家中男人在外经商终生平静。堂前正中板壁挂有中堂（春节时挂祖先画像）和对联，两侧板壁张挂婚庆寿诞的贺联或字幅。

如果我们把三者放在一起，就可以明显发现其风格与地域文化的差异了。

总之，通过乡土建筑了解乡土中国进而了解整个中国，这是乡土建筑不可替代的认识价值。认识历史、认识社会、认识文化、认识生活，进而认识中国农民直至整个中华民族，这也是乡土建筑不可替代的文化价值。乡土建筑还有其审美欣赏价值、使用价值、情感价值，还有为当今的建筑创作提供智慧的价值。而研究赣南客家围屋，同样是了解客家和客家人的重要环节，了解从历史走向今天的活态化石。

第十二章　鄱阳湖区域民俗与
当代江西发展

　　作为人类异彩纷呈、各种形态的文化事项的重要方面，民俗是人类各集团的共同生活具有普遍性的重要社会现象，是人类物质文化和精神文化的主要载体，是与芸芸众生血脉相连的活生生的客观存在，它的触角伸向人类社会生活的各个领域。鄱阳湖区域民俗是江西乃至中华民俗文化的一个组成部分，是其中不可或缺的一个重要环节，虽经历史岁月的冲击，却依然保持着旺盛的生命力，依然可以在促进当代江西的文化发展方面发挥积极的作用。

第一节　鄱阳湖区域是江西民俗的发祥地

　　中国民俗文化圈一般分为七大板块：东北、西北、黄河流域、长江流域、青藏、云贵、闽台。而江西，则属于长江民俗文化圈。作为中华民族文化发祥地之一的长江流域，其民俗文化圈呈现出浪漫、温情、灵活、凝重等诸多因素的混合。而处于长江中游的江西，素为著名的"鱼米之乡"和资源大省，更多地以沉缓、凝重、匀速和民风质朴为基调。

　　江西民俗还具有开放性和兼容性，历史上曾经相当长时期占据主导地位的中原文化、长江流域的巴蜀文化、湘楚文化、徽州文化、吴越文化，以及江西周边的其他文化，如闽文化、粤文化等，都与江西民俗互相影响和渗透，使赣风俗向综合性多元化习尚演变。而在两千多年里，无论秦代向南方的大移民，还是汉代的开拓南疆，以及魏晋南北朝的民族大迁徙，宋元与明清时期的客家大移民，甚至20世纪六七十年代大批浙江人迁移到江西定居，都进一步将其他民俗圈有生命力的民俗事象带入并扎根在这块红土地上。但是，作为土生土长的民俗，作为江西的本根文化，其基地还是鄱阳湖区域的民俗。

考古学资料和历史文献表明：鄱阳湖地区是江西民俗文化的发祥地。乐平县涌山洞穴、安义县龙津镇樟灵岗、凤凰山、上徐村等地的旧石器时代遗址向世人展示，在四五万年前的史前时期，江西就已有了自己的早期居民，并萌发了最初的生产和生活民俗。他们主要寄居于洞穴之中，依靠着自制的低级原始工具，以渔猎和采集为生。到了新石器时代，社会有了初步发展。从万年仙人洞、分宜严嵩洞、永丰伊宗坪、修水山背跑马岭和杨家坪，到樟树筑卫城、樊城堆、九江神墩等新石器文化遗址中，不难看出江西先民们正较为普遍地建筑起房屋，过上了定居生活。复合型农业劳动工具的适用，证明劳动水平大大提高，并正由渔猎生活逐渐转入以农事为主的生活当中。同时，手工业也有所发展，不少出土陶器刻画下的文字符号，证明文学艺术开始萌芽。当历史前进到夏商周时期，生活在江西地区的土著居民是"越族"体系当中的干越、扬越两支。当时，社会生产力大大增强，江西民俗也开始成型。吴城遗址（1973年）、新干中陵遗址（1976年）、瑞昌铜岭遗址（1988年）、新干大洋洲遗址（1989年）的相继发掘，出土的大量青铜农具、兵器、礼具、杂器，表明已拥有开采利用铜矿的能力，同时掌握了当时算是相当复杂的整套青铜冶炼技术和青铜器铸造技术，造就了江西本土灿烂的青铜文化。由于青铜农具的使用，农业生产效率大大提高，水稻种植成为农业生产的主要部分。在九江神墩遗址就发现过被烧焦的稻谷壳，而樟树吴城遗址更是发现100多把用来收割稻穗的陶刀。由此可知，江西早期居民很早就成功进行水稻的栽培种植，为江西成为农业大省打下基础。

从春秋时期到秦汉时期，铁器已得到广泛运用，当时农耕水平达到铁犁牛耕的阶段。20世纪60年代在修水县发掘的长窝岭汉墓就发现19件铁制农具陪葬品，标志着江西社会生产力的提高。在新干县发现的两座大型战国粮仓遗址，表明由自给自足的粮食生产，已转向商品粮集中转运基地的建造。而在汉代，余干、鄱阳已成为重要的产粮区，东汉安帝时还多次点调豫章郡的租米赈济其他地方的饥民。战国及其后一段时期里，陶瓷器物、竹编和纺织品是江西手工业的发展主流。其中陶瓷器的数量比较多，竹编篾丝，技法高明。纺织品已有了绢、麻布、苎布和印花织物等种类，表现出娴熟的技艺。汉代江西鄱阳湖、赣江流域航道的开通，也带动了江西造船业的发展。《三国志·吴书·吕蒙传》中就记载着吴国大将吕蒙在豫章造船攻击荆州关羽的事情。新的资源——煤在这时得到利用，《后汉书·郡国志》中称建成（即今江西高安）人用它来煮饭，这是目前我国最早的关于用煤的记载。

依据民俗学史的研究，秦汉时期，中国各地的民俗都已较为完备，隋唐之后则是进入丰富、发展和嬗变。江西民俗的运行轨迹，也大体是和其他地区相一致的。而且，如上所述，江西民俗的萌芽与完备时期，各种民俗事象大多首先在鄱阳湖地区出现，然后在全省传播和进一步扩大影响。至于赣南地区，则更多的是受移民文化的影响，以至于现在反而是客家文化的特色和影响力，远远超过原有的本地民俗，甚至有的事象早已湮没无闻，或者失掉了原生态的特色。而唯有鄱阳湖地区的民俗文化，不仅在历史上放射出夺目的光彩，时至今日，同样以朴质的本色表现出顽强的生命力与强大的影响力。

第二节　鄱阳湖区域民俗的丰富与和美

鄱阳湖区域的民俗事象，极为丰富，江西历代县志中有许多记载。例如："鄱阳之渔，浮梁之陶，余干之沃，物产丰饶。""民俗朴陋，贫苦而勤谨，士多自爱。""专崇质朴，不尚浮华。""皆名尚气节，畏清议。""兴之士习，性情敦朴，其人才亦多秀美而文。""兴之民风，安土重迁，纤啬自爱。"可以说，平等、正义、友爱、重信、勤俭、诚实、明智、无私等精神，讲究礼仪、尊老爱幼、谦逊好学，公平交易、助人为乐等一系列良风淳俗，占据着鄱阳湖地区民俗的主导地位。经过梳理，鄱阳湖区域民俗事象，大体有十二个方面：

1. 生产民俗。包括：农业生产及其民俗、农业祭祀习俗；狩猎生产及其民俗，林业习俗风俗；畜牧业生产及其民俗；渔业生产及其民俗；农事、节气谚语，生产谚语，农事节日与祭祀习俗。

2. 商贸民俗。例如：江右商邦的形成及其习俗；樟树药市的形成与发展，樟树药帮的形成与习俗；景德镇瓷业的兴旺，官窑与民窑中的信仰、制瓷、交易、帮会习俗；婺源茶商的兴起及其信仰、经营习俗。

3. 居住民俗。包括：民居的样式、类型和特点，住宅的结构与建造仪式，住宅的信仰与禁忌（择地禁忌、建房禁忌、迁居禁忌）。

4. 服饰民俗。例如：服饰民俗的特点和历史沿革，服饰的用料和制作，服饰的样式和功用，发饰、容妆、装饰，服饰禁忌（颜色禁忌、款式禁忌、其他服饰禁忌）。

5. 饮食民俗。例如：各种主、副食的制作和食用，名优特色食品及其制作，岁时食俗、饮宴及饮宴礼仪、茶、酒等饮料的采集制作及饮用礼节，饮食的信仰与禁忌。

6. 宗族民俗。包括：家族的构成，宗姓观念，等级辈分，族谱、族籍、宗祠，亲属称谓，家规家法，家神家祭。

7. 村落风俗。例如：村址选择，村落组织，村公共设施，村规民约，村落风习、信仰和禁忌。

8. 岁时节日民俗。例如：岁时节日民俗的形成和发展，重大节日民俗，独特的节日活动，节日祭祀与节日传说。

9. 人生礼仪。例如：诞生礼，成年礼和寿庆礼，婚姻礼仪，丧葬礼仪，人生礼仪的信仰与禁忌。

10. 民间职业组织。例如：行帮，会馆，堂会，瓷帮，药帮及其他行业的行业崇拜，瓷帮、药帮及其他行业的行业规范与禁忌。

11. 民间信仰。例如：佛教、道教、伊斯兰教、天主教、基督教、会道门，民间信仰诸神，巫术与禁忌。

12. 民间艺术。包括：民间工艺，民间美术，民间歌曲与戏剧，民间文学，曲艺、游艺与杂技等。

这林林总总的民俗事象，在笔者主编的《江西民俗》一书都有详细的介绍。[①] 鄱阳湖地区的民俗，既有共同的特质，又有其个性和特

---

① 余悦主编：《江西民俗》，甘肃人民出版社 2004 年版。

色。《江西通志》曾经记载："豫章之俗，颇同吴中。""鄱阳、九江、临川、南康、宜春、其俗又颇同豫章。""饶州称为裕阜，广倍传道，下邑殷盛。"在鄱阳湖地区绚丽多彩的民俗事象中，又形成了在全国有影响的"五大民俗区"，有的甚至辐射到世界。

一是，民间信仰区。以南昌、庐山、龙虎山为核心。南昌，是以许真君崇拜和万寿宫进香会为代表。对许真君的崇拜，起于晋，兴于唐，盛于宋，历一千五六百年而不衰。供奉许真君的，最大影响的是南昌万寿宫和西山万寿宫，而全国历史上曾出现过数百座万寿宫。旧时每年农历八月初一，南昌、新建附近十多个县的善男信女，自发组织"万寿宫进香会"，又称"朝仙会""敬香会"，现正发展成大规模的西山庙会。庐山是宗教名山，佛道和伊斯兰教等众多宗教都留下胜迹，但最有影响的还是佛教。东晋高僧慧远居庐山三十余年，他是佛教传入中国后的第一位杰出的佛学理论家。自唐以后，江西是慧能南宗门下与广东曹溪、湖南衡山并列的三大传宗基地，禅宗的诸多宗派都直接或间接地滋生和繁衍于此。龙虎山是现存的道教两大派别之一的正一道的源头。古典名著《水浒传》，就是从打开龙虎山伏魔之殿开始的。自魏晋南北朝至清朝，江西道教高道辈出，教派迭出。

二是，稻禾民俗区。鄱阳湖平原是全省粮食和经济作物的重要产区，距今八千至一万年前，江西先民就开始在这富饶的土地上进行稻禾耕作。在江西鄱阳、修水、奉新、高安、南昌、清江、临川等地都发现了一万年以前的新石器时代到商周时期的文化遗址。在这些遗址中，发现了水稻的痕迹和收割工具及渔猎活动。特别是 1993 年和 1995 年，中美学者对万年仙人洞和吊桶环遗址采集的野生稻标本进行检验表明，那里发现的野生稻标本是目前世界上最早的水稻植硅标本。鄱阳湖地区的稻禾民俗，广泛涉及稻禾文化的生产习俗，稻禾耕作中的信仰习俗，有关稻禾俗神信仰的祭祀习俗，稻禾文化中的稻米习俗，以及农耕和节气禁忌。

三是，鄱阳湖渔俗。据历史考证，早在夏商时期，鄱阳湖边就留有先人的足迹，他们过着半渔半农的生活。到了汉代，鄱阳湖区域的人们过着"饭稻羹鱼"的生活。后来，随着渔业与农业的分工，形成了专业渔民，唐宋时期就使渔业生产有相当的规模，以至前人用"渔舟唱晚，响穷彭蠡之滨"的句子来描绘鄱阳湖渔业盛况。鄱阳湖鱼类资源丰富，有122种，分隶于21科。渔民在长期的实践中，创造和传承着许多古风遗俗，包括传统渔业生产习俗，渔民的民俗信仰，以及渔民的禁忌习俗。

四是，景德镇瓷俗。景德镇是世界闻名的千年瓷都。《浮梁县志》载："新平冶陶，始于汉世。"景德镇从汉代至今，制造陶瓷已有二千年的历史。在漫长的陶瓷史上，景德镇陶瓷工人、陶瓷商人在陶瓷生产和陶瓷交易上，形成了独一无二的景德镇瓷俗。在瓷俗中，陶瓷生产和交易的各种行帮，五花八门的行规，形形色色的会馆，以及各种行业神崇拜，最具地域色彩。

五是，樟树药俗。樟树镇是江西四大古镇之一，以传统的药材交易市场和精湛的药材炮制技术闻名全国，被称为"江南药都。"三国时，葛玄在樟树阁皂山采药炼丹，为樟树药业肇源，距今已有1700多年的历史。其间，经过葛洪、孙县逊、欧阳明性等医学家的努力，樟树药材交易经历药摊、药店、药码头和江南药都四个发展阶段，樟树中药声誉日高，有"药不到樟树不齐，药不过樟树不灵"之说。精湛的药材加工，独特的药业经营，形成了别具一格的樟树药俗。

除了上述"五大民俗区"外，鄱阳湖地区的茶俗、灯彩、傩文化，也都各具特色，就不一一介绍了。鄱阳湖地区民俗事象的特色，具有封闭性与多样性的融合，开放性与兼容性的融合，稳定性与变革性的融合，而在与生态文化的关系来看，大体有三方面的特征：

一是，鄱阳湖民俗与自然生态的和融。鄱阳湖盆地是一个四周丘陵起伏，中间地势低陷的典型盆地，全省多个高低不平的山头，还另外形成了若干或大或小的盆地、平原，要连接各地的陆上交通，在科技不发达的岁月，存在着极大的困难和不少的险阻。这就使鄱阳湖地区的民俗，既洋洋大观，又独具特质；既有同一性，又具多样性。自然环境影响着民俗的生存，而民俗又适应着生态环境的需要。

二是，鄱阳湖民俗与人文生态的契合。在这方面，鄱阳湖的"五大民俗区"展现得最为鲜明。例如：旧时景德镇有大小行帮约400多个，掌握经济命脉的主要有都帮、杂帮和徽帮三大帮系。这是由当时瓷业从业人员的构成所左右的。而樟树的药帮，由于其人文生态的差异，更多的是走向全国进行经营，所以，在当地虽有"樟树帮"或"临丰帮""临江帮"，在省外却称"江西帮"。因此，"樟树药帮"实际上并不限于"樟树人"，而是包括江西临江府 5 个县的药商。

三是，对自然的敬畏。在科学不发达的岁月，鄱阳湖地区的人们在自然灾害面前表现出敬畏之心。即使在生产过程之中，对于本行业的发展也有良好的期盼。所以，也就有了各种各样的神灵与先人崇拜。许真君信仰，实质上是水神崇拜，是对治水英雄的敬仰。而渔业、瓷业、药业各种行业神崇拜，更多的是对人与自然和谐、和美、和平、和乐的良好愿望。这种美好的追求，成为鄱阳湖民俗文化的主流。

第三节　鄱阳湖区域民俗在当代江西的作用

进入 21 世纪以来，鄱阳湖地区正在发生快速而又深刻的变化。随着城市化进程的加快，随着鄱阳湖自身的变化（如湖区面积的变化，原有自然生态环境的改观），随着即使是边远落后地区的资讯更为发达，鄱阳湖地区的民俗也在不断地发生我们不愿看到，又不得不正视的种种情况：民俗的复杂性、变异性、趋新性、商业性、游乐性。特别是近些年来，民俗变异的速度加快甚至泛化，伪民俗的出现并影响着真民俗，商业价值的强化使民俗丧失着原有的本真。面对这些状态，对于鄱阳湖地区的民俗，我们存在双重任务：保护与利用。所谓"保护"，是使原有的良俗得以继承，是使具有历史价值、认识价值和文化价值的民俗得以保持"原真性"。所谓"利用"，是使鄱阳湖地区民俗在江西和中国文化建设中发挥"良性效应"。为此，特提出做好鄱阳湖地区民俗文化的"十篇文章"。

1. 做好调查摸底文章

鄱阳湖地区民俗已有丰富的历史文献，又有现代和当代专家学者的研究成果，还有改革开放后编撰中国民间文艺十大集成和志书的大量成果。但是，近20多年来，社会的高速变化给传统民俗带来巨大的冲击与影响。因此，我们要对于已有的民俗资料进行收集，对于现存的民俗事项进行"抢救性"挖掘。重点是对过去已有和尚未记载的事项，利用现代更为科学和便捷的方式存留。因过去大多只有文字、少数有照片，而现在，还可以有录音、录像，并对相关的生态环境与人文环境进行"实景有录"，还可以搜集相关的实物。从而，使鄱阳湖地区民俗能够全面、系统、原真地录存，保留更为完备的历史信息。

2. 做好名录申报文章

非物质文化遗产保护工作，现在成为国家文化建设的一项重要工作，也成为国际上关注的一项大事。2007年和2008年，国务院已两次公布国家级非物质文化遗产名录，鄱阳湖地区也有一批民俗事项进入名录。因此，我们对这项工作要常抓不懈。对于已进入国家级名录的，要继续做好保护工作。对于目前没进入名录的，要积极做好资料和申报工作，使更多事项成为国家级名录。一时不能进入的，也要争取进入省级名录，并继续做好后续工作。

3. 做好传承人保护文章

民俗文化要得以传承，一方面，是"活保"，就是让民俗继续在大众的日常生活中发挥作用，成为民众生活与生命的血肉组成部分。另一方面，有些技艺特别强的事项，如民间文学艺术等，真正精于此道是少数传承人。在国家目前公布的非物质文化遗产传承人中，江西省人员较少。为此，我们需要继续发现传承人，努力帮助他们进行总结，尽可能多地留下便于传承的"活文献"，还要创造条件让他们乐于传承，也有适合条件的人员愿意学习。

4. 做好民俗进课堂的文章

在江西省，目前民俗课程进高校讲座的学校较少，而专门的硕士研究生点只有一个。让鄱阳湖地区民俗进入更多的高校课堂，首先是增加师资，其次是成为选修课甚至必修课，再次是为大学学生到民间调查民俗创造条件。同时，在江西省中小学作为乡土教材进行民俗内容的开发，同时作为兴趣性小组活动或课程进行教学，让孩子们从小受到民俗教育。

5. 做好建立专题博物馆的文章

在日本和韩国，除了综合性的民俗博物馆外，还有大量的专题性民俗博物馆。在我国发达地区，越来越多的专题博物馆也应运而生。这类博物馆，由于集中某一专题，可以根据资金投入、规模大小、较快地在某一领域显现成效。例如：浙江的麻将博物馆、靴履博物馆，以及筷子博物馆、珠算博物馆、性文化博物馆等，莫不如此。因此，我们要从政策层面鼓励和支持由个人或企业创办专题民俗博物馆，让个人收藏服务于社会和大众。

6. 做好在省会建设大型民俗博物馆的文章

南昌市作为省会城市，作为有世界影响的"动感都会"，目前已有的文化设施远未达到追求的目标。现在的南昌市民俗博物馆，场地分散，规模太小，目前，分设在贺龙指挥部和绳金塔公园，无法完成综合性的民俗展示要求。因此，我们要结合南昌市城市化的要求，结合红谷滩新区的建设，结合原计划文化建设用地的状况，选择合适的地方进行"江西民俗文化博览院"建设。红谷滩原已在卧龙山举行"傩文化园"和"汉字文化园"的奠基仪式。建议以此为基础，规划、设计和创设"江西民俗文化博览院"。

7. 做好民俗旅游的文章

江西省是最早关注民俗旅游的省份之一。1995 年，江西省社会科学院所属的江西省中国民俗文化研究中心举办了"民俗文化与民俗旅游国际学术研讨会"；在全国引起轰动效应。鄱阳湖地区的宗教民俗旅游、景德镇瓷俗旅游，都是有全国甚至世界影响的。但是，目前原有的民俗旅游需要深度开发，新的民俗旅游也需要发掘。因此，要以鄱阳湖地区的"五大民俗区"和鄱阳湖为基地，进行民俗旅游的创新、创意开发，进一步推出江西民俗旅游热线。

8. 做好加强民俗产品创意开发的文章

民俗产品的创意开发，是民俗产业的组成部分，又是创意产业的组成部分。这方面的开发，要以民俗为基因，以创意为灵魂，既运用好民俗的精髓，又体现出创意的新颖。现正在中国挣取大把金钱的

《功夫熊猫》，功夫是中国的文化，熊猫是生态的天成，两者通过艺术的表现达到了产业的极大效益。德安"义门陈"、新建"汪山土库"，现在正在筹备影视，都是很好的设想。在民俗产品创意开发方面，一要抓住影视和网络产品，二要抓住旅游产品，还要抓住生活用品，进行全面的市场开发。

9. 做好利用新休假制度过好传统节日的文章

2008 年以来实行的新休假制度，除了原有的春节外，清明、端午、中秋节传统节日都成为国家法定假日。春节形成的"黄金周"，其他三大节日形成的"小长假"，成为新的休假亮点。我们要抓住这一契机，充分开发利用鄱阳湖地区这四大节日的民俗活动、民俗食品，让民众过好更有意义的传统节日，也让更多的游客来参与鄱阳湖地区的民间节庆活动。

10. 做好鄱阳湖地区民俗传播的文章

鄱阳湖地区的民俗，虽然有全国影响的事项，甚至国际性的品牌，并且已经做了大量卓有成效的传播工作，但是，以这些资源的魅力，其应有的更大活力，以及更多的传播投入、更新的传播手段、更强的传播力度，我们还有很多可以做和应该做的工作。传播的文章，应该与时俱进，应该常说常新，应该更有个性，应该更有针对性。

总之，我们要对鄱阳湖地区民俗有更全面的了解，更深刻的理解，更深入的思考，更新锐的目光，更有力的举措，运用鄱阳湖区域民俗文化促进当代江西文化的发展，定能创造新的辉煌。

第四篇

民俗学与茶文化的新融合

第十三章　中国茶俗学的理论构架

任何学科的确立，必须首先明确其定义和内涵，明确其属性和学科定位，明确其学科范畴和研究方法。茶俗与茶俗学虽是一字之差，两者却既有联系又有区别，前者是对于关于茶俗事项的表述，后者则是在前者基础之上的学科称谓。前者是学科的基础，后者是事项的理论概括。

第一节　茶俗的定义及其内涵

在中国茶文化体系中，茶道、茶艺、茶俗堪称"三足鼎立"，互为影响。如果说，茶道是灵魂，茶艺是形象，那么，茶俗就是基石。任何建筑，没有深厚的基础，就不可能有健美的形象，也更不可能有高尚的灵魂。正是由于茶俗的存在，才使茶文化的体系如此根深叶茂，如此博大精深，如此动人心魄。

应该如何定义茶俗呢？这自然也与茶道、茶艺一样，是"仁者见仁"，"智者见智"。不过，与前两者有别的是，竟然很少有论者给茶俗下定义，只是在叙述具体事项时，表明作者对茶俗的取向，大多局限于茶的品饮风俗。而笔者在参与编撰《中国茶叶大辞典》时，则给茶俗以清晰的界定和概括：茶俗是在长期社会生活中，逐渐形成的以茶为主题或以茶为媒体的风俗、习惯、礼仪，是一定社会政治、经济、文化形态下的产物，随着社会形态的演变而消长变化。在不同时代、不同地方、不同民族、不同阶层、不同行业，茶俗的特点和内容不同。因此，茶俗具有地域性、社会性、继承性、播布性和自发性，涉及社会的经济、政治、信仰、游艺等各个层面。①

---

① 陈宗懋主编：《中国茶叶大辞典》，中国轻工业出版社 2000 年版。

所谓"地域性",是指茶俗产生和存在于特定的区域和环境。这种茶俗在空间所呈现出来的基本特征,也可以称为"地理属性",或者是"乡土属性"。俗话说:"十里不同风,百里不同俗。"又说:"一方水土养一方人。"举凡地理位置、温度气候,物产特点、生活习惯,还有社会环境、文化氛围,都会使各地茶俗具有不同的形态和特征。茶俗表现出来的南北差异、城乡差别,正是地域性的体现。其实,地域性还可以精准到更小的范围。同为山区,由于自然封闭程度的不同,各自的茶俗会有区别;同为江南,对于茶的嗜好、品饮方式也会有距离。工夫茶传统的多种流派,如同为福建省的武夷岩茶和铁观音就并非完全一样。

所谓"社会性",是指茶俗在一定社会时期产生和发展,并且带有深深的社会烙印。例如,饮茶风俗的真正盛行,始于唐代。据唐代杨华《膳夫经手录》记载:在开元、天宝年间,饮茶之风稍有蔓滋;到广德、大历年间,则"遂多";而至建中之际,"已后盛矣"。封演的《封氏闻见记》也说道:"古人亦饮茶耳,但不如今人溺之甚,穷日尽夜,殆成风俗。始于中地,流于塞外。"唐人的两则记录,正好说明了茶俗的这种社会性。

所谓"继承性",是指茶俗在历史发展过程中世代承袭的特点和方式。我们所说的"世代承袭",并非父传子、子传孙式的家族传承,而是从整个历史时代、整个社会群体方面的观察,是一种历时性的考察角度。例如,"时新献人"的赠茶习俗,也就是新茶初制时以茶为礼,馈赠亲友。这种赠茶风俗,唐人作品常有记叙。著名大诗人李白漫游金陵(今江苏南京)时,僧人中孚赠他以前所未见的荆州新产仙人掌茶,故作《答族侄僧中孚赠玉泉仙人掌茶》诗致谢。"时新献人"的赠茶习俗,一直延续到当代。

所谓"播布性",是指茶俗具有传播和散布的自由属性。这是与"继承性"相区别的从空间视角的考察。茶俗的播布性,存在多种层面:一是,带有本土特征的区域内传播和散布;二是,跨越地域的较为广泛范围内的传播和散布;三是,超越不同阶层的传播和散布。播布的方式,大多以口耳相传的方式,也有的是通过书面的或其他媒介为载体，加速和扩大这种茶俗的影响力。当然，播布还与接受有关联。播布并非一定接受，只有接受了才会产生实效性。如潮汕工夫茶原来带有很强的地域性，但现在已经超越地域和阶层，成为全民性的茶俗，这就是例证。

所谓"自发性"，是指茶俗的发生和发展是由自然状态的、自发自为的。茶俗的出现，除了极个别事项外，大多是在不经意间油然而生，并非由于政府或其他强力的介入。这种"自发性"的存在，使茶俗具体产生的时间很难界定，只有大体的一个时期。而且，我们现在所说的历史上的茶俗，只能根据已有的文献界定其时间，但文字的记录往往落后于真正发生的准确日期。同时，"自发性"也带来了首创人员的模糊性，很难说是某人的创造、创意、创新，只能是一定区域的群体意识和行为。

茶俗与社会有密切的关系。在日常的饮茶活动中，民众对伦理道德、未来生活的愿望和对社会的美好追求，也会渗透到一杯茶汤中。以茶敬客，是中国人最普遍的习俗和最基本的礼仪；以茶敦亲，是通过晚辈向长辈敬茶表现出敬尊长、明伦序的重要内容；以茶睦邻，是以茶和睦邻里、友爱相处的象征；以茶赠友，是"茶表敬意"和增进感情的办法；以茶联谊，是聚朋会友、共赏佳茗、增进友谊的方式。甚至"吃讲茶"，都是以茶化解仇恨、解决矛盾的有效形式。这些茶俗，表现出和睦、和谐、和平、和美、和乐、和气、和洽、和亲、和善、和顺、和悦等一系列风尚，也是茶文化核心"和"的体现，对于今天"和谐社会""和谐世界"的建设也有不可低估的意义。

茶俗还伴随着人的前生后世的整个过程中，我们可以用一句话概括为"茶香人生"。例如，孩子"洗三"时的绿茶水洗头，象征美好的开头；满月剃头时的"茶浴开面"，意示长命富贵；周岁时的"烧茶"之俗，表示祝贺喜庆，都离不开吉祥寓意的茶。而在婚姻的礼仪中，茶更是贯穿着始终，故有"三茶六礼"之称。"三茶"即指订婚时的"下茶"，结婚时的"定茶"，洞房时的"合茶"。也有的把提亲、相亲和洞房前三次所沏之茶水，合称"三茶"。还有的在婚庆时要举行三道茶仪式，第一道，白果，第二道，莲子、枣子，第三道，才是茶。虽然"三茶"之说，地域有分；"三茶"之仪，民族有别，但都取茶"至性不移"之意，表达出对爱情的坚贞。甚至在人生的最后时刻，有的逝者要用茶叶枕头，或手执茶枝，或放上茶叶、草烟、芭蕉、米粒、水酒等供物的冥器"合帕"。至于以茶为祭，采用被视为圣洁的茶，是向神灵、先祖表达虔诚敬意的最好方法。

茶俗虽然产生和存在于民间，但并非只有俗事的表现，同样具有丰富的内涵和质朴的哲理。茶俗与社会、与人生千丝万缕的联系，往往不乏睿智和深刻。在一般的认识中，茶道思想源自于儒、释、道，其实，茶俗所体现的大众思想观念也是源头之一，并且可以说是根深蒂固。民众在平时的生产、生活、衣食住行、婚丧嫁娶、人际交往中，往往以茶寄托或表达一定的思想感情，甚至哲理观念。像大家所熟知的白族三道茶通过"一苦二甜三回味"的茶饮，表现出对世俗的感慨和人生的追求，实际上是一种质朴的生活哲学、人生哲学。又如，唐代兴起的"茶礼"历经宋元明清直到现当代，从萌芽、演变到发展，几乎成为婚俗的代名词。茶在婚俗中，是纯洁、坚定和多子多福的象征。因为"茶性最洁"，所以表示爱情冰清玉洁；因为"茶不移本"，所以表现爱情的坚贞不移；因为茶树多籽，所以表明子孙繁盛，家庭幸福。

这种茶俗与大众哲学的关系，是在历史的传承之中，是在自然的生活之中，像行云流水般的自如自在，像与生俱来般的如影相随，并且深深地浸入血脉、骨髓，肌体般融为一体。

第二节　茶俗的划分原则及类型

茶俗分类应该如何科学准确地界定，看起来仅仅是个技术性问题。其实，这会牵一发而动全身，涉及对于纷繁的茶俗如何进行整体把握，茶俗的基本特性如何认识，茶俗的文化内涵如何理解，茶俗的历史走向如何探讨，茶俗的未来发展如何预测。这一系列问题的基础，是对于茶俗问题的条分缕析。而要解决茶俗分类问题，首先是要确定分类的基本原则。

茶俗分类应该采取哪些原则？至今为止，似乎还没有谁提出系统意见。这一问题的出现并不奇怪，因为茶叶的发现和利用虽然有几千年的历史，但是茶叶的分类也一直是茶学界争论的问题，只是近些年才逐渐地公认为六大茶类。而茶俗的情况更为复杂，也更需要经过一段相当长时间的探索。笔者在《中国茶韵》一书曾提出茶艺划分的三大原则：同一原则、个性原则、功能原则。① 这些原则，也可以借鉴和运用到茶俗分类方面来。下面，我们对此作些阐述：

（1）同一原则。就是说，根据同一种标准，对茶俗进行分类。这同一原则应该贯彻一种茶俗类型的始终，并且根据同一原则能够将茶俗进行多层次的细分。

（2）个性原则。既然某一种类型的茶俗能够独立出来，它就不应该和其他的雷同，而应该具有自己不同的特色、不同的区别，应该考虑到各方面的自然的和人文的不同属性。

（3）功能原则。也就是从茶俗的作用来看。茶俗虽然是约定俗成的，但也有外在表现与文化内涵的一致性，其实用性毕竟是基本的和第一位的。

此外，还有分类的多角度原则。也就是说，同一种茶俗，由于着眼点不同，可以归入不同的茶俗类型。分类不是单一的，而是多维的，考虑到该种茶俗的各个层面和属性来进行区分。诸如，人文和自然、精神和物质、科学和特性多方面的立体透视。

茶俗的事项繁多，不胜枚举。如果从各不同的角度划分，茶俗的类别也繁花似锦，蔚为大观。

以茶俗内容划分，有茶叶生产习俗、茶叶经营习俗、茶叶品饮习俗等；

以茶俗时间划分，有古代茶俗、现代茶俗、当代茶俗等；

以享用茶俗的阶层划分，有宫廷茶俗、文士茶俗、僧道茶俗、世俗茶俗等；

---

① 余悦：《中国茶韵》，中央民族大学出版社2002年版。

以茶俗文化分类，有日常饮茶、客来敬茶、岁时饮茶、婚恋用茶、祭祀供茶、茶馆文化、其他茶规等；

以民族划分，许多民族都有各具民族特色的茶俗，对茶的观念、茶叶制作、茶具使用、茶饮品味，均不相同；

以地域划分，南北大相径庭，可以分为东南、西南、东北、西北和中原五大板块，每一板块又可分出若干茶俗区。

正是在这样的体系中，较为完整地展现了中国茶俗的全貌。也正是遵循着这样的体系，写作出版了专著《中国茶俗学》。①

在随后的各个章节，我们将对这些类型分别进行具体阐述。

第三节　茶俗学的概念和学科特征

茶俗学是指研究茶俗事象的成因、特征、功用、关系的学科，是基于茶文化和民俗学的交叉学科。也就是说，茶俗学是专门研究茶俗产生、发展、演变规律与特点的一门学问。

从学科内容和学科地位来看，茶俗学基本点起码有三个方面：

一是，研究对象为茶俗。单一的茶俗事象的描述虽然是重要内容，但只是研究的基础。作为学科的视野，对于单一的茶俗事象除了外化的景象，还要追溯其成因特征和功能；对于各种茶俗之间的关联性，更要分析其产生的原因、空间特征、实用功能，以及相互之间的关系；此外，对于某一茶俗的外延和传播，也要关注其接受与异变的状况。

二是，茶俗学的学科地位。茶俗学的建构是基于中国茶文化的实际。中国茶文化博大精深，广泛涉及哲学、历史、文学、艺术、民俗、民族等学科，其中一些有影响的事象被视为子学科，并且出现相关的称谓。例如，基于茶道，有茶道学；基于茶艺，有茶艺学。作为与茶道、茶艺关系最密切的茶俗，茶俗学也和其他一样，是从属于中国茶文化学的子学科，而并非是独立的学科。

三是，茶俗学与其他学科的关系。与茶俗学关系最密切的有两个

---

① 余悦、叶静：《中国茶俗学》，世界图书出版公司 2014 年版。

学科：茶文化学、民俗学。茶俗学与茶文化学的关系是主从关系，而与茶道学、茶艺学则是平行关系。不过，茶俗学与民俗学的关系则有不同，其事项分别散见于多个部类。我们知道：所谓民俗，是指产生并传承于民间的、具有世代相袭特点的文化事项。而民俗学，是指专门研究产生并流传于民间的、具有世代相袭特点之文化事项的一门学问。民俗事项的分类虽然存在分歧，但举其要者大体包括七类：一是物质生产民俗；二是物质生活民俗；三是人生礼仪；四是信仰民俗；五是岁时民俗；六是社会组织民俗；七是民间文学艺术。茶俗则与上述七大类别都有关联，例如，茶叶生产习俗，属物质生产民俗；饮茶习俗，属物质生活民俗；婚恋茶俗，属人生礼仪；茶祭属信仰民俗；年岁茶俗属岁时茶俗；茶会茶业组织属社会组织民俗；茶舞、茶戏，属民间文学艺术。正是由于茶俗在民俗范围内如此之广，也就很难成为民俗学的单一子学科。

茶俗学除了上述特征之外，还有其他一些特点：

一 茶俗学的传统性与当代性并存

茶俗在当代社会，正走向多极发展。文化的生存与发展，有其当时的社会条件。新世纪已经发生了翻天覆地的变化，与产生原有茶俗的条件不可同日而语。因此，茶俗之中一部分不适应新世纪的风俗习惯，特别是那些陋习，毫无疑问会走向衰退、消亡，自动退出历史的舞台。而一些与当代生活相适应的、积极健康高品位的茶俗，依然会在人们的生活中占重要的地位，得到传承和发展。像我们日常生活中水乳交融的一些茶俗，如日常饮茶、以茶待客、以茶赠友等，莫不如此。特别是把茶提到"国饮"的高度，认为"清茶一杯，万象更新"，更使茶俗的根基既有深度，又有高度。同时，原有的茶俗也有的会发生"裂变"。如饮茶风俗，一方面，追求传统，走向精美、精致、精细、精良；另一方面，又力求适应快节奏的当代社会，于是袋泡茶、茶饮料同样并行不悖。茶俗的部分渐行渐远和形态的日新月异，两者同样是相依相存。茶俗学研究，既要面对茶俗的传统事项，又要追踪茶俗的当代嬗变。

二　茶俗学的选择扬弃和遗产保护并存

茶俗之中的良俗，并非会为新世纪"全盘接收"，也会有扬弃和选择。如茶叶的加工技艺，在当时生产力条件下，虽然是代表先进的生产力和先进的生产方式。然而，随着当代科学技术的发展，原有的以手工制茶为主导的技艺，逐步由机械化、半机械化的生产加工所取代。于是，手工加工茶越来越难得一见，掌握这种技艺的高水平传承人也越来越罕见。在第一批国家级非物质文化遗产名录中，武夷岩茶（大红袍）制作技艺名列其中。而第二批国家级非物质文化遗产名录，更是在其中列入了：绿茶制作技艺（西湖龙井、婺州举岩、黄山毛峰、太平猴魁、六安瓜片），红茶制作技艺，乌龙茶（铁观音）制作技艺，普洱茶制作技艺，黑茶制作技艺，以及茶艺（潮州工夫茶）和富春茶点制作技艺。非物质文化遗产名录，优先列入的是"濒临灭绝"的事项。这些与茶俗相关的技艺列入，既是幸事（得以重视保护），又是令人担忧的（正以超速度消亡）。这份珍贵的文化遗产，千万不能在新世纪中断。茶俗学的使命，面对着历时性的选择扬弃，又需要承担起遗产保护的重任。

三　茶俗学的理论探讨和实际运用并存

新世纪茶俗，还有一个新兴的支撑点，那就是当代的旅游。旅游是经济发展的助推器之一，是新兴的经济增长点，在许多地区已经成为支柱产业。名山出名茶，名茶连名胜。在风景名胜地区，往往有名茶，也有独特的茶俗。如今，许多旅游景点都有茶事活动，有饮茶风俗。当游客口干舌燥之际，喝上一杯清馥可口的香茗，暑气顿减，疲劳顿消，何等的舒畅，何等的惬意。那些生活气息浓郁，令人耳目一新的茶俗，带给人们的还有神清气爽，精神享受。借助旅游的载体，茶俗的传播更为久远，也可以使茶俗的文化遗产由静态的"死保"，走向动态的"活保"。随着旅游产业的进一步发展，茶俗活动和传播的深度与广度都会得到提升。茶俗学并非仅仅是"书斋里的学问"，在理论探讨之时，还要对于茶俗的实际运用提供理论支持与智力支持。

四 茶俗学的自然传承与国际交往并存

茶俗的跨地域，甚至跨国界交流将进一步拓展。茶俗本来带有很强的地域性，是在特定的生活空间和社会空间生存的。但在当代，特别是随着社会的开放程度，文化的交流与传播更广泛，茶俗正由生活态的状况，越来越脱离着原有的"保真"，走向表演的舞台。有的是在茶俗产生地原生态的表演，还有的是离开原处到外地，甚至是搬到舞台上的表演；有的是在国内的交流，还有的是在海外，甚至是国外的演绎。这些做法，对于茶俗在更大范围内的传播是有好处的，但是，也会给茶俗保持初始的"原汁原味"带来极大的负面影响。鱼和熊掌不可兼得的窘迫，摆在新世纪的面前。然而，这种发展的态势，又是不可逆转的。同时，国际间的学术交流也使茶俗进入到"世界视野"，促使茶俗探讨具有新的眼光、新的思维和新的范式。茶俗学的自然传承是其血脉的必然流向，而增强国际交往与交流，则会强化其幅射性与影响力。

总之，茶俗的此消彼长，茶俗的不断变化，像太阳东升西落一样自然，像月亮阴晴圆缺一样自如。从生活的茶俗，走向表演的茶俗；从纯朴的茶俗，走向娱乐的茶俗；从内敛的茶俗，走向开放的茶俗；从单向的茶俗，走向交流的茶俗。这些势头，不仅是"小荷才露尖尖角"，更加是"喜看东风又一枝"。不过，具有厚重文化土壤的茶俗，具有"原子时代饮料"依托的茶俗，永远不会走向衰亡，永远会充满再生、新生的活力。因为，有绿色的植物就有茶叶，有人就需要茶饮，而有茶饮就有适应时代的相关风俗习惯，这也是难以改变的客观规律。从茶俗走向茶俗学的理论架构，就能使民俗事项得到理论的概括、提升，并进而促使茶俗持续健康的发展。

第四节 茶俗学的研究范畴及方法

茶俗学是一个开放的研究体系，是一个由零星的、分散的、个别

的茶俗事项到全体的、完整的、系统的茶俗组合的考察，是由具体的
茶事社会生活到抽象的理论统摄。正因为如此，茶俗学的研究范畴大
体包括三个方面：

第一，按照茶俗发展过程的历时性研究。茶俗是由物质的茶，到
社会生活的茶事，再到特殊精神活动的习俗传承。按照这一原则，应
该探讨茶俗发生学（从整体的茶俗到个别事项的起源）、茶俗发展论
（茶俗的深化、传承、变异、发展的规律）、茶俗存在论（茶俗的特
性、类型和存在的人文环境）、茶俗未来学（从前瞻的视野探讨茶俗
的传播与未来趋向）。这方面的研究，可以是茶俗单一事项的，可以
是某一断代的，也可以是就茶俗整体的分析。

第二，按照茶俗内容的差异性进行哲学、社会、文化的分析。前
面我们谈到，依照不同的角度，可以对于茶俗进行分类。而这种类型
化的区分，只是就总体而言，远未达到深入和深刻的程度。其实，任
何一种类型或事项，都可以进行更为深入的哲学、社会学、文化学的
探讨，甚至还可以从更多的学科层面对茶俗进行不同角度的探索。

第三，按照茶俗观念和事项研究的进程作茶俗学术史的研究。茶
俗学科的研究虽然至今才开始，但作为茶俗事项的载录与认识则长久
存在。在这些载录和认识中，体现了丰富的茶俗观念、学术思想和文
化内涵。茶俗学术史的追溯，既是纵向的历史的研究，又是横向的类
别形态和思想观念的探讨，反映出综合状态的研究特点。

茶俗学不论何范畴的研究，都涉及以下四个层面：

一是，茶俗基本原理。包括茶俗研究的对象，即茶俗研究的来龙
去脉和相互关系；茶俗宗旨论，即研究茶俗的目的、性质和特点；茶
俗起源和发展论，即研究茶俗的历史进程和演变轨迹；茶俗活态论，
即茶俗的现状与现实关系；茶俗价值论，即茶俗的社会作用和意义；
茶俗功能论，即茶俗在民族文化中的地位和重要性；茶俗特征论，即
茶俗在不同时期不同地域和不同阶层的特殊表现；茶俗创造论，即茶
俗在现实中的创造、创意性运用；茶俗传承论，即茶俗传承、传播和
接受的规律与体制。这些方面都有不同的层面，又是相互作用、相互
依存的整体。

二是,茶俗分类学,包括分类理论、分类史、分类学、分类与研究等层次。

三是,茶俗历史学。茶俗史与茶文化史一样,包括茶俗记录史和茶俗研究史两个系统,又可分为通史和断代史。

四是,茶俗信息学,既包括历史的信息,又包括当代的信息,还包括未来的信息。

除此之外,还有茶俗的比较研究、茶俗的研究方法等。

茶俗学在研究方法方面,可以采用茶文化学和民俗学的方法,包括国外民俗学的学术流派及其方法。例如,德国格林兄弟为代表的神话学派的,语言学的历史比较研究法;以英国语言学家麦克斯·缪勒为代表的,语言学派的语言学的比较研究法;以 E. 泰勒为先驱,安德鲁·朗为主要代表的人类学派,他们创造的"文化遗留"研究法;以奥地利弗洛伊德理论为中心的,心理学派或精神分析学派所使用的心理分析法;以及社会学派、历史地理学派、结构学派等的方法。其中,茶俗学研究最为常见和普及的方法是:

一 田野作业法

这是由茶俗学本身决定的实践方法,可追溯到古代使用的"采风"方法。茶俗的准确性和科学性,必须采集实地调查的第一手材料得到实证。所以,实地采录、直接采录,是田野作业的主要形式。在田野作业中,人们又概括出综合考察、比较分析与实证相结合、走马观花与驻足调查、参与实践等方法,都是切实可行的。

二 文献学方法

研究茶俗史、茶俗学史,离不开典籍文献。即使是当代研究,也要有参考文献。我们所说的茶俗文献资料,可以细分为四个类列:一是,历史上载录茶俗的文献资料,包括各类经、史、子、集、正史、野史、笔记的文字典籍。二是,口传资料,既包括散文体的神话、传说、故事,韵文体的民歌、民谣、史诗、叙事诗和戏剧体的小戏及民间说唱,还包括个人经历记载的含有茶俗活动的记录。三是,茶俗实物资料，包括历代的生产工具、服饰、器皿、民间建筑、交通工具、生活用品、民间工艺品等与茶俗相关的实物。四是声像资料，也就是以影视为手段，对茶俗事项进行客观记录的资料，当然是事件真实的记录而非摆拍或创作的作品。通过这四类文献，进行深入的研究。

三　结构分析方法

民俗研究中的"结构主义"理论及其方法，直到 1958 年法国列维—斯特劳斯的《结构人类学》以及他的《亲族的结构》等著作才明确提出，并且十分强调通过研究对象自身予以揭示事象规律。其实，这种结构分析方法在茶俗研究中较为常见，步骤大多是：一是分类，对于搜集的资料进行分类；二是分析，对资料从各种角度进行剖析，找出各元素之间的内在联系；三是综合，把各种分散的元素进行有机组合，形成对事物全貌及本质的总体把握。

四　比较研究法

比较研究法在茶文化学和民俗学中广泛运用。在茶俗学的比较研究中，比较可以是单项事物的比较，也可以是全方位的比较；既可以是地区之间的比较，民族之间的比较，也可以是国与国之间的比较；既可以是纵向的比较，也可以是横向的比较。这种比较应该是以事实为依据的、科学的，既寻求相同成分，也显示相异成分。

总之，茶俗研究的方法应当是灵活多样的。除了上述之外，民族学的、地理学的，甚至经济学、心理学、伦理学的方法也都可以使用，以及必要的精确的统计与分析，采用计量方式的技术性更强的方法。茶俗事项的纷繁，决定着茶俗学研究方法的多姿多彩。

第十四章　中国两大饮茶方式的时空嬗变

中国茶文化的体系构成，茶艺是其中最重要的组成部分。而要了解茶艺，必然涉及饮茶方式。在人们熟视无睹的饮茶方式中，深藏着茶文化历史、文化的解读密码，关系着中国茶和茶文化外传的不可或缺的内容。

第一节　饮茶方式：值得关注的学术问题

在世界饮茶史的大格局中，其饮用方式可以说林林总总、美不胜收。但是，从整体上考察，应该能够概括成两大类型：清饮法和调饮法。所谓"清饮法"，是指在茶汤中不添加其他任何物品，直接享受茶的原汁原味。所谓"调饮法"，是指在茶中或茶汤中添加其他东西，饮用的是包括茶在内的混合饮品。中国是茶的原产地，是茶文化的故乡，这一点已经得到公认。据此而言，世界的两大类型饮茶法其源头在中国，我们才能有充分的理由声称："目前全世界已有50余个国家种茶，产茶、饮茶之风遍及全球，它们引种的茶种，以及茶树栽培的方法，茶叶加工的工艺，人们饮茶的习俗，都是直接或间接地由中国传播去的。"[1] 因为饮茶方式属于"饮茶的习俗"之一部分，并且是其中最为重要的组成。只有饮茶方式也是"中国创造"，才能使这种说法形成完整的逻辑链条。

但是，对于世界上的两种饮茶方法，其源头到底何在，目前所见

---

① 姚国坤、王存礼、程启坤编著：《中国茶文化》，上海文化出版社1991年版，第1页。

研究成果尚无明确的说法。虽然对中国饮茶史的研究，其他已经能够有鲜明的意见，却未能"一语道破"。而且，在已有文章中，有的语焉不详，模糊不清，甚至会给读者带来"误解"和"误导"。较有代表性的是《海外饮茶掠影》，该文开头就写道："溯本求源，世界的茶名、读音和饮茶方式，都始自中国。全球性文化交流，使茶文化传播世界，同各国人民的生活方式，风土人情，以至宗教意识相融合，呈现出五彩缤纷的世界各民族饮茶习俗。"这种概括，自然是正确的。但是，在具体介绍时，就给人们另外一种印象。文章将饮茶方式归纳为两种，第一种是"加味调饮"，"其特征是在茶汤中添加调味品，营养品，调和共饮之"。文章列举了蒙古，俄罗斯的中亚细亚等地区，北非的摩洛哥、毛里塔尼亚等 11 个国家及西撒哈拉等地，中西亚的阿富汗，中东阿拉伯国家，西亚地区的土耳其，西欧、东欧、北美、大洋洲和南亚等地大部分国家，以及澳大利亚、新西兰、苏联、美国和加拿大等国家采用调饮法。然而，却没有提到中国。第二种是"纯茶清饮"，"茶叶用沸水冲泡的，不添加任何调味品，而清饮茶汤，品尝茶叶的真香本味，有的浓饮——如小壶乌龙茶；有的淡饮——如大壶或茶杯冲泡。清饮法的源流在中国，在海外，推崇此种饮用的，多系所谓华夏文化圈的地区，以及旅居世界各地的侨胞、华裔家庭和中餐馆"。文章最后归结道："总之，当今世界各国、各民族的饮茶风习，'百法齐陈'，'百俗争妍'，都因本民族的传统、地域民情、劳作和生活方式的不同，而各有所异，然而'客来敬茶'都是古今中外共同的礼俗。"① 在这篇文章中，明确指出"清饮法的源流在中国"，而涉及调饮法时却对中国未置一词，也许虽为无意，但看者容易"一头雾水"。正因为如此，厘清中国古代和当代的饮茶方法，的确很有必要。

再者，在当代茶艺研究中，还存在一种观点，认为只有清饮法才有茶艺，而调饮法的茶艺则得不到认同，或以"茶饮"或以"茶俗"来归结之。这种状况的改变，也只有把两种饮茶方式的体系说清楚，

---

① 见茶人之家编《茶与文化》，春风文艺出版社 1990 年版，第 122—130 页。

才能够得出科学、合理、明晰并且为大家所认同的结论。

其实，饮茶方式并非仅仅局限于日常生活的层面，研究这一问题还有更重要的学术价值。饮茶方式属于社会生活史的范畴。对于社会生活史，学术界有高度的评判：

> 中国古代社会生活史，以中国历史流程中带有宽泛约定意义的社会生活运作事象作为研究系列，透过其千姿百态的经穿纬插网络，可给人们以察古鉴今的启迪，其烛精剖微的方法论和多棱凸显的视角，又每每与历史学、社会学、经济学、文化人类学、人口学、民族学、民俗学、文字学、考古学等，有着千丝万缕的密切关系，构成一门具有多学科结合性质的专门史，一门缤纷流华的专门史。①

作为社会生活史的支脉，饮茶方式研究也涉及多学科。而且，由于饮茶方式"均非截然划一的平面相，在同一历史阶段的场景中，同域或异域间不同层面的社会生活个性或不平衡性都是俨然存在的，举凡集约人口差异、邑聚差异、等级差异、经济类型差异、宗教信仰差异、习俗尚好差异等，在有可能的条件下，应重视其历史横向比较的力度"②。只有这样的研究，才能在深度、广度、容量、层次、意境、视野上对作为社会生活史的饮茶方式有较全面系统的认识。这也是我们研究饮茶方式时应有的追求与态度。

不过，由于篇幅的限制，本章仅能从历史流变的角度，对中国饮茶方式的两大体系进行鸟瞰式的考察，并得出结论：调饮法和清饮法都是中国的"国粹"，源自于中国，进而传播与影响到世界。

第二节　调饮与清饮：中国饮茶起始的两极

茶的发现和利用，是一个漫长的历史过程，陆羽《茶经》云：

---

① 宋镇豪：《夏商社会生活史》（上），中国社会科学出版社 1994 年版，第 1 页。
② 同上书，第 10 页。

"茶之为饮，发乎神农氏，闻于鲁周公"，故有"神农说"、"商周说"、"秦汉说"等。① 一般认为：春秋以前，最初茶叶作为药用而受到关注。可以说是"茶之为饮"的前奏。然后，经过了食用阶段，即以茶当菜，煮作羹饮，茶叶煮熟后，与饭菜调和一起食用。在此基础上，把茶叶置陶罐中加水煮熟，连汤带叶服用，使茶真正成为饮料。

从上面简单的回顾，我们可以看到：在中国饮茶起始的时代，调饮法是最早的也是符合事物发展规律的。因为，在药用与饮用两个时期的过渡阶段，茶的食用就为调饮法的诞生奠定了基础。所以，《尔雅》中"苦荼"一词，晋郭璞注释为："树小如栀子，冬生，叶可煮作羹饮。"所谓"羹"，通常是用蒸、煮等方法做成的糊状食物。而"羹饮"，则是糊状的饮食。从情理上推测，茶煮成的"羹饮"，应该是有其他物品加入其中的。不过由于语焉不详，细节我们就不得而知。三国时魏国的张揖撰写的《广雅》，对于调饮法记得很清楚：

> 荆巴间采叶作饼。叶老者，饼成以米膏出之。欲煮茗饮，生炙令赤色，捣末置瓷器中，以汤浇覆之，用葱、姜、橘子芼之。其饮醒酒，令人不眠。②

这则记载的意思是：湖北、四川之间采叶子做成茶饼，叶子较老的就和米膏搅和在一起成型。如果要煮茶来喝，先把茶饼烧烤到颜色变红，然后舂捣成粉末，放在瓷器里面，用热汤从上淋浇淹浸，也可

---

① 余悦：《茶路历程·中国茶文化流变简史》，光明日报出版社 1999 年版，第 6—8 页。

② 《广雅》系三国时期魏国张揖撰，成于 3 世纪上叶。该书以《尔雅》取材不够完备，故按《尔雅》旧目，增入《三仓》《说文》《方言》等书有关内容，兼及汉儒诸经笺注，增益《尔雅》，汇为一书。本处所引该条，系由陆羽《茶经》转引，不见于今本《广雅》。此外，宋初所编《太平御览》亦有此条，是源于陆羽《茶经》，还是另有所本，值得考证。而陆羽所引这段文字较长，和现有《尔雅》全书体例不一，疑为唐以前人注释《广雅》文字窜入正文，为陆羽所误引。但不论何种情况，此条为陆羽以前的时代的文献当是确切无疑的。

以加葱、姜、橘子同煮。喝了可以醒酒，又可令人不睡觉。"用葱、姜、橘子芼之"，可见是调饮法。其步骤包括：炙茶、舂捣、浇覆、调味。

魏晋南北朝时的这种调饮法，郭义恭《广志》也载："茶丛生，其煮饮为茗茶。茱萸、檄子之属，膏煎之，或以茱萸煮脯胃汁，谓之曰茶。有赤色者，亦米和膏煎，曰无酒茶。"对于这种做法，后人也有记述，晚唐皮日休《茶中杂咏》序说："自周以降及于国朝茶事，竟陵子陆季疵言之详矣。然季疵以前称茗饮者，必浑以烹之，与夫瀹蔬而啜者无异也。"所谓"浑而烹之，与夫瀹蔬而啜者无异"，就是煮成羹汤而饮。当时，还没有专门的煮茶、饮茶器具，多是在鼎、釜中煮茶，用食器、酒器饮茶。当时，还出现了把茶叶捣碎与食物相煮的"茶粥"和与面粉相煮的"面茶"。由于这些茶饮用普遍，城市中出现经营茶粥的店铺或茶摊。晋傅咸《司隶教》中记载："闻南京有蜀姬作茶粥卖，为廉事打破其器具。后又卖饼于市。而禁茶粥以困蜀姥，何哉？"这种茶粥经营反映饮茶在社会各阶层的普及，也被视为茶馆的滥觞。

中国饮茶起始时调饮法的出现，除了茶事自然发展的规律外，还与属中国"三教"的道家与道教首先对饮茶产生影响有关。"道家或道教最早与'茶道'二字发生关联，加于其上的影响也最深。"[①] 对此，从饮茶方式的角度来看，关剑平博士的论述很值得注意："道教对于饮茶风俗的形成起了重要的作用，这一作用是通过医药学和养生服食，从技术到意识形态，从科学合理性和宗教神秘性等方面施加的，这正是饮茶习俗在魏晋南北朝这个特定的时代里，迅速形成并在中原普及的最主要的原因。"而远远早于道教，战国时期的道家与方士，就在神仙思想的旗号下宣传服食习俗并付之于行动。"在长期而且广泛的服用中，一些草本类药饵被日常化、嗜好化。""养生服食的最高目标是羽化登仙，只有上品药饵才能使人进入这种境界。从对于魏晋南北朝时期饮茶意识的研究中可以看

---

① 余悦：《中国茶韵》，中央民族大学出版社 2002 年版，第 311—312 页。

出，茶就是作为羽化登仙的药饵而被赞誉、饮用的，这是刚刚完成由药用向饮料转化的茶遗留下来的原始痕迹。"① 服食中的药饵，包括金石类与草木类。而茶作为草木，其制作与加工受到草本类药饵的影响，是自然而然的。

在中国茶饮起始期是否有清饮法，虽然没有明确的说法，但从几条人们经常引用的典籍资料，我们也可以进行一些必要的分析。一是见之于《世说新语》："晋司徒长史王濛好饮茶，人至辄命饮之，士大夫皆患之，每欲往候，必云：'今日有水厄。'"这个故事，一方面，说明饮茶风气刚在东南盛行，士大夫中很多人不习惯饮茶，另一方面，也说明作为高级官员的王濛嗜茶成性，客来敬茶，必求尽兴。虽然这则记载并没详说饮茶法，但从"水厄"二字的调笑，还是可以看出与"水"相近而非其他。二是见之于《三国志·韦曜传》：吴国末代皇帝孙皓穷奢极欲，宫廷宴会每人至少得喝七升酒，不然就要受到惩罚。当时，有位叫韦曜的大臣酒量不大，只能喝三升。孙皓见他力不胜酒，常"密赐茶荈以当酒"。虽然没有更多的文字说明密赐的茶荈是如何制作的，但既然是代酒者，当与水相近。三是北魏《洛阳伽蓝记》卷三所载：北魏时，南方齐朝的官员投降北魏朝廷，刚来不习惯北方饮食，"不食羊肉及酪浆等物"，吃饭时常以"鲫鱼羹"为菜，"渴饮茗汁"，并且"一饮一斗"。北魏首都洛阳的士大夫觉得新鲜，把王肃称为"漏卮"就是永远装不满的容器。几年后，王肃却"食羊肉、酪浆甚多"。皇帝惊奇地问："羊肉何如鱼羹，茗饮何如酪浆？"王肃不无奉承地说："羊者，陆产之最；鱼者，水族之长，所好不同，并各码珍。以味

① 关剑平：《茶与中国文化》，人民出版社 2001 年版，第 92—94 页。关剑平着重研究的是饮料茶在中国文化中发生、发展的社会化背景与技术基础，认为茶文化的发展是脱仙药化的过程。而东君（滕军博士的笔名）的《从茶到茶道——茶文化思想的背景及相关问题研究》（株式会社市井社平成十年六月出版），则注重茶的"高度的精神文化"特征，认为茶文化的发展是仙药化的过程。"金丹说与茶的这种互相利用、互相依存的关系，以及它们成熟的过程，正是茶作为精神文化而成立的过程。"（该书第176页）两人的研究正好从不同的角度，论证了道家与道教和中国茶文化的关系。

言之，是有优劣，羊比齐鲁大邦，鱼比邾莒小国，惟茗不中，与酪作奴。"这个典故，起码透露了三点信息：茗汁是用于解渴的，当与饮用水相同。茗汁是可以"一饮一斗"的，从量观之也应与充饥的饮食有区别。茗叶熬的汁不中喝，只好给酪浆作奴仆，则表明茗汁与酪浆是不同的。这几条资料，虽然并非说明就是茶的清饮，但也与此相去不远。

而我们耳熟能详的西晋杜育的《荈赋》，关于饮茶法的描写，虽然是文学的语言，却同样有许多使人与清饮法产生联想的内容。例如，择水为："水则岷方之注，挹彼清流"，择取岷江中的清水；选器为："器择陶简，出自东阳"，茶具运用产自东阳（今浙江）的陶瓷；茶的风采为："沫沉华浮。焕如积雪，晔若春薮"，煎好的茶汤，汤华浮泛，像白雪般明亮，如春花般灿烂；取用茶汤的方式："酌之以匏，取式公刘。"用匏瓢酌分茶汤。所谓"匏"，是用匏做成的瓢勺。《荈赋》是中国最早关于饮茶的赋，并未说茶中要添加其他物品。这些记载也从另一个侧面表明，当时并非不存在清饮法，或者说直接将茶煮饮而不添加其他物品的方式。

第三节　唐宋：调饮法占据主导地位的时期

唐代是中国茶艺的完善期，宋代是茶艺的发展期，这是学术界的共识。而在这一时期中，调饮法占据着当时饮茶方式的主导地位。这方面，有大量的文献佐证。

作为饮茶的全盛时期，唐代"滂时浸俗，盛于国朝，两都并荆渝间，以为比屋之饮"[1]。当时，陆羽写《茶经》，"说茶之功效，并煎茶炙茶之法，造茶具二十四事，以都统笼贮之，远近倾慕，好事者家藏一副。有常伯熊者，又因鸿渐之论广润色之。于是茶道大行，王公朝士无不饮者"。并且，"古人亦饮茶耳，但不如今人溺之甚。穷日

---

[1] （唐）陆羽：《茶经》"六之饮"，载宋一明《茶经译注》，上海古籍出版社2009年版。

尽夜，殆成风俗，始自中地，流于塞外"。①唐代，除陆羽《茶经》外，还有论煎茶用水的《煎茶水记》，论说茶汤的《十六汤品》，关于茶酒文化比较的《茶酒记》，还有数量较多的茶诗，也都从不同方面反映出当时的饮茶盛况和饮茶方式。

陆羽《茶经》中主要讲煮茶法，包括炙茶、碾茶、择火、择水、水温、调味、置茶、煮茶、分茶、赏茶、饮用等步骤。但是，陆羽时代又存在着不同的饮茶方式，所以《茶经》记载了四种不同的饮茶方式，即粗茶、散茶、末茶、饼茶，并有相应的加工方法。所谓"斫"，是指粗茶用刀切碎，放在釜中煮饮。所谓"熬"，是把采摘的散茶直接放在釜中煮汁而饮。所谓"炀"，是把茶叶烘炒碾成末后煮饮，和明代以来的茶叶加工方法相似。所谓"舂"，则是把茶叶蒸压成饼后，炙干捣碎成末煮饮。而陆羽所提倡的煮茶，饮用的饼茶加工精细，饮法考究，要克服"九难"（九种难处），把单纯的生活化的喝茶，上升到精神的艺术化的品茗。

宋代茶类大体与唐代相似，有团茶、饼茶，也有散茶（称草茶）。不过宋朝饼茶的制茶工艺和唐朝不一样，饮茶方法也就不一样。宋代占主导的是点茶法，所用的茶饼和散茶都有。然而，蔡襄《茶录》、赵佶《大观茶记》、审安老人《茶具图赞》都是论述饼茶点茶法，而散茶点茶法目前未见专论，只在某些茶诗中一语带过，饼茶点茶法的程式，包括碾茶、罗茶、候汤、熁盏，点茶。当时盛行的，还有分茶和斗茶。分茶即"茶百戏"，"为使汤纹水脉成物像者，禽兽虫鱼花草之属，纤巧如画，但须臾即就散灭，此茶之变也，时人谓之，'茶百戏'"②。斗茶则通过竞赛论茶叶品质高下，基本方法是通过"斗色斗浮"来品鉴胜负。③

唐宋时期，茶中夹杂他物煮饮的调饮法相当流行。虽然陆羽将

---

① （唐）封演：《封氏闻见证》卷六"饮茶"，"唐宋史料笔记丛刊"《封氏闻见记校注》，中华书局2005年版。

② （宋）陶谷：《清异录》"茗苑门"，李益民等注释《清异录（饮食部分）》，中国商业出版社1985年版。

③ （宋）梅尧臣：《次韵和永叔尝新茶杂言》，《全宋诗》卷二五九。

"葱、姜、枣、橘皮、茱萸、薄荷之等，煮之百沸，或扬令滑，或煮去沫"的茶水贬斥为"沟渠间弃水"，并对这种"习俗不已"，极为感慨。但同时，他对于将茶"贮于瓶缶之中，以汤沃焉，谓之痷茶"者，也归入"沟渠间弃水"。① 唐宋时代在讲究饮茶艺术的品饮法中，佐料是被排除在外的，其调味多是加盐。但从整体上看，唐宋时期调饮法依然大行其道。饮茶时所出现的种种伴饮的佐料，大致有三种，即辛辣型、花香型、食物型。辛辣型佐料，大都是有强烈辛辣味的药性植物；花香型佐料，主要是以各种植物花朵的香气来增加茶的清香；食物型佐料则很杂。②

　　饮茶时的辛辣型佐料，常见的是葱、姜、茱萸、苏桂、花椒、薄荷等。这些佐料都有医药功能，是和把茶作为药物相关联的。而且，这也和地域性特殊的风物分不开的。唐代樊绰《蛮书》记载："茶出银生城界诸山，散收无采造法，蒙舍蛮以椒、姜、桂和烹而煎之。"银生城系今西双版纳一带，其所以将茶与其他药用植物煮饮，是由于特定的自然环境和生活状态，也表明了地域和民族的差异性。唐德宗李适好煎茶，喜在茶汤放上"苏椒之类"，常有颗粒状的苏椒漂浮在茶汤面上。所以，大臣李泌作诗时有"添苏散出琉璃眼"之句。即使是倡导以品为主的陆羽，他煎茶时也用盐，并在《茶经》中有具体介绍。可见，当时把盐和姜作为煎茶必备的两种佐料。所以，唐代诗人薛能《蜀州郑使君寄鸟嘴茶》有句："盐损添常戒，姜宜著更夸。"宋代，这一风习依然得以延续。苏轼《次韵周禾童惠石铫》一诗就写道："姜新盐少茶初熟，水渍云蒸藓未干。"意思是：姜要新鲜，盐要少放，水初沸即可。而苏辙《和子瞻煎茶》则云："君不见，闽中茶品天下高，倾身事茶不知老。又不见，北方茗饮无不有，盐酪椒姜夸满口。"意思是：北方烹水煮茶时，还要放入咸盐、奶酪、花椒、生姜等佐料，认为其味尤佳值得夸赞。当然，诗中所写，并非

---

① （唐）陆羽：《茶经》"六之饮"，载宋一明《茶经译注》，上海古籍出版社2009年版。

② 刘昭瑞：《中国古代饮茶艺术》，陕西人民出版社1987年版，第149页。

诗人都赞同。苏轼就曾说过："茶之中等者用姜煎，信可也，盐则不可。"但南宋陈鹄《耆旧续闻》就认为：苏轼"不知今日吴门、毘陵、京口，煎点茶用盐由来已久，却不曾有用姜者"，这是"风土嗜好，各有不同"。当然，也有的是从茶品本身来看待的，如黄庭坚《煎茶赋》以为上等茶中放盐是"勾贼破家，滑窍走水"，破坏茶味。宋代林洪在《山林清事》则说饮茶"入盐及茶果，殊失正味，不知葱去昏，梅去倦，如不昏不倦，亦何必用"。意思是：葱使人清醒，梅使人兴奋，而不糊涂和疲倦的时候，何必用这些起提神作用的茶果呢？

除了历史的因循和风土相异，有些调饮法也体现出个人的风尚与嗜好。陆游《午坐戏书》开头就写道："贮药葫芦二寸黄，煎茶橄榄一瓯香"，把茶与橄榄放在一起煎。诗人独喜这种吃茶法，因他还另有诗句"寒泉自换菖蒲水，活火闲烹橄榄茶"得以佐证。不过，唐宋时虽然调饮法占主导，却鲜见茶与花香型佐料的匹配。而把食物放到茶汤伴饮，宋代常见的是核桃、松子、芝麻等。其后，元代倪云林住无锡惠山时，以惠山清泉煮茶，并将核桃、松子取肉捣烂，和上粉面，做成白色块状，与茶煮饮，谓"清泉白石茶"，成为一种雅俗。

唐宋时期调饮法占主导，而清饮法也受到关注，并且处于一个过渡时期。陆羽倡导单煮茶叶而又放盐，正体现出过渡阶段的痕迹。"所以，唐代占主导地位的茶艺是煎煮法，间有冲点、冲泡法。由于社会生活尤其是习俗的发展变化往往是很错综复杂的，很多习俗之间并不存在时间上的前后衔接的连续性，更多的场合，它们在时间上的存在是交错的，而在空间上的存在则是并列的，茶叶的煎泡技艺便是如此。"① 宋代的煎茶法是唐代煎煮饮茶法的遗风，是对前代饮茶方式的继承。南宋中后期出现的泡茶法，是将散条形的茶叶直接瀹泡。这是宋代茶艺初期趋繁后期趋简的表征，并为明代以后中国饮茶的主导方式变化发挥了先导作用。

---

① 沈冬梅：《宋代茶文化》，（台湾）学海出版社 1999 年版，第 45 页。

第四节　明清：清饮法成为主流的时代

明清时期是一个大的历史跨度。明代清饮法成为中国茶饮主流，而清代则是更为普及和发展。这种趋势，使茶的真香、真味、真趣更好地与社会生活契合，使唐代陆羽以来所追求的茶饮的精神层面享受更深入人心。

明代之所以出现朱权说的"开千古茗饮之宗"的状况，首先是当时的物质条件和文化空间发生了变化。从国家层面来看，明代采取茶叶专卖榷茶制度和茶马政策，有利于巩固国家财政税收和国防安全，反过来又刺激了茶业的进一步发展。从物质层面来看，朱元璋废除团形饼茶入贡，代之而起的是散茶地位的确立，而炒青茶工艺法使茶叶又得以贮藏良好。从生活层面来看，瀹泡法的随时冲泡茶叶的便利性，有利于大众的饮茶生活简约与普及。从文化层面来看，随着散茶冲泡的风行，茶具也不断追求创新，陶瓷壶和紫砂壶成为明代茶具的两大主流，并被赋予更多更深的文化意味。从品茗群体来看，明代文人嗜茶的狂热持续不断，终身事茶，深有寄托者更多。从文学层面来看，以茶入诗，以茶入文，特别是以茶事描绘故事情节的小说，不断出现，美不胜收。从艺术层面来看，以茶入画成为茶文化艺术表现的最佳题材，茶事也进入戏剧的场景融为有机的组成部分。从学术层面来看，明代文人在品茗之余专注于茶书撰写，60 多部茶书面世成为历代茶书撰写的最高纪录。当然，这些层面并非都是明代的首创，却在这一时期得以继承和弘扬，并以超越前人的雄姿而突起。例如，叶茶和炒青在唐代茶饮中就已曾使用①，宋末元初时浙江杭州龙井一带茶叶就开始直接瀹泡，饮用时"但见瓢中清，翠影落群岫"②。只是

①　唐代刘禹锡《西山兰若试茶歌》写道："宛然为客振衣起，自傍芳丛摘鹰嘴。斯须炒成满室香，便酌砌下金沙水。……新芽连掌半未舒，自摘至煎我顷馀。"所谓"斯须炒成满室香"，就是炒青制茶。不过，虽是叶茶茶饮，却是使用煎煮法饮用。

②　（元）虞集：《次韵邓善之游山中》，见《道园遗稿》卷一。

到了明代，这些才进入品茗主流。

在饮茶方式中，明代最有创意和发展，并且影响后世的是清饮法中的泡茶茶艺。泡茶茶艺虽然萌芽于唐代却流传不广，五代至宋兴起的点茶法虽属泡茶法却是粉茶白冲。比较而言，泡茶法是直接用沸水冲点，而点茶法则要调膏、击拂。泡茶法在明代主要有两种形态：一是将细茗置茶瓯用沸水冲泡的方法。又称"撮泡"，意思是撮茶入瓯而泡。有关记载在公元16世纪中叶田艺蘅《煮泉小品》（撰于嘉靖三十三年，即公元1554年），据传是浙江杭州一带人的发明，开启后世用杯盏冲泡茶的先河。二是用茶壶冲泡散茶的方法，可能是苏吴一带人的发明。其形成在明朝正德至万历年间（1506—1521年为正德，共16年；1573—1620年为万历，共48年），与宜兴紫砂壶的兴起同步。根据明代张源《茶录》和许次纾《茶疏》对壶泡法的介绍，归纳起来大致有备器、择水、取火、候汤、泡茶、酌茶、啜饮等程序，才能得真香、真味。备器指选用茶具，泡茶法的主要器具有茶炉、茶铫、茶壶、茶盏等，崇尚景德镇白瓷茶盏。择水是选择最佳的泡茶用水，明代以来自地泉的水为第一选择，故有第一泉、第二泉等称谓。候汤的要求颇高，"待炉火通红，茶铫始上。扇起要轻疾，待水有声稍稍重疾，不能停手。水一入铫，便须急煮"。"汤有三大辨十五小辨。三大辨为形辨、声辨、气辨。形为内辨，如虾眼、蟹眼、鱼眼、连珠，直到腾波鼓浪方是纯熟；声为外辨，如初声、始声、振声、骤声，直至无声方是纯熟；气为捷辨，如气浮一缕、二缕、三缕、四缕、缕乱不分、氤氲乱绕，直至气直冲贯，方是纯熟。"[1] 泡茶也要讲究技巧，探汤纯熟便取起，先注少许入壶中祛荡冷气，然后倾出。最后投茶，有上中下三种投法。先汤后茶谓上投，汤半下茶，复以汤满谓中投。先茶后汤谓下投。茶壶以小为贵，小则香气氤氲，大则易于散漫。若独自斟，壶愈小愈佳。酌茶时，一壶常配四只左右的茶杯，一壶之茶，一般只能分酾两次。杯、盏以雪白为上，蓝白次之。啜饮时，酾不宜早，饮不宜迟，旋注旋饮。对于泡茶的最好时机，张

---

① （明）张源：《茶录》"泡法"。

源认为"早则茶神未发，迟则妙馥先消"①。许次纾则强调："蟹眼之后，水有微涛，是为当时。"②清代，源于福建武夷山的青茶（乌龙茶）逐渐发展，在明代壶泡法的基础上又产生了用小壶小杯冲泡品饮的工夫茶艺，"杯小如胡桃，壶小如香橼"③。冲泡时，"第一铫小熟，注空壶中荡之泼去；第二铫水已熟，预用器置茗叶，分两若干立于壶中，注水，复以盖，置壶铜盘内；第三铫水又熟，从壶预灌之周四面，则茶香发矣"④。品饮时，"先嗅其香，再试其味，徐徐咀嚼而体贴之"⑤。

在明代初期，点茶法依然存在。朱权《茶谱》称"取烹茶之法，末茶之具，崇新改易，自成一家"，他所倡导的饮茶法仍然是点茶法。不过，朱权的点茶法也有创新，一是，改宋代直接在茶盏点泡为在大茶瓯点茶，再分到小茶瓯中品啜，有时还在小茶瓯中加入花苞以助香。二是，弃团茶不用，茶粉用散茶直接碾磨罗而成。三是，创制了适于野外烧水用的茶灶。这些改进，终于难敌不用碾磨罗，更为简单方便的泡茶法。

无论泡茶法还是点茶法，明代文人所追求和倡导的，是品茗时讲究情境幽远，借品茗表达心中淡泊名利，与大自然为伍的旷达胸襟。在明代的饮茶过程中，有意识地追求自然美和环境美，松间竹下，俭朴茶寮，山溪幽涧，苍松芳兰，清风逸兴，情境之美，沿袭至今。同时，明代还希冀佳客的和谐之美，故有"一人得神，二人得趣，三人得味，七八人是名施茶"之说。当然，这些对沏泡技巧和艺术韵味的追求，是士大夫和文人的雅趣。明清时期，一般百姓大多为解渴而泡茶，将茶叶放进壶里和杯中，冲入开水浸出茶味即可饮用，是最简单的泡茶法，也是泡茶法简单易得和得以传承的基础。

其实，明清时期也有调饮法，但主要是花茶的出现和持续发展，

① （明）张源：《茶录》"泡法"。
② （明）许次纾：《茶疏》"汤候"。
③ （清）袁枚：《随园食单》"武夷茶"。
④ （清）寄泉：《蝶阶外史》"工夫茶"。
⑤ （清）袁枚：《随园食单》"武夷茶"。

是区域茶饮和民族茶俗的并行不悖。如"擂茶：将芽茶汤浸软，同炒熟芝麻擂细，入川松子仁、胡桃仁"。[①]"熬茶用大叶茶，同牛乳煮至百沸，用长杓搅汤，活之以盐，名曰两利由茶。"[②] 这种风尚，一直沿袭至今。

第五节 当代：清饮的风行与调饮的不衰

自从明清以来，清饮法占据着主流地位。即使品茗被视为封建生活方式，喝"大碗茶"成为大多数人生活选择的时候，清饮法也仍然是不变的潮流。特别是改革开放以来，随着经济的发展和人们生活的改善，随着中国茶文化的弘扬和传统茶艺的回归，清饮法更是进入到新的天地。

近30年来，清饮法的风行又呈现出新的特色：一是，品茗艺术进入大众视野与生活。虽然明清就确立了清饮法的地位，但当时真正有条件享受清饮法品茗艺术的，还是少数文人与官吏富贵之家，一般人士只能说是简单的泡茶。如今，有更多的人能够享受到品茗艺术的芬芳，使茶作为"开门七件事"之一得以朝生活艺术层面提升。二是，传统的品茗艺术受到重视，作为民族优秀文化得以传承。特别是陆羽《茶经》、蔡襄《茶录》、赵佶《大观茶论》、朱权《茶谱》、张源《茶录》、许次纾《茶疏》等所说的各个历史时期的茶艺，得到更多的青睐。三是，地域性的品茗方式，在更大的范围与区域内得以传播。尤其是以龙井茶冲泡为代表的玻璃杯冲泡法，以乌龙茶类冲泡为代表的紫砂壶冲泡法，都突破了传统固有的流传地区，在全国范围内传播。一些原有的习惯用调饮法的紧压茶，也有尝试采用清饮法的品茗艺术。四是，清饮法中不同流派的冲泡法，得以相互交流和促进。紫砂壶冲泡乌龙茶，原来是潮汕工夫茶最有影响，现在，各种类型的工夫茶艺，如武夷茶艺、安溪茶艺、香港茶艺、台湾茶艺等，也都各

---

① （明）朱权：《臞仙神隐书》。

② （清）李心衡：《金川琐记》。

擅其长，出现"百花齐放"的局面。甚至根据当地人员品茗需要，编创出"海派功夫茶艺"。五是，清饮法所需要的各种茶具，新的品种和品牌不断涌现。功夫茶具中，增加了公道杯、闻香杯，改进了便捷的随手泡。如今，一贯受到欢迎的"景瓷宜陶"茶具有了更多新的花色品种。六是，清饮法茶艺在实用的基础上，有了大量表演性的茶艺。清饮法本来是饮茶方式之一，是生活化、实用型的。近10多年来，由于弘扬茶文化的需要，走向表演的茶艺越来越多，其中不少是属于清饮法的艺术表演化。如《龙井问茶》、《九曲红梅》都是有代表性的作品。七是，茶艺馆大多以清饮法取胜，享受茶的真香、真味成为上茶艺馆消费人群的重要选择。与传统的茶馆相比，当代茶艺馆增添了更多的文化内涵和时尚元素。虽然茶艺馆的定位与经营多种多样，但大多仍以清饮法为主要方式。八是，茶艺师作为新兴职业，清饮法的冲泡是其"基本功"。茶艺师需要掌握全面的茶文化知识，需要了解和掌握有代表性的地域性、海内外主要的茶艺技能。但"万变不离其宗"，清饮法的冲泡是高中初级茶艺师、茶艺技师和高级技师都必须掌握的。而且，只有具有这项"基本功"才能再去学习和掌握其他技能。这些情况，大家都较为熟悉，就不一一列举了。

在当代清饮法风靡时，调饮法并未销声匿迹，同样在努力拓宽自身的"领地"。当代的调饮法，大多集中在三个方面：

一是，地域性的风俗茶饮。我在《事茶淳俗》一书中，就辟有专章"地域茶俗"。其中介绍的南北茶俗、乡村茶俗、都市茶俗、闽台茶俗、粤港澳茶俗，大多是调饮法，或是与茶点相得益彰。[①] 在《问俗》一书中，也介绍了不少在现实生活中依然存在的调饮法。[②]

二是，在健康保健的使用上。茶疗为了达到更佳的疗效，往往需要其他药物或物品的配制，成为调饮的方剂。特别是如今保健受到重视，美容成为时尚，利用茶叶与其他物品结合的饮用剂，又增加了调

---

① 余悦：《事茶淳俗》，上海人民出版社2008年版，第231—278页。

② 余悦：《问俗》，浙江摄影出版社1996年版。

饮法新的内容。① 另外，如今的罐装茶饮料，大多添加了其他物品，也是一种调饮方式。

三是，各民族的特色茶饮。前面我们已经谈到，各民族在历史上就有自身的饮品，茶也是他们须臾不可离开的，并且创制了自身最为需要和喜爱的各种茶饮，其中调饮法是最重要的方式。这点，我们再做具体分析。

近10多年来，由于各民族茶文化交流交往的紧密，让人们对少数民族茶饮有更多的了解，特别是云南省各民族至今仍保留着最古老的"食茶"、"以茶当药"、"以茶当菜"及现代"以茶待客"的民族饮茶礼仪。其中有德昂族、景颇族的"腌茶"，基诺族的"凉拌茶"，布朗族的"酸茶"和"青竹茶"，哈尼族的"煎茶"，彝族的"隔年陈茶"，纳西族的"龙虎斗"，拉祜族的"烧茶"、"烤茶"和"糟茶"，佤族的"烧茶"、"擂茶"，怒族的"盐巴茶"，傈僳族的"油盐茶"，普米族的"打油茶"，回族的"罐罐茶"，傣族的"竹筒茶"，阿昌族的"青竹茶"，白族的"三道茶"，苗族的"菜包茶"等。杨江帆先生将各少数民族的茶饮一一列出，这是迄今为止最为详细的资料，虽然较长，也照原样录取。②

1. 阿昌族

阿昌族喝的是：青竹茶、罐烤茶、糖蜜茶等。

2. 白族

白族喝的是：三道茶、烤茶、雷响茶、彩礼茶、闹栅茶、沱茶等。

3. 保安族

保安族喝的是：清茶、三香碗子茶、控麻茶、麦茶等。

4. 布朗族

---

① 可参阅余悦主编《中国茶与茶疗》，中国人民大学出版社2007年版。

② 杨江帆等：《入乡随俗茶先知——中国少数民族及客家茶文化》，厦门大学出版社2008年版，第8—13页。

布朗族喝的是：青竹茶、酸茶、竹筒茶、百抖茶等。

5. 布依族

布依族喝的是：青茶、打油茶等。

6. 朝鲜族

朝鲜族喝的是：人参茶、三珍茶、枸杞茶、柚子茶等。

7. 达斡尔族

达斡尔族喝的是：奶茶、荞麦粥茶等。

8. 傣族

傣族喝的是：竹筒香茶、煨茶、烧茶、普洱酒茶、糯米香茶等。

9. 德昂族

德昂族喝的是：砂罐茶、腌茶、水茶等。

10. 东乡族

东乡族喝的是：三台茶、碗子茶、三香碗子茶、麦茶、麦索茶、燕麦茶、家伍茶、迎亲茶、奶茶、红枣茶等。

11. 侗族

侗族喝的是：豆茶、青茶、打油茶、坐夜打油茶、细茶、豆茶、盘陈茶、三杯茶等。

12. 独龙族

独龙族喝的是：煨茶、竹筒打油茶、独龙茶等。

13. 俄罗斯族

俄罗斯族喝的是：奶茶、红茶等。

14. 鄂伦春族

鄂伦春族喝的是：黄芪茶、五味子茶、白桦茶等。

15. 鄂温克族

鄂温克族喝的是：牛奶茶、面茶、肉茶等。

16. 高山族

高山族喝的是：午时茶、柚子茶、酸柑茶等。

17. 哈尼族

哈尼族喝的是：煨酽茶、煎茶、土锅茶、竹筒茶、青竹茶、煎茶、蒸茶、苦丁茶等。

18. 哈萨克族

哈萨克族喝的是：酥油茶、柳花茶、清茶、米砖奶茶等。

19. 赫哲族

赫哲族喝的是：小米茶、青茶等。

20. 回族

回族喝的是：盖碗茶、三香碗子茶、糌粑茶、三炮台茶、茯砖茶、端果碟茶、坑茶、烟熏茶、罐罐茶、清茶、油茶、冰糖桂圆茶、擂茶等。

21. 基诺族

基诺族喝的是：菜包茶、凉拌茶、煮茶、普洱烤茶等。

22. 京族

京族喝的是：青茶、槟榔茶等。

23. 景颇族

景颇族喝的是：竹筒茶、腌茶、水茶、煮茶等。

24. 柯尔克孜族

柯尔克孜族喝的是：茯茶、奶茶、热茶等。

25. 拉祜族

拉祜族喝的是：竹筒香茶、烧茶、糟茶、烤茶、蜂蜜芝麻茶等。

26. 黎族

黎族喝的是：五指山茶、黎茶、芎茶等。

27. 傈僳族

傈僳族喝的是：油盐茶、雷响茶、龙虎斗、红糖油茶、盐巴茶、一把伞茶、核桃仁茶、麻籽茶等。

28. 珞巴族

珞巴族喝的是：酥油茶、进门三瓢酒等。

29. 满族

满族喝的是：红茶、盖碗茶、土茶、奶茶、酸茶、大麦茶、清宫代茶饮等。

30. 毛南族

毛南族喝的是：青茶、煨茶、打油茶等。

31. 门巴族

门巴族喝的是：酥油茶、青茶等。

32. 蒙古族

蒙古族喝的是：奶茶、砖茶、素茶、捣茶、咸茶、面茶等。

33. 苗族

苗族喝的是：米虫茶、青茶、油茶、茶粥、万花茶、百抖茶、菜包茶等。

34. 仫佬族

仫佬族喝的是：打油茶、青茶等。

35. 纳西族

纳西族喝的是：酥油茶、盐巴茶、龙虎斗、糖茶、雪茶等。

36. 怒族

怒族喝的是：酥油茶、盐巴茶、漆油茶等。

37. 普米族

普米族喝的是：青茶、酥油茶、打油茶、雪茶、盐巴茶等。

38. 羌族

羌族喝的是：酥油茶、罐罐茶、砖茶、炒油茶等。

39. 撒拉族

撒拉族喝的是：麦茶、茯茶、奶茶、三香碗子茶、蚂蚁草茶、核桃仁茶等。

40. 畲族

畲族喝的是：三碗茶、烘青茶、糖茶、新娘茶、宝塔茶等。

41. 水族

水族喝的是：罐罐茶、打油茶等。

42. 塔吉克族

塔吉克族喝的是：奶茶、清茶等。

43. 塔塔尔族

塔塔尔族喝的是：奶茶、茯砖茶等。

44. 土家族

土家族喝的是：擂茶、打油茶、太婆油茶、鸡蛋茶、容美茶、罐儿茶、长阳茶、古丈毛尖、保靖茶、辣茶等。

45. 土族

土族喝的是：酥油奶茶、茯茶、麦茶、油面茶、舍施茶、年茶等。

46. 佤族

佤族喝的是：苦茶、煨茶、擂茶、铁板烧茶、竹筒茶、烧茶等。

47. 维吾尔族

维吾尔族喝的是：奶茶、奶皮茶、清茶、香茶、甜茶、炒面茶、茯砖茶、红茶等。

48. 乌孜别克族

乌孜别克族喝的是：奶茶、清茶、红茶等。

49. 锡伯族

锡伯族喝的是：奶茶、茯砖茶等。

50. 瑶族

瑶族喝的是：打油茶、滚郎茶、甜茶、白牛茶、绞股蓝茶等。

51. 彝族

彝族喝的是：烤茶、陈茶、罐罐茶、核桃米花茶、青竹茶、盐巴茶、三七茶、铜壶茶等。

52. 仡佬族

仡佬族喝的是：甜茶、煨茶、打油茶、大叶茶等。

53. 裕固族

裕固族喝的是：炒面茶、甩头茶、锁阳奶茶、酥油茶、茯砖茶、清茶等。

54. 藏族

藏族喝的是：酥油茶、甜茶、奶茶、油茶羹、婚礼茶、松潘茶、清茶、糌粑茶、碱茶、茶会茶、珠峰绿茶、青稞茶等。

55. 壮族

壮族喝的是：打油茶、槟榔代茶、龙脊茶等。

各少数民族的茶饮，绝大多数是采用调饮法。其中重要原因之一是：他们大多生活在边陲地区，食用的大多是牛羊肉，从事的是农业与畜牧业及打猎。这里，艰苦的自然条件，生理与生活的需要，成为采用何种饮茶法最直接的原动力。而且，正是由于以调味法为主，又形成少数民族特有的茶饮文化、茶食文化，以及婚俗茶文化、祭祀茶文化，还有岁时茶文化、故事茶文化和歌舞茶文化。

总之，我们依循历史的轨迹，对于中国饮茶方式的两大体系，进行了跨越千年的追踪，可以得出几点认识：一是调饮法与清饮法是贯穿中国饮茶史的全过程的，并且总是相伴相随，或是此消彼长式的发展。不论何种饮茶法占主导或主流地位，另一种方式同样会存在，这种和谐共生的状况，是中国茶文化和谐精神和"中和观念"的一种体现。二是调饮法与清饮法的出现和发展，都是沿袭符合自身规律的自然走向。这些与茶叶的发展、茶业的发展、茶具的发展都是有密切关系的。物质基础，总是被作为生活文化的饮茶方式嬗变的最原始动因。三是调饮法与清饮法，都有独特的茶艺。我们不能以单一的眼光，线性的思维来看待和理解茶艺。只要是讲究科学，讲究技艺的饮茶方式，都是一种茶艺。我们不能说陆羽的调饮法是茶艺，而民间千百年存在于生活中的活态的饮茶方法就不是茶艺，只不过这种茶艺更为生活化和实用化。四是调饮法与清饮法的嬗变，这是历史，也是现实，还是未来。饮茶方式总是在变化之中的，很难有一成不变的模式。而且，饮茶方式的变化，是会和时尚与流行联系在一起的，甚至成为时尚与流行的"风向标"。如唐代的"茶道大行"，就是在时尚的推动下流行起来的。五是调饮法与清饮法的兴盛与否，都是由人来实现的。人的追求，人的向往，人的嗜好，人的作为，都会推动着、影响着、变化着饮茶方式。随着对生态环境的重视，对生态道德的追寻，最符合生态要求的饮茶方式，将会进一步地成为主流和主导。六是正是由于清饮法和调饮法都是首先出现在中国，所以，世界上的饮茶方式也是源自于中国才是合情合理的解说。当然，具体是如何传播和接受的，还需要运用史料来证明，这是涉及中外文化交流史的重要问题，也是我们需要进行专题研究的。

饮茶方式的研究，是一个学术的命题，归根结底还是要回到本源，回到起始，回到生活的问答：你喝茶了吗？你喝了什么茶？你喝到了好茶吗？你喝到了泡得好的茶吗？还是已故的赵朴初先生富有哲理的诗写得好：

> 七碗受至味，一壶得真趣。
> 空持千百偈，不如吃茶去。

笔者曾经说过一句有点调侃意味的话：学术研究，就是使复杂的问题简单化，使简单的问题复杂化。我们讨论调饮法与清饮法，却正应了这句貌似"不恭"的话。因为，把纷繁复杂的饮茶方式概括成两大体系，即清饮法和调饮法，自然是简单化。而把这简单的两种方式，放在历史的长河中进行考察，又不免复杂化。在今天，我们所能涉及的，依然是这个问题的某一触角，某一侧面。从不同的角度和层面，我们还可以作切片式的扫描和显微镜式的观察。中国学术泰斗、已故的北京大学教授王力先生主张"龙虫并雕"，实在是很有见地的学术高论。中国饮茶方式问题，也需要把鸟瞰式的高屋建瓴与微雕式的毫发毕现结合起来。

第十五章　中国茶俗的民生显象和特质
——以江西事项为例

中国是茶的原产地，是最早发现和利用茶叶的国家。而丘陵遍布、土壤肥沃、气候温润、光照适宜的江西，向来是全国产茶的重要地区，形成了独具特色的茶俗，并对全国饮茶风习的形成与发展起了积极的推动作用。但是，在当代许多崭新的文化思潮和生活方式剧烈冲撞的时期，由于云贵高原的茶俗光怪陆离，由于浙闽一带的茶习享誉中外，由于研究者更多地把热情倾注到皇宫和士大夫的饮茶情趣，由于江西民间固有的植根乡土的立命原则和抱朴守拙的生活态度，江西茶俗的形象似乎暗淡了，声音似乎沉寂了，影响似乎消失了。不过，作为与民众生活血脉相通的悠久历史存在，江西茶俗所显现的民众生活的自然真趣，所内蕴的淡雅丰富的传统色彩，都值得不断的探寻和感悟。

第一节　江西茶事与饮茶习俗的兴起

茶俗包括生产、品饮、文艺、信仰等多方面的习俗。一般说来，茶俗流行在茶叶的产地，但也有的地方并不产茶却有丰富多彩的品饮习俗，这就出现了茶俗不同层面的分离或割裂。而江西的茶俗却显现出多种层面的完整和统一：民间的茶叶资源、茶叶生产、茶叶经贸，这些因素是茶俗生发的土壤、存在的基础与活动的舞台，以及由这些物质因素孕育出来的日常民间饮茶风尚，进而产生发展起来的茶事茶趣作为基本内容的茶的文化艺术。从茶叶的生产出发，对江西茶俗的整体与复合探讨才不失根基。

1. 茶叶之乡：江西茶俗产生的基石

唐代陆羽在《茶经》中说："茶之为饮，发乎神农氏，闻于鲁周公。"中国以茶作饮料约始于春秋战国，魏晋时期江南一带已有饮茶之风。江西是江南产茶名区，产茶历史约可追溯到东汉（公元25—200年）。据《庐山志》记载：东汉时，庐山僧侣劈岩削谷，取诸崖壁间栽种茶树，焙制茶叶。

到了唐代，随着全国性的"茶道大行"，江西茶叶生产得到空前的发展，饮茶之风也极为盛行。当时江西浮梁、婺源一带，不仅是著名的茶叶产区，而且还是重要的茶叶贸易集散地，故唐代人记载："（浮梁）每岁出茶七百万驮，税十五余万贯。"（李吉甫撰《元和郡县图志》）"饶州浮梁，今关西山东，闾阎村落皆吃之，累日不食犹得，不得一日无茶也。其于济人，百倍于蜀茶。""歙州、婺州、祁门、婺源方茶，制置精好，不杂木叶，自梁、宋、幽、并间，人皆尚之。赋税所入，商贾所赍，数千里不绝于道路。"（杨华撰《膳夫经手录》）此外，当时饶州（鄱阳等县）、虔州（赣州）、袁州（宜春）、江州（九江等地）、洪州（南昌）等都是茶叶产地。洪州西山的"白露"茶，被李肇撰写的《唐国史补》列为唐代15种名茶之一，并认为因"风俗类茶，茶之名品益众"。江西所具有的茶叶生产的优势，吸引得著名诗人白居易在庐山香炉峰下结草堂居住时都亲辟茶园种茶，留下了"架岩结茅宇，砍壑开茶园"的诗句。

宋代在我国茶业和茶文化史上占据着关键的地位，"采择之精，制作之工，品第之胜，烹点之妙，莫不盛造其极"。（宋·赵佶《大观茶论》）而江西，也进入了茶叶生产飞跃发展的时期。北宋时任宰相的江西人王安石在谈论茶法时提出："夫茶之为民用，不可一日无"，极大地推动了当时饮茶、斗茶风气的盛行，并历代沿袭，使茶成为"开门七件事"之一。江西宋代的年产茶量名列前茅，据太平兴国二年（977年）统计，官府共榷茶1795万斤，其中的1027万斤出于江南十州五军，而这些主要产茶区，江西就有江、饶、信、洪、抚、筠、袁等七州，临江、建昌、南康三军。不仅茶叶数量多，而且品质多为佼佼者。《宋史·食货志》谈到东南各地六十六州二百四十二县中的紫笋、阳羡、日铸、谢源、黄龙、双井六个极品名茶，江西就占有一半。江西瑞州黄蘗茶，北宋朱彧在其《萍州可谈》中亦称为茶中绝品。当时，官府在江西设有官茶园，民间大量存在私人茶园，由于种茶的普遍，又促使茶叶买卖的兴盛，以至于"村墟卖茶已成市"（陆游《前坪寺戏书触目》）。

元明清时期，江西一直是全国茶叶的重要产区，江西茶税也一直是全国茶税的重要来源，江西的茶区不断扩大，名茶不断出现，加工技术不断成熟，茶叶贸易也由全国扩展到海外。据统计，1914 年江西茶叶出口曾创 335356 担的最高纪录。至今，江西的婺绿、饶绿、浮红、宁红、遂川狗牯脑、庐山云雾、井冈翠绿、宁都小布岩茶等均为茶中珍品，江西茶叶在国际茶叶贸易中仍享有较高的声誉。这些，都在中国茶史和茶文化史上写下了光辉的篇章，并为江西茶俗的产生和发展奠定了坚实的基础。

2. 采茶之规：江西的茶叶生产习俗

与茶业发展紧密相关的，首先是茶叶生产习俗。而茶叶生产习俗之中，占重要地位的又是采摘茶叶时的风俗习惯。江西茶乡的陈规，反映了茶业生产的兴旺景象和淳风厚俗，展示出富有江南特色的传统活动和风俗行为。

采摘茶叶十分讲究季节，茶农和采茶女在实践中总结了采茶的最佳时间，茶谚中反复强调："前三天是宝，后三天是草。""清明茶叶是个宝，立夏过后茶粗老，谷雨茶叶刚刚好。""清明早，立夏迟，谷雨前后最适时。""明前茶叶是贡品，谷雨仙茶为上等，立夏茶叶是下等。""立夏茶夜夜老，小满过后茶变草。"这些实践经验的总结，已被现代科学道理所证实。因为所采摘的茶叶是茶树自然生长的新梢，而每轮新梢的生长又受气温（特别是春茶）和雨水（尤其是夏茶）的左右，所以新梢萌发后不及时采摘就会品质下降，还会影响下一轮茶芽萌发。茶叶并非采得越早越好，而是"采茶之候，贵在其时"。"采茶，不必太细，细则芽初落而味欠足，不必太青，青则茶已老而味欠嫩。"（明·孙大绶《茶谱外集》）这与现代提倡的"适时采摘"，完全是一致的。

虽然从整体上来看，采茶过早，茶芽头小，影响收成；采茶太迟，茶叶过老，又要影响质量，但由于茶区之间气候条件殊别，江西各地采摘时间也往往因地制宜。例如，波阳"谷雨前，环村妇女采取茶苗，谷雨后，携篮复采"。（清·道光《波阳县志》）泸溪县（即今资溪县）则是"摘茶以四月为头春，五月为二春，八月为三春，时候不一，而多寡亦殊"。（清·同治《泸溪县志》）所谓"三春"之说，也就是指春、夏、秋三个不同季节采摘的茶叶。春茶之中，"谷雨前茶，沁人齿牙"，而夏、秋两季采的茶比较一般。所以，广信府（即今上饶）的习惯是"三月清明前采笋为上春，清明后采芽为二春，四月以后茶叶则不入"。对于四月以后的茶叶，就不感兴趣了。而且，把嫩芽初进、似同笋尖的清明前采的茶称为"上春茶"，把茶芽稍长，形状似枪的清明后采的茶称为"二春茶"。很显然，广信府和泸溪县的"二春"时间是不一样的，茶叶的质量也有很大差别。同时，广信府对茶叶的采制还有其他的讲究："凌露而采，出膏者光，含膏者皱；宿制者黑，日成者黄；早取为茶，晚取为茗；紫者上，绿者次。"（清·雍正《江西通志》）正是这些繁琐的习俗，使这块地方曾出产过周山茶、白水团茶、小龙凤团茶等颇有影响的名茶。此外，各地还有其他与茶叶有关的习俗。譬如制茶方法："三月谷雨前，采最嫩者一叶一枪，摊干为白毫。谷雨后叶渐粗，造作青庄、红庄二种。青者用锅烧热，入叶烧之，乘热搓揉，炭火焙干，泡色淡而香，味较胜。红者用篾垫曝太阳中，即搓挪成条，晒干，泡汁深红，可以货卖。"（清·同治《泸溪县志》）"道光间，宁茶名益著，种莳殆遍乡村，制法有青茶、红茶、乌龙、白毫、花香、茶砖各种。"[《义宁州（即今修水县）志》] 在"茶甲中华，价压天下"的"宁红"茶产地之一的武宁县，有首《竹枝词》描述了当时采茶、制茶的情景：

　　女伴相邀涉水涯，提筐先说采新茶。
　　夜来贮得烘笼满，处处当炉制雪芽。

写出了采茶、制茶时的欢欣，也写出了其间的忙碌和艰辛。

除良俗外，也存在着各种各样的陋习："居人将土茶用黄柏等物浸渍，令色味黄苦，伪为闽茶易之，实易辨。然粤中某县，又惯用此茶，岁必市去，又可异也"（明·崇祯《清江县志》）。可见，自古以来就有制造假货者，而其之所以得逞，原因之一就是因为有嗜好者和购买者。又如，"若采茶，以精行俭德之人，毋以妇人鸡犬到山，乃为清明"（清·雍正《江西通志》）。采茶时不许妇人到山，则是因其被视为不洁之物。

3. 茶商之兴：江西的茶叶经营习俗

早在公元 826 年，唐代著名诗人白居易在长诗《琵琶行》中就写下了"商人重利轻别离，前月浮梁买茶去"的诗句。浮梁之所以成为茶叶的集散地，除了浮梁及其周围的婺源等地均为茶叶主产区外，还因为这一带地方"风俗淳雅"，"甲于江右"。这种淳雅的风俗，在茶叶买卖之中就自然而然形成了一种公平公正的经贸作风。

1991 年在婺源县清华镇洪村发现的一块清朝道光四年所刻立的"公议茶规"石碑，又再一次证明了浮梁、婺源一带自古以来茶叶买卖时存在着良风淳俗。这块"公议茶规"碑长 130 厘米，宽 60 厘米，镶嵌在洪村祠堂墙中，碑文记载了当时全村茶农就茶叶流通所制定的村规民约。石碑原文是：

> 同村公议，演戏勒石，钉公秤两把，硬钉贰拾两。凡买松萝茶客入村，任客投主入祠校秤，一字平秤，货价高低公品公卖，务要前后如一。凡主家买卖客，毋不得私情背卖。如有背卖，查出罚通宵戏一台，银五两入祠，绝不徇情轻贷，倘有强横不遵者，仍要倍罚无异。
>
> 买茶客入村后，银色言明，开秤无论好歹，俱要扫收，不能蒂存。
>
> 茶称时，明除净退，并无袋位。

这种村规民约，在当时的条件下促进了茶叶的买卖。

婺源的茶叶交易中，茶号起了重要作用。婺源设茶号制造精茶的历史很长，有三百年以上的时间，在全国也是最早的。茶号老板将自己生产的毛茶或采购附近乡里农户的毛茶，通过制茶工序，即成商品绿茶，再装以锡罐，套以木箱，外用箬皮竹篓包装，出口外销。为了新茶赶行情，抢"利市"，茶号在每批茶加工结束拼堆时，都要杀猪饮酒，隆重庆贺，鼓励茶工加快速度。茶号的组织形式比较简单，一般设经理、掌号、会计各一人，水客若干人，即可百事俱举。1934年，婺源县内有茶号、茶庄178家。1940年，有茶号、茶庄183家。到1941年，婺源县内茶号、茶庄发展到243家。（参见刘隆祥、詹成业《"婺源"茶史考》）

茶号不仅进行茶叶精加工，更重要的是进行茶叶贸易。婺源茶商早在唐代开始应运而生，明代时经商已成为婺人靡然从之的社会风尚。到了清代，婺源茶商凭借血缘姻亲和地缘乡谊关系，或是子佐父贾，或是翁婿共贾，或是兄弟联袂，或是同族结伙，"业此项绿茶生意者，系徽州婺源人居多，其茶亦俱由本山所出"。（《通商各关华洋贸易总册》卷下）婺源茶商的来源，有家贫就商、弃农经商、弃儒而商、弃吏而商、继承父业、亦儒亦商等多种情况，其资金也靠借贷、积攒、继承遗产、亲朋援助、合伙出资、资本转行等多种途径筹集。婺源茶商经营的主要地区，有广东、浙江、江苏、湖北、江西、安徽等省，最主要的是在上海，经济力量相当雄厚，规模也颇为宏大，甚至有的远达海外，从事茶叶贩运活动。由于婺源是南宋大儒朱熹的故里，崇儒重道、儒风独茂的社会环境熏陶出来的茶商，也大多"贾而好儒"，讲究商业道德。他们在经营中，以诚待人，以信接物，以义为利，仁心为质，所以不以次充优，以假充好，不取不义之财，反而疏财行义，急公好施，贾而好儒，耕读传家。因此，婺源茶商在当时推动了商品经济的发展，为资本主义生产关系萌芽提供了历史前提，推动了文化教育事业的发展，并促进了偏僻乡村的一些陋习旧俗的变易。（参阅陈爱中《清代婺源茶商管窥》）

不仅在婺源，江西一些茶叶主产区都具有特色的茶叶经贸习俗。像出产宁红茶的修水，兴盛时期的茶庄分本客两帮，总共有一百余家。这些帮别不一样的茶庄，其中有广帮十余家，徽帮十余家，本帮及杂帮六十余家。此外，还有俄商设立的新泰、顺丰、阜昌等洋行分行三家，采办红茶和花茶运销海外。在一段时间内，对于外商采取了抵制的方式："每岁春夏，客商麇集，西洋人亦时至，但非我族类，道路以目，留数日辄去。"（清·同治《义宁州志》）

4. 茶具之制：江西茶俗物化的再现

茶的饮用最必不可缺的器具就是茶具，所以唐代陆羽的《茶经》辟专章论述茶具，记载当时的茶具达 28 种之多，而后来《茶录》和《茶谱》谈及"煎茶四要"、"点茶三要"也把茶具列为一要。茶具是茶进入文化的关键性媒介之一，江西的茶具之制和茶具之用也是茶俗物化的再现之一。

古代的茶具就用途而言，大致可分为贮茶器、烹煮器、饮茶器等类。当时富豪显宦之家是选用金银贵重金属制作，但流行最广泛的还是陶瓷质地的茶具。江西有悠久的茶叶和陶瓷生产历史，并且两者交相辉映，互相促进。东汉之际虽然用途专一的茶具极为少见，但在江西的东汉墓葬中，就出土了用于贮茶的青瓷四系罐、烹茶的陶炉、饮茶的青瓷钵。三国墓葬中，出土了烹茶的陶炉、研茶的陶臼、烹茶时盛汤的铜鍑。在晋代墓葬中，出土了青瓷盖盒、青瓷镂孔罐、青瓷鍑、青瓷镳斗。在南朝墓葬中，出土了青瓷盏、青瓷托盏、铜罐、铜盒、铜匙。唐代墓葬中，出土了白瓷盏、铜鍑、青瓷盒。宋代墓葬的出土最丰富，有铜炉、铜注壶、铁筴、银匙、银则、鼓钉纹瓷罐、青白釉托盏、青白釉盏、黑釉木叶纹盏、黑釉贴花双凤纹盏、黑釉油滴斑纹盏等。（参阅陈柏泉《记江西出土的古代茶具》）这些出土的古代茶具，既可考见我国茶具的演进变化，又可显现在不同的历史时期江西地区对各种茶具的嗜好。

江西是中国的陶瓷故乡，是享誉海内外的"瓷都"所在地。早在唐朝天宝年间，当时就从江西运往京都大批名瓷、酒器和茶具，"豫章郡船即名瓷、酒器、茶釜、茶铛、茶碗"。（《唐书·韦坚传》）稍后，陆羽撰述《茶经》记江西"洪州窑"为当时全国著名的六大青瓷名窑之一，盛产名瓷和茶具。新中国成立后的陶瓷考古资料表明，丰城的洪州窑、赣州的七里镇窑、吉安的吉州窑以及景德镇窑等，都是著名的产瓷窑场，生产了大量的茶具。特别是景德镇瓷器历史悠久，"新平冶陶，始于汉世"，"陶至唐而盛，始有窑名也"。（《景德镇陶录》）北宋时，景德窑生产的瓷器质薄光润，白里泛青，雅致悦目，并有影青刻花、印花和褐色点彩装饰。南宋时，景德镇湖田窑成功地制成了褐黄、天蓝、微青细条纹的所谓兔毫盏。到元代，景德镇因烧制青花瓷而闻名于世。淡雅滋润的青花瓷茶具，不仅为国内所共珍，而且还远销国外。明代时期，景德镇成为全国制瓷中心，又先后创造各种彩瓷，产品造型小巧，胎质细腻，彩色鲜丽，画意生动，当时"成杯一双，值十万钱"。（明·刘侗、于奕正《帝京景物略》）清代制瓷技术又有不少创新，使"白如玉、薄如纸、明如镜、声如磬"的特点更加发扬光大。景瓷茶具白釉青花，清新典雅，大都配有精巧的装饰，或是精美的绘图，或是遒劲的书法，具有较高的审美价值、浓郁的民族风格和中国气派。用这等茶具冲泡名茶，在品饮时观赏茶具，别有一番情趣。"景瓷宜陶"，是我国茶具中的双璧。

5. 茶亭之盛：江西茶俗精神的表征

唐代刘贞亮曾提出"饮茶十德"，即以茶散闷气，以茶驱腥气、以茶养生气，以茶除疠气，以茶利礼仁，以茶表敬意，以茶尝滋味，以茶养身体，以茶可雅心，以茶可行道。而江西民间的茶俗，则提倡饮茶对品德的修养，提倡饮茶可以推行公德。江西境内的茶亭之盛，正是茶俗中这种精神的表征之一。

谈到茶亭的源起，当代书籍往往语焉不详，或是举清代刘献廷《广阳杂记》中所载叫望宿亭的施茶所，因刘氏曾为之题写对联"赵州茶一口吃干，台山路两脚走去"。其实，茶亭之始距今已有一千多年。早在五代之时（907—960年），婺源有一位方姓阿婆，为人慈善，在赣浙边界浙岭的路亭设摊供茶，经年不辍，凡穷儒肩夫不取分文。她死后葬于岭上，人怀其德，堆石为冢，县志称该墓为"方婆冢"，人们又称为"堆婆冢"。明代许仕叔《题浙岭堆婆石》诗云："乃知一饮一滴水，恩至永远不可磨。"方婆在浙岭茶亭烧茶礼客影响深远，有的乡人效其德并在茶亭中挂起"方婆遗风"的茶帘旗。南宋时，婺源路亭兼茶亭较为普遍，而且都是免费的，相传这与理学家朱熹的提倡有关。淳熙三年（1176年），朱熹回乡扫墓，见城东石壁下有一泉水，过往行人均免费饮泉解渴，与外地"饮水投钱"的习惯相反。朱熹十分欣赏，就提笔写了"廉泉"二字。由于他在家乡影响很大，所以路亭免费供茶越发兴盛，费用由村族支付或积善人家出钱，称为"方便茶"或"大路茶"。

"五里凉亭，十里茶亭"。在短亭接长亭的山乡，山亭、路亭、桥亭或店亭，都有人设缸烧茶，供过往客人歇凉解渴，茶水分文不收。这些茶亭的建筑，有的粗犷而带点原始，有的古色古香，也有的雕梁画栋颇为优雅。茶亭烧茶的用具是茶瓶，舀茶是用一个斜面小竹筒，装有长长的竹柄，盛茶用的是小茶瓶，也有的用冬瓜缸盛装，外以热火灰煨着保温。茶亭中的水，有的是山泉水，也有的是溪涧源头水。茶叶呢，则多是村姑自采自制的"名山"、"名家"茶，具有"颜色碧而天然，口味醇而浓郁，水叶清而润厚"的特色。《珍儿旅行记》中，曾记载了婺源的茶亭：

> 在这平坦大道的中间，每隔三里五里，必有一个茶亭。建筑得齐整华美，很像有钱人家的大厅。靠近两壁处设着长凳，供人休息。亭角上放着茶灶，一缕缕的茶香，从灶内飏出，灶旁放着几只竹杓，任人解渴，不要茶钱，也没有人监督。我曾在一个茶亭内，向休息客人中一个担柴的问道："这亭子没有人管，里面的物体不怕给人家偷去吗？"那人微笑着答道："我们这里向来没有盗贼的。不但这里的公共的物体没有人偷，就是你现在故意把物体丢在路上，到明天来看，包管不会失掉的。"他讲着这话，脸上很现出鄙视我的神情。

这种古雅朴实的乡风，的确使人赏心悦目，一直世代相传下来。如新中国成立后浙源乡有座修葺一新的高山茶亭，茶亭已几易其主，但几十年来常年供茶，不取水费。（江仲俞《方婆遗风，代有传人》）

据说，一般离村子较远而又偏僻的地方茶亭，都住着一家子人，男的耕种山田，女的在亭中烧茶做针线。"她们烧茶、敬茶，都沿袭着上一辈人传下的习俗，另有一番讲究。她们把婺源茶德中的'敬、和、俭、静'融为一体。"（程发奎《古雅的婺源茶亭》）在江西各地，还有季节性的茶亭，"又有施茶饮于凉亭要路，以祈福利者，至伏尽乃止"。（清·同治《广丰县志》）以前南昌市还有所谓"功德茶"，当时佑民寺、南海行宫等寺院门前，以及黄庆仁药栈店前，每当夏季都备有茶亭，免费供茶，品种有红茶、香片茶、神曲茶、午时茶等。

第二节　江西茶俗勃兴的多样文化选择

中国茶文化是一个多民族、多社会结构、多层次的文化整合系统，在这个系统中，民间文化和上层文化既有"割不断，理还乱"的血脉联系，又常在许多方面保持很大的分歧，很难用同一的概念和模式简单地归纳。江西的茶俗，占主导地位的是民生事项的景象，是植根乡土的立命原则和抱朴守拙的生活态度的融合，也不乏儒家风范和宗教情趣的渗透和介入。

1. 别有风采的日常饮茶

像江南的许多地方一样，江西是茶的故乡，有茶的氛围，饮茶既是一种物质上的享受，又是一种精神上的愉悦，是一种能够显示民风、表现素养、寄托感情的艺术活动，是一种雅俗结合的特殊的消费审美。

在江西的许多地区，人们早起就有饮茶习惯，家庭主妇每天的第一件事就是煮茶汤。所谓"茶汤"，家境稍宽裕的是用刚烧的白开水沏上一壶茶，家境贫寒则用老茶叶制作的"老茶婆"泡茶。但是，不论茶的质量高低，茶的味道浓淡，人们一杯清茶入腹，神清目爽，余香满口，精神倍增。在城镇，还有上茶楼、茶馆喝早茶的习惯。南昌人喝早茶俗称为"过早"，讲究精茶细点。也就是说，早茶的茶点并不是大嚼大饱，而是细软慢吃，以品茶为主。像春卷、白糖糕、二来子、撒子、牛舌头、金钱吊葫芦，都曾是南昌人品茶时的传统风味小吃。近些年，随着商品经济的发达，吃粤式早茶的风气越来越盛行，佐以精美的糕点和小吃，成为人们生活的一大享受。由于饮茶成风，连乡村农忙时加吃点心，也称之为"送茶"。

长期的社会生活中，江西人虽然嗜好饮茶，却往往奉行俭朴的生活原则。历代方志中，多有这方面的记载。例如：

> 贫人多饮水，即有茶，其叶粗，盖土产无佳品。若龙井、香片、珠兰、毛尖、六峒、普洱，皆来自他省，家非素封，莫敢购也。（民国《吉安县志》）

> 乡居农家饮茶，多用粗茶，俗名"石壁茶"，间有饮用自己种制之茶者。至饮用阳岭茶、龙归茶者更鲜。（民国《崇义县志》稿本）

> 饮用粗茶、本地茶是一种乡风，象万载也是"茶用大叶，皆崇乡及宜春产"。而对于饮用外地茶叶，则往往受到批评："辛亥以后，日趋奢靡。大桥、改江等处多有茶叶，香味亦佳，而反以外来为贵，窃以为乡土之观念薄矣。"（民国《万载县志》）

与这种俭朴风气相适应的，是萍乡人的"吃茶"。近代学者胡朴安在《中华全国风俗志》中说："我国各地之人皆喜欢饮茶，不独萍地为然，似不必赘述。然萍人饮茶，与他地不同。其敬客皆进以新泡之茶，饮毕，复并茶叶嚼食。苦力人食茶更甚，用大碗泡茶，每次用茶叶半两，饮时并叶吞食下咽。此种饮茶习惯，恐他地未之有也。"学者杨荫深在《事物掌故丛谈》中也写道："饮茶是饮茶汁，自古以来，该没有将茶叶也吃进去的，唯有现今江西萍乡人，却正如此。"的确，至今不少萍乡人还保留着这种吃茶的习惯，有的茶汁未饮完先捞几根茶叶塞进嘴中嚼食，茶饮完时杯中便一无所有。不过，胡、杨二位先生虽然是满腹经纶的大学者，认为吃茶"恐他地未之有也"却并不准确。像武宁县，就"俗喜嚼茶叶，啜其精液，又食其渣滓。然雪爪、玉钩，味实甘永，嚼之，齿舌间有余韵，虽文士不厌也"。（清·乾隆《武宁县志》）与江西交界的湖南也有饮茶吃渣的习俗，毛泽东饮茶吃渣的节俭习惯就是青少年时期在家乡农村养成的。只因为人们多不知道这习俗，才认为仅仅是他个人的节俭美德。

2. 真诚纯朴的客来敬茶

宾客莅临，首先敬茶，这是中华民族特有的待客礼仪，也是江西民间的遗风。以茶敬客，情深意长，江西的客来敬茶特别讲究真诚纯朴：主人敬茶，应双手奉送；客人接茶，也用双手，并口称"多谢"。俗话说："酒要满，茶要浅。"斟茶过满，是对客人不尊重。添茶时，要一手提壶，另一手摁住壶盖。而客人为了对主人表示尊重和感谢，不论是否口渴都得喝点茶。添茶时应用食指和中指轻敲桌面，以示感谢。如果不想喝了，就合上杯盖。在告辞前，应将茶喝完，以表对茶赞赏。这些虽是待客之道，也与其他汉族地区基本相同。

不过，江西客来敬茶还有独特的乡俗。在贵溪喝茶叫作"吃茶"，客人入座之后，主人随即用粗瓷饭碗送来半碗白开水。这并不是喝的茶，只是供净口用的水。接着，主人端上炸得焦黄的干红薯片，香气扑鼻的花生、豆子，还有各种蔬菜做成的菜干、热气腾腾的甜米果。茶果上齐后，主人才倒掉碗中的白开水，换上滚热的茶正式开始"吃茶"。如果没有几盘几碟款待，只用"白茶"待客，就被视为无礼之举。还有的邻里女友，备上几盘几碟，邀请来客中的女客到家里品茶，就叫作"喊茶"。也有许多地方，凡是亲戚、朋友上门，首先送上一杯清茶，接着一碗糖水或盐水煮鸡蛋，或是一碗长寿面（有的是炒米粉、炒粉皮），吃完再吃中饭或晚饭。之所以用一杯清茶开头，是祝愿亲友清清吉吉，万事顺心。

由客来敬茶发展开，南昌市有些商场运用茶情来招徕顾客，以前凡到李祥泰布庄、同升金店、黄庆仁栈药店，店员都给登门的顾客献上一杯香茶，表示欢迎，茶成为迎接顾客的佳品。客来敬茶的风行，使南昌人走亲访友、年节贺喜带的礼物，诸如糕饼之类，都被独创性地称为"换茶"，意思是用礼物去换一盏茶喝。

3. 约定成俗的岁时饮茶

不同的节日，不同的节气，往往是民俗活动最盛行，民俗事项最纷繁，也是民俗特色最鲜明的时候。江西的岁时茶俗，就正是如此。

元旦青果茶。元旦指农历元旦，即大年初一，为一岁之首，江西许多地方讲究吃青果茶。"人最重年，亲族里邻咸衣冠交贺，稍疏者注籍投刺，至易市肆以青果递茶为敬。"（明·正德《建昌府志》）元旦"乡邻往来投刺，以青果递茶为敬。"（清·同治《广昌县志》）所谓"青果茶"，是在茶中加放一只青果，俗称檀香橄榄，品味时更显淡雅清香。寓意一年之中都清吉平安，回味甘甜。这种风俗流行于江南一带，美籍华人蒲薛风所著《万里家山一梦中》也回忆道："家乡风俗，元旦（即农历元旦，大年初一）喜泡橄榄茶，特别是每一茶馆必然备此。橄榄初加咀嚼，呈露涩滋味道，但旋转为甘甜，润舌生津。"元旦之日，还有的"进元宝茶蛋等"。（民国《安义县志》稿本）所谓"元宝茶蛋"，实际上就是茶叶煮的蛋，以"元宝"命名，意为招财进宝。

正月传茶会友。"传茶会友"是贵溪县妇女们正月里的一种聚会。每年正月初十以后，男人们在外做客，女人们便由一家发起，邀请平日来往亲密的姐妹和左邻右舍的女宾来客吃茶。吃完一家，次日又换一家，少则一二桌，多则三五桌。妇女们聚在一起，边吃边聊，从村里大事，到家庭隐私，天南地北，无所不谈。往往从下午一点钟左右开始，至夜方散。（参阅舒惠国编著《茶叶趣谈》）

供茶接春。每年公历二月四日前后的立春，为全年的第一个节气。早在周代，就有天子亲率三公九卿、诸侯大夫去东郊迎春，并有祭祀太皞、芒神的仪式，以祈求丰收。汉承周俗，魏晋南北朝此俗仍盛，唐宋又发展了鞭打春牛、送小春牛等俗，明清以来民间有食青菜、迎土牛、贴春帖、喝春茶等俗。江西还有"供茶接春"之俗，即"供茶、果、五谷种子，蓺香灯，放花爆，谓之接春"。（清·同治《玉山县志》）

元宵茶俗。元宵节为每年阴历正月十五日晚上举行，以通宵张灯，供人观赏为乐。江西的元宵茶俗，一是"上元张灯，家设酒茗，竟丝竹管弦，极永夜之乐"（清·道光《新建县志》）。二是庆贺元宵的灯彩之中，"河口镇更有采茶灯，以秀丽童男女扮成戏剧，饰以艳服，唱采茶歌，亦足娱耳悦目"（清·同治《铅山县志》）。也有的地方是"杂以秧歌采茶，遍行近村，索茶果食"（清·同治《东乡县志》)。三是"夜深，妇女以茶果、香烛供紫姑神，问家常琐事。"
(清·同治《崇仁县志》) 紫姑虽名为厕神，但主管却并非茅厕之事，
而是占卜预测吉凶福祸。

惊蛰炒害虫。每年公历三月六日前后的惊蛰，天气转暖，渐有春
雷。江南民谚云："惊蛰闻雷，谷米贱似泥"，也有认为"是日雷鸣，
夏季毒虫必多。"所以，江西遂川县山区为了减少害虫，使庄稼不被
害虫侵袭，有"炒害虫"的习俗。惊蛰这天，农民将谷种、茶种、
豆种、南瓜种、向日葵等各类种籽一小撮放入锅中炒熟，分给孩子们
吃掉，意为吃掉害虫，保护作物丰收。

饮立夏茶。每年公历五月六日前后的立夏，我国习惯以此时作为
夏季的开始。江西各地，有饮"立夏茶"的习俗。"立夏日，妇女聚
七家茶，相约欢饮，曰'立夏茶'。谓是日不饮茗，则一夏苦昼眠
也。"(清·乾隆《南昌县志》)"立夏日，士民家煮粉团食，谓之立
夏羹。又有相约欢会饮茶者，曰立夏茶。谓是日不饮茶，则一夏苦。"
(民国·《昭萍志略》)。曾有《立夏茶词》，描述这一风俗：

> 城中女儿无一事，四夏昼长愁午睡。
> 家家买茶作茶会，一家茶会七家聚。
> 风吹壁上织作筐，女儿数钱一日忙。
> 煮茶须及立夏日，寒具薄持杂藜栗。
> 君不见村女长夏踏纺车，一生不煮立夏茶。

除饮"立夏茶"外，"立夏，田家人多以茶叶蛋、米粉肉、熟田
螺为是日点缀佳节之食品，或宰狗食之，似亦仿古烹狗祖阳之意"
(民国《上犹县志》稿本)。

此外，端午节时，江西民间有正午到野外采撷百草为茶，称"午
时茶"。一般伤风感冒等寒暑时疾，抓一把午时茶熬水喝莫不见效。
"八月中秋节，亲友馈送各种月饼，以助月下茗战之资。"(清·同治
《铅山县志》) 所谓"茗战"，原指斗茶，后用于广泛性地称饮茶。在
江西民间，连中秋吃月饼也被视为品茶的助兴而已。除夕之际，"守

岁聚饮，取红枣、莲子、荸荠、天门冬煎之当茶，谓之'洪福齐天'。"（民国《安义县志》稿本）非茶之茶，也是民间所习惯品饮的。另外，民间还讲究不同节气吃不同的茶点，"其在二三月间吃艾米果，立夏节日吃鸡蛋和田螺，端午节吃粽子，中元吃叶子米果，九月重阳吃薯圆，过年吃黄年米果和蒸笼米果等，又属应时茶点食品类矣"（民国《崇义县志》稿本）。

4. 含义深远的婚恋用茶

民俗中含义深远的茶礼，突出表现在婚恋之际。古人认为："种茶下子，不可移植，移植则不复生也。故女人受聘，谓之吃茶，又聘以茶为礼者，见其从一之义。"（明·郎瑛《七修类稿》）古人以栽茶必须下籽，隐喻结婚就要生子，并以茶树不可移植作为婚姻笃定、爱情专一的象征。这种价值取向和道德意义，历代相传成风，江西民间习俗中婚姻的各个阶段也都与茶有紧密的联系，故旧有"三茶六礼"之说。

相亲用茶。一般来说，茶叶与婚俗有关始于行聘。"今婚礼行聘，以茶叶为币，满汉之俗皆然，且非正室不用。"（清·福格《听雨丛谈》）而在江西，相亲之时茶叶就有妙用。遂川县客家青年谈对象，介绍人引荐双方见面，常常到茶店中去，茶资归男方支付。此时必须要六样茶点，每样称六两，意为"六六大顺"。修水县媒人带仔俚（指男青年）去姑俚（女青年）家相亲，姑俚泡上几碗茶用茶盘端出来，这第一盘是见面礼节。女方家长陪同客人一边喝茶，一边拉家常话。过少许时间，如果姑俚又送来第二盘茶，仔俚也接过了第二碗茶，表示男女都同意了亲事，双方的话题也就转入了结亲的事。如果姑俚不再送茶出来，表示女方不同意亲事。仔俚不接第二碗茶，表示男方没有相中姑娘。不论哪种情况，客人都要马上告辞。

订亲用茶。江西各地有许多这方面的记载："行聘必以茶叶，曰'下茶'。"（清·同治《湖口县志》）"行聘时，男家具饼、茶叶、酒、猪、鸡、鱼必足。"（民国《赣县新志稿》）"先期数月，预行聘礼，其仪物多寡，视贫富为增减。惟内用春茗一盆，取其得春气最早，示女归及时之义。女家回盒，用谷种数升，取其发生无穷，有养人之义。"（民国《瑞金县志稿》）"男家备长庚，钱二千并仪物、首饰、衣服、香茗等件，名曰'下茶'。"（清·同治《会昌县志》）有的定婚时虽然不送茶叶，但也以茶为名。"将婚，男氏具书及饼、饵、鱼、肉、币、帛、衣、钗等物送至女家，俗云'过茶'。"（民国《上犹县志》稿本）还有的将男女双方议立记载聘礼与嫁妆的品种与数量的礼单，叫作"立茶单"或"写茶单"。茶单议立后，就意味着初步建立了姻亲关系，双方即改口称呼。在遂川县，还有送茶包的习俗。定婚这天，男方代表五至九人前往女家，女方"客娘"要一一敬茶待客。当"客娘"敬茶到"后生"手中时，"后生"喝完这杯茶随即要把预先包好的"见面礼"红包放在茶杯内，并将茶杯送回"客娘"手中。"见面礼"茶包的数额多少，视男方家经济条件和大方情况而定，少则几元或几十元，多则百元以上，但数字要求逢九。由于江西素有重视人品的风气，也有的"纳采、行聘、一茶一果，俱辞不受"。却特别看重个人的品貌和才学，"然专尚择婿，首重儒生。祈名之初，必问曰：'郎君读书否？曾入学否？'斯风俗之最美者。以故，父兄每勤于延师，子弟亦勉于向学矣"（清·康熙《赣县志》）。

婚礼用茶。行聘之后，男女两家便为筹办婚礼忙碌起来。迎娶之日，花轿到女家后，媒人、乐手等稍事休息并用过茶点后，乐队随即吹奏起来催请新娘上轿。接着，侍娘走到轿前，手握米、茶叶撒向轿顶，意为驱逐邪祟。花轿"将到门，婿严服出迎，搴帷接茶，然后进门"（清·同治《乐平县志》）。拜堂、喝交杯酒之后，南城县一带要"揭席，郎与女堂前交拜，姑或祖姑为妇去花头，揭手帕，饲以茶果，谓之'拜茶'"（清·同治《南城县志》）。然后，侍娘引新娘入洞房，给箩坐给篓坐，意为新娘今后做事灵活如箩车篓转，最后给凳坐、给茶喝。闹房之时，有的地方新娘要给六亲百客敬茶。茶乡婺源还有个习惯，每个姑娘出嫁前都必须亲自用丝线和最好的茶叶扎一朵"茶花"。出嫁那天，新娘用开水冲泡这朵"茶花"，分敬公婆和宾客。亲友们，尤其是妇女们都围住这朵"茶花"来品评新娘的手艺，而碧绿清新、芳香四溢的"茶花"又象征着新婚夫妇的美好青春和幸福的家庭生活。同时，新娘还要亲自用铜壶烧水，按辈分大小依次给亲朋宾客沏上一杯香茶，这叫"喝新娘茶"。

　　婚后用茶。新婚之后，许多礼俗也与茶有关。成婚后的第二天清晨，江西各地都有由新娘敬茶的习俗，但不过有的只敬公婆，有的要敬家族中的各式人等及远道来参加婚礼的亲戚，还有的挨家挨户去拜叩亲友邻里，一一敬茶。如"合卺之明日，新妇冠帔立堂阶，使老妪捧瓯执壶侍，瓯中置枣栗，佐以匙，请舅姑诸尊长立堂上，妇捧茶瓯三献，舅姑诸尊长咸答礼。妇以瓯陪立而不饮，俟舅姑诸尊长饮毕，然后退"（清·同治《铅山县志》）。新婚"次日，拜祖先，即古庙见礼；次拜翁姑、尊长及媒氏。新姻叙见卑幼，谓之'拜茶'"（民国《昭萍志略》）。结婚三天之后，新娘要下厨房烧茶做饭，"新妇是日辰早入厨，捧茶果登堂奉舅姑，唯谨"（清·同治《乐平县志》）。或是"女入厨下作茶汤，以母家所赠果类遍饷宗亲"（民国《弋阳县志》）。还有的新婚"三日，婿导新妇入厨下，亦鼓乐。婿遣人请女家会亲，不至，则饷以筵席，谓之'新人茶饭'"（清·同治《宜黄县志》）。或是"三日庙见"，"族房皆贺，随答谢茶果酒"（清·同治《新余县志》）。这些都离不开清香的茶叶。有的虽不用茶叶，却仍以茶称之。婺源茶区还有"请郎茶"的习俗：新婚头一年，老丈人的亲戚、好友和邻里，都要在来年农历正月"接新郎倌"（俗称接新客）。"接新客"那天要将珍藏好的上年好茶每人沏上一杯，边喝茶边叙谈边吃糕点，待茶过三巡，才酒菜上桌。按当地乡风，新郎倌这天喝醉了主人才高兴，但新婚妻子往往将浓茶递给丈夫，以解酒防醉。

　　茶贯穿婚俗的始终，是因为茶所富有的多种内涵：茶是清洁的象征，寓意爱情的纯贞；茶是吉祥的象征，祝福新人生活美满；茶是亲密、友爱的象征，祝愿夫妻礼敬、儿女尊长、居家和睦、亲家情谊、多子多福。

　　5. 寄托思绪的祭祀供茶

　　用茶叶祭祀，在我国有悠久的历史，有文字记载的可追溯到两晋南北朝时期。而在江西民间，"无茶不成祭"的观念深深印在人们脑海里，许多地方保留着古老的用茶祭典神灵、祭奉祖宗、祭奠死者的风俗。

祭典神灵。不论在庙宇参拜神像，还是居家祭拜神仙，江西民间都喜欢斟上茶汤，据说神仙们都像常人一样有喝茶的习惯。胡朴安的《中华全国风俗志》曾详细记载了江西德安杨泗菩萨晒袍的风俗中，用茶祭拜神灵的情景：

> 德安于阴历六月六日，俗传为杨泗菩萨之诞辰。杨泗菩萨是日必须晒袍。家家户户之妇女及儿童，皆着新衣新裳迎接杨泗菩萨，须恭恭敬敬，不敢说一句笑谈；如敢有说笑谈，谓菩萨必将降灾于其人之身。并将杨泗菩萨由此屋迎进到彼屋，名曰过案。所供之物，为麦制之发粑，及细茶、猪肉。供过之后，便将物品分给儿童，云食之菩萨必保佑其身体强健。

敬神要用"细茶"，民间认为是一种最大的虔诚；而敬神后的"细茶"，又成了福佑安康的"神物"。用茶祭神在海外也有所闻，日本的"茶有十德"其中之一为"请佛保佑"。

祭奉祖宗。在江西，敬奉祖宗牌位，或者祭扫祖先墓地时，除了各种祭祀品外，有的还要另外斟上一杯茶水。旧历腊月三十的团年饭前，祭祖先更是少不了香茶。人们先将煮熟的全鸡、全鸭、全鱼，分别装入盘中，每样贴上小红纸图案，并备好清茶、佳酒各一杯，斋饭一碗，后点燃红喜烛，放较长的喜爆，由家庭主要成员开始在正厅堂上祭祖，然后全家男女老少围桌入席团聚。清明扫墓，在父母坟前叩祭时，要在坟头洒一些茶叶，表示报答父母养育之恩，有如茶叶的芳香永远铭记子孙心中。这种用清茶祭奉祖宗的习俗，除江西外，广东等地也很盛行，连云南崩龙族也是如此，他们认为："茶叶是茶树的生命，茶叶是万物的始祖。""各个民族都喝茶，喝着茶水莫把祖宗忘。"（见宋思常编《中国少数民族宗教初编》）

祭奠死者。在民间丧葬礼俗用茶，也有许多讲究。例如，人死后，"含尸金银币外，兼用茶叶米"。次朝夕奠，"就灵堂设奠，焚香、斟酒、点茶"。"唁出，丧主哭人，司宾筵客待茶"（民国《安义县志》稿本）。"每逢七，亲戚轮送楮锭纸衣，供馔茶点，以七七为度。"（清·同治《会昌县志》）人死后要放置茶叶，据说死者的灵魂过孟婆亭时就可以不饮迷魂汤。这种习俗，南方各省都较盛行。表面看来，丧葬用茶含有愚昧、迷信，但剥去其外衣，则含有清醒、理智的人生观念，反对被鬼神随意摆布。

6. 独具魅力的茶馆文化

遍布各地城镇的茶馆、茶楼、茶肆、茶坊，是适应社会生活节奏发展起来的，是市民茶文化最典型的表现。这种茶馆文化，是在乡间由血缘、村社、亲戚构成的以茶交际、欢娱的集体氛围基础上产生的，是城市由职业、行当或经常性社会活动进行交往的人际关系和人际环境重构的新产物，是和在清寂中独立思考的以茗为伴迥然不同的倾向于集体与欢快为特点的民间茶俗。

江南一带，数南昌市的茶馆多、规模大。南昌茶馆又名茶园、茶社、茶店、茶铺、茶楼，本地人多称为茶铺或茶社。据传，南昌摆茶铺、开茶庄可上溯到唐宋时期，至今有千年的历史。经营茶业和茶馆业，成为南昌地区重要传统行业。新中国成立前夕南昌人口不过二十多万，茶馆却有二百多家，遍布全市四面八方。仅在船山路一条街上，就有宝华楼、聚贤楼、陈源发三座大茶楼，相隔不到300米，各自设有400—500个座位。靠闹市区有德春园、春园阁大茶楼，靠东、靠北还有福裕春、万花楼、四海全、福兴润、杏花园等大茶楼，其中福裕春茶楼有号称"南昌市半员外"之说。当时较著名的茶楼，还有中山路的青莲阁、聚兴楼、四季春，西大街（现子固路）的黄一层楼、章江门的瑞云楼，胜利路的集仙楼、福胜楼，广润门内笋巷的集贤楼，进贤门外绳金塔的福星楼，高桥的福寿楼等。南昌的茶楼大致分为高、中、低三个档次，其中高档茶楼，装饰宽敞，并专辟雅室、特座，以茶为主，兼办小吃，也有清音曲艺、琴棋等文娱活动；中档的设备略差，但大都附设说书的（南昌人叫作听"古儒词"），讲《彭公案》、《济公传》、《水泊梁山》、《包公案》等；低档的大街小巷均有，最次的叫作"寡茶店"，多是些老人饮茶谈天说地之处。

南昌茶馆前大都挂有黑底金色"茶"字招牌，门外书写"清茶细点，一应俱全"。店里陈设的，主要是八仙方桌和长板凳，每位茶客一套带碗盖、托碟的瓷茶碗和一双竹筷。大茶馆的炉灶一般在店堂中部，多的有十个火孔，同时用十把锡茶壶烧开水。茶叶由老账房或老板娘掌管，普通茶叶是香片，如要龙井、毛尖等高级茶叶则另加费。跑堂的茶房往往有过硬的技巧：送茶时，一手提水壶，一手托茶盘，泡茶送点心一起上。泡茶时，一手揭开碗盖，一手冲茶，一冲即准，一准即满，不多不少，不会把开水滴在桌上。报账时，用特殊的腔调唱起来，其词大致是："哦，楼上×号茶桌上，×位客人结了账，香片×碗×角×，点心×盘×角×，一共×碗加×盘，合计×元×角×，手巾把子小账在外，欢迎客人下次再来。"这种独特的唱账，不仅茶客听得清，而且坐在楼下账房柜台的老板娘也能听清，堪称南昌茶馆一绝。南昌茶铺例规，大体实行早、午、晚三巡，过了午饭、晚饭时间，需要重新计价，茶资一般低廉；适合平民要求。茶客坐泡第一次茶，叫作"泡头碗"，一般三泡为度。茶客如果有事离座，把茶碗盖翻个面盖好，表示还要来饮茶。在茶馆里不仅可以饮茶消闲歇息，也是通俗文艺娱乐场所，是社会交往的重要场所，信息交流的中心。

新中国成立后，南昌茶铺大大收缩，大都停歇改行，只有少量继续维持。自从改革开放以来，南昌茶馆逐渐恢复，南昌八一公园、人民公园、绳金塔、王家巷等地段的茶馆规模较大，茶客也较多。特别是近几年来，还出现了一些格调优雅、情趣盎然的茶艺馆。

除了南昌市外，江西各地的城镇也有大小不一的茶馆。像位于赣西的万载县，茶店一般是前店后厂，厂店合一，即前店是卖茶的茶厅，后店是制糕点的车间。店堂一般陈设简朴，只有八仙方桌和长板凳。经营以粗茶为主，兼营茶食、茶点。乡镇的茶店多以地方风味和经济实惠为特色，成为各地信息和乡间趣闻的传播中心、平民百姓寻求情感交流和精神乐趣的最佳场所。

7. 林林总总的茶事茶规

江西茶俗的勃兴，存在多种多样的文化选择，除了上述介绍之外，这里再列举几例：

拜师茶。江西民间素有"尊师重教"的传统，旧时南昌家长送学生入私塾发蒙，要备上一份拜师礼，其中之一是一包茶叶，意思是恭维塾师高雅芳香，并求塾师多多费神。在江西，弟子去拜访老师，饮茶也有特殊的礼节，"师位西南，东北面，弟子西面茶"。（民国《安义县志》稿本）

文士品茗雅集。南昌历代为经济重镇，交通枢纽，也是文人学子经常聚会的地方。明朝万历年间，南昌学者余日德就经常与明宁王六世孙朱多煓到芙蓉园饮茶唱和。明朝南昌的文社很多，如豫章社、滕王阁社、江天阁社、悬藜社、杏花楼社、听松雾社、视笑社、厌原山房等。文人墨客定期聚集，都以茶助雅兴，以茶助文思，写下了一些格调高雅、词句淡远的诗行。南昌学者万元吉同文士万时华等在滕王阁社品茗赋诗，其中有一首《滕王阁》写道：

> 高楼含变入春烟，一片遥青界水天。
> 来去船心风后定，有无山色两余鲜。
> 云留想为茶香炉，波撼如将槛影连。
> 辛苦章城楼下水，独遗帝子自年年。

"云留想为茶香炉"句，大意是说：天上云气留滞不动，可能是由于滕王阁上客人饮茶的香气所致。这虽是浪漫夸张之词，想来也是因诗人品茶后思涌神爽而引发的诗兴。

分用茶具。在江西民间，茶具颇有自身特色，每种人用什么茶具也有一定的习惯。像大家庭里，有包壶、藤壶、小杯盖碗茶具之分。包壶是一个特大锡壶，用棉花包起来，放在一个大木桶中，木桶留一小缺口，伸出壶嘴，稍一倾斜即倒了出来。这种茶是供下人、长工、轿夫喝的。藤壶是略小的瓷壶，放于藤制盛器中，有点像明代的"苦节行省"（亦称"苦节君"，即炉，用以生火烧水，属总贮茶器系列）。倒茶时提出瓷壶，斟在杯中。这是一般家人和一般来客喝的。而一家之主，喜庆节日，贵客临门，却要新茶原泡的盖碗茶。茶文化

专家王玲认为："这其中，虽然多了些'等级观念'，但以茶明长幼的含意却十分明确"。(《中国茶文化》)

茶凑百家锁。百家锁是一种祈求孩童吉祥如意、健康成长的挂件，给小孩挂百家锁是流行于全国各地的风俗。而在江西，购置百家锁时茶叶也发挥了重要的作用。"赣省风俗，每遇小孩初生，为父母者必有种种之迷信手续，如凑百家锁一事，尤为全赣之通行品。其法以白米七粒，红茶七叶，以红纸裹之，总计二三百包，散给亲友。收回时须各备钱数百文或数十文不等，将集成之钱，购一银锁（正面镌'百家宝锁'，反面镌'长命富贵'），系于小孩颈上，即谓之百家锁，谓佩之可以保延寿命云云。"(胡朴安《中华全国风俗志》) 用白米和茶叶凑够百家锁，真是绝妙的做法。

以上我们展示的，虽然只是林林总总的江西茶俗的几个侧面，却是民众生活的一些重要显现，并且可以清楚地看出民间茶俗的基本特质。虽然民间茶俗不像儒、道、佛各家有系统的体系，但民众把饮茶的精神追求贯穿到生活的众多环节：衣食住行，婚丧嫁娶，人生礼仪，日常交际。正是从这些最常见的现象中，从质朴、简洁、明朗、欢快的风尚中，全面集中地体现了中国茶文化精神与民众思想的有机结合、中国茶文化传统与民众规范的有益实践。

第三节　江西民间茶道的特殊韵致

茶道是以饮茶、烹茶为核心，在一定的环境气氛中，表达一定的思想感情，具有一定的时代性和民族性的生活艺术活动。虽然早在唐代，我国就出现茶道并传播海外，并在宋、明均有传承和发展，但在随后的岁月中却似乎难于觅见踪迹。其实，民间的肥田沃土既是一切文化的源头和根脉所在，也是一切大量失传的上层文化的蕴藏所在。从民间茶俗中，既可以发现中国茶道的历史精华，又可以探索中国茶文化新的发展方向。而在江西民间，无论农家翁媪，还是茶乡村姑，都有自己古朴清丽、多姿多彩的茶艺形式和茶道精神，蕴含着十分丰富的内容和非常厚重的积淀。

1. 丰富多彩的武宁茶饮

地处赣北山区的武宁县，是江西著名的茶乡之一，这里不仅有悠久的种茶历史，而且有最著地方特色和乡土气息的淳朴茶俗。"李唐而后，江南人皆嗜茶，而武宁独甚。""至于茶，则僻村深谷，往往专制蓄之法，割牛肟，泛素瓷，甘泉清溪，随地可得，虽屠苏茅茨，其精好不异士大夫家。"（清·乾隆《武宁县志》）这种乡风，从古至今，沿袭不绝。

茶类之多。武宁做红茶外销，各家自制绿茶饮用。"宁红"茶全县皆产，尤以山区为最，从粗制到精制要经过20道工序，以条索秀丽、香气持久、滋味醇厚而驰名中外。当地喜欢饮用的绿茶又谓青茶，制法简单易行，摘来鲜叶，热锅炒软，晒干即成，汤色呈淡绿色，清香爽润隽永，提神醒目，沁人心脾。乡间大都是嫩茶摘制出售，粗茶留作家用，也有用茶果泡茶的。除了饮用茶叶外，当地还有其他名目繁多的茶饮：

菊花茶，系用色白朵小的"茶菊"制成。采摘茶菊后，掐去花蒂，单取花瓣，洗净晾干，以盐渍之。盐化后轻轻搓擦，装入瓶中压紧封口，数日后便可泡饮，储藏经年不坏。菊花茶晶莹剔透，味香返甜，具有散风清热、平肝明目的功能。冲泡菊花茶，多以单一的菊花入茶，也有的以青茶数叶夹泡，微苦中返甜，其味无穷；或是用盐渍储存菊花时就一同伴以橘皮粒，菊花清心明目，橘皮化痰顺气，互为补充，相得益彰；或是在菊花茶中杂以温中补气的生姜，重在营养成分和药用价值的和谐统一。

芎香茶为武宁城乡常饮用品，以茶罐盛红（绿）茶水加泡芎片或芎末，加少许细盐，有清香药味，饮之健脑开胃。芎产大桥北屏山，"北乡以芎和茶，南乡以蕨为粉，蕨粉行四方，芎之用唯兴国（今湖北阳新）、瑞昌及本邑村落而已"。当地出产芎香历史悠久，质量上乘，小芎香味浓烈，用作茶饮，故俗称茶芎；大芎多为药用，故俗称药芎。长期饮用芎香茶，有益身体健康，因"茗之性寒，芎之性散，皆有明文。土人二物并用，老者寿考康宁，少者强壮自若，未尝见有毫发之损，或地气相宜，抑亦脏腑相习。《本草》诸书，时有不验也"（清·乾隆《武宁县志》）。

莳萝茶，是用莳萝果实加入微量细盐冲泡而成，茶色微黄，茶味芳香。莳萝俗称"土茴香"，多年生草本植物，果实椭圆，可以入药，有健脾开胃消食作用。饮用莳萝茶，是武宁乡间农家的茶俗。

不过，上述茶只能解渴，不能充饥，用当地话说："冒有嚼头"，意思是"只能喝，不能嚼"，有点美中不足。于是，创造出多种多样的"有嚼头"的茶。例如：芝麻豆子茶，用开水冲泡炒熟的芝麻（白色为上）、豆子（青色为上），加入微量盐姜，此茶清香味咸，略带微辣，边饮边嚼，还有滋补功效。玉芦茶即为玉米茶，因山里人称玉米为"玉芦"。该茶系摘来嫩玉米，剥下玉米粒用盐拌和后略晒储罐。饮用时，将玉米粒倒入小炉罐，用文火慢煮，然后掺入熟芝麻、花生米和黄豆，放上几片茶叶，搅匀后舀入放有炒米的碗内。玉芦茶香甜咸脆，饱人肠胃，暖人心腑，风味独特。薯砣茶，是把新鲜红薯或晒干储藏的红薯切成小四方块，煮熟后撒上熟芝麻、花生米，再放几片茶叶，既可解渴，又能饱腹，味道特别，乡风独醇。枣饼茶，是将自种的枣子晒干蒸熟，捻去枣核，压扁再晒，收藏入瓦罐，可经年不坏。饮用时，将枣饼放进碗里，将碗放在鼎罐里文火细炖，特别讲究炖制诀窍："火功未到，香味不飘；火大饼焦，香味全消。"枣饼炖好后，抓几片茶叶放在上面，再放两匙红糖，就成了热气腾腾、香气扑鼻、富有营养的枣饼茶。米泡茶，也称炒米茶，用大米（糯米为上）炒熟成橙黄色，加熟黄豆拌和，饮用时放糖搁盐，以开水冲泡，既能充饥，又能解渴。正因为武宁茶的种类繁多，所以当地把喝开水称为"喝茶水"，而"喝茶"则专指"有嚼头"的茶，或者特别说明喝何种茶。

择水之趣。精茶、真水是嗜茶者刻意追求的目标，精茶、真水的融合是嗜茶者最佳的享受。所以，古代的文人雅士强调："茶者，水之神；水者，茶之体。非真水莫显其神，非精茶曷窥其体。"（明·张源《茶录》）人们往往误解民间饮茶，以为只有"粗茶淡饭"，解渴式的粗放"牛饮"。其实，山里乡间同样讲究茶叶的品质，讲究泡茶用水的优劣。武宁县"奇峰异壑，不可以数"，"甘泉清溪，随地可得"，水质清洁纯净，适宜泡茶煮茗。乡间饮茶，多是"清明前摘焙，溪涧水注之，色微碧，叶绝隽，饮过喉舌间有余味，令人疏豁"。或是"长凹、竹凹茶入数十叶于精瓷碗，倾以清溪熟水，叶新解全液出，饮之味清远厚郁，移时则失其妙"（清·乾隆《武宁县志》）。茶乡人家喜欢用泉水、溪涧水烧茶煮饭，而很少吃河水、塘水。不过，山路崎岖，山高路远，有时要得到甘甜佳妙的用水颇为不易。于是，人们创造了特有的"自来水"：把大毛竹一劈两半，用木棒支住，架起阶梯状连绵不断的"水捡"，将泉水或溪涧水由源头直接引到厨房、茶灶。这种引泉煮茗的创造，也被文人墨客津津乐道："水流清影通茶灶，风递幽香入酒筵。"（清·戴云《游南山》）

烹茶之妙。在武宁这块土地上，不仅秀美的峰峦生长着幽翠可爱的茶树，清冽的甘泉冲泡出香味绝佳的茶汤，而且形成了别致考究的烹茶方法：地炉烹煮。地炉俗称"火炉头"，即在堂屋或厨房的地下挖一个圆形浅坑，用砖头将圆坑围住。另将竹索一头吊挂在屋梁之上，一头系着制好的挂钩，挂钩可上下伸缩自如，再将铁镬或陶镬吊在钩上，在坑中架火燃烧。对于地炉的制作、使用和烹煮茶饮的特有情趣，清·乾隆《武宁县志》曾作了颇为详细的记述：

> 宁人嗜茶，就地炉且烹且饮。其制：取六七尺竹，屈其颠而洞其中，颠悬桁上，末注炉间，中斜系木。燕尾长尺许，凿孔以钩挺，上穿竹而下垂钩，可悬铁镬，伸缩上下，视火盛衰，水之生熟为度。镬有耳，耳受高环，环挂于钩上，沸则撤镬之盖。环必高者，便于盖也。凡嫁女用镬，以备房中用也。房中有炉有镬，武宁乡市皆然。
>
> 宁人喜地炉，烧楂柚，儿女团坐，烹茶温酒，煨麦果芋栗，火炎炎四大，日夜不辍。山中断斗大木燃之，火尤盛。

地炉的制作和使用，是武宁生活中的一大特色。"嫁女必备""乡市皆然"，说明了地炉的普及和使用的广泛。这种"火炎炎四达，日夜不辍"的地炉，既可以烹茶煮饭，又能烤火取暖，一物数用，一举数得，便利了山民的日常生活，隆冬时节在严寒的山区更是不可或缺。所以，清代著名诗人盛乐在《山棚鼓子词》中写道："积雪嵯峨十八盘，闭门枯坐煮荞团。地炉明火连昏旦，儿女无衣不道寒。"

值得注意的是，地炉烹茶有几个重要环节：一是"且烹且饮"。陆羽《茶经》曾提倡："乘热连饮之，以重浊凝其下，精英浮其上。如冷，则精英随气而竭。""且烹且饮"正可以"乘热连饮之"，吸取其"精英"。二是"视火盛衰，水之生熟为度"。煎茶之时，唐人很重视活火和水的滚沸程度。诗人李约曾说："茶须缓火炙，活火煎。活火谓炭火之有焰者。当使汤无妄沸，庶可养茶。始则鱼目散布，微微有声；中则四边涌泉，累累连珠；终则腾波鼓浪，水气全消，谓之老汤。三沸之法，非活火不能成也。"（引自唐·温庭筠《采茶录》）虽然武宁民间对火的盛衰、水的生熟有自己的见解，但把这两者作为烹茶的重要方面，却是与唐人相通的。三是火以"断斗大木燃之，火尤盛"。这固然因地处山区，"断斗大木"易得，但也由于在实践中发现选择好燃料"火尤盛"。而陆羽早就认为，要将茶汤煮好，对燃料的选择也很关键。最好用木炭，其次用硬柴。沾染了膻腥的木柴，或含油脂多的，以及朽木之类，都不宜用。看来，武宁的地炉烹茶与唐代的煎茶有某种内在的一脉相承，山区的乡民虽然不一定通晓古代的经典，却颇得唐人饮茶遗风。

2. 乡风浓郁的修水茶礼

与武宁同处赣西北的修水县，也是江西著名的茶叶之乡。修水嗜好饮茶，可上溯到汉唐时期，唐·毛文锡《茶谱》就记载："洪州双井白芽，制作极精。"修水古属洪州（南昌）府管辖，双井为县境内一村名。宋代修水籍大诗人、大书法家黄庭坚对双井茶推崇备至，特意带入京师分赠朝中诸友，顿使"双井名茶动京关"。清道光以后，修水又盛产宁红茶。在长期的种茶饮茶历史中，修水形成了一系列乡风浓郁的民间茶礼。

以茶敬祖。茶不仅是饮料，而且是敬奉祖宗的供品。每逢春节、端阳、中秋等传统节日，都要在祖宗牌位或已故亲人遗像前的供桌上，恭敬地点燃一炉香，供上一碗茶，作揖祈祷，求祖宗、先人保佑全家康泰幸福。这种风俗，流行全国许多地方。但是，修水不仅如此，还要把这碗上过供的茶让全家大小每人都喝一些，相信这样祖宗就会赐福给后代。

以茶会友。无论炎炎盛夏户外纳凉，还是数九隆冬围炉烤火，左邻右舍、亲戚朋友聚集一处，女主人都要马上起身端茶。热天喝凉茶，冬天喝热茶。这种"以茶会友"，是经常的、随意的、不拘形式的。大家边喝茶、边聊天，可以说是民间自发和自由的"茶话会"。

以茶待客。修水民风淳朴、热情好客，不论生人熟客来到家里，主妇都会马上泡一碗茶，双手端给客人。客人要站起身，双手接茶。"经过上千年的饮用，修水人把茶的解渴清暑医疗保健功能和民间交往礼俗相结合，形成了各式各样的饮茶习俗，如坐在火塘旁边烧边喝的崇乡茶，礼数周到的西乡茶，清香解暑的奉乡茶，半碗作料可以疗饥的泰乡茶等不胜枚举。"（卢国平《清香醉人的修水茶俗》）但最有地方特色的，还是作料繁杂的"什锦茶"：把用盐腌制的菊花、萝卜、生姜、橘子皮和炒得喷香的芝麻、豆子、花生以及花椒等，放上茶叶一起冲泡。这种风味茶饮，重在营养成分和药用价值，与茶开始是作为药物的历史风俗是一致的。虽然明代以后逐渐流行清饮法，茶叶掺和果料、香料的饮茶习惯逐渐消失，但在修水依然保留着这种古朴的风俗。品茗时的下茶之物，都是当地的薯片、蚕豆、红壳饼之类的土特产，还有的煮几个鸡蛋。

修水以茶待客时，不仅讲究主人的热情周到，也很看重客人的品格修养。客人"喝完茶，把碗放在桌子中间，不能放在桌边上，更不能放在地上，还要道一声'多谢茶'，这是起码的礼节。"（徐冀野、傅伯华《修水茶俗》）

3. 琳琅满目的婺源茶趣

前面已经说过，婺源是著名的茶乡，婺源的茶亭之盛在全国首屈一指，而其间所表征的茶俗精神也有广泛、普遍的意义。这里，我们再列举一些琳琅满目的婺源茶趣。

饮茶之趣。婺源人早晨起床，把泡茶作为头等需要。当地民谚云："喝了十碗茶，赛过神仙爷。"这与唐代卢仝所说"七碗吃不得也，唯觉两腋习习清风生"情趣迥然不同。一般是，投入大把茶叶，用三沸水冲泡，叶一半，汁一半，略为品啜，便开始牛饮。他们认为，种茶人吃茶就要吃出土色土香的味来。

在婺源，茶饮分大路茶和细泡茶。大路茶，一般为解渴所需；需招待客人，就讲究"茶必嫩，器必雅"。在婺源，红茶没有市场，当地人嗜好绿茶并以陈年绿茶为正宗。贮茶喜用锡罐，饮茶多用瓷壶。客来敬茶时，有乡间不成文的茶仪茶礼：茶过三巡，水不满杯，汁不外溢。

用茶之趣。在婺源民间，有多种多样的用茶习俗。例如，"洗儿茶"，小孩出生后，第一次沐浴，要用茶叶煎水来洗。"茶叶枕"，用粗茶填充的枕头，枕着松软，还有清心明目的作用。据说，老年人用了可以防治头晕眼花。"醒酒茶"，饮酒过量，泡浓茶加糖饮用，可以尽快醒酒。"寿礼茶"即寿诞时赠送的礼品上面，一定要放一枝茶叶，红色配以绿色，既显示生意盎然，又寓含多福多寿。"避邪茶"，购买的金银首饰收藏时，用红纸包着，内放一撮干茶，据说可以避邪魔。（参阅夏瀚《婺源茶、茶俗和茶道》）

婺源茶道。20世纪90年代，婺源县从民间整理出来了程序规范、繁简有异的茶道。现在表演的茶道，主要有三种：

（1）农家茶。源于婺源农村的实际生活，采用婺绿特级茶、溪涧山泉，茶具为青花瓷壶、汤瓯、铜水壶，表演程序为备具、备茶、赏茶、盪瓯、投茶、冲泡、分茶、敬茶、品茶、收茶具。表演时，茶重内质，富有真诚、纯朴、亲切的乡土气息。

（2）富室茶。婺源旧式富裕人家，会客在堂前花厅，明窗净几，高大宽敞，品茗时茶贵形美，器比奢华。所以，富室茶表演用婺绿墨菊茶、活泉水、粉彩滗盂和锡壶等茶具，有备具、备茶、赏茶、涤具、投茶、浸润泡、冲泡、敬茶、受茶、品茶、收茶具等程序，表现出敬茶有序重礼，相敬如宾、气度雍容。

（3）文士茶。儒雅风流是婺源文士的追求，他们品茗时喜爱书斋庭院，竹坞流泉，泥炉郭炭，瓦罐竹勺，茶重形质，水选名泉。为此，文士茶表演时，茶为婺绿茗眉、灵岩剑峰，水为廖公泉、廉泉，茶具为青花梧桐滗盂、泥壶。其表演程序最为繁杂，包括备具、焚香、盥手、备茶、赏茶、涤器、置茶、投茶、冲泡、献茗、受茗、闻香、观色、品一巡茶、上水、品二巡茶、收茶具。这个表演，追求的是汤清、气清、心清、境雅、器雅、人雅的境界。

毫无疑问，婺源茶道表演并不是"原生态"的民俗事项，而是力图作民间茶俗的再现、还原、展示。"由于主体、地域、文化、条件的不同，茶道在实际生活中也是多层次的，呈现出各自不同的审美意识。"婺源从民间整理出来的茶道表演，"尽管程序规范繁简有异，但追求的道德精神是一致的，这就是'敬、和、俭、静'。今天，这种精神又注入了新的含义"。（江西省婺源县茶艺表演团《婺源茶德》）

4. 悠闲自适的新干茶习

武宁、修水是宁红的产地，婺源是婺绿的家乡，这些地方盛行茶事，流行茶俗，自然在情理之中。而在江西这个全国茶叶的主产区之一，也有的地方经历了由不种茶到种茶、不饮茶到嗜茶的发展过程，新干县堪称其中的代表，并形成了悠闲自适的茶风。

对于新干县种茶、饮茶方面由量到质、少到多、粗到精的变化，清·同治《新淦（即今新干）县志》有颇为详实的记述：

茗荈之制，斗异争奇，嗜者至近日极矣！淦初不植茶，玉笋、皂岭诸峰，间有产者，制亦不精，今则处处种之。穷乡僻壤，无不嗜茶。味别新陈，质衡轻重，色辨精粗，蒋心余所谓家无担石，且去寻旗枪，可笑也。茶具或煎锡烧磁，龚春坛盏，以古为贵，愈少愈佳。谓壶少则香不涣散，味不耽阁；茶中之味，不先不后，只有一时，太早则未足，太迟则已过。茶碗衬碟，他处用锡用铜，用髹用藤，江西用磁，霁红、翡翠、青花、白芨、胭脂、界纹之属。唐建中（唐德宗年号，公元780—783年），蜀相崔宁之女，以茶杯熨指，取碟承之，啜而杯倾，以蜡环碟子之中央，继以漆环代蜡，更环其底。其制愈新，以至百状。

这部《新淦县志》，纂修于清同治九年（1870年）。这段记载所说"嗜者至近日极矣""今则处处种之"，不会晚于县志纂修之时，也就是说，距今起码有120多年了。但在当时，"穷乡僻壤，无不嗜茶"，饮茶之风可谓盛矣。而且，"家无担石，且去寻旗枪"，即使没有隔夜之粮，也要去寻求好的茶叶，也算痴迷到家了。这种悠闲自适的茶风，真正登峰造极了。

不过，新干的饮茶风俗，倒是起步颇高："味别新陈，质衡轻重，色辨精粗"。对于茶味、茶质、茶色，都有明确的衡量标准。冲泡的技巧，时机的掌握，也都力求精细，力争做到："香不涣散，味不耽阁"，"不先不后，只有一时"。因为"太早则未足，太迟则已过"。至于茶具，新干多用锡、瓷器具，连茶碗衬碟也是用瓷器。但在新干民间，迎合江南文人审美情趣的宜兴陶壶也很销行，因为一般平民百姓也玩味"精茶配妙器"。

5. 功用多样的赣南擂茶

在江西省南部的广大农村，至今有喝擂茶的习俗。赣南擂茶的主要原料是茶叶、芝麻和花生米，将原料放在有内齿的擂钵里，用质地坚硬的木棒擂成粉末状，然后倒入锅里加水煮开，加入少量食盐，即成色泽黄白、味道清凉、微带咸味、十分可口的擂茶。

赣南擂茶的功用是多方面的：一是赣南人一年四季的饮品。遇到婚嫁、增添子女、小孩满月、过生日等喜庆日子，更离不了擂茶。其喝茶人数之多，场面之热闹，都是外地人所想象不到的。二是待客的佳品。每当客人临门，好客的女主人都要当时做擂茶。煮好后，用大容器盛好端出放在茶桌上，任凭客人自斟自酌。三是治病的良品。赣南擂茶不但有止渴生津的作用，而且还有健脾提神、疏肝理肺、治疗感冒的功能。新中国成立前，赣南缺医少药，有点小毛病的人，往往靠擂茶消病止痛。（参阅吴尚平、龚青山编著《世界茶俗大观》）

在赣南，喝擂茶的历史非常悠久，并且不同的县份还有一些独特的风习。清·同治《兴国县志》曾记载：

平时宾客偶至，必呼酒留饮，佐以果盒，曰把盏。……把盏之后，继以擂茶。捣叶为末，加芝麻、油盐及姜，瀹而羹之，陈列果品，再三劝进。女客至，尤尚此。农工力作，午间亦设以相劳，皆习俗之近厚者。《志林》讥其口之于味，固与人殊，殆素未经见，不免诧而异之耳。

兴国县喝擂茶，日常生活中是午间的一次"加餐"，招待宾客是"把盏之后"的饮品。"陈列果品，再三劝进"，说明了民间的热情好客，"女客至，尤尚此"，表明了精于擂茶的对象。

当然，在江西喝擂茶的不仅仅是赣南。如抚州地区的临川县，相传自南宋起就喝擂茶，数百年遗风不变。在南城县，旧时"乡间多取老叶自制茶，价一斤可钱十文。会时取茶与胡麻或莱菔子，杂盐擂之，谓之擂茶"。(清·乾隆《建昌府志》)在吉安地区的遂川县，擂茶的原料更多，有茶叶、生姜、生米、食盐，还可以分别加入芝麻、花生、绿豆、白糖等作料，有香、有甜、有咸、有辣，以满足客人各异的口味。佐茶的点心，一般有酒浸辣椒、荞头、萝卜、蒜脑，油煎过的玉米、黄豆、豆角、黄瓜花，炒熟的花生、瓜子等。碟数为单，一般为五、七、九。从全国范围来看，喝擂茶的地方更多，如湖南的桃花源擂茶、桃江擂茶、安化擂茶，福建的将乐擂茶等。这些擂茶虽然原料不同，味道有别，饮用时的风俗各具特色，但其功能却既是饮品，又是保健药品，实际上是古人将茶和其他辛辣型、花香型、食物型作料一起煮饮的继续。

但是，自从清饮法风靡以来，中国"正统"茶人多崇尚儒家清饮而鄙薄甚至嘲笑调饮，不过，任何健康有益的品饮习惯都是无法根绝的，调饮法也以顽强的生命力生存和发展。王郁风先生曾有一个有趣的统计："清饮系统"在世界上合计人口在13亿—15亿，年销茶约在40万—45万吨左右。而"调饮系统"在中国约有一亿人口，但在世界各国却达38亿—40亿人口。如果不带偏见的有色眼镜，就应该正视和重视调饮系统这一巨大的需要与存在，并分析和研究调饮系统的特色、价值与影响。

第四节　江西茶俗与文艺的不解之缘

中国茶俗是一个范围广阔、内涵厚重的系统，经济的民俗、社会的民俗、信仰的民俗、游艺的民俗，方方面面都有其行踪足迹。如果说，茶诗、茶文、茶画、茶书帖，是中国文人与茶的结合创作；那么，茶故事、茶歌、茶舞、茶戏，则是民间大众与茶的结缘创造。江西是茶叶之乡，又是民间文艺之乡，所以，茶俗和民间文艺的天然之缘，不解之缘，也就更密切、更牢固、更五彩缤纷。没有茶俗，与茶有关的民间文艺就没有载体；而没有民间文艺的托衬，茶俗也就不容易在民众中得到更广泛的传播。完全可以说，与茶有关的民间文艺是中国茶俗精神的外延，也是整个中国茶俗体系的重要组成部分。

1. 美妙感人的茶故事

在浩如烟海的与茶相关的文学艺术作品中，茶叶传说故事的历史最为悠久，可以说和茶树发现与利用的年代一样久远。茶叶传说故事的形式相当宽泛，内容极为丰富，其间有着内在的逻辑关联：都缘茶而发，是茶的传说而非其他物品传说；都寄寓了人民群众的某种愿望和爱憎，表达了人民群众对某种社会现象的认识和理解；都体现了人民群众的创造性智慧，折射了民族文化和民族精神的某些特点。"茶叶传说故事是综合性、复合性的美的载体。"（余悦《美的世界，美的升华——茶叶传说故事初谈》）

作为"独特地伴随着历史"（高尔基语）的茶叶传说故事，有的确是史实或接近史实，既真实地再现了生活和历史的本来面目，又绘声绘色，生动形象。例如《双井茶和严阳茶》（本书所谈江西茶叶故事均见王冰泉、余悦主编的《清茗拾趣》一书），相传当时的武宁县令吕晋夫与大诗人、大书法家黄庭坚交情深厚，他去祭奠黄母时，品尝了沁人心脾的"双井茶"，赞叹不已。后来，吕晋夫按照黄庭坚讲述的双井茶采摘焙制的方法，精心焙制出严阳茶。于是，吕晋夫和黄庭坚真情促名茶的故事就传颂开来。北宋大文学家欧阳修说："武宁严阳茶，与双井茶相亚，为草茶第一。"（转引自清·乾隆《武宁县志》）而且，黄庭坚为了推出家乡的"双井茶"，也曾操心费力。（可参阅闵正国《双井茶与黄庭坚的咏茶诗》，侯杰《黄庭坚与双井茶》）这则故事，可以说是历史的轶事。但是，茶叶传说故事并不是历史的图解，更多的是以浪漫主义的手法，表现神奇之美。《庐山云雾茶》说是孙悟空想在花果山种茶树，帮忙采种的多情鸟因见庐山胜景，高兴地唱起歌来，把茶籽掉进群峰岩隙之中，从此云雾缭绕的庐山就出产清香袭人的云雾茶。《五老洞和云雾茶》则说，很早以前，受媳妇虐待的五位老茶农，躲到庐山高高的山峰种茶。老人们越活越年轻，种茶时有一团云雾在他们头上绕来绕去，长出的茶叶清香味醇，能治百病。后来，这五位老人活到很老很老，他们过世后那片茶山却完好地保存了下来。为了纪念五位老人，人们便把产茶的山峰叫"五老峰"，老人们居住过的山洞叫"五老洞"，种植的这种名茶珍品叫"云雾茶"。这两则故事都是讲述云雾茶的来历，却得出了不同的解释；但又都在解释中含有想象和虚构的成分，演绎出曲折、动人的故事情节。

在江西的茶叶故事中，还有一些关于茶俗由来的作品。如《"清茶当酒，豆腐当肉"》，是讲岳母严于教子，一心为国，以清茶、豆腐为自己祝寿，而将鸡鸭鱼肉犒赏三军。从此，岳飞处处遵循母训，生活十分清苦，无论是家庭小宴，还是祝捷庆功，均"清茶当酒，豆腐当肉"，并且这句话也在民间流传开来。《立夏茶》则讲述江西乡下妇女作兴吃"立夏茶"缘由，说明一个哲理："热茶烧肚断肠，热床煞骨化筋。若要夫妻到老，莫忘热茶穿心。"可见，茶叶传说故事具有浓郁的地方色彩，表现了人民大众的内心情感、审美情趣、哲理情怀。

2. 悦耳动听的采茶歌

以茶为主题的喜闻乐见的民间文艺形式中，悦耳动听的茶歌是最基础、最常见、最朴实、最富有生产和生活气息的。茶歌在江西有悠久的历史，与茶叶的种植、加工和品饮相伴相生。许多地方在茶歌的基础上，还形成了一些新的艺术品种。

茶歌又称之为"采茶歌"，是由于其最早兴起于茶叶采摘之时。

每当阳春三月，茶林片片葱绿，一首首优美的茶歌就会在茶山上飘荡，令人心旷神怡。那些清新明快的节奏，优美动听的旋律，朝气蓬勃的景致，抒发出茶乡人生在茶山、长在茶山、爱在茶山的喜悦心情。正如景德镇民歌《采茶忙》唱道的："年年都有桃花二月天，今年的桃花比不上茶叶鲜，采茶的姑娘爱茶山，茶山代代乐无边。"又如永新县的茶灯《拣松子调》："春天茶叶嫩又鲜，姐妹双双进茶园，喜摘新茶手不停，唱起茶歌甜津津。"

但是，采茶歌大量的是情歌，或者说流传最广、影响最大的是情歌。诚如地方志所记载的："里巷歌谣，父老转相传述，樵牧赓和，皆有自然音节，其言类多男女情事，独一歌云：'南山顶上一株茶，阳鸟未啼先发芽，今年姊妹双双采，明年姊妹适谁家？'词意缠绵，得风人之遗。"（清·道光《武宁县志》）这类茶歌，至今仍在传唱。如《抚州地区民间文学集成·金溪县卷》就收入逢春演唱、陆丙才搜集整理的《采茶歌》：

　　　　阳春三月茶叶青，茶叶青青喜煞人。
　　　　姐妹上山来采茶，歌声响遍茶山岭。

　　　　采茶要采茶叶芯，恋人要恋同心人。
　　　　茶芯泡茶味道浓，同心人儿情意深。

　　　　阳春三月好光景，桃红柳绿迷煞人。
　　　　要贪姿色把花采，妹是茶树叶一片。
　　　　不与百花去争艳，只有清香伴知音。

当然，茶歌不仅仅是情歌。在江西茶歌中，几乎各地有同样标目为《十二月采茶（调）》，都是以茶来启题，每段以茶起兴，借茶喻物述事唱人，用茶来开拓深化题材。如婺源的《十二月采茶》歌，结合茶叶生长不同季节的自然现象，来讴歌历史上的各种风流人物。武宁县的《十二月拣茶歌》，则反映茶农的生产、生活和对增加收入、改善生活的追求。此外，南昌、崇仁、南城等地，都有唱词大同小异的十二月茶歌。连江西畲族，也结合农事季节特点来唱《十二月采茶》。

一般来说，江西茶歌曲体简洁，节拍规整，旋律鲜明，用音精炼，曲调优美，易学易唱，并因各地语言、语法和曲风民情不同，形成各具特色的音乐语汇、曲式结构。如流行武宁等赣鄂边境一带的打鼓歌，多于摘茶和挖地、锄山、耘禾等劳动中演唱，紧密配合劳动动作或节拍，以鼓伴歌，以歌和鼓，铿锵有力，声彻四野，是一种集体演唱的大型山歌。打鼓歌演唱时间特别长，从清晨出工到傍晚收工，内容包括天文地理、历史故事、民间传说、乡风民俗等，歌词多为散歌，但也有长歌，据说约有万首以上。击鼓发歌领唱的鼓匠，能即兴演唱，妙趣横生，做到三天三夜不唱重歌，故有"梅花三百六，唱瘦一身肉"之说。

茶乡孕育了茶歌，茶歌流行于全国。在云南、巴蜀、湘鄂等地的茶乡，都是茶歌的主要流行区。世界屋脊的青藏高原，《汉茶入藏也》、《请喝一杯酥油茶》等许多茶歌，表达了汉藏之间的民族情谊。新中国成立以后，许多文艺工作者从民间汲取养料，创作了一批深受欢迎的新茶歌。江西已故诗人文莽彦作词、女作曲家解策励作曲的独唱歌曲《请茶歌》，就是新茶歌中的一枝奇葩。那地方风韵的浓郁、曲调旋律的优美，革命激情的高昂，富有强烈的感染力，广泛传唱了近四十年，现在依然在全国受到欢迎。

3. 生动活泼的采茶舞

民间文艺的特色之一是，歌舞结合，相辅相成，且歌且舞，生动活泼。江西的茶歌小调，本身就既有山歌语调韵味，又极富有歌舞小曲的风采，具有较强的歌舞律动性，饱浸着浓郁的山乡情调。唱茶歌、跳茶舞，也就风行江西茶乡。

由茶歌发展起来的采茶舞，其最重要的形式为采茶灯，盛行于广东、广西、湖北、湖南、江西、安徽、江苏、浙江、福建等地。以往论者谈采茶舞，往往列举清朝吴震方《岭南杂记》对采茶灯的一段记载："潮州灯节，有鱼龙之戏。又每夕各场市扮唱秧歌，与京师无异。而采茶歌尤为妙丽。饰姣童为采茶女，每队十二人或八人，手擎花篮迭进而歌，俯仰抑扬，备极妖妍。有少长者二人为队首擎绿灯，缀以扶桑、茉莉诸花，采女进退行止，皆视队首。"其实，江西关于采茶灯的记载也很多。例如，清·同治《铅山县志》写道：

> 河口镇更有采茶灯，以秀丽童男女扮成戏剧，饰以艳服，唱采茶歌，亦足娱耳悦目。

清·乾隆《新昌（即今宜丰）县志》中也载录：

> 上元日灯节，自十一日至十五日止，结竹枝为灯棚或毯灯，陈设门屏间，侑以箫鼓，小儿手擎则又杂用鼓、刀、莲花、鱼、龙诸样游戏街衢，唱采茶曲。

清初浔阳进士陈奉滋在《浔阳乐》诗中也形象地记述了当时元宵节灯会盛况：

> 灯火照龙河，鱼龙杂绮罗。
> 偏怜女儿港，一路采茶歌。

从前人的载录中，我们可以看到：采茶歌一般是茶农种茶、采茶时所唱，见啥唱啥，张口即歌，有较大的随意性和自由性；而采茶灯多在欢度佳节时边歌边舞，也有农民家有喜事时走门串户演唱，有一定的曲调、人数和时间、地点的规定，是一种供人们娱乐欣赏的形式。由于采茶歌有独唱、一唱众和、甲乙领唱与众和多种形式，所以采茶舞也有单人舞和群舞之分。在通常情况下，由年轻女孩扮演采茶姑娘，唱着优美的采茶歌翩翩起舞，其动作融合各种采茶姿势。江西莲花的"耍茶灯"，萍乡的地方灯彩"牛带茶"，都有很强的观赏性、趣味性和知识性。

在江西民间文艺中，不仅茶篮灯、茶箩灯唱茶，花灯、狮子灯也唱茶。此外，还有在"茶歌"、"茶灯"基础上发展而成的，以舞蹈为主的"采茶歌舞"。如流传于赣南18个县（市），逐渐由山区进入城镇的赣南采茶舞，据记载已有三百来年的历史，其基本舞蹈动作有矮子步、单袖花、扇子花。

4. 幽默风趣的采茶戏

在采茶歌和采茶灯基础上，又发展起来采茶戏。这是以歌舞演故事，有人物，有情节，内容丰富，形式活跃，具有更大观赏性和感染力的一种地方戏。虽然广东、广西、湖北等省也流行采茶戏，但以江西最为盛行；虽然其他各省的采茶戏也有特色，但大多源于江西，起码也受到江西的熏陶或影响。

江西采茶戏距今约有三百年的历史，赣南采茶戏是江西采茶戏的始祖。赣南采茶戏是以"九龙茶歌"为基础，三百余年前起源于江西安远县九龙山一带，后吸收赣南其他民间艺术逐步成型的。明朝末年，赣南采茶戏传到赣东的茶叶集散地铅山河口镇，与当地采茶歌结合并丰富发展，逐渐形成赣东采茶戏。铅山采茶戏向西流传，衍变成赣中、赣北流派。约在清代中叶以后，采茶戏在湖北黄梅县得到很大发展，后又反过来对赣北采茶戏产生较大影响。赣西采茶戏最早也来自赣南，后受湖南花鼓戏影响衍化。至今，江西采茶戏已形成赣南、赣东、赣北、赣西、赣中五大流派，包括抚州、萍乡、南昌、九江、赣东、吉安、瑞河、宁都、袁河、赣南、武宁、高安、景德镇等十三个剧种，散布在各个县市，几乎遍及全省，一直深受人民群众喜爱。

由于江西各地采茶戏发展阶段不同，所以剧目情况也很不一样：赣南采茶戏的传统剧目有七十多个，代表作有号称"四大金刚"的《四姐反情》、《卖杂货》、《大劝夫》、《上广东》。宁都采茶戏有大小传统剧目106个，传统大戏有30余本，其中《青龙山》、《才郎别店》等流传甚广。吉安采茶戏的传统剧目有120多种，多为单台戏、三角班戏，其中《送宝》、《七块柴》、《种麦》、《蠢子等姨娘》等为代表剧目。赣东采茶戏的传统剧目，小戏有五六十个，大戏有十几本。南昌采茶戏剧目分整本大戏和小戏两种，传统大戏曾有48本，以《南瓜记》、《鸣冤记》、《辜家记》、《花轿记》为代表，小戏多半是反映劳动人民生活的民间故事。虽然各剧种剧目不一，但大多描写劳动人民日常生活、生产斗争和男女爱情故事，地方特色和生活气息都很浓郁。

从艺术上来看，采茶戏的传统小戏不以故事完整和情节离奇来吸引观众，而常以夸张、误会、巧合等手法渲染戏剧气氛，以演员的精彩表演、台词的幽默诙谐取胜。如赣南采茶戏以小生、小旦、小丑为主要脚色行当，小生多扮演青壮年，以"扇子花"、"矮子步"为表演基本动作；小旦多扮演聪明伶俐的少妇或少女，所耍"扇子花"非常丰富；小丑多表演懒汉、浪荡公子，表演多摹拟鸟兽昆虫等动作形象，语言诙谐风趣滑稽。当然，也有的剧种表演时依然保留了载歌载舞的特点。采茶戏的音乐，既有小调联接体的，也有板腔体的，但大多朴实明快，轻松活泼，以地方语演出，便于群众传唱。演出时，特别注意巧妙运用反义词、歇后语、错扯语、婉曲语及乡间俗语，达到热烈明快、妙趣横生的艺术效果。

新中国成立以来，江西采茶戏得到很大发展。赣南采茶戏《茶童戏主》《怎么谈不拢》，高安采茶戏《孙成打酒》曾在全国获奖，并在中央电视台映播；还有一批剧目受到观众欢迎。采茶戏音乐，也被电影、电视、广播等其他艺术部类广为采用，创作出各种新的音乐曲调。而近几年，江西采茶戏也像别的剧种一样，面临着新的挑战和考验。

以上，我们对于江西茶俗的方方面面进行了一些简单的介绍和分析。江西茶俗的丰富、纷繁，决不是这短短的篇幅能够包容的。需要特别指出的是，江西茶俗、江西人士曾对中国茶俗作出过不可磨灭的贡献，产生过积极深远的影响。概而言之，唐代的"茶道大行"，陆羽的《茶经》起了总结、提高和推波助澜的作用；而《茶经》的完成，又与陆羽在江西的茶事活动密不可分。宋代的斗茶曾成为唐宋茶道中最有特色的事项，其影响远及东瀛，是江西籍大诗人杨万里的观斗茶的诗篇，形象地描述了这活动的生动情景。宋代饮茶的习俗，茶叶之乡的遗风，都在江西籍的名流欧阳修、黄庭坚的生花妙笔下"定格"永存，为后人留下了可贵的文化遗产。中国茶道曾在唐宋时期光彩照人，而长居江西南昌的朱权撰写的《茶谱》被视为明初中国茶道的主流，并被研究者认为"日本茶道之源出于朱权茶道"。（郭雅敏《中国茶道纵论》）仅举数例就足以说明，江西茶俗是中国茶俗的一个组成部分，而且是充满着锐气、充满着活力的不可或缺的重要部分。

第十六章　元代茶曲创作与
茶事生活反映

　　元曲是可以与唐诗、宋词相提并论的，元代的文化精髓，是研究元代茶文化的重要资料。王国维曾有经典评述："凡又一代之文学：楚之骚，汉之赋，六代之骈语，唐之诗，宋之词，元之曲，皆所谓一代之文学，而后世莫能继焉者也。"① 这就极大地肯定了元曲在中国文学史上的重要地位。元曲是元代社会生活精髓的浓缩，是元代社会政治经济文化的反映，是元代社会的一面镜子。因此，想要了解并研究元代的茶文化发展概况，从元曲研究着手是一个很重要的途径。

第一节　元代茶曲的创作特点与作者倾向

　　在漫长的茶文化历史长河中，经历了唐宋两个朝代的发展高峰。到元代少数民族掌握政权、多民族混杂生活，社会风尚和文化氛围与之前的朝代有所差异。相比唐宋，中国的茶文化出现了一个低谷，没有出现专门的茶书专著，茶文也只有 20 篇左右，茶诗、茶词也为数不多。但是我们也要考虑到元代多民族大统一的局面，再加上少数民族受中原文化的熏染，茶文化出现了与以往不一样的特征。在文学成就方面，元代虽然没有专门的茶叶专著，但也留下了一些茶诗、茶曲和其他的一些文学作品，为我们茶文化研究留下了形象的文字资料。尤其是茶曲，其创作既是元代茶事的产物，又体现出作者特点与倾向。

---

① 王国维：《宋元戏曲史》，上海古籍出版社 1998 年版，自序。

（一）元代茶曲的创作特点

从魏晋南北朝中国社会民族大融合以来一直到元代，蒙古族进入中原，中国社会又迎来了一次大范围的民族迁移——北方以游牧为生的民族，入主中原地带，过起定居生活，原来北方的汉族人民为躲避战乱，迁移到较为偏远的南方。各民族生产方式不同，生活方式相异，甚至是风俗习惯也相差甚远。但随着中原传统文化与外地文化的相互冲突、融合，元曲文人创作又有这一时代的风格特征和内容特点。

第一，少数民族作家参与茶文化创作。

"其间蒙古族入住中原建立元朝后，这民族大交流的特殊的政治、历史背景，加上蒙古族的文化特质，形成了元代较为宽松的思想政治等人为环境。"① 很多学者对元代的宽松的人为环境对元曲创作的影响进行过论述。如奚海的《元杂剧论》，郭英德《元杂剧与元代社会》。较为宽松的创作环境，使多民族文人共同致力于文学创作，甚至是还有一些女作家参与元曲创作。

由于各民族的政治经济文化的大融合，很多少数民族的文人受中原汉文化的影响，也参与了元曲的文学创作。像女真的奥敦周卿、蒲察善长，蒙古族的孛罗御史，高丽庆州的李齐贤等，甚至还有一些西域、大食的文人，他们都在元代文学史上留下了些许文章。在这样的文化氛围下，还有一批女作家参与元曲的创作，虽没有留下太多关于她们生平的记录，但她们留下了一些文学成果给后人。像参与散曲创作的珠帘秀、刘婆惜、真氏、张氏、王氏。

同样的，元曲中关于茶文化的文学作品中，也出现了多民族作家的身影。他们的文学作品中或多或少地涉及茶、茶事甚至是茶俗。如，西域人兰楚芳在作品中就运用了"冯魁"、"茶引"等茶文化元素。被元代人评为第一流散曲大家的维吾尔族作家贯云石，在作品中

---

① 云峰：《试论元代较宽松的思想政治等人文环境对元杂剧繁荣兴盛之影响》，《内蒙古师范大学学报》2003 年第 8 期。

写道"采茶歌，凭阑干"①。还有署名贯石屏的②，曾有"咱，睡起时节旋去烹茶"③ 之句。蒙古族孛罗御史的作品中也有"秋天禾黍，冬月梅茶"④ 之说。答失蛮氏（回族）的萨都剌曾写"饭饱茶余"⑤。回鹘的薛昂夫也曾"想茶饭三停里减了两停"⑥。这些少数民族作家相比较汉族的作家来说，文学作品中涉及的茶文化元素较少。但就他们流传于后世不多的文学作品来说，已经算是难能可贵的了。更可贵的是，他们对中原文化的欣赏与接受。

第二，茶文化作家地域分布广。

据统计，张月中、王钢主编的《全元曲》中收录了共 163 篇杂剧作品，其中有 52 位作家（有名字记载）的 117 篇，无名氏的 46 篇。这其中，33 位作家（有名字记载）的 68 篇作品，无名氏 27 篇作品中涉及茶事、茶俗等茶文化元素。《全元曲》收录 8 篇戏文，其中有 6 位作家（有名字记载）的 6 篇，无名氏作家的 2 篇。这其中有 4 位作家（有名字记载）的 4 篇作品，无名氏的 2 篇作品提到茶元素词汇。还有收录了 210 位作家的散曲作品，其中有 59 位作家的作品中有涉及茶文化。

据《全元曲》对这些作家的生平事迹的简略介绍，我们可以看到这些茶文化作家的生活地域遍布大江南北。北达东北，南到江西、湖南，东到山东，西到西域。这就足以让我们清楚地了解，作为中国传统文化的茶文化，在元代已经传播和影响了全国的大部分地区。其中，在茶文化创作方面，有突出表现的作家多分布在当时的大都（北京）以及山东、山西、浙江、江西、湖南、湖北等省。这些地区不是当时的政治经济文化中心——大都，就是当时已经有名气的茶叶生产重地——浙江、江西等地。如大都的作家就有关汉卿、马致远、纪君祥、秦简夫等，浙江的张可久、钟嗣成等，山东的高文秀、武汉臣、

---

① 张月中、王钢主编：《全元曲》，中州古籍出版社 1996 年版，第 2895 页。
② 贯石屏，此名仅见于《词林摘艳》，故有的认为即贯云石。
③ 张月中、王钢主编：《全元曲》，中州古籍出版社 1996 年版，第 2896 页。
④ 同上书，第 2487 页。
⑤ 同上书，第 2664 页。
⑥ 同上书，第 2673 页。

康进之、李行甫、贾仲明等。

另外，茶文化作家生活和创作时期集中。以《全元曲》为根据，对当时参与茶文化创作的作家的生活时期和创作时期进行分析，发现大多数茶文化的作家都集中在元代初期和元代后期（元末明初）。这两个时间段都是元代社会相对动荡不安的时期，一个是改朝换代之后，一个是即将迎来社会大变革之时。社会的动荡，影响着文人内心，使他们也躁动不安，更容易激起创作的欲望。

（二）元代茶曲的创作倾向

每个朝代都有每个朝代经济政治历史发展的趋势与特点。唐代前期文人身处盛世，这给文人带来的更多的是骄傲与自豪，反映在文学创作上，就是一种溢于言表的自信和豪放；后期的社会动荡，又给文学增添了忧愁的氛围。到了宋代，文人身份、地位被极度重视，但当时的社会不稳定因素一直存在，又经历多次失败改革，外患也一直困扰政权统治，致使文人创作的倾向更加多样化。文人既对社会充满失望，又对自己带有希望。正是这种犹豫、矛盾、挣扎成就了多倾向的元代文学。元代动荡不安的社会环境、横征暴敛的民族政策，特别是文人地位的沉沦，对元代的文学创作和文人的思想状况产生了重要影响。当时，躲进个人的精神世界，追求闲情逸致，遁世隐逸，禅寂倾向，成为文人之选，也在元曲茶文化创作中得以体现。

第一，元曲茶文化创作中的闲情逸致。

蒙古族进入中原地带，元代文人效仿晋代、北宋时期文人的作法，大举南迁，躲避战乱，以求得一些安宁。很多汉族的知识分子，在严格的社会分级制度下，感到才不尽用，所以索性游历于山水之间。像吴仁卿就"愁里南闽，客里东吴，梦里西湖"，学陶渊明"赋一篇《归去来》"。这在《全元曲》茶文化创作者中是很正常的状态。这些创作者或远离宦海，或辞官归家，都学陶学士追求怡然自得的生活。元曲中有很多作品能反映这种现象。周德清【中吕·红绣鞋】《赏雪偶成》："共妻围炉说话。呼童扫雪烹茶。"① 张可久【南吕·金

---

① 张月中、王钢主编：《全元曲》，中州古籍出版社1996年版，第2698页。

字经】《乐闲》:"远是非,寻潇洒,地暖江南燕宜家,人闲水北春无价。一品茶,五色瓜,四季花。"① 王仲元【越调·斗鹌鹑】《咏雪》:"读书舍烹茶的淡薄的多,销金帐里传杯的快活煞。"② 汤舜民【南吕·一枝花】《题友田老窝》:"主人自得其中趣。隔墙赊酒,凿壁观书。拾薪煮茗,赁圃载蔬。"③ 孙周卿【双调·水仙子】《山居自乐》:"西风篱菊灿秋花。落日枫林噪晚鸦。数椽茅屋青山下。是山中宰相家。教儿孙自种桑麻。亲眷至煨香芋。宾朋来煮嫩茶。富贵休夸。"④ 朱庭玉【南吕·梁州第七】《归隐》:"归来好向林泉下。买牛卖剑,求田问舍,学圃耘瓜……客来汲水自烹茶。"⑤ 李德载【中吕·阳春曲】《赠茶肆》:"蒙山顶上春光早。扬子江心水味高。陶家学士更风骚……一瓯佳味侵诗梦,七碗清香胜碧筒……兔毫盏内新尝罢,留得余香在齿牙。一瓶雪水最清佳,风韵煞,到底属陶家。"⑥【双调·雁儿落过得胜令】《闲居》:"功名梦不成,富贵心勾罢。青山绿水间,茅舍疏篱下。广种邵平瓜,细焙玉川茶,遍插渊明柳,多栽潘令花。"⑦ 这些作品中所表达出来的情致,或自得其趣,或与友共乐,但字里行间无不透漏出效仿陶渊明,远仕途,亲自然,在田园交友中获取人生乐趣的倾向。

第二,元曲茶文化创作中的道家倾向。

元曲茶文化作家们弃仕途、返自然,追求平淡朴实的心态与老庄的"无为"哲学暗合。这无疑也表明了元曲作家对中国古代道家哲学的接受与欣赏。

逍遥神游、羽化成仙是道家思想中的主要教义。李德载小令《赠茶肆》:"龙团香满三江水,石鼎诗成七步才,襄王无梦到阳台。归

---

① 张月中、王钢主编:《全元曲》,中州古籍出版社1996年版,第2764页。
② 同上书,第2877页。
③ 同上书,第3007页。
④ 同上书,第3033页。
⑤ 同上书,第3056页。
⑥ 同上书,第3063页。
⑦ 同上书,第3090页。

去来，随处是蓬莱……两腋风，人在广寒宫。龙须喷雪浮瓯面，凤髓和云泛盏弦，劝君休惜杖头钱。学玉川，平地便升仙。"① 在这则小令中"蓬莱"、"广寒宫"、"升仙"，都是中国传统文化中的仙境。作家通过饮茶便能达到内心中的仙境。这无疑把茶、曲与道家思想紧紧联系在一起。

　　道家成仙有一个很重要的途径就是炼丹。崇尚道家学说之人通过服食丹药，可以使自己长生不老，得道成仙。王立霞曾在论文中摘引《元诗选》初集（下）《霞外集》序："茶文化的养生思想，也明显地体现在茶文学中比较普遍的茶、药同境共咏之中，茶与药被视为同一义列。"② 元曲中也有运用这一思想，把茶药并提的作品。《全元曲》中5次在不同的作品中写道"茶药琴棋"。乔吉【南吕·玉交枝】《闲适二曲》："自种瓜，自采茶，炉内炼丹砂。看一卷道德经，讲一会渔樵话，闭上槿树篱，醉卧在葫芦架，尽清闲自在煞。"③

　　还有遁世隐逸也是道家思想的核心。张可久【双调·湘妃怨】《山中隐居》："写十卷《续仙传》，和一篇《陋室铭》，补注《茶经》。"④ 元代茶曲的创作者有一些始于仕而终于道，信道慕仙而归隐于山林的，邓玉宾就是其中之一。他在【中吕·粉蝶儿】【幺】中云："挽下藤花，扳下竹笋，采下茶苗。化下道粮，攒下蔬菜，蒲团闲靠，则待南窗和世人相傲。"⑤ 在中国文学史上，文人往往借助一些高雅清洁的意象来表现自己创作中的道家思想，如松、竹等。元曲中也有这样的创作。张可久【越调·天净沙】《赤松道宫》："松边香煮雷芽，杯中饭糁胡麻，云掩山房几家？弟兄仙话，水流玉洞桃花。"⑥【中吕·喜春来】《永康驿中》："荷盘敲雨珠千颗……芳草

　　① 张月中、王钢主编：《全元曲》，中州古籍出版社1996年版，第3063页。

　　② 王立霞：《元代茶文化的隐逸情怀——以元代茶诗为中心》，《农业考古》2010年第5期。

　　③ 张月中、王钢主编：《全元曲》，中州古籍出版社1996年版，第2622页。

　　④ 同上书，第2814页。

　　⑤ 同上书，第3030页。

　　⑥ 同上书，第2757页。

坡，松外采茶歌。"① 宋方壶【中吕·山坡羊】《道情》："布袍粗袜，山间林下，功名二字皆勾罢。醉联麻，醒烹茶，竹风松月浑无价，绿绮纹楸时聚话。"②【双调·水仙子】《隐者》："青山绿水好从容，将富贵荣华撇过梦中。寻着个安乐窝胜神仙洞，繁华景不同，忒快活别是个家风。饮数杯酒对千竿竹，烹七碗茶靠半亩松，都强如相府王宫。"③ 这些高雅之物，更衬托得作者仙风道骨，也只有真正的"隐士"才能理解松竹的高贵品格。

第三，元曲茶文化创作中的禅寂倾向。

赵州禅师"吃茶去"的公案开启了"禅茶一味"的先河。从此之后，茶就与禅有了千丝万缕的联系。元曲中有诸多体现"茶禅一味"思想的作品。

杨景贤《西游记》第二十二出《参佛取经》【幺】："你若能尝佛子茶，胜参赵老禅。"④ 杨朝英【双调·水仙子】《自足》中写道："客到家常饭，僧来谷雨茶，闲时节自炼丹砂。"⑤ 前者体现了作家在生活中对禅茶的理解，后者反映了作家与僧人交往饮茶。

在《全元曲》中出现有关禅家思想的词汇是"茶烟"。文人笔下的茶烟更多是文人内心中的一种感悟与境界，对佛家而言，茶烟更是一种禅悦。品茶与参禅水乳交融，二者共同追求的是主体境界的升华。张可久【越调·凭阑人】《海口道院》："雨后松云生紫岩，花外茶烟生翠岚。袖诗出道庵，探梅来水南。"⑥ "乱飘僧舍茶烟湿"这句词，在《全元曲》中共出现过 3 次，分别在不同的散曲中。作者无非想要表达的是一种意境。由于《全元曲》中记载的茶文化资料不多，关于禅与茶的创作留存下来的也就很少。但是，我们还是从中可以看出禅文化对茶文化创作的影响。

---

① 张月中、王钢主编：《全元曲》，中州古籍出版社 1996 年版，第 2767 页。
② 同上书，第 3089 页。
③ 同上书，第 3090 页。
④ 同上书，第 1380 页。
⑤ 同上书，第 2914 页。
⑥ 同上书，第 2817 页。

第二节　元代茶曲中的茶商形象塑造

政权建立以后，元代的统治者也通过一系列的措施来恢复经济生产。虽经济发展水平不能与前代的水平相提并论，但也在一定程度上带来了繁荣。元代经济的发展直接带来社会的发展，这些都在元代的文学中有所反映。元代茶叶经济和社会发展下的茶人形象也在某种程度上体现出这个时代的特色。这里的茶人不仅包含茶商而且还包含饮茶之人。

在中国文学史上有很多文学形象出现，贩茶者的形象是比较特殊的一个，之前很少有人对此作出分析。贩茶者的形象塑造取决于当时中国茶叶经济的发展状况，反过来又在某种程度上反映了中国茶文化的发展程度。虽然在中国茶文化史上，没有为贩茶者留下太多的文字，但其在茶文化史上的作用是不可忽视的。在有限的资料中，我们依然可以概括出一些清晰的贩茶者文学形象，并借助对这些贩茶者形象的塑造，分析当时中国茶文化甚至是茶叶经济的发展动态。

在这里，贩茶者是一个宽泛的概念，主要包括与茶叶经济有联系的人。不仅仅是指贩卖茶叶的茶商，也指一些在茶馆卖茶或是挑担卖茶水的小贩甚至是茶农。

魏晋时代茶文化的萌芽，重要表现之一是茶与文学开始结缘。不过，这时的茶诗还只是处在初期，只是吟咏他物，兼涉茶叶，而不是像后来的一些作品那样专门以茶为主题，进行细致描写。① 但即便是这样，还是会有一些关于茶文化的零星记载。

在中国茶文化萌芽的魏晋时代，作为茶文化载体的茶馆也开始其初级阶段的发展。形式最简单不过的就是茶摊。这些茶摊的流动性很强，一般都是贩茶者提着篮子、茶担或是小车卖茶。这种景象在宋代张择端的《清明上河图》中有所描绘。但事实上这种茶摊兴起于魏

---

① 余悦：《茶路历程——中国茶文化流变简史》，光明日报出版社 1999 年版，第15 页。

晋时代。《汉魏六朝百三家集·傅中丞集司隶教》中"闻南方有蜀妪作茶粥卖，为廉事打破其器具，后又卖饼于市，而禁茶粥，以困老妪，独何哉？"① 这短短的几句话，给我们展现出来的是，卖茶老妪艰难的生活困境。还有就是当时政权对茶贩、茶摊这种经营方式的不支持。也在差不多同一时期的《广陵耆老传》中："晋元帝时有老姥，每旦独提一器茗，往市鬻之，市人竞买，自旦至夕，其器不减，所得钱散路傍孤贫乞人。人或异之，州法曹絷之狱中，至夜，老姥执所鬻茗器，从狱牖中飞出。"② 这个故事带有一定的神秘色彩。但在简短的文字中就刻画了一位心地极其善良，又乐善好施的神仙妇人。这也成为贩茶者文学形象刻画的一个开始。我们也可以从中发现魏晋时期，一方面茶饮已经在大众中有了很高的普及程度，出现了"往市鬻之，市人竞买"的买卖现象；另一方面从这样的茶摊也看出，中国古代茶文化以及其载体还处在茶担、茶摊这样比较低级的阶段，茶叶经济发展还不全面，形式单一。

到了政治、经济、文化大放异彩的隋唐时期，中国古代茶文化在这个大背景之下进入兴盛时期。尤其是唐代，其茶文化的发展以及取得的成就使其在中国古代茶文化历史上留下了浓墨重彩的一笔，也成为后世难以逾越的高峰。

在隋唐五代的茶文化经典著作中，首先不能不提的就是《茶经》。它是中国乃至世界现存最早、最完整、最全面介绍茶的第一部专著，陆羽也由此被称为中国茶道的奠基人。但是在《茶经》中，关于当时贩茶者的记载很少，零星的记载只是陆羽摘录前人的文集，像《司隶教》与《广陵耆老传》。在《茶经》中还摘录了宋《江氏家传》："江统，字应元，迁愍怀太子洗马，常上疏谏云：'今西园卖醯、面、蓝子菜、茶之属，亏败国体。'"③ 是说，江统上书反对茶叶买卖，认

① 陈彬藩、余悦、关博文主编：《中国茶文化经典》，光明日报出版社1999年版，第4页。

② 同上书，第22页。

③ 同上书，第23页。

为有损国体。国家政权反对茶叶自由买卖。我们能想象出那些从事茶叶买卖的小商贩是怎样的生活状态。虽然后来的学者考证："查《晋书》卷五十六、列传第二十六《江统》，文字与陆羽引文有异，摘录如下：江统，字应元。统上书谏曰：'秦汉以来，今西园卖葵菜、蓝子、鸡、面之属，亏败国体，贬损令闻。'全篇没有卖茶的话。"① 也就是陆羽在摘录的时候出现了差错。但是这也说明茶文化到唐代时期，文人已经关注茶人并塑造茶人的文学形象。

　　唐代一些著述对当时茶叶经济的发展景象有很多描写，如封演的《饮茶》："自邹、齐、沧、棣，渐至京邑。城市多开店铺，煎茶卖之。不问道俗，投钱取饮。其茶自江淮而来，舟车相继。所在山积，色额甚多。"② 这里就描绘了不管是茶水贩卖还是大宗茶叶运输的繁荣景象。《全唐文》中也收录了很多篇关于禁盗卖私茶的奏折。当时民间私自贩卖茶叶已经引起当朝的注意。还有杜牧的《上李太尉论江贼书》："所劫商人，皆得异色财物，尽将南渡，入山博茶。盖以异色财物，不敢货于城市，唯有茶山可以销受。凡千万辈，尽贩私茶。濠、亳、徐、泗、汴、宋州贼，多劫江南、淮南、宣、润等道，许、蔡、申、光州贼，多劫荆襄、鄂岳等道。劫得财物，皆是博茶北归本州货卖，循环往来，终而复始。"③ 不管是奏折里还是上书中，贩茶者多是些不顾国家朝廷利益的走私之辈，匪盗之徒，甚者无恶不作。这些文献资料虽不是直接的文学形象塑造，但是这些记载对文人进行贩茶者形象刻画产生了很大影响。

　　唐代文学中对后来贩茶者形象塑造起了很大作用的，就是白居易的《琵琶行》。白居易描写道："老大嫁作商人妇，商人重利轻离别。前月浮梁买茶去，去来江口守空船。"④ "重利轻离别"寥寥几字，就

---

① 陈彬藩、余悦、关博文主编：《中国茶文化经典》，光明日报出版社1999年版，第23页。

② 同上书，第32页。

③ 同上书，第33页。

④ （唐）白居易撰：《白居易诗集校注》，谢思炜校注，中华书局2006年版，第962页。

刻画了一个为金钱利益驱使，不顾家人的薄情郎的形象。这个形象也为后来的贩茶者形象塑造奠定了一个"薄情郎"的基调。

总的来看，唐代的文学作品中并没有很多直接刻画的贩茶者文学形象，而现实贩茶的形象多出现在一些历史文献记载中。唐代的贩茶者形象就是一些重利轻义、走私匪盗之类的形象，缺乏正面健康的形象。

到了宋代，这一时期的茶文化又出现了不一样的特点与发展趋势。比如，饮茶方式的转变，由唐代的煎茶法变为点茶法。不过，与茶文化大发展的对比就是，关于贩茶者文学形象的正面描绘刻画少之又少，文人更多的是倾向于对茶本身的赞美，或是文人之间关于茶的相互唱和，更或是文人自己内心情感的抒发。即便是有对贩茶者的描写，也是把贩茶者描写成凶恶之人。如梅尧臣的《闻进士贩茶》："山园茶盛四五月，江南窃贩如豺狼。顽凶少壮冒岭险，夜行作队如刀枪。浮浪书生亦贪利，史笥经箱为盗囊。"[①] 诗歌更是直接地把贩茶者比作豺狼，还批判浮浪书生为了贪图利益，放弃读书。由此看出，诗人对贩茶商人的厌恶之情。

在中国封建时代，元代政治、经济、文化方面的独特发展，成就了其在中国茶文化历史上的特殊地位。在这样一个少数民族政权统治下，各个民族在文化上的冲突使茶文化受到了一定程度的冲击，最明显的是有关茶文化文献记载与有关茶文化的文学创作数量上的减少。同样因为少数民族政权的统治，北方少数民族与中原民族各方面交流的频繁，自然使这一时期的茶文化出现了不同的内容。

史料记载，元代有了专门经营茶叶的商户，也设立了榷茶都转运司来专门管理茶叶经营，商贩要购买"茶引"作为运输茶叶的凭证。元代也有了相对比较完整的茶法。政府一方面设立很严苛的禁榷制度，另一方面又保护商户进行茶叶的运输与自由买卖。

在大的背景趋势下，元代的饮茶习俗日益普遍，人们已经习惯了

---

① 陈彬藩、余悦、关博文主编：《中国茶文化经典》，光明日报出版社1999年版，第141页。

"早晨起来七件事，柴米油盐酱醋茶"。另一方面，文学发展到元代又出现了新的样式——元曲。《全元曲》中自然少不了反映当时茶文化繁荣发展的景象。

《全元曲》中有一些描写贩茶者（茶商）的记载。有一些已经形成了固定的文学形象。像"浮梁茶客"、"茶商刘一郎"、"冯魁"、"茶三婆"、"茶员外"。

在《全元曲》中有很多关于"冯魁"的描写。关汉卿《杜蕊娘智赏金钱池》："我是他亲生的女，又不是买来的奴，遮莫拷的我皮肉烂，炼的我骨髓枯，我怎肯跟那贩茶的冯魁去！"① 《赵盼儿风月救风尘》中"却则为三千张茶引，嫁了冯魁。"② 还有《嘲人爱姬为人所夺》"村冯魁沾的上，俏苏卿随顺了，双渐眤眤。"③ 周德清【越调·天净沙】《嘲歌者茶茶》："根窠生长灵芽，旗枪攒立烟花，不许冯魁串瓦。休抬高价，小舟来贩茶茶。"④ 王举之【南吕·金字经】："贩茶船，买命钱。占得先春，到称了冯魁愿。"⑤ 刘庭信【正宫·醉太平】《走苏卿》："一船茶单换了个女妖娆……村冯魁老曹。"⑥ 这里都写到了"冯魁"。在这些场景中虽然不是直接描述"冯魁"的性格形象，但是借助别人对"冯魁"的反映，我们依然能够总结出冯魁的形象：薄情、蛮横，依靠一己财力霸占佳人。这种侧面刻画的方式让冯魁的形象更加深入人心。

《江州司马青衫泪》中马致远生动地塑造了一个薄情浮梁茶客刘一郎的形象——"浮梁茶客刘一郎，要来和孩儿吃酒，孩儿百般不肯。今日他说要亲自来，等来时再做计较。""他去之任，被茶商刘某妄报他死，拐骗为妻。"⑦ 在作者笔下，刘一郎是一个势利奸诈、

---

① 张月中、王钢主编：《全元曲》，中州古籍出版社1996年版，第24页。
② 同上书，第62页。
③ 同上书，第2638页。
④ 同上书，第2699页。
⑤ 同上书，第2864页。
⑥ 同上书，第2937页。
⑦ 同上书，第392、399页。

心胸狭隘、薄情又夺人所爱的浮梁茶客。冯子振【正宫·鹦鹉曲】《四皓屏》："薄情郎又泛茶船，近日又浮梁去。说相逢总是天涯，诉不尽柔肠苦处。"① 这两个场景与白居易的《琵琶行》中"商人重利轻别离，前月浮梁买茶去"有异曲同工之妙。虽然白居易的语言极为简洁，但两者都描写了一个重利、薄情的茶客形象。以致到后世文学人物形象中，一提到"浮梁茶客"就使人联想到薄情寡义之人。

马致远在《吕洞宾三醉岳阳楼》中又塑造了另外一种茶商形象——郭马儿。

第二折："（柳改扮郭马儿引旦儿上。诗云）……自家郭马儿是也。这是我浑家贺腊梅。在这岳阳楼下开着一座茶坊……但是那过往的人剩下的残茶，我都吃了他的……（正末上，云）……过往君子吃剩的残茶，此人便吃了。虽然如此，争奈浊骨凡胎，无人点化……"本是柳树托生的郭马儿，在茶坊中干着卖茶的营生，经常会吃掉茶客剩下的残茶，折射出郭马儿的卑微和庸俗，用吕洞宾的话说就是"浊骨凡胎"。这是一种区别于薄情寡义、重利轻义形象之外的一种以卑微低贱的心态过活的茶商形象。

在《钱大尹智勘绯衣梦》第三折的场景中塑造了一个活生生"茶三婆"形象。"茶三婆"是个见人说人话、见鬼说鬼话的茶坊主管。作者把"茶三婆"塑造成八面玲珑、左右逢源的人。茶三婆的"巧舌"让我们体会到他们的辛酸，他们低下的社会地位。"茶三婆"成为贯穿戏剧场景的关键。

根据《全元曲》中资料记载总结，贩茶客们大都倚仗雄厚经济实力，生活奢靡，经常出入妓院青楼，有的又夺人所爱，后又薄情多变。虽然这些杂剧没有直接以"茶"作为主角，而主要是描绘茶商、妓女、文人的情事纠葛，但应是真实地反映了元代当时的社会问题。人们的饮茶习俗日渐普及，茶叶的消费量也逐渐增大，但茶叶的主要产区又大量分布在南方，这无疑给贩茶者带来了巨大的财富。虽然引起了一些社会问题，但从另外一个角度看去，正是元代茶叶经济的繁

---

① 张月中、王钢主编：《全元曲》，中州古籍出版社1996年版，第2546页。

荣发展才造就了这些茶商的"财大气粗"。

　　还有一类茶商，他们在经济地位上不同于以上的茶商，没有以上茶商的财气。他们是茶馆的服务人员——茶博士。宋代王谠编撰的《唐语林校证》中有一篇名为《煎茶博士》记载道："茶毕，令奴子取钱三十文酬煎茶博士。"① 到了元代，《全元曲》中大力描绘了"茶博士"这些茶馆服务人员的生动形象。关汉卿《钱大尹智勘绯衣梦》第三折"（茶博士上，云）吃了茶的过去，吃了茶的过去。俺这里茶迎三岛客，汤送五湖宾……开开这茶铺儿，看有甚人来"。② 一开场就是茶博士一段流畅的开场白，再加上后来茶博士的一些巧言妙语，就看出在茶馆中营生的茶博士多是些性格活泼外向，能察言观色，又能言善辩的人。还有李德载【中吕·阳春曲】《赠茶肆》"茶烟一缕轻轻飏，搅动兰膏四座香，烹煎妙手赛维扬。非是谎，下马试来尝。夸妙手，博士便风流。"③ 其中这些话语，无不透露着作者对这些茶博士的精湛冲泡技艺的赞赏。茶博士的这些高超的茶艺已经成为元代茶文化的一部分。人们不仅仅是在喝茶，更是在欣赏茶博士的茶艺，从这些技艺中得到更高层次的精神满足。由此看来，元代的茶饮已经不仅仅停留在解决人们生理饥渴的层面，更向着满足人们精神需求的层次发展。这无疑也是茶叶经济发展下催生的文化产物。马致远《吕洞宾三醉岳阳楼》第二折【二煞】："争如我盖间茅屋临幽涧，披片麻衣坐法坛。倒也躲是非忘荣辱无牵绊，不强似你在人我场中，把个茶博士终朝淘渲。"④ 也在侧面反映了茶博士艰辛的生活状态。

　　总之，元代茶文化的发展给我们留下了许多生动的文学形象，而这些文学形象又更深层次地加深了人们对元代茶文化的理解与体会。

　　由于元曲对茶商形象的描述较为丰富，而明清时期对于贩茶商人形象鲜有记载，这就使后来中国文学史上贩茶者形象单一，缺乏发展

---

　　① 陈彬藩、余悦、关博文编：《中国茶文化经典》，光明日报出版社 1999 年版，第62 页。

　　② 张月中、王钢主编：《全元曲》，中州古籍出版社 1996 年版，第 108 页。

　　③ 同上书，第 3062 页。

　　④ 同上书，第 416 页。

性。如果放在整个中国文学史，并结合社会经济、思想文化各方面进行分析，就能够更清晰地观照元曲中茶商形象的价值所在。

在中国古代文学历史上，商人形象塑造一直是文学题材的重要组成部分。古代文人也给后人留下了许多形象生动的商人形象。因为茶在中国古代社会经济中的重要地位，贩茶商人也就成为中国古代商人中的一个不可缺少的组成部分，贩茶商人形象自然成为商人形象的一个分支。仔细比较之下，这两种群体人物形象塑造有所同也有所不同。

相同的是，在文学史上所塑造的贩茶商人大多是些重利轻义、薄情寡义的无良商人。他们不懂得情谊的珍贵，却一味地追逐金钱的价值。中国文人向来最看轻的就是这种商人。中国古代文人在长期的小农经济影响下都有着强烈的农本位和重农抑商的思想，自然将商人作为批判的重点对象，塑造的商人形象也多是些奸诈投机之徒。

在中国广泛流传着一句形容商人无良的俗语——"无商不奸"。从这句俗语就可以看出人们，不仅仅是文人对商人的那种鄙夷态度。元稹《估客乐》中写道："火伴相勒缚，卖假莫卖诚。交关但交假，本生得失轻。"① 这两句话尽显商人的不诚信，为了一己私利弄虚作假，欺骗大众。明代冯梦龙《警世通言》中《杜十娘怒沉百宝箱》一文中提到了一位漂泊在外的商人——孙富。孙富利用"攻心计"，致使李甲出卖杜十娘，最终导致了杜十娘的悲凉结局。虽然李甲是致使杜十娘死亡的罪魁祸首，但是孙富的从中挑拨，也使他成为李甲的"帮凶"——一位依靠自己财力诱拐佳人、欺骗朋友的奸商。另外，在《水浒传》中还有一位开茶坊兼做媒婆、名声在外的"王婆"。王婆为了西门庆的"财礼"，暗中撮合西门庆与潘金莲，这已是诱拐良家民女。更甚的是，王婆为了达到自己最终的目的，唆使潘金莲谋杀武大郎。王婆是导致武大郎死亡的主谋、首犯。王婆的这种恶行也成为商人重利轻义的一个很好的例证。还有

---

① （唐）元稹撰，冀勤点校：《中国古典文学基本丛书·元稹集》，中华书局 1982 年版，第 268 页。

西门庆仗着自己的财力和地位，诱骗良家女人，显然超出了中国文人所倡导的"礼"，自然受到文人的鄙夷与批判。文人对商人恶行的批判，是在以他们微薄的力量监督社会风气，倡导礼仪文明。这是文人对社会该尽的责任。

不同的是，并非所有的文人对商人都是持批判的态度的。中国文学史上也有很多正面的商人形象。"富者，人之性情"①，这句话与"食色性也"有异曲同工之妙。司马迁的这句话肯定了商人通过自己辛勤劳动致富的良好品质。追求财富是人的本性，没什么低贱的。同时司马迁在《史记·货殖列传》中记载了一些正面的商人形象，"凡言富者皆称陶朱公"②的陶朱公，"天下言治生祖白圭"③的白圭。这两个人一直被商界视为传奇。更传奇的是，两人的人生经历，一个相传是春秋时期帮助勾践成就大业的范蠡，另一个也曾高居魏相。两人在官场与商场的成功要归功于两人的人生智慧，这其中他们的智商只是其中的一部分，情商才是成就伟业的根本。相传范蠡为相时，放弃功名，与美人泛舟西下，这是何等的明智。白圭曾经把成功商人的形象概括为"智、勇、仁、强"，这也需要极高的人生境界才能看得如此透彻。两人是商人正面形象的代表。

商业发展到明清时期，越来越多的商人以"儒商"自居，也把"儒商"名号看成是至高无上的荣誉。崇尚儒家道义的文人与儒商之间似乎因为一个"儒"字，找到了有效的沟通途径。文人也倾向于赞扬"儒商"的高尚情怀。所以明清时期，出现了很多重情重义、乐善好施的"大善人"。他们通过自己勤勤恳恳的劳动成就了自己的家业。如冯梦龙《醒世恒言》中《刘小官雌雄兄弟》中通过诚实劳作，一两年就挣下老大家业的刘奇和刘方。深受儒家思想影响的文人更热衷于赞扬他们的"仁爱之心"，那种"乌鸦反哺"回馈社会的人生境界。如蒲松龄《聊斋志异》中《小二》，通过苦心

---

① （汉）司马迁撰：《史记·货殖列传》，中华书局1959年版，第3271页。

② 同上书，第3257页。

③ 同上书，第3259页。

经营致富后，"俱量给资本"①，资助村里贫困者，让他们做生意，通过自己的劳动来摆脱贫困。这般仁义，使小二成为儒家文人颂扬的典型。

文人对商人的批判一方面源于根深蒂固的封建农本位思想，另一方面也源于商人职业素质低下引起的社会反感反映到了文学中。但是文人对商人正面形象的赞许，一方面暗含着文人对商人职业素养的期许，另一方面是随着社会文明的发展，商人中真正地出现了很多正面的商人形象反映到文学上。

中国文学史上的商人形象还是较为全面客观地总结分析了这个群体的整体形象，并且随着历史的发展而发展。贩茶者"重利轻别离"的主流形象与之相比，缺乏崇尚儒家伦理道德的正面形象，而且缺乏历史发展性。

贩茶者的形象由最初的无文学记载，到最后出现文学史料记载甚至形成固定的形象，这其中经历着中国的茶叶贸易由小到大和茶叶经济由弱到强。经济的发展带动文化的繁荣，茶叶经济的发达促进茶文化的发展。茶文化流传到今天成为中国传统文化的重要组成部分，其中所塑造的贩茶者人物形象不仅为当时也为现代的茶文化和文学爱好者带来不一样的享受。

第三节　元代茶曲反映的茶事物质形态

唐宋，饮茶在人们生活中占据着重要的地位。宋代吴自牧的《梦粱录》中就有了"盖人家每日不可阙者，柴米油盐酱醋茶"②的记述。茶叶经济发展到元代，饮茶就更加深入普通老百姓的日常生活中。《全元曲》杂剧中《月明和尚度柳翠》、《马丹阳度脱刘行首》、《李素兰风月玉壶春》、《逞风流王焕百花亭》中都有"教你当家不当

---

① 张友鹤辑校：《聊斋志异》（汇校汇注汇评本）卷三，上海古籍出版社 1962 年版，第 382 页。

② 吴自牧：《梦粱录》卷十六，商务印书馆《丛书集成初编》本，1939 年，第 148 页。

家，及至当家乱如麻。早晨起来七件事，柴米油盐酱醋茶"① 之语，《施仁义刘弘嫁婢》更直白地说道"柴米油盐酱醋茶，应用的家活都有了"②。

在散曲中，也有一些作家采用民间百姓熟悉并易于接受的语言对茶的必要性进行了描写。如周德清小令【双调·蟾宫曲】《别友》中"倚蓬窗无语嗟呀，七件儿全无，做甚么人家？柴似灵芝，油如甘露，米若丹砂。酱瓮儿恰才梦撒，盐瓶儿又告消乏。茶也无多，醋也无多。七件事尚且艰难，怎生教我折柳攀花!"③ 在这则小令中，周德清语气比较强硬地强调了七件的重要性"七件儿全无，做甚么人家"，这也侧面强调了茶在百姓日常生活中的必备性。"柴米油盐酱醋茶"只是笼统地用来描绘茶的重要。还有一些词汇大量出现在《全元曲》中，来具体表现茶在日常生活中的重要性。比如，"茶饭"这个词，据统计在《全元曲》的杂剧和散曲中共出现了 79 次。《太平广记》卷三九《神仙三十九·刘晏》中就有了关于"茶饭"的提法，"刘公渐与之熟。令妻子见拜之。同坐茶饭"④。在《全元曲》中，要是涉及"吃饭"，就会表达成"吃甚么茶饭"、"寻些茶饭吃"、"安排些茶饭与你"等。当然，类似"茶饭"的词汇还有不同表达样式，如"闲茶饭"、"好茶好饭"、"不茶不饭"、"不茶水饭"、"闲茶闲饭"、"粗茶淡饭"、"残茶剩饭"、"供茶送饭"、"递茶送饭"、"茶余饭饱"。这些都是出现在《全元曲》中表达"茶饭"的高频词汇。"茶饭"在不同场景下的不同表达方式，说明元代的人们在不同的生活场景中都会使用这个词语。这个日常高频率使用的词语也反映了元代人们的生活习惯。看来，在元朝时期，人们生活中已经习惯把"茶"与"饭"并称，也就是已经把茶与饭当作是同等重要的事项了。正如，无名氏《包龙图智赚合同文字》中进行了很好的诠释：

---

① 张月中、王钢主编：《全元曲》，中州古籍出版社 1996 年版，第 683、1386、1453、1949 页。

② 同上书，第 1684 页。

③ 同上书，第 2700 页。

④ 李昉等编：《太平广记》卷三十九，中华书局 1961 年新 1 版，第 245 页。

"我将饭充饥,茶解渴。"① 这是茶文化在日常生活中传播的一个重要的细节。

茶文化并不是单纯的只关于茶叶,其中涉及很多的其他因素。比如茶具、饮茶之水、茶食、茶艺、茶馆、茶俗、茶事等物质文化因素和精神文化因素。

1. 茶叶种类

茶文化本身最核心的内容就是饮茶。在茶叶生产的历史上,茶叶种类是随着时代在不断增加的。在中国文学史上,历代的文学作品中都有对茶叶种类的描写。当然《全元曲》中也涉及了很多茶叶的种类名称。

(1) 以产区命名

悠长的茶文化历史积淀,使一些主要的产茶区形成了自己的特色。这不仅成就了一批名茶,也成就了这些地区。这使茶成为这些地区历史文化上重要的因素。《全元曲》中描写了唐宋时期就名声大噪的名茶。

蒙顶茶。唐杨晔撰写的《膳夫经手录》,书中虽然主要是记载一些烹饪食材,但是对茶的品种也有很详细的记录。其中,记载了大约18 种茶叶名称,而且分别介绍了各种茶的产地和优劣之处。《膳夫经手录》记载道:"蒙顶,始蜀茶,得名蒙顶于元和以前。束帛不能易一斤先春蒙顶。"② 其中也提到了其他的一些茶种,如浮梁茶、新安茶、鄂州茶等,虽也有优点但皆不精于蒙顶。在这些记载中,足以看出唐代人对蒙顶茶的喜爱。

马致远《江州司马青衫湿》【沽美酒】:"我则道蒙山茶有价例,金山寺里说有交易。"③《吕洞宾三醉岳阳楼》:"也不索采蒙顶山头雪,也不索茶点鹧鸪斑。"④ 还有李德载《中吕·阳春曲》《赠茶肆》

---

① 张月中、王钢主编:《全元曲》,中州古籍出版社 1996 年版,第 1808 页。

② (唐)杨晔撰:《膳夫经手录》,见《续修四库全书·子部·谱录类》,上海古籍出版社 2013 年版,第 524 页。

③ 张月中、王钢主编:《全元曲》,中州古籍出版社 1996 年版,第 397 页。

④ 同上书,第 415 页。

第三首："蒙山顶上春光早，扬子江心水味高。"① 这些都是对产自四川雅安市名山县蒙山（同蒙顶山）的蒙山茶的描写。

顾渚茶。《膳夫经手录》其中还对湖州顾渚茶也颇有好评："湖顾渚，自蒙顶之外，无出其右者。"②《全元曲》对产自湖州（现浙江长兴）顾渚紫笋也有刻画。冯子振小令【正宫·鹦鹉曲】《顾渚紫笋》："春风阳羡微暄住，顾渚问茗叟吴父。一枪旗紫笋灵芽，摘得和烟和雨。【幺】焙香时碾落云飞，纸上凤鸾衔去。玉皇前宝鼎亲尝，味恰到才情写处。"③ 还有张可久【黄钟·人月圆】《山斋小集》："玉笙吹老碧桃花，石鼎烹来紫笋芽。"④ 文字中间，充满了元曲作家对顾渚紫笋的喜爱。

阳羡茶同紫笋茶，又名义兴紫笋，产于常州（现江苏宜兴）。在《全元曲》中同样有一些记载。乔吉散曲【双调·水仙子】《廉香林南园即事》："六一泉阳羡茶，书斋打簌得繁华。"⑤ 柴野愚小令【双调·枳郎儿】："访仙家，访仙家，远远入烟霞。汲水新烹阳羡茶。瑶琴弹罢，看满园金粉落松花。"⑥ 元曲创作者描写阳羡茶时，擅于创造一个美的意境，如书斋，仙家这般，来衬托阳羡茶的不同凡响。

名气由来已久的双井茶，因产自今江西省修水县杭口乡双井村而得其名。历史上有很多文化名人为其填词作赋。宋欧阳修《双井茶》："西江水清江石老，石上生茶如凤爪。穷腊不寒春气早，双井茅生先百草。白毛囊以红碧纱，十斤茶养一两芽。长安富贵五侯家，一啜尤须三日夸。宝云日注非不精，争新弃旧世人情。岂知君子有常德，至宝不随时变易。君不见建溪龙凤团，不改旧时香味色。"⑦ 元

①　张月中、王钢主编：《全元曲》，中州古籍出版社1996年版，第3062页。

②　（唐）杨晔撰：《膳夫经手录》，见《续修四库全书·子部·谱录类》，上海古籍出版社2013年版，第524页。

③　张月中、王钢主编：《全元曲》，中州古籍出版社1996年版，第2543页。

④　同上书，第2779页。

⑤　同上书，第2636页。

⑥　同上书，第3111页。

⑦　欧阳修著，洪本健校笺：《欧阳修诗文集校笺》，上海古籍出版社2009年版。

代的张可久是一位热爱并极力颂扬茶的作家，在他的散曲中有很多作品都涉及茶的描写。张可久也在作品中表达了对双井茶的喜爱。张可久【双调·折桂令】《湖上道院》："鹤飞来一缕青霞，笑富贵飞蚊，名利争蜗。……双井先春采茶，孤山带月锄花。"① 【中吕·红绣鞋】《怀古》："孤山花已老，双井水犹香，记神仙诗句响。"② 张可久拿花与茶对比，花已老、茶犹香，足可以看出作家对茶的偏爱，山中美艳的鲜花都比不了双井茶。

建溪茶。根据宋代茶文化著作，如《宋史·食货志》、《大观茶论》、《宣和北苑贡茶录》、《北苑别录》中的史料，宋代的名茶种类的记载要远多于唐代名茶种类的记载。《北苑茶录》中记载："建安之东三十里，有山曰凤凰。其下直北苑，旁联诸焙。……太平兴国中，初为御焙，岁模龙凤，以羞贡篚，盖表珍异。……厥今茶自北苑上者，独冠天下，非人间所可得也。"③ 在宋代时就是贡茶，产自福建建安的建溪茶，《全元曲》中也有较多的描写。马致远杂剧《吕洞宾三醉岳阳楼》中郭马儿上场诗中说道："龙凤团饼不寻常，百草前头早占芳。采处未消峰顶雪，烹时犹带建溪香。"④ 《江州司马青衫湿》中有唱词道："着那厮直赶到五岭三湘建溪，干相思九公里。"⑤ 这些文学创作证明，宋代的名茶一样受到元代人的喜爱。

（2）以形态命名

还有一些不是以产地而是以茶的形态来命名的茶。龙团茶是北宋时期的贡茶。欧阳修《归田录》："茶之品，莫贵于龙凤，谓之团茶，凡八饼重一斤。庆历中，蔡君谟为福建路转运使，始造小片龙茶以进。其品绝精，谓之小团，凡二十饼，重一斤，其价直金二两。然金

---

① 张月中、王钢主编：《全元曲》，中州古籍出版社 1996 年版，第 2770 页。

② 同上书，第 2773 页。

③ 杨东甫主编：《中国古代茶学全书·北苑茶录》，广西师范大学出版社 2011 年版，第 126 页。

④ 张月中、王钢主编：《全元曲》，中州古籍出版社 1996 年版，第 413 页。

⑤ 同上书，第 389 页。

可有茶不可得。"① 团茶在北宋历史上有极高的地位，其价格和难得令人咋舌。另外，团茶虽然提高了茶叶的质量，但影响到了茶叶的真实味道。所以，随着茶叶生产的发展，更好保留着茶叶本质味道的散茶逐渐替代了团茶。《全元曲》中关于茶的文献记载就反映了散茶逐渐取代团茶的过程。马致远《江州司马青衫湿》第四折【石榴花】："先赔了四瓶酒十饼香茶。"② 乔吉【双调·卖花声】《香茶》写道："细研片脑梅花粉，新剥珍珠豆蔻仁，依方修合凤团春。醉魂清爽，舌尖香嫩，这孩儿那些风韵。"③ 李德载小令【中吕·阳春曲】《赠茶肆》："龙团香满三江水，石鼎诗成七步才，襄王无梦到阳台。"④ 陈德和小令【双调·落梅风】《陶谷烹茶》："龙团细，蟹眼肥，竹炉红小窗清致。"⑤ 《全元曲》中的文字说明元代茶文化承袭了前代的传统，对团茶极为地推崇。《饮膳正要》卷二中关于诸茶药用中写道："香茶，白茶一袋，龙脑成片者三钱，百药煎半钱，麝香二钱同研细，用香粳米熬成粥，和成剂印作饼。"⑥ 也就是说，香茶是饼茶的一类。

但是，元曲作家们对散茶的描写倾注了更多的笔墨。郑廷玉《布袋和尚忍字记》第二折［感皇恩］中写道："莫不是谁来献新茶？"⑦ 马致远《江州司马青衫湿》第二折【四煞】："多乘厚意，来年捎细茶来吃。"⑧《马丹阳三度任凤子》第三折【醉春风】："石鼎内烹茶芽，瓦瓶中添净水"。⑨ 李寿卿《月明和尚度柳翠》第四折："（行者云）和尚从来好吃茶，终朝每日采茶芽。"⑩ 高文秀套数【双调·行

---

①　《归田录》卷二，《欧阳修全集》，李逸安点校，中华书局2001年版，第1931页。

②　张月中、王钢主编：《全元曲》，中州古籍出版社1996年版，第399页。

③　同上书，第2643页。

④　同上书，第3062页。

⑤　张月中、王钢主编：《全元曲》，中州古籍出版社1996年版，第3098页。

⑥　（元）忽思慧撰：《饮膳正要》，刘玉书点校，人民卫生出版社1986年版，第59页。

⑦　张月中、王钢主编：《全元曲》，中州古籍出版社1996年版，第286页。

⑧　同上书，第395页。

⑨　同上书，第427页。

⑩　同上书，第693页。

香子】中有："摘藤花，挑竹笋，采茶苗。"① 张可久散曲【中吕·红绣鞋】《山中》："老梅盘鹤膝，新柳舞蛮腰，嫩芽舒凤爪。"② 【越调·天净沙】《赤松道宫》："松边香煮雷芽，杯中饭糁胡麻，云掩山房几家？"③ 【双调·浮石许氏山园小集】："煮酒青梅，凉浆老蔗，活水新茶。灵冷兰英玉芽，风香松粉金花。"④ 吴仁卿【双调·拨不断】《闲乐》："稚子和烟煮嫩茶，老妻带月包新鲊，醉时闲话。"⑤ 无名氏套数【仙吕·点绛唇】《天下乐》："烹前，白雪飞，黄芽渐长生天地。"⑥ 在这里不管是新茶还是茶芽，细茶还是茶苗，或是嫩芽、雷芽、黄芽、嫩茶都是指散茶。这足以说明元代人对散茶的偏爱。散茶也就随之慢慢流行。到明朱元璋废团茶改为散茶，散茶就彻底取代了团茶的地位。

（3）以制作方法命名

我国在宋朝时就在上等绿茶中加入龙脑香作为贡品。这种利用香料熏茶成为我国花茶窨制的前身。蔡襄《茶录》中云："茶有真香而入贡者，微以龙脑和膏，欲助其香。建安民间试茶皆不入香，恐夺其真……正当不用。"⑦

到了元代，窨制的花茶品种有所增加，技术有所改进。《全元曲》中也有以香料、果品和花入茶的记载。马致远《吕洞宾三醉岳阳楼》第四折：【驻马听】："你将我袍袖揪捽，误了你龙麝香茶和露煮。"⑧吴西逸【双调·殿前欢】："笔床茶灶添香篆，尽意留连。"⑨ 这里的"龙麝香茶和露煮"，表明调饮茶的普遍。而香篆与茶灶的同提，则是茶道与香道的融通。宋时出现的流行于民间的香茶可谓中国茶文化

---

① 张月中、王钢主编：《全元曲》，中州古籍出版社 1996 年版，第 2502 页。
② 同上书，第 2756 页。
③ 同上书，第 2757 页。
④ 同上书，第 2824 页。
⑤ 同上书，第 2594 页。
⑥ 同上书，第 3127 页。
⑦ 蔡襄：《茶录》，中华书局 1985 年版，"茶录并序"第 1 页。
⑧ 张月中、王钢主编：《全元曲》，中州古籍出版社 1996 年版，第 420 页。
⑨ 同上书，第 2933 页。

特殊的组成部分。到了元代也有用香料入茶的习俗。发展到明代，周嘉胄的《香乘》的"香药"中记录了多种方子：丁香煎圆，木香饼子，豆蔻香身丸，透体麝脐带，独醒香，经御龙麝香茶，孩儿香茶等。①

乔吉【双调·卖花声】《香茶》："细研片脑梅花粉，新剥珍珠豆蔻仁，依方修合凤团春。"② 孛罗御史【南吕·一枝花】《辞官》："春风桃李，夏月桑麻，秋月禾黍，冬月梅茶。"③ 无名氏【双调·庆宣和】："枸杞茶甜如蕨薇菜，去来，去来。"④ 马致远《吕洞宾三醉岳阳楼》第二折【贺新郎】："深深地打个稽首：'上告我师，吃个甚茶？'（正末云）我吃个木瓜。……（郭云）这师父倒会吃，头一盏儿吃了个木瓜，第二盏吃了个酥佥，第三盏吃个杏汤，再着上些干粮，倒饱了半日。"⑤ 汤舜民【双调·天香引】《友人客寄南闽情缘眷恋代书此适意云其三》："槟榔蜜涎吐胭脂，茉莉粉香浮，荔枝膏茶搅琼酥。"⑥ 文中提到的木瓜、杏、荔枝都是水果。元代发展了前朝的饮茶方式，不仅以香料和花入茶，还增加了果品入茶的饮茶方式。

2. 饮茶之水

茶人有句口头禅："茶有各种茶，水有多种水，只有好茶、好水味才美。"茶与水的关系深到谈茶就要论水。陆羽《茶经》"茶之煮"中记述："其水，用山水上，江水中，井水下。其山水拣乳泉，慢流者上。……其江水，取去人远者。井水，取汲多者。"⑦ 唐代作家张又新著《煎茶水记》："称较水之与茶宜者，凡七等：扬子江南零水第一；无锡惠山寺石泉水第二；苏州虎丘寺石泉水第三；丹阳县观音

---

① 《香乘》：《景印文渊阁四库全书·子部·谱录类》，台湾商务印书馆，第844—519、844—520、844—521 页。

② 张月中、王钢主编：《全元曲》，中州古籍出版社 1996 年版，第 2643 页。

③ 同上书，第 2487 页。

④ 同上书，第 3168 页。

⑤ 同上书，第 415 页。

⑥ 同上书，第 2970 页。

⑦ （唐）陆羽：《茶经》，中国纺织出版社 2006 年版，第 17 页。

寺水第四；扬州大明寺水第五；吴松江水第六；淮水最下，第七。"①
古人还流传下一种说法是：无根之水最是干净，而雪水又是最佳的。
《茶疏》也有"精茗蕴香，借水而发，无水不可与论茶也"② 之说。
清代张大复也有"茶性必发于水。八分之茶，遇十分之水，茶亦十分
矣；八分之水，试茶十分，茶只八分耳。贫人不易致茶，尤难得
水"③ 之说。在他们看来，茶与水应该是相得益彰的。水是饮茶的载
体，茶的价值也是通过水来实现的。其实，在《全元曲》中，作家
们也对饮茶之水有很多的描写。马致远《半夜雷轰荐福碑》第三折：
"涧水煎茶烧竹枝，袈裟零落任风吹。"④ 戴善甫《陶学士醉写风光
好》第二折【二煞】："煞强如扫雪烹茶破草堂。"⑤ 萧德祥《杨氏女
杀狗劝夫》第二折【倘秀才】： "有等人道宜扫雪烹茶在读书舍
里……"⑥ 马致远散曲【双调·夜行船】《百岁光阴》："和露摘黄
花，带霜烹紫蟹。"乔吉小令【正宫·醉太平】《乐闲》："链秋霞汞
鼎，煮晴雪茶铛。"⑦ 还有【双调·折桂令】《自叙》："酒肠渴柳阴
中拣云头剖瓜，诗句香梅梢上扫雪片烹茶。"⑧【双调·钱丝泫】："避
豪杰，隐岩穴，煮茶香扫梅梢雪。"⑨ 吕止庵【仙吕·后庭花】："冷
冬泉，烹茶无味，有人锦帐中。"⑩ 苏彦文套数【越调·斗鹌鹑】《冬
景》："便休提晚来堪画，休强呵映雪读书，且免了这扫雪烹茶。"⑪
张可久小令【黄钟·人月圆】《山中书事》："松花酿酒，春水煎

---

①　《煎茶水记》，《景印文渊阁四库全书·子部·谱录类》，台湾商务印书馆，第
844—809 页。

②　（明）许次纾：《茶疏》，中华书局 1985 年版，第 5 页。

③　张大复：《笔记小说大观·梅花草堂笔谈》，江苏广陵古籍刻印社，第 224 页。

④　张月中、王钢主编：《全元曲》，中州古籍出版社 1996 年版，第 448 页。

⑤　同上书，第 798 页。

⑥　同上书，第 1265 页。

⑦　同上书，第 2621 页。

⑧　同上书，第 2635 页。

⑨　同上书，第 2642 页。

⑩　同上书，第 2648 页。

⑪　同上书，第 2734 页。

茶。"①【双调·水仙子】《春衣洞天》："兔毫浮雪烹茶香，鹤羽携风采药忙。"② 张可久【双调·沉醉东风】《客维扬》："第一泉边试茶，无双亭上看花。"③【南吕·金字经】《开玄道院》："尝，煮茶春水香。"④【双调·折桂令】《浮石许氏山园小集》："煮酒青梅，凉浆老蔗，活水新茶。"⑤ 孙周卿小令【双调·蟾宫曲】《自乐》："草团标正对山凹，山竹炊粳，山水煎茶。"⑥ 无名氏【双调·水仙子】《冬》："忆当时扫雪烹茶味，争如饮羊羔潋滟杯，胆瓶中温水江梅。"⑦ 这些作品中的洞水、山水、活水、春水、泉水都是极好的煮茶用水，尤其是雪水更是文人们的钟爱。从《全元曲》中的这些创作已经可以看出，元代的文人茶客对饮茶之水也是极其的讲究。

3. 饮茶之具

我们现在所说的茶具，主要指茶壶、茶杯这类饮茶用具。但是古代"茶具"的概念比现在范围宽很多。唐代文学家皮日休《茶具十咏》中列出茶具种类有"茶坞、茶人、茶笋、茶籝、茶舍、茶灶、茶焙、茶鼎、茶瓯、煮茶"。《茶经》"四之器"也对茶具进行了总结。日本著名的茶文化学者布目潮沨还根据《茶经》的文字描述绘制了茶具图。《全元曲》中也有一些文字对茶具进行介绍。我们按照前代对茶具的分类，依序对制茶、煮茶、饮茶用具进行梳理。

马致远《马丹阳三度任风子》第三折【醉春风】："石鼎内烹茶芽，瓦瓶中添净水。"⑧ 冯子振【正宫·鹦鹉曲】《陆羽风流》："杜司空席上从容，点出茶瓯花雨。"⑨ 赵明道【双调·夜行船】《寄香罗

---

① 张月中、王钢主编：《全元曲》，中州古籍出版社 1996 年版，第 2739 页。
② 同上书，第 2742 页。
③ 同上书，第 2797 页。
④ 同上书，第 2805 页。
⑤ 同上书，第 2824 页。
⑥ 同上书，第 3031 页。
⑦ 同上书，第 3168 页。
⑧ 同上书，第 427 页。
⑨ 同上书，第 2543 页。

帕》："止不过包胆茶胧罗笠，说不尽千般旖旎。"① 乔吉【正宫·醉太平】《乐闲》："链秋霞汞鼎，煮晴雪茶铛。"② 张可久散曲【黄钟·人月圆】《客垂虹》："莼羹张翰，渔舟范蠡，茶灶龟蒙。"③【南吕·金字经】《湖上书事》："六月芭蕉雨，两湖杨柳风，茶灶诗瓢随老翁。"④【双调·水仙子】《山斋小集》："玉笙吹老碧桃花，石鼎烹来紫笋芽。"⑤【双调·湘妃怨】《瑞安道中》："挂渔网茶灶整诗担，沙鸥惊笑谈，一丝烟两袖晴岚。"⑥ 任昱【中吕·普天乐】《花园改道院》："门迎野客，茶香石鼎，鹤守茅斋。"⑦ 卫立中【双调·殿前欢】："客来时伴我闲些个，酒灶茶锅。"⑧ 吴西逸【双调·殿前欢】："笔床茶灶添香篆，尽意留连。"⑨ 汤舜民【双调·湘妃游月宫】《夏闺情》："冰盘贮果水晶凉，石髓和茶玉液香。"⑩ 贾仲明小令【双调·吊李宽甫】："金叵罗醉堪琼酿，青定瓯茶烹凤团。"⑪ 胡用和套数【南吕·一枝花】《隐居》："负薪樵子，执钓渔夫，烹茶石鼎，沽酒葫芦。"⑫ 这些作品中描写的石鼎、茶锅、茶灶、茶瓯、茶铛都是前朝就有，一直流传到元代的煮茶用具。

郑廷玉《布袋和尚忍字记》第二折："我说的是十年尘梦三生活，我啜的是两腋清风七盏茶。"⑬ 白朴《唐明皇秋夜梧桐雨》《叫声》："酒注嫩鹅黄，茶点鹧鸪斑。"【醉春风】："酒光泛紫金

① 张月中、王钢主编：《全元曲》，中州古籍出版社1996年版，第2558页。
② 同上书，第2621页。
③ 同上书，第2739页。
④ 同上书，第2765页。
⑤ 同上书，第2779页。
⑥ 同上书，第2822页。
⑦ 同上书，第2847页。
⑧ 同上书，第2917页。
⑨ 同上书，第2922页。
⑩ 同上书，第2972页。
⑪ 同上书，第3021页。
⑫ 同上书，第3121页。
⑬ 同上书，第288页。

钟，茶香浮碧玉盏。"① 马致远《西华山陈抟高卧》第四折【步步娇】："我与先生奉一杯茶。"【沉醉东风】："泛一瓯瑞雪香，生两腋松风响，润不得七碗枯肠。"②《吕洞宾三醉岳阳楼》第二折："舔我这茶盏底，是何缘故？"③ 郑光祖《醉思乡王粲登楼》第一折："可不道锦堂客至三杯酒，茅舍人来一盏茶。"④ 刘君锡《庞居士误放来生债》第二折："他则请人吃一盏茶呵，却早算计也。"⑤ 无名氏《刘玄德醉走黄鹤楼》第二折【禾词】："清早晨起床，头不曾梳，脸不曾洗，喝了五六碗茶，阿的们大烧饼，吃了六七个，才充了饥也。"⑥ 冯子振【正宫·鹦鹉曲】《南城赠丹砂道伴》："有人来不问亲疏，淡饭一杯茶去。"⑦ 吴西逸【双调·殿前欢】："茶香水玉钟，酒竭玻璃翁，云绕蓬莱洞。"⑧ 刘庭信【双调·水仙子】《相思》："虾须帘控紫铜钩，凤髓茶闲碧玉瓯，龙涎香冷泥金兽。"⑨ 汤舜民【双调·湘妃引】《山中乐四阕赠友人》："宝篆香燃宝兽，玉乳茶浮玉杯，金盘露滴金罍。"《自述》："龙涎香喷紫铜炉，凤髓茶温白玉壶，羊羔酒泛金杯绿。"⑩《全元曲》的这些作品中所涉及的茶盏、茶碗、茶杯、玉钟、玉杯、玉壶都是在当时社会流行的饮茶用具。现代社会保留下了用杯、壶饮茶的习俗，茶盏却是很少用了。

4. 茶食

广义上的茶食是包括茶在内的糕饼点心之类的统称。在《大金国志·婚姻》就载有："婿纳币，皆先期拜门，亲属偕行，以酒馔

---

① 张月中、王钢主编：《全元曲》，中州古籍出版社 1996 年版，第 369 页。
② 同上书，第 408 页。
③ 同上书，第 415 页。
④ 同上书，第 1053 页。
⑤ 同上书，第 1425 页。
⑥ 同上书，第 1716 页。
⑦ 同上书，第 2545 页。
⑧ 同上书，第 2922 页。
⑨ 同上书，第 1425 页。
⑩ 同上书，第 2968 页。

往……次进蜜糕，人各一盘，曰茶食。"① 这里说的茶食跟我们现在一般人说的茶点是同一个意思。而在茶学界，茶食与茶点不同，是指用茶掺和其他可食之物料，调制成茶菜肴、茶粥饭等茶食品，也就是是指含茶的食物。《全元曲》中也有一些关于茶食的记载。杨显之《郑孔目风雪酷寒亭》第三折："他家里吃的是大蒜臭韭，水答饼，秃秃茶食。"② 无名氏《十探子大闹延安府》第二折："济哩必牙，吐吐麻食，偌安桌食所儿叭，霍食买在必牙。"③ 有人曾考证过吐吐麻食同秃秃茶食。《饮膳正要》一书中记述了鸡头粉搊面、羊皮面、秃秃麻食等面食。秃秃麻食是元代北方少数民族流行的食品之一。元代的《居家必用事类全集》中把秃秃麻食归入了回回食物一类。《饮膳正要》对其记载是："秃秃麻食系手撇面，补中益气。白面六斤，羊角一脚子，炒焦肉乞马。用好肉汤下，炒葱调和匀，下蒜酪，香菜末。"④ 看来，秃秃麻食属于一种面食，与茶并无多大联系。但用茶食的概念去解释的话，秃秃茶食是广义上的茶食。无名氏《玎玎珰珰盆儿鬼》第三折【麻郎儿】："俺大年日将你帖起，供养了馓子茶食。"⑤ 词典对"馓子"的解释说："一种用糯粉和面扭成环的油炸食品。现在的馓子，用面粉制成，细如面条，呈环形栅状。"馓子可直接食用，也可用奶茶浸泡，浸泡后化成小截，绵而不糊，很宜老人食用。陕西人喜欢在油茶中泡以麻页和馓子。这里的馓子，既符合茶学界对茶食的界定，又符合广义上茶食的概念。睢玄明【般涉调·耍孩儿】《咏西湖》："排果桌随时置，有百十等异名按酒，数千般官样茶食。"⑥ 这里虽没有具体的对官样茶食的记载，但应该指的是元朝宫

　　① （金）宇文懋昭撰：《二十五别史·大金国志》，李西宁点校，齐鲁书社 2000 年版，第 288 页。

　　② 张月中、王钢主编：《全元曲》，中州古籍出版社 1996 年版，第 770 页。

　　③ 同上书，第 1820 页。

　　④ （元）忽思慧撰：《饮膳正要》，刘玉书点校，人民卫生出版社 1986 年版，第 32 页。

　　⑤ 张月中、王钢主编：《全元曲》，中州古籍出版社 1996 年版，第 1707 页。

　　⑥ 同上书，第 3095 页。

廷中盛行的茶食。

上面论述的关于茶的种目，煮茶用水，茶具甚至是茶食，基本上包括了茶文化的各方面物质文化因素。据此我们对元曲中茶文化的物质方面有了基本的了解。除了物质文化方面，元曲中的茶文化也涉及一些精神文化因素。

第四节　元代茶曲反映的精神文化生活

前面我们用"柴米油盐酱醋茶"来概括茶在人们日常生活中的必要性。《全元曲》的茶文化作品中还有一种文人化的表述来形容茶在文人生活中的重要地位。吴仁卿小令【南吕·金字经】《道情》中说道"道人为活计，七件为伴侣，茶药琴棋酒画书"。① 周文质【越调·斗鹌鹑】《咏小卿》中提到过"青蚨，压碎那茶药棋琴笔砚书"。② "茶药琴棋酒画书"和"茶药棋琴笔砚书"，成为文人眼中的七件必备。在普通百姓与文人生活中，茶的地位越来越重要，影响也越来越广泛。这些影响不仅包括单纯物质生活上的，甚至还包括精神文化方面，如以茶命名，饮茶方式，饮茶习俗，还有从物质载体上升到精神文化的茶馆文化。

1. 以茶命名

名字对于中国人有着非比寻常的意义，取名字也代表着一种艺术。中国人的名字中都蕴含着各种美好的感情。最早用"茶"做名字的现象，出现在唐代。从唐朝开始，茶便作为少女的美称。据李济翁《资暇集》记载："阿茶：公郡县主，宫禁呼为宅家子。盖以至尊以天下为宅，四海为家，不敢斥呼。故约宅家，亦犹陛下之意……急语乃以宅家子为茶子。既而亦云阿茶子。"③ 这里的"茶子"虽来自

① 张月中、王钢主编：《全元曲》，中州古籍出版社 1996 年版，第 2592 页。
② 同上书，第 2715 页。
③ （唐）李济翁撰：《资暇集》，中华书局 1985 年影印《丛书集成初编》本，第 20 页。

"宅家子"的谐音，但能被人接受并流传下来，就证明人们是认可"茶"字的美好意义的。金代诗人元好问《德华小女五岁能诵余诗数首以此诗为赠》写道："牙牙娇语总堪夸，学念新诗似小茶。"自注："唐人以茶为小女美称。"① 那么小茶就是指"小美女"。宋代苏轼《次韵曹辅寄壑源试焙新茶》中写道："从来佳茗似佳人"，那么以茶作为佳人名字就不足为奇了。《全元曲》中的一些作品也反映了人们把"茶"字运用到名字中的这一现象。在元代人们也习惯了用"茶"当作女子的名字，来表达他们心中对美好、纯洁女性的喜爱。关汉卿《杜蕊娘智赏金线池》【普天乐】中唱到"茶儿是妹子"，② 表达了对女性的爱慕。在李直夫《便宜行事虎头牌》中多次提到完颜女直人氏"茶茶"，描写到"自小便能骑马，何曾肯上妆台？虽然脂粉不施来，别有天然娇态……茶茶非别裙钗，说起风流无赛。自家完颜女直人氏，名茶茶者是也。……安排下茶饭，则怕千户来也。……叔叔婶子前厅商坐，茶茶穿了大衣服来相见"。③ 在作者笔下，茶茶不仅是位清水出芙蓉、天然去雕饰的美人，还懂得安排居家事宜，懂得礼节，俨然一副完美女人形象。这样的"茶茶"寄托了作者对"完美女人"的赞美之情。马致远【仙吕·掬水月在手】："紧相催，闲笃磨，快道与茶茶嬷嬷。……刚绰起半撮，小梅香也歇和，分明掌上见嫦娥。"④ 张可久【越调·寨儿令】《春情》："烟冷香鸭，月淡窗纱，擎著泪眼巴巴。媚春光草草花花，惹风声盼盼茶茶。"⑤ 无名氏【双调·一锭银过大德乐】《双姬》："珍珠包髻翡翠花，一似现世的菩萨。绣袄儿齐腰撒跨，小名儿唤做茶茶"⑥，这里更是把茶茶比喻成现世的菩萨，虽然有点夸张，但其中对女子美的赞誉溢于言表。

古人不仅把茶作为美好女子的符号，也把茶与女子联合起来刻

---

① 贺新辉辑注：《元好问诗词集》，中国展望出版社1987年版。
② 张月中、王钢主编：《全元曲》，中州古籍出版社1996年版，第29页。
③ 同上书，第510页。
④ 同上书，第2520页。
⑤ 同上书，第2787页。
⑥ 同上书，第3178页。

画，使其两者的形象相互映衬，凸显两者的美好。中国古代第一首完整意义上的茶诗是西晋左思的《娇女诗》，它描绘的是北方官宦人家饮茶的情景："吾家有娇女，皎皎颇白皙。小字为纨素，口齿自清历。其姊字惠芳，面目粲如画。轻妆喜楼边，临镜忘纺绩……脂腻漫白袖，烟熏染阿锡。衣被皆重池，难与沉水碧。"① 通过这样的茶事活动，两个娇小女童天真可爱的样子展现无遗。苏轼《次韵寄壑源试焙新茶》中一句"从来佳茗似佳人"，茶与美人的美好形象跃然纸上。

2. 饮茶习俗

就像中国古代民间一直流传的状元及第粥、状元糕的习俗一样，《全元曲》中有"翰林茶"一说。无名氏《谢金吾诈拆清风府》第三折："（正旦诗云）朝登黄金殿，暮宿宰臣家。饥残御厨饭，渴饮翰林茶。"② 翰林是皇帝的文学侍从官，演变成为专门起草机密诏制的重要机构，院里任职的人称为翰林学士，职权很高。"翰林茶"也在某种层面上是一种身份的象征。张可久【商调·梧叶儿】《雪中》："乘兴诗人棹，新烹学士茶。"③ 杨景贤杂剧《西游记》第二十二出【幺】："你若能尝佛子茶，胜参赵老禅。"④ 但翰林茶、学士茶、佛子茶到底是一种怎样的饮茶习俗没有文献详细记载。关汉卿《山神庙裴度还带》第三折："（长老云）你吃茶去。（净行者云）捣蒜泡茶来！"⑤ 后文中还有与此同义的"捣蒜烹茶"之说。

据不完全统计，《全元曲》中在不同的作品中 7 次出现"分茶"这个词，不论是"撷竹分茶"、"作画分茶"还是"品竹分茶"。有学者经过仔细的分析和考证得出："分茶"实际上是中国文化史上传统的茶道。⑥ 学者们认为"分茶"只是当时的俗语，事实上是烹茶之意。因为"分茶"常常与诗画竹这些有文化意境的物品并提，也被

---

① 逯钦立辑校：《先秦汉魏晋南北朝诗》，中华书局 1988 年版，第 735 页。
② 张月中、王钢主编：《全元曲》，中州古籍出版社 1996 年版，第 1927 页。
③ 同上书，第 2803 页。
④ 同上书，第 1380 页。
⑤ 同上书，第 44 页。
⑥ 李祥林：《元代茶文化》，《四川烹饪高等专科学校学报》2004 年 4 月 10 日。

赋予了文化精神。这也是元代的一种饮茶习俗。

前面所述《全元曲》中记载的事项，是元代人们生活的饮茶习俗。元代民间的婚丧嫁娶中，也有一些有关茶的文化习俗。

武汉臣《包待制智赚生金阁》第二折【紫花儿序】："我大茶小礼，三媒六证，亲自娶了个夫人。"① 贾仲明《萧淑兰情寄菩萨蛮》第四折"哥哥下三千贯正财礼钱招张云杰为婿，羊羔茶礼，断送房奁，尽行出办，足满姐姐平生所望。"② 在童童学士所创作的散曲【双调·新水令】《念远》中写道："十字为媒，又不图红定黄茶。"③这些作品涉及的都是民间婚嫁中盛行的礼数，其中都有关于茶礼的记载，甚至连少数民族作家的作品中都有"红定黄茶"之说。

《全元曲》所收录的杂剧和散曲中，都多次提到了"浇茶奠酒"这个词。据统计，在《全元曲》中共有 6 篇杂剧中写"浇茶奠酒"的祭祀场景。这就足以看出"茶"在丧葬礼节中必不可少的地位。

3. 饮茶方式

自唐代有了关于饮茶方法的记载以来，饮茶方法发生了多次变化。历史上，我们常常在文学作品中见到的有唐代的煮茶法、宋代的点茶法、清代的泡茶法。煮茶法：直接将茶放在釜中烹煮，是我国唐代以前最普遍的饮茶方法。其过程陆羽在《茶经》中有记载。点茶法：不再直接将茶入釜烹煮，而是先将饼茶碾碎，置碗中待用。以釜烧水，微沸初漾时即冲点入碗。茶人用"咬盏"作为胜负的标准，技术性较高。蔡襄的《茶录》中也有"点茶"的记载。到了元代，基本上延续了前代的饮茶方式，但也有自己的创新之处，对后世茶文化的发展有很大的影响。

烹煮法，是自唐代延续下来的饮茶方法。《全元曲》中有一些文字对其进行了描述。马致远《马丹阳三度任风子》第三折【醉春

---

① 张月中、王钢主编：《全元曲》，中州古籍出版社 1996 年版，第 1640 页。

② 同上书，第 1451 页。

③ 同上书，第 3080 页。

风】："石鼎内烹茶芽，瓦瓶中添净水。"①《半夜雷轰荐福碑》第三折："涧水煎茶烧竹枝，袈裟零落任风吹。"②散曲【双调·拨不断】："笑陶家，雪烹茶，就鹅毛瑞雪初成腊……"③【双调·夜行船】《百岁光阴》："和露摘黄花，带雪烹紫蟹，煮酒烧红叶。"④吴仁卿【双调·拨不断】《闲乐》："稚子和烟煮嫩茶，老妻带月包新鲊，醉时闲话。"⑤徐再思【中吕·普天乐】《龙庙甘泉》："可煮茶，堪供酿。"⑥《全元曲》关于煎、煮、烹茶事项的记载，多达40余处，可见元代很好地继承了唐代的饮茶方式。但元代并不是单一地沿袭了唐代的烹煮法，还学习宋代的点茶法。马致远《吕洞宾三醉岳阳楼》第二折【牧羊关】："也不索采蒙顶茶，也不索茶点鹧鸪斑。比及你吸引扬子江心水，（带云）马儿也，（唱）可强似汤生螃蟹眼。"⑦郑光祖《醉思乡王粲登楼》第二折："（䂳越云）点汤！（正末云）我来到这里，你还点汤！"⑧无名氏散曲【中吕·满庭芳】："转首便绝了情分，点茶汤也犯本。"⑨有学者认为这几句都是记载的"点茶"的情形。看来"点茶"在元代饮茶之道中还是有一定地位的。除了这两者之外，根据元代茶叶生产的具体情况（团茶、饼茶虽还有一定的地位，但散茶更得人民的喜欢），出现了新的饮茶方式——泡茶。泡茶就是以沸水直接冲泡散茶。虽然这种方法是兴起在明代以后，但在元代时出现了先期萌芽。这是有考古资料证明的。赤峰博物馆清理了元宝山沙子山的两座元代墓葬，其中的2号元墓中的壁画画的是开水冲茶。这种开水冲茶在文学作品中也有记载。关汉卿《山神庙裴度还带》第二

---

① 张月中、王钢主编：《全元曲》，中州古籍出版社1996年版，第427页。
② 同上书，第448页。
③ 同上书，第2518页。
④ 同上书，第2525页。
⑤ 同上书，第2594页。
⑥ 同上书，第2903页。
⑦ 同上书，第415页。
⑧ 同上书，第1058页。
⑨ 同上书，第3146页。

折："（长老云）你吃茶去！（净行者云）捣蒜泡茶来！"①《钱大尹智勘绯衣梦》第三折【紫花儿序】："（正旦云）造两个建汤来。"② 忽思慧《饮膳正要》中对"建汤"有解释："玉磨末茶一匙，入碗内研匀，百沸汤点之。"③ 这就类似直接用沸水冲泡茶叶，虽然这里用的是研细的茶末。后来，发展到明代就形成了现代的泡茶法。

4. 茶馆文化

茶馆自古以来是茶文化爱好者的"天堂"。在这里不仅可以品茶，还可以消遣娱乐，是一个"小社会"。茶馆是茶文化得以延续下来的一个重要载体。茶馆文化也是茶文化的一个重要的组成部分。

"在这岳阳楼下开着一座茶坊，但是南来北往的经商客旅，都来我这茶坊中吃茶。"④ 元代的茶馆也不例外，是一个社会的缩影。《全元曲》中出现饮茶的场景大多数是发生在茶馆中。当时人们更多的称之为茶坊、茶肆。

元代茶文化创作中李德载的【赠茶肆】是极其有名的。小令中提到了很多名茶，像"蒙顶"、"龙团"、"龙须"、"凤髓"；提到了一些茶具"玉瓯"、"石鼎"、"碗"；还有煮茶之水，"雪水"、"扬子江心水"。但作者似乎更想强调的是饮茶的感受，每段末尾总是以感受性的话语结尾，像"随处是蓬莱"、"便升仙"、"便风流"等。这则小令虽没有对茶肆作具体的描写，只是对饮茶的情景和饮茶的感受做了细腻的刻画。但是我们能从侧面看出，多品种的名茶，精致的茶具，讲究的煮茶用水，还有极致的精神享受，都是对茶馆的赞美。

元代的茶文化和饮茶习俗已经慢慢地深入老百姓各方面的生活中。除了前面我们论述的，还有一个看上去与茶没有多大关系，但它从细节处，有力地证明了元代茶文化的"深入人心"。关汉卿《山神庙裴度还带》第四折【庆东原】："酬志了白玉带子朝服，茶褐色黄

---

① 张月中、王钢主编：《全元曲》，中州古籍出版社 1996 年版，第 44 页。

② 同上书，第 108 页。

③ （元）忽思慧撰：《饮膳正要》，刘玉书点校，人民卫生出版社 1986 年版，第 59 页。

④ 张月中、王钢主编：《全元曲》，中州古籍出版社 1996 年版，第 413 页。

金印。"① 贾仲明《铁拐李度金童玉女》第二折【黄钟尾】："虞侯亲随护从着，茶褐罗伞云也似绕，绛蜡纱灯月也似皎。"② 无名氏《玎玎珰珰盆儿鬼》第四折【滚绣球】："唬的俺一柄脸倒焦黄似茶色也。"③ 无名氏《包待制陈州粜米》第三折【梁州第七】："与你做一领硬挣挣的上盖，再与你做一顶新帽儿，一条茶褐绦儿……"④ 人们习惯了用"茶"色来形容生活中的一些事物。这里不管是茶褐色还是茶色，都与饮茶甚至是茶文化并无直接关系。但也正是这些与茶文化并无多大关系的细节处，反映出"茶"在人们生活中的必不可少。

在北方落后少数民族对中原先进民族的政治统治之下，两种文化经历了最初的冲击、碰撞，到后来的相互融合、兼容并包。这种历史趋势成就了元代文化的发展的特殊性。作为文化大家族的一分子，茶文化的发展也淋漓尽致地体现了兼容并包这一特点。

5. 元代饮茶的雅俗共赏

从元曲的记载中，我们可以看出元代饮茶的多样化，不仅包括精茶、粗茶，还有一些外来茶。

茶叶生产发展到元代，已经产生了很多精茶、细茶、名贵茶。这些茶叶的流通影响着社会文化，文人墨客的文字载录并赞扬这些茶中极品，才给后世读者和茶文化爱好者留下了不一样的文化享受。像我们前面提到的顾渚紫笋、阳羡茶、双井茶甚至是龙团，这些都是一些在当时极名贵的茶叶。

除了这些之外，《全元曲》中还涉及另外一些名茶的描写。如，凤髓茶。张可久【双调·折桂令】《春晚有感》："《曲补霓裳》，茶分凤髓，墨染龙香。"⑤ 张鸣善【中吕·普天乐】《遇美》："茶温凤髓，香冷鸡舌。"⑥ 吴西逸【双调·殿前欢】："味偏长凤髓茶，梦已

---

① 张月中、王钢主编：《全元曲》，中州古籍出版社 1996 年版，第 57 页。
② 同上书，第 1467 页。
③ 同上书，第 1708 页。
④ 同上书，第 1904 页。
⑤ 同上书，第 2824 页。
⑥ 同上书，第 2879 页。

随胡蝶化，身不入麒麟画。"① 刘庭信【双调·水仙子】《相思》："虾须帘控紫铜钩，凤髓茶闲碧玉瓯，龙涎香冷泥金兽。"② 汤舜民【双调·湘妃引】《自述》："龙涎香喷紫铜炉，凤髓茶温白玉壶，羊羔酒泛金杯绿。"③【商调·集贤宾】《客窗值雪》："客窗深闭，止不过香炷龙涎，茶烹凤髓，纸帐低垂。"④ 李德载【中吕·阳春曲】《赠茶肆》："龙须喷雪浮瓯面，凤髓和云泛盏弦，劝君休惜杖头钱。"⑤ 龙涎香是一种极其名贵的定香剂，即便是鸡舌也是价值很高的香料。在这些描写凤髓茶的文字中，时时伴随着这些名贵香料的出现，可见在当时凤髓茶也是极其珍贵的。还有枪旗茶。枪旗茶并非是茶的具体名称，是由带顶芽的小叶制成。这种芽尖细如枪，叶开展如旗，故名。因其产量有限，制作工艺讲究，自然名贵。唐代时的齐己就有《闻道林诸友尝茶因有寄》诗："枪旗冉冉绿丛园，谷雨初晴叫杜鹃。"⑥ 而《全元曲》中，马致远《江州司马青衫湿》第三折【二煞】："离江州谢天地，出烟波渔父国，遮莫他耳听春雷，茶吐枪旗。"⑦ 第四折【红绣鞋】："他有数百块名高月峡，两三船玉屑金芽。"⑧《西华山陈抟高卧》第四折【沉醉东风】："这茶呵采的是一旗半枪，来从五岭三湘。"⑨ 冯子振小令【正宫·鹦鹉曲】《顾渚紫笋》："一枪旗紫笋灵芽，摘得和烟和雨。"⑩ 春雷之后，采摘的茶叶嫩尖，自然是量少珍贵。

　　名贵的茶叶，作家们赋予它们高贵的气质，吸引了人们的眼球。

---

① 张月中、王钢主编：《全元曲》，中州古籍出版社 1996 年版，第 2922 页。

② 同上书，第 2940 页。

③ 同上书，第 2968 页。

④ 同上书，第 2994 页。

⑤ 同上书，第 3063 页。

⑥ 唐齐己撰、（明）毛晋编：《禅门逸书初编》第 2 册，《白莲集》，明文书局 1981 年版，第 117 页。

⑦ 张月中、王钢主编：《全元曲》，中州古籍出版社 1996 年版，第 398 页。

⑧ 同上书，第 400 页。

⑨ 同上书，第 408 页。

⑩ 同上书，第 2543 页。

可是一些来自市井的，大众平常饮用的茶，又极具生活气息。这些文学作品贴近普通民众的生活，拉近了与人们的距离。如，关汉卿《钱大尹智勘绯衣梦》第一折（李老儿云）"孩儿买风筝去了，老汉无甚事，隔壁人家吃疙瘩茶儿去也。"① 无名氏《朱太守风雪渔樵记》第三折中写道："我如今且着孩儿在家中焦下个那疙瘩茶儿，烙下些椽头烧饼儿，等张懒古那老儿来，问他一声，便知道个好歹。"② 这些吃疙瘩茶的场景都极具生活化。"焦下个那疙瘩茶儿，等张老儿便知道好歹"，可见在普通百姓心里也算是极好的东西。无名氏《鲁智深喜赏黄花峪》第三折中写道："你可不要把米汤茶攒在里头。"③ 米汤茶是百姓生活中的寻常东西。无名氏《赵匡义智娶符金锭》第二折："我好不生得聪明，正在家里吃芝麻豆腐茶哩。"④ 还有一些，如粗茶淡饭、茶余饭饱这样反映民众生活的短语，出现在《全元曲》的频率很高。

普通人即便是品尝不到名贵好茶，也可通过作家字里行间的描绘进行"心理品茗"。这也不失为一种别样的享受。《全元曲》中的文学作品既表现了对名贵茶品的喜爱，又有粗俗茶汤的生活场景的描绘，真正做到了雅俗共赏。

6. 元代饮茶的"内外"兼收

之前，我们已经论述了一些元代中原地区生产的茶叶种类。随着蒙古政权入主中原，蒙古人的到来带来的是蒙古族的生活习俗。时间久了，有些习俗被中原地区接受，并反映到文学作品中。马致远《吕洞宾三醉岳阳楼》第二折："（郭云）我依着你，依旧打个稽首，师父要吃个甚茶？（正末云）我吃个酥佥。"⑤ 第四折《收江南》："俺则待朗吟飞过洞庭湖，您在茶坊中说甚蜜和酥。"⑥ 李寿卿《月明和

---

① 张月中、王钢主编：《全元曲》，中州古籍出版社1996年版，第100页。
② 同上书，第1784页。
③ 同上书，第1850页。
④ 同上书，第1872页。
⑤ 同上书，第414页。
⑥ 同上书，第421页。

尚度柳翠》中第二折：“疾，兀的不是个茶房。茶博士，造个酥签来。”① 李德载【中吕·阳春曲】《赠茶肆》：“茶烟一缕轻轻飏，搅动兰膏四座香，烹煎妙手赛维扬……金芽嫩采枝头露，雪乳香浮塞上酥，我家奇品世间无。”② 在这些作品中的“酥签”、“酥”和“兰膏”都是蒙古人民生活中必不可少的酥油茶。

这样看来，《全元曲》有关茶文化的文学作品中既不遗余力地描写中原本土茶品，还与时俱进地收入不少其他民族的茶品的记载。另外，除了茶叶的种类，再加上我们前面论述的蒙古族茶食的内传，这些方面证明了元代饮茶习俗的“内外”兼收。

《全元曲》中关于茶叶品种“雅俗共赏”与“内外”兼收的描写共同形成了元代茶文化兼容并包的优良品质。

第五节　元代茶曲创作中的“茶酒之争”

茶与酒作为人们物质生活中的常备物品本是属性分明的两种物品。茶有茶道，酒有酒味，互有区别。直到中国文人领悟了两者的精神内涵——茶的和静清寂，酒的豪情万丈，茶与酒就开始了不休的争论。

1. 元曲中茶与酒

唐代时期，经济、社会、文化都经历了空前的发展。在这种特定的历史前提下，唐代的茶文化蓬勃发展，茶已经开始日益渗入人们的生活中。随着茶在人们生活中的地位越来越重要，再加上《茶酒论》的著述，从此在中国古代文学史上茶与酒展开了一段轰轰烈烈的“争风吃醋”。由于陆羽等文化名士在茶文化创作上形成的社会影响力，再加上当时政权有一些不利于酒业发展的政策，造成茶业及茶文化发展的势头超过酒业和酒文化的势头，就形成了“茶胜酒之说”。

到了宋代，茶与酒达到了更高层次的融合。考虑到宋代当时的社

① 张月中、王钢主编：《全元曲》，中州古籍出版社 1996 年版，第 688 页。
② 同上书，第 3062 页。

会文化状况，茶与酒的融合深层次上是宋代文人不论是失意还是得志的精神层面对茶与酒的喜爱与包容。宋代复杂的生活环境对文人心境产生的影响，使他们更容易理解并接受茶与酒在各自文化层面上的内涵。从而，使茶与酒在宋代文人精神层面达到高度和谐。

整体看来，宋代时茶与酒的和谐，还产生于文人的得失之心的寻求平衡。两者的和谐反映在文人心里，就是由内心对名利得失的计较逐渐趋向一种内心的平淡超脱。不管是经历挫折的成功者的平淡，还是郁郁不得志的失意者的内心超脱，这中间经历了文人内心的挣扎。

但是到了元代，少数民族政权统治下的元代社会文化使茶与酒在宋代的基础上达到更高层次的和谐。这在《全元曲》中有充分的反映。

关汉卿《杜蕊娘智赏金线池》第二折【梁州第七】："俏哥哥不争你先和他暮雨朝云，劣奶奶则有分吃他那闲茶浪酒，好姐姐几时得脱离舞榭歌楼？"① 高文秀《黑旋风双献功》第四折【小梁州】："谁着你一世为人将妇女偷，见不得皓齿星眸，你道有闲茶浪酒结绸缪，天缘辏，不枉了好风流。"② 在《全元曲》中有文章多处提到了"闲茶浪酒"。这个并列式的短语，在中国文人心中"闲"、"浪"两字能够读出多少的情意，他们那种对"茶"和"酒"的又爱又恨。虽然是既爱又恨，但是，他们心中"茶与酒"在心理慰藉方面依然是同等重要的。

关汉卿《温太真玉镜台》第二折【贺新郎】："你便是醉中茶，一啜曛然醒。都为他皓齿明眸，不由我使心作幸。"③ 在这里作者用最直白的话语"醉中茶，曛然醒"，来表达茶与酒的亲密关系。文人心中似乎不再执意于茶与酒谁更胜一筹。字里行间我们读出的似乎是庆幸酒醉之后有茶的存在。这种情形胜过唐代对茶与酒功过的争论不休。这种争论不休在现在看来太多功利主义。唐代的文人并没有把"茶与酒"真正放在心里，似乎是想通过辩论来展现自己的才华。宋

---

① 张月中、王钢主编：《全元曲》，中州古籍出版社1996年版，第27页。
② 同上书，第206页。
③ 同上书，第94页。

代文人随着社会的发展，对茶与酒的认识和感悟更进一步。文人心中经过内心期望与绝望的挣扎，得与失的较量之后，慢慢归于内心平静。在元代文人眼中，茶与酒的融合是自然而然的，是水到渠成的。

2. 文人生活中"茶酒"世界

如果说，"柴米油盐酱醋茶"这句《全元曲》中高频率的句子是一种最朴实的表达，那么另一种与其意义相似的文人化的表达是"茶药琴棋酒画书"。吴仁卿小令【南吕·金字经】《道情》："道人为活计，七件儿为伴侣，茶药琴棋酒画书。世事虚，似草梢擎露珠。"① 这句话道出了"茶""酒"在道人、文人的生活中必不可少，甚至到了"伴侣"的程度。

张可久散曲【中吕·满庭芳】《春情》："家家酿酒，处处闲茶。是非多不管傍人□，算的个情杂……朱帘下，香销宝鸭，按舞听琵琶。"② 在这篇散曲中，作者用"家家酿酒，处处闲茶"再加上最后的一句"按舞听琵琶"向世人描绘了一幅令人神往的悠闲生活图画。在文人眼中，悠闲惬意的生活离不开酒与茶的陪伴。抛却无谓的争论，真正领略茶与酒给人的最高层次的享受——忘却世间的烦恼，回归最纯真的内心。

与此有异曲同工之妙的，还有卫立中小令【双调·殿前欢】："懒云窝，懒云窝里客来多。客来时伴我闲些个，酒灶茶锅。且停杯听我歌，醒时节披衣坐，醉后也和衣卧。兴来时玉箫绿绮，问甚么天籁云和？"③ 在这则小令中，作者很擅于运用词汇，如"懒"、"窝"、"客"、"闲"、"歌"、"醒时"、"醉后"、"兴来时"、"问甚么"，这些字眼刻画了一个主人与其客人追求"乘兴而来，兴尽而回"的随兴、惬意的生活。而"酒灶茶锅"是呈现这种生活状态的一种工具。文人在随意的生活意境里，时时刻刻不忘"酒与茶"。

文人放浪形骸的生活中也不曾离开"茶与酒"的踪影。无名氏小

---

① 张月中、王钢主编：《全元曲》，中州古籍出版社 1996 年版，第 2592 页。

② 同上书，第 2822 页。

③ 同上书，第 2917 页。

令【南吕·一枝花】《道情》："……景不嫌物少人稀，食不厌茶浑酒淡，家不离水北山南。有何，不堪？蓝舆到水轻舟泛，稼穑外得时暂。闲饮渔樵半酣，阔论高谈。"① 这幅场景中作者描绘的是文人游历于山水之间，"景"、"物"、"蓝舆"、"轻舟"。在这山水之间，"不嫌物少人稀"、"不厌茶浑酒淡"，朋友之间的畅谈就足矣。

3. 普通百姓生活中的茶与酒

《全元曲》中有关茶文化的场景里，"茶饭"一词是出现频率最高的。这说明茶在日常生活中的重要性。跟"茶饭"相近的一词"茶酒"出现在马致远《江州司马青衫湿》第一折中，【金盏儿】中说道："只是费了大姐的茶酒，定害这一日，容下官陪补。"② 这里的"茶酒"虽与苏轼所创想的采用"七齐""八必"之法酿造的具体物体"茶酒"不同。"费了大姐的茶酒"中不单指茶或酒，还暗指其中的情谊。元代人用"茶""酒"两字，组成"茶酒"一词，传达出更高层次的含义。

郑廷玉《看钱奴买冤家债主》第一折【鹊踏枝】："……我也在爷娘坟上烧钱裂纸，浇茶奠酒，我这泪珠儿至今不曾干，至是一个孝顺的人。"③ 王晔《桃花女破法嫁周公》第一折【赚煞】："直等到月转矮墙西，人约黄昏后。摆祭物浇茶奠酒，只待那七位星官来领受。"④ 一个时代的文化是那个时代社会生活的反映。

《全元曲》中多次在文章中描述过"浇茶奠酒"的场景。在普通老百姓生活习俗里，丧葬过程中，茶与酒享有同等高的地位。人们在死者的坟前，用茶与酒来表示自己"至是一个孝顺的人"。或想让人了解"我家是敕赐义门李氏，怎敢辱抹家门？""每日价浇茶奠酒上新坟，怎肯贪图淫欲辱家门。"⑤ 这是元代时期，人们的茶事生活习俗。反复地描写这种习俗，足见这种习俗在当时的普及度和人们对这

---

① 张月中、王钢主编：《全元曲》，中州古籍出版社 1996 年版，第 3192 页。

② 同上书，第 391 页。

③ 同上书，第 325 页。

④ 同上书，第 1296 页。

⑤ 同上书，第 1772 页。

种习俗的接受、重视程度。

无名氏《汉钟离度脱蓝采和》第一折【寄生草】："……你每日茶房酒肆勾栏串，将着个瓦瓶木钵白磁罐，抄化了些罗头磨底薄麸面。（云）这家酒店推出来，那家茶房抢出去。（唱）吃了些歌妓酒和食，待古里瑶池王母蟠桃宴。"① "串"、"推出来"、"抢出去"，这些散曲中的文字形象地描绘了蓝采和每日乱七八糟的生活状态。这些动态词汇再加上"王母蟠桃宴"让我们联想到的"孙悟空"，展现给我们的就是一幅乱糟糟的生活场景。并且以"茶房"、"酒肆"作为蓝采和生活的背景，就更显得一个"乱"字了得。

总之，元曲创作者作品中的茶与酒之间，没有前朝之间纷乱的理论争辩。它们之间在文人笔下呈现出一幅淡然和谐之态，无争无论，恬然相伴。就像孟汉卿《张孔目智勘魔合罗》第四折【幺篇】中写道："（正末唱）莫不是茶酒旧相知？"② 或是兰楚芳散曲【中吕·粉蝶儿】《愚情》中说的一样"临风三劝酒，对月一烹茶，说蓬莱都是假"。③

---

① 张月中、王钢主编：《全元曲》，中州古籍出版社1996年版，第1893页。
② 同上书，第936页。
③ 同上书，第3109页。

第五篇

非物质文化遗产保护的新思考

第十七章 非物质文化遗产研究的
十年回顾

作为 21 世纪最重要的全球性文化事件，非物质文化遗产保护运动无疑是位列前沿的。这项由联合国教科文组织（UNESCO）发起的行动，是随着全球化趋势和现代化步伐的不断加快，保持文化多样性和文化持续发展的实际需要，也是各国政府保护本国文化传统和表达自身诉求博弈的体现。① 因此，这项文化实践活动，在世界许多国家受到高度重视和引起强烈反响。在中国大地，中国政府以高效率与紧迫感开展这项工程，在全国出现了前所未有的"非物质文化遗产热"。与此同时，非物质文化遗产研究也成为一场声势浩大的"学术运动"。回顾和总结十年来的非物质文化遗产研究，对于认识我们已有的学术历程和学术成果，对于未来学术研究的追求与走向，给学科本身留下丰厚的学术遗产，都是具有积极意义和必须进行的。

第一节 非物质文化遗产研究的学术表现与特征

我们之所以选择自 2001 年以来的十年，作为非物质文化遗产研究的学术回顾，并非局限于民间习惯的十年一次的总结，而有多方面的原因：一是 2001 年是 21 世纪的起始之年，非物质文化遗产保护正

---

① 非物质文化遗产保护，是联合国教科文组织长期不懈努力的结果。1972 年，《保护世界文化和自然遗产公约》通过，当时就有一些会员国对保护"非物质遗产"（其时并未形成这一概念）的重要性表示关切。联合国教科文组织经过耗费 3 万小时的讨论，才于 2003 年通过《保护非物质文化遗产公约》。"非物质文化遗产"这个新概念的定义在 UNESCO 那里被前后修改过好几次。2003 年之前，UNESCO 对非物质文化遗产的官方称谓是"人类口头和非物质遗产代表作"。

是一件带有新世纪烙印的文化盛事。① 二是2001年5月,联合国教科文组织宣布第一批"人类口头和非物质遗产代表作",19项代表作获得通过,中国昆曲入选,这表明非物质文化遗产保护由会议讨论进入文化实践。三是据《中国人文与社会科学文献总库》网络搜索,2000年时并无"非物质文化遗产"的相关文献,而2001年起"非物质文化遗产"才进入公众和学界视野。在这十年之中,非物质文化遗产的研究,可以从三个方面进行概括。

一　从非物质文化遗产保护活动走向非物质文化遗产研究的"学术运动"

在世界范围内,非物质文化遗产保护活动经历了一个逐步认识和启动的过程。1997年,"人类口头和非物质遗产"作为一个遗产概念,正式进入联合国教科文组织的文献,并被相关机构所采纳。1997—1998年,联合国教科文组织启动"宣布人类口头和非物质遗产代表作"项目,并于2001年5月宣布第一批共19项"人类口头和非物质遗产代表作"。2003年10月,联合国第32届全体大会通过《保护非物质文化遗产公约》,后于2006年4月20日生效。从此,全球性的非物质文化遗产保护成为许多国家政府推动的一项文化工程。

而中国历来就有保护文化的传统,政府下令搜集和保护遗产的文献记载十分丰富。② 从1918年的北京大学歌谣征集,到1949年中华人民共和国成立后对部分民族民间文化遗产实施调研,都表现出对文化遗产的重视和保护。改革开放后,国家文化部、国家民委、中国文联共同发起10套"中国民族民间文艺集成志书"编撰工作。1984年开始,中国政府启动民族古籍抢救工程。1987年起,国家文化部开

---

① 作为新世纪的起始时间,原来一般认为是2000年,而在21世纪即将进入之时,把2001年认定为起始之年的意见受到广泛的重视。

② 董晓萍《民俗学与非物质文化遗产保护》(《文化遗产》2009年第10期)一文指出:"在我国的世界遗产地,武夷山就保留了我国最早的政府保护文告。公元748年,当时朝廷封武夷山为'名山大川',要求保护。"对于武夷山得到长达12个世纪的保护,联合国教科文组织世界遗产委员会给予了高度评价。

展"民间艺术之乡"、"特色艺术之乡"的命名评比活动，鼓励发掘各地的乡土艺术。这些活动都有一个共同的特点，那就是政府的号召和主导，并且重在对民间艺术的整理与保护，与所倡导的"百花齐放，百家争鸣"的方针相契合。

真正自觉进入对非物质文化遗产的保护，既与中国的传统与现实考量有关，也与世界性的认识和推进相关。2001 年中国昆曲入选第一批"人类口头和非物质遗产代表作"，使这一行动进入国人和学界的视野，更引起了政府和相关组织的关注与重视。2002 年，中国民间文艺家协会启动"中国民间文化遗产抢救工程"。2003 年，中华人民共和国文化部、财政部、国家民委、中国文联等八部委联合启动"中国民族民间文化保护工程"。这两项工程的启动，有力推进了中国非物质文化遗产保护的全面开展，也与联合国教科文组织相应活动的影响有关。2003 年 11 月，联合国教科文组织宣布包括中国古琴在内的 28 项第二批"人类口头和非物质遗产代表作"。2003 年 10 月通过的《保护非物质文化遗产公约》，2004 年 8 月 28 日就经全国人民代表大会常务委员会批准，中国成为第六个加入该公约的国家。2005 年，联合国教科文组织宣布第三批 43 项"人类口头和非物质遗产代表作"，中国维吾尔木卡姆艺术和与蒙古国联合申报的蒙古长调民歌入选。至此，在世界 90 项"代表作"名录中，中国占有 4 席。2005 年，国务院办公厅下发《关于加强我国非物质文化遗产保护工作的意见》。2005 年 6 月，中华人民共和国文化部部署了全国范围内的非物质文化遗产大普查，成为中国 21 世纪一次大规模的文化资源普查工程。同时，2006 年起，国务院确定每年 6 月的第二个星期六为中国的"文化遗产日"。2006 年、2008 年，国务院批准公布了两批国家非物质文化遗产名录，10 类共 1028 项。2006 年以来，文化部命名公布三批共 1488 名国家非物质文化遗产项目的代表性传承人。2007 年 6 月第二个"文化遗产日"期间，文化部宣布建立中国第一个文化生态保护实验区，并争取在 2010 年前共建立 10 个。2010 年 5 月，第三批国家级非物质文化遗产名录推荐项目名单向社会公示，名单共 349 项，其中新入选项目 190 项，扩展项目 159 项。而且截至 2010 年，中国共有昆曲、古琴艺术等 26 个项目入选联合国教科文组织"人类口头和非物质遗产代表作名录",羌年、黎族传统纺染织绣技艺、中国木拱桥传统营造技艺、麦西热甫、水密隔舱福船制造技艺、中国活字印刷术 6 个项目入选"急需保护的非物质文化遗产名录",成为世界上入选项目最多的国家。

从中国非物质文化遗产保护工作的进程,我们又一次清晰地看到,这一保护工作带有政府强力推行和节奏快速的特点。而且,在这项全国范围内的活动中,无论是开展全国非物质文化遗产普查,还是建立非物质文化遗产名录体系;无论是确认代表性传承人,还是建设文化生态保护区;无论是建设非物质文化遗产博物馆、传习所,还是合理利用非物质文化遗产资源,促进非物质文化遗产传承和发展;无论是积极参与非物质文化遗产保护的国际交流与合作,还是积极开展理论研究与加强宣传教育,都需要学界的参与。因此,由非物质文化遗产保护活动,发展出与此紧密相连的非物质文化遗产研究"学术运动",也就是水到渠成的。

二　非物质文化遗产研究"学术运动"的表现与特色

我们把非物质文化遗产研究称为"学术运动",既有语源学的依据,更是因为这项研究体现出的表征与特色。从语源学来看,《现代汉语词典》解释词语义项时指出:活动是"为达到某种目的而采取的行动";运动是"政治、文化、生产等方面有组织、有目的而声势较大的群众性活动"。① 很显然,非物质文化遗产保护,是为了达到保护目的而采取的行动。那么,非物质文化遗产研究是否属于"有组织、有目的而声势较大的群众性活动"呢? 回答自然是肯定的。

首先,看"有组织"。2002 年 5 月 8 日,中央美术学院在原民间美术研究室的基础上,率先成立了"非物质文化遗产研究中心"。该中心主任乔晓光发表了《"非物质文化遗产研究中心"的发展宗旨及

---

① 《现代汉语词典》 (修订本),商务印书馆 1996 年 7 月修订第 3 版,第 571、1561 页。

研究方向》，对该中心的成立及其学术研究的设想进行了介绍。① 随后，中山大学、华东师范大学、华中师范大学、河南大学、浙江师范大学、南京师范大学、杭州师范学院等一大批高校，也设立了名称相似的各种非物质文化遗产研究机构。而且，文化部所属的原中国文物研究所更名为"中国文化遗产研究院"；中国民间文艺家协会批准，设立"中国非物质文化遗产研究院"。此外，与研究有关的中国华夏文化遗产基金会、中国非物质文化遗产保护中心、中国非物质遗产网也都相继出现。

其次，再看"有目的"。很显然，非物质文化遗产研究的目的，是为非物质文化遗产保护服务的。为了达到这一目的，许多著名专家学者被邀请进入非物质文化遗产保护的各项工作，并在此过程中从事非物质文化遗产研究。"2003 年 1 月显然是一个非凡的月份，'中国民族民间文化遗产保护工程'正式在全国范围内启动。月初就成立了文化部的领导小组，月中就举行了启动工程的工作会议，月末就组建了第一届保护工程国家级专家委员会，在被聘任的 27 位专家委员中，民俗学专业教授占 1/3。从此，中国非物质文化遗产保护的文化工程很快就与中国的民俗发生了热线连接，于是民俗学的研究和应用出现了始料未及的新热潮。"② 中国民俗学会理事长刘魁立、荣誉理事长乌丙安教授均被聘为该专家委员会副主任。可见，非物质文化遗产研究的目的是保护，并且由此"出现了始料未及的新热潮"。而且，乌丙安做的《中国民俗文化的根基及其深刻影响》演讲，破天荒地首次进入中央"部级领导干部历史文化讲座"，就是在非物质文化遗产保护正在逐步深入的 2004 年，这种现实保护的需要促成了学术研究成果的产生和宣传普及的运用。③

---

① 乔晓光：《"非物质文化遗产研究中心"的发展宗旨及研究方向》，《美术研究》2002 年第 3 期。

② 乌丙安：《思路与出路：保护非物质文化遗产热潮中的中国民俗学》，《河南社会科学》2007 年第 2 期。

③ 乌丙安：《中国民俗文化的根基及其深刻影响》，收入《2004 部级领导干部历史文化讲座》，北京图书馆出版社 2005 年版，第 317—352 页。

　　最后，看看是否是"声势较大的群众性活动"。据《中国人文与社会科学文献总库》搜索，2001年1月1日至2010年8月31日，与非物质文化遗产相关的文献，共达到23029篇，按发表年度分组，分别是：2001年，9篇；2002年，80篇；2003年，202篇；2004年，237篇；2005年，411篇；2006年，1657篇；2007年，2163篇；2008年，4146篇；2009年，8521篇；2010年仅8个月的时间，已达到5603篇。这些资讯，自然并非全部论文（有关论文情况，后面还有详细分析），包括相当多的报道、采访等内容。但在短短的十年内有如此多的文献，不正表现为"声势较大的群众性活动"吗？而从文献出版来源看，名列前10位的分别是：《中国文化报》853篇，《河南文化文物年鉴》360篇，《巢湖年鉴》332篇，《中国文化年鉴》221篇，《江苏文化年鉴》194篇，《中国旅游报》148篇，《光明日报》140篇，《中国民族报》135篇，《大众文艺理论》112篇，《人民日报》（海外版）111篇。① 而专门发表非物质文化遗产研究成果的期刊《文化遗产》，以91篇的刊载量名列第11位。除年鉴是作为资料保存的图书外，其他都是面向社会和大众的报纸，也体现出一种广泛的"群众性"。再从作者来看，既有河北大学的章儒以18篇位列第一，中央美术学院乔晓光以17篇位列第二，又有中华人民共和国文化部蔡武16篇、中国文联冯骥才16篇并列第三。② 蔡武是中华人民共和国文化部部长，冯骥才是中国文联副主席、中国民间文艺家协会主席，或是非物质文化遗产保护的政府主管，或是积极倡导非物质文化遗产保护的群众团体，这也从另一方面表现出非物质文化遗产研究的"群众性"。还有，从非物质文化遗产研究出版物来看，在不长的时间里，一批新创办的研究刊物《中国非物质文化遗产》、《文化遗产》，以书代刊的《非物质文化遗产研究集刊》，以及《非物质文

---

　　① 这些数据的统计，其采用标准恐不一致。如我们检索《巢湖年鉴》逐一对照，并没发现有这么多有关非物质文化遗产的文献。

　　② 根据《中国人文与社会科学文献总库》检索，冯骥才的文章，因为发表时作者单位有的写"中国文联"，有的则写"中国民协"，故分别为10篇和6篇。其实，均为同一位作者，故此处合并计算。

化遗产学论集》等纷纷问世，同样表明了非物质文化遗产研究出版的"群众性"。

正是基于上述状况，我们完全有理由说：开展非物质文化遗产保护活动的同时，出现了一场非物质文化遗产研究的"学术运动"。

三　非物质文化遗产研究经历的三个阶段及其表征

任何学术研究历程的划分，必然有其基本的标准，或是以历史时期，或是以标志性事件，或是以代表性著作，或是以其特有的个性制订新的规则。而非物质文化遗产研究，我们称之为"学术运动"，因此，就理应以非物质文化遗产研究成果的状况为主体，结合非物质文化遗产学术活动的实际和非物质文化遗产保护工作的进展，进行综合性的考量与审视。

论文数量是学术研究状况的反映之一。据《中国学术期刊网络出版总库》统计：非物质文化遗产研究成果在中国学术期刊的数量，十年间共 8018 篇，按照年份统计是：2001 年 5 篇，2002 年 20 篇，2003 年 90 篇，2004 年 97 篇，2005 年 171 篇，2006 年 837 篇，2007 年 1219 篇，2008 年 1837 篇，2009 年 2381 篇，2010 年（至 8 月底）1361 篇。

此外，非物质文化遗产研究还有全国优秀硕士学位论文共 601 篇，除 2001—2002 年没有论文外，其中 2004 年 1 篇，2005 年 9 篇，2006 年 28 篇，2007 年 122 篇，2008 年 193 篇，2009 年 204 篇，2010 年（至 8 月底）44 篇。而关于非物质文化遗产的中国博士学位论文共 74 篇，其中 2001—2002 年 0 篇，2003 年 1 篇，2004 年 0 篇，2005 年 2 篇，2006 年 5 篇，2007 年 18 篇，2008 年 21 篇，2009 年 17 篇，2010 年（至 8 月底）10 篇。而且，另有中国学术丛刊论文 43 篇，以及一些学术研讨会论文（其中有相当部分在各种报刊和书籍登载）。审读这些数量庞大的论文（包括少量会议综述和信息），综合非物质文化遗产学术活动和保护工作，可以将十年来非物质文化遗产研究大体分为三个阶段：

2001—2003 年，是非物质文化遗产研究的学术起始阶段。这一

时期，最值得关注的学术活动是：2001 年 11 月 5 日，在苏州举行的
"庆祝中国昆曲列入'人类口头和非物质文化遗产代表作'暨纪念苏
州昆曲传习所成立 80 周年"活动。2002 年 5 月 6 日，中国艺术研究
院召开"抢救和保护中国人类口头和非物质遗产座谈会"。10 月 22
日至 23 日，中央美术学院召开"中国高等院校首届非物质文化遗产
教育教学研讨会"。12 月 8 日至 11 日，"人类口头和非物质遗产抢救
与保护国际学术研讨会"在北京召开。2003 年 2 月 25 日，"中国民
族民间文化遗产保护工程国家中心"在中国艺术研究院成立。而作为
发轫期的文章，2001 年只有安葵的《昆曲何以入选"人类遗产"》、
未署名的《人类口头与非物质文化遗产》介绍①，以及见之于报纸的
刘铁梁的《民间文化遗产的调查与抢救》等。2002 年虽有座谈会和
研讨会，但即使是对中国非物质文化遗产保护充满热情并作出重要贡
献的刘魁立，当时的发言也仅侧重在谈认识、做宣传，强调"提高全
民珍视和关怀非物质文化遗产的意识，且是最根本的和最重要的任
务"②。直到 2003 年非物质文化遗产研究才真正进入学术层面。尹虎
彬、朝戈金、巴莫曲布嫫、刘宗迪在《读书》杂志发表的一组关于
"口头传统与非物质遗产"文章，在学界产生了重大影响。

　　2004—2006 年，是非物质文化遗产研究学术提升阶段，这一时期，
学术论文数量由十位数，上升到百位数。论文的内容大多集中在对"非
物质文化遗产"概念的界定，对中国非物质文化遗产保护的思考、从法
律和知识产权角度解读非物质文化遗产保护、非物质文化遗产所涉及相
关领域的微观研究、对非物质文化遗产传承人的关注与认识，等等。其
中，刘魁立《非物质文化遗产及其保护的整体性原则》③，刘锡诚《非物

---

　　① 均见 2001 年 7 月 27 日出版的《瞭望新闻周刊》。由于该刊的性质，算不上严格意
义上的学术论文，只能说是相关的文章。

　　② 艺研：《"人类口头和非物质遗产"抢救与保护国际研讨会综述》，《文艺研究》
2003 年第 2 期。

　　③ 刘魁立：《非物质文化遗产及其保护的整体性原则》，《广西师范学院学报》2004
年第 4 期。

质文化遗产的文化性质问题》①，乌丙安《非物质文化遗产保护中
"文化圈"理论的应用》，贺学君《关于非物质文化遗产保护的理论
思考》②，苑利、顾军《非物质文化遗产保护的十项基本原则》③，都
是产生了相当影响的论文。而于 2006 年 12 月 11 日在北京首发的王
文章主编的《非物质文化遗产概论》，则是中国第一部全面深入研究
非物质文化遗产的理论专著，也代表了这一时期的理论总结。至于学
术活动，2004 年 11 月 16 日至 18 日，由中国艺术研究院承办的"非
物质文化遗产保护国际学术研讨会"；2005 年 7 月 5 日至 8 日，由文
化部、江苏省人民政府联合举办的"中国非物质文化遗产保护·苏州
论坛"；2006 年 6 月 10 日，由文化部主办，中国艺术研究院承办的
"中国非物质文化遗产保护论坛"等，都产生了一批学术成果。

　　2007—2010 年，是非物质文化遗产研究的学术发展阶段，并且
依然保持着这种势头。这一时期，学术论文篇数已经达到每年千位
数，其数量还在不断攀升。在研究的内容方面，更为广泛和丰富，除
了以往关注的论题外，对非物质文化遗产走向深层次的专业性研究，
少数民族和特定地区的非物质文化遗产保护研究逐步深化，整个学术
研究正在走向多学科化和多元化。而在学术活动方面，各种专题性的
学术研讨表现出从原有的宽泛走向专精，如"城市建设与非物质文化
遗产保护论坛"、"全国传统曲艺保护与发展学术研讨会"、"中国非
物质文化遗产传统戏剧表演艺术传承人暨高甲戏柯派丑行表演艺术研
讨会"、"国际音乐类非物质文化遗产保护学术研讨会"、"国际唐卡
艺术及非物质文化遗产保护·青海论坛"、"中日非物质文化遗产保
护·鄞州论坛"、"非物质文化遗产保护视野下的传统戏剧研究"等
国际学术研讨会，都表现出这种学术取向。

---

　　①　刘锡诚：《非物质文化遗产的文化性质问题》，《西北民族研究》2005 年第 1 期。

　　②　乌丙安：《非物质文化遗产保护中"文化圈"理论的应用》、贺学君《关于非物质
文化遗产保护的理论思考》，分别见《江西社会科学》2005 年第 1、第 2 期。

　　③　苑利、顾军：《非物质文化遗产保护的十项基本原则》，《学习与实践》2006 年第
11 期。

第二节　非物质文化遗产研究的学术成就与经验

虽然我们把十年来的非物质文化遗产研究归结为"学术运动"，但对其并无丝毫不重视，或者任意褒贬之意。我们只是认为：非物质文化遗产研究，在十年的时间内，更多地表现出"经世致用"为主导的学术范式，并将在中国学术史上留下特有的影像。在中国学术的发展过程中，历来就有所谓"纯学术"与"非学术"之争。而"经世致用"式的学术范式，也是学术研究不可忽视的一翼。其实，历来的学术成果，总有一些积累沉淀，也有一些会灰飞烟灭。经过十年来的时光，非物质文化遗产研究对于非物质文化遗产保护工作起了积极的促进作用，甚至是先导作用；随时追踪非物质文化遗产保护中的现实问题，及时防止偏差和误解，使这项活动按照健康的轨道急速发展；有多学科的学者和多界别人士的参与，涉及较为广阔的学术领域和事业层面；较为及时地总结和展示非物质文化遗产保护的成果与"中国经验"，让世界更多地从这一侧面了解中国；同时，介绍国外在非物质文化遗产保护方面的成功经验，以供国内学习和借鉴。非物质文化遗产研究的成果，也有许多可圈可点之处，其要点大体归结为六个方面。

（一）厘清了非物质文化遗产概念的由来和内涵

正如前面所述，非物质文化遗产概念的提出，经历了长期的探索才最终确立。其来源相关的"文化基因"，最早可以追溯到 1950 年日本颁布的《文化财保护法》中启用的"无形文化财"一词。后来陆续颁布的多项国际性的文件，如 1972 年联合国教科文组织大会通过的《保护世界文化和自然遗产公约》；1989 年，联合国教科文组织第 25 届全体大会通过《保护民间创作建议案》；1993 年，在韩国提议下，联合国教科文组织执行局 154 次会议通过决议，建立"人类的财富"工作指南，都与此有直接的关联。而且由"人类口头和非物质遗产"到"非物质文化遗产"概念，也表明了国际社会对此取得共识的演变。正因为如此，非物质文化遗产概念及其内涵，在十年中一直是研究者关注的重点。例如：2003 年，王宁《界定：非物质文化遗产保护第一步》①；2004 年，向云驹《论"口头和非物质遗产"的概念与范畴》②；2005 年，叶舒宪《非物质经济与非物质文化遗产》③；2006 年，吕建昌、廖菲《非物质文化遗产概念的国际认同——兼谈口头和非物质遗产的法律地位》④，表明了这一问题研究的延续性和认识的深化。特别是 2007 年，高丙中《非物质文化遗产：作为整合性的学术概念的成型》认为：非物质文化遗产概念的确立是新近发生的，它把原先分散的对象整合在一个范畴里，成为一个新的研究领域，它作为整合性概念的提出正在被证明是一种推陈出新，并正在形成一个社会实践和学术活动的新领域。⑤ 这篇文章在梳理非物质文化遗产概念后，将其由工作性的转向学术性的，提出了新的见解。而 2008 年，巴莫曲布嫫《非物质文化遗产：从概念到实践》一文，由于其文献资料的权威性："文章所涉及的正式文件和相关文献，大多来自 UNESCO 的电子文献中心，部分参照 WIPO 的在线数据库，汉文翻译以原始文件为据，但在概念辨析上根据英文进行解读"，详细和准确地论述了"三十多年来国际社会围绕'ICH'这一概念的定义问题进行了持续不断的努力探索，其间一直贯穿着冲突、辩论、沟通、反思、协商、妥协和包容等多重复调的对话"⑥。可以说，这篇文章对已有的关于非物质文化概念问题的研究，作出了全面的回答，起码在近期内相关问题的探讨难以出其右。

（二）从不同角度探讨了非物质文化遗产的特征、价值和功能

非物质文化遗产具有非物质性（无形性）和活态性，已得到学术界的公认。而其他方面的特征和内涵，则有不同的表述。有的认为，

---

① 王宁：《界定：非物质文化遗产保护第一步》，《中国民族》2003 年第 3 期。

② 向云驹：《论"口头和非物质遗产"的概念与范畴》，《民间文化论坛》2004 年第 3 期。

③ 叶舒宪：《非物质经济与非物质文化遗产》，《民间文化论坛》2005 年第 4 期。

④ 吕建昌、廖菲：《非物质文化遗产概念的国际认同——兼谈口头和非物质遗产的法律地位》，《中国博物馆》2006 年第 1 期。

⑤ 高丙中：《非物质文化遗产：作为整合性的学术概念的成型》，《河南社会科学》2007 年第 15 卷第 2 期。

⑥ 巴莫曲布嫫：《非物质文化遗产：从概念到实践》，《民族文艺》2008 年第 1 期。

非物质文化遗产的特征体现在三个方面：更注重以人为载体的知识技能的传承；非物质文化遗产打破了上层文化和下层文化的界限；非物质文化遗产不仅限于文学和艺术的领域。有的认为，非物质文化遗产还具有生态型特征、民俗学特征、群体性特征。也有的认为，非物质文化遗产具有接受性、目的性和非孤立性。还有的认为，非物质文化遗产的特点主要有独特性、传承性、活态性、地域性、民族性、整体性、综合性。有的认为，非物质文化遗产的价值有历史传承价值、科学认识价值、审美艺术价值、社会和谐价值和经济开发价值。还有的特别提出非物质文化遗产包含了许多和谐基因，如身份认同、以人为本、多元共存、活态发展等。特别是刘锡诚《非物质文化遗产的文化性质问题》提出：非物质文化遗产即民族民间文化是民族文化之根，它自身包含着存在和发展的合理性。要保持中华文化的独特性，弘扬中华文化的优良传统，重要的是弘扬中华文化精神。在民间文化中蕴含着或洋溢着强烈的"生生不息"和"自强不息"的意识，这才是中华民族的文化精神。表现于个体、家庭、家族、族群上，就是对生命意识的崇尚；表现于国家、民族，甚至个人的安身立命、建功立业上，就是对自强不息的崇尚。① 这就在传统的"齐家治国平天下"层面，对非物质文化遗产的文化精神与价值功能作了高度概括和论述。

（三）对于非物质文化遗产保护和利用的问题做了全面的探讨

这方面的研究，主要集中在三个层面：

首先，关于非物质文化遗产保护的原则。刘魁立提出了整体性原则②；李淑敏、李荣启提出原真性、可解读性、可持续性原则③；贺学君提出了生命原则、创新原则、整体原则、人本原则和教育原则④；苑利、顾军更是提出了物质化、以人为本、活态保护、多样性保护、

---

① 刘锡诚：《非物质文化遗产的文化性质问题》，《西北民族研究》2005 年第 1 期。

② 刘魁立：《非物质文化遗产及其保护的整体性原则》，《广西师范学院学报》（哲学社会科学版）2004 年第 4 期。

③ 李淑敏、李荣启：《论非物质文化遗产的保护原则》，《船山学刊》2005 年第 3 期。

④ 贺学君：《关于非物质文化遗产保护的理论思考》，《江西社会科学》2005 年第 2 期。

精品保护原则等十项原则①。此外，还有诸如交流保护、分步实施原则、权利原则和发展原则等。这些原则的提出，虽然角度有所不同，但其着眼点都是将非物质文化遗产当作有生命的活态存在，保护的目的并非使其成为"固化"和"静止"的"木乃伊"，而是维护和强化其内在的生命力，增进其自身可持续发展的能力。

其次，关于非物质文化遗产保护的具体举措。非物质文化遗产保护作为一项涉及大众的事件，参与保护的主体同样范围广阔，举其要者，诸如：非物质文化遗产的享有者和传承者（乡民或社区成员），处于保护的直接位置；非物质文化遗产保护的决策者、组织者、统筹者（各政府和相关部门），处于保护的强势地位；非物质文化遗产保护的实施者和出资者（包括申报部门和具体投入保护资金者），对于保护往往期盼得到回报；非物质文化遗产保护的舆论表达者（学者和媒体人士），属于面对保护的相对超脱角色，没有利益的纠葛，只有认识的高低。这些人员或组织，由于其对于非物质文化遗产保护的诉求不同，因此在具体工作中的作为也就存在差异。对于这些状况，研究成果给出了大量答案，提出了种种建议，特别是关于政府角色的定位和大众参与的实现。② 而对于非物质文化遗产保护的具体实施，关于图书馆、档案馆、博物馆对非物质文化遗产的保护，关于法律和传播、传媒对非物质文化遗产的保护，都有许多的建议和对策。③

---

① 苑利、顾军：《非物质文化遗产保护的十项基本原则》，《学习与实践》2006 年第 11 期。

② 这类论述，可参阅：陈勤建《民间文化遗产和开发的若干问题》，《江西社会科学》2005 年第 2 期；谭启术《政府该如何保护非物质文化遗产》，《学习月刊》2007 年第 13 期；吴文科《按照文化事项的自身规律实施"非物质文化遗产"的保护》，《重庆文理学院学报》2006 年第 5 期。

③ 这类文章有代表性的如：牟平、牟梅、李彤《试论图书馆在非物质文化保护中扮演的角色和应做的工作》，《西南农业大学学报》2008 年第 2 期；王云庆、赵林林《论非物质文化遗产档案及其保护原则》，《档案学通讯》2008 年第 1 期；关昕《非物质文化遗产保护与博物馆发展新趋向》，《博物馆研究》2006 年第 1 期；汤静《非物质文化遗产保护之法理视角》，《湖南师范大学社会科学学报》2007 年第 5 期；潘冬梅、潘鲁生、孙守迁《数字化保护——非物质文化遗产保护的新手段》，《美术研究》2006 年 20 卷第 1 期。

最后，与非物质文化遗产保护关联密切的开发利用问题，也进入研究者的视野。陈华文《目标差异：文化遗产保护与开发的悖论——也谈我们的建议和对策》就指出：非物质文化遗产的保护与开发，事实上存在不可调和的悖论，如文化遗产保护的投入与政府发展经济需要的悖论，文化遗产整体保护与人们向往现代生活的悖论，文化遗产中最少干预保护原则与满足现代人阅读文化遗产过程中现代生活需要的悖论，文化遗产的原真保护与经济或商业利益驱动开发的环境破坏的悖论。针对这些，论者提出了解决悖论的对策：国家和省级政府制定保护与开发利用的法律法规；实行分级所有，控制利益集团主导；建立有效的评估监督机制；建立政府、民间公益性投入保护机制。①此外，对于非物质文化遗产与旅游开发问题、产业化经营、经营管理、经营理念，也有部分论文。

（四）关注和深化非物质文化遗产传承与传承人研究

非物质文化遗产保护的核心是实现文化的传承。因而，重视传承人就是对非物质文化遗产保护的现实诉求。只有不断地传承，才能使口传心授式的技艺，使民族文化的根柢和人类精神的记忆成为永久的财富。对于传承问题与传承人的研究，大体可以分为三种类型：一是表示对非物质文化遗产传承人的关注和关切。如方李莉《请关注非物质文化遗产的拥有者》，许林田《传承人：非物质文化遗产保护的核心载体》，苑利《非物质文化遗产传承人保护之忧》。二是如何确定非物质文化遗产传承人，如何发挥传承人作用的研究。如萧放《关于非物质文化遗产传承人的认定与保护方式的思考》，郭庆富《论非物质文化遗产保护中的传承及传承人》，尹晓华《论"民间艺人"的保护与传承——也谈非物质文化遗产的保护》。三是根据非物质文化遗产传承人名录公布后的新情况，提出深化非物质文化遗产传承问题的探讨。如尹凌、余风《从传承人到继承人：非物质文化遗产保护的创

---

① 陈华文：《目标差异：文化遗产保护与开发的悖论——也谈我们的建议与对策》，陶立璠、樱井龙彦主编《非物质文化遗产学论集》，学苑出版社 2006 年版，第 170—179 页。

新思维》，张天武《在发展中传承，在传承中发展——从〈跳娘娘〉的衍变谈农村非物质文化遗产的保护》，陈秀梅《福建省非物质文化遗产项目代表性传承人现状分析与保护对策》。

（五）重视有关非物质文化遗产保护与教育相关问题的研究

这是非物质文化遗产研究中最早研究的问题之一，2002 年 10 月就召开了"中国高等院校首届非物质文化遗产教育教学研讨会"，2003 年 1 月乔晓光发表了《非物质文化遗产与大学教育和民族文化资源整合》的论文。① 对这一问题的重视，是出于多方面的考量：一是大学对非物质文化遗产的保护和研究义不容辞，应该承担起抢救和保护的历史使命；二是应该把文化遗产教育引入教学体系中，培养专门人才，让他们在这项事业中发挥作用；三是除了在高等教育中设置非物质文化遗产专业外，还应创办非物质文化遗产保护学生社团，广泛开展有特色的校园文化活动，开辟培养大学生民族精神的新途径；四是建立起幼儿、小学、中学和大学等不同阶段教育的整体系统，如非物质文化遗产与幼儿教育地方课程开发，与小学基础教育的进行，与中学语文教学的开展；五是为了使整个社会的每个公民都正确认识和尊重非物质文化遗产，形成非物质文化遗产保护的新视阈，因此，还应该加强推进和实施非物质文化遗产的公众教育。这些内容，都成为非物质文化遗产研究者探讨的问题。

（六）研究与介绍国外非物质文化遗产保护的做法和经验

虽然从非物质文化遗产概念的确立来看，国际上开展非物质文化遗产保护的时间也很短暂，其理论也在探讨和成熟过程中。但从物质遗产和文化遗产的角度来看国外的理论与实践就完备得多。"他山之石，可以攻玉。"正因为如此，学者们鲜明地提出"文化遗产保护的国际视野"②，并且有意识地放眼世界。如非物质文化遗产保护的日本经验，韩国非物质文化遗产保护对中国的启示，都成为理论比较与

---

① 乔晓光：《非物质文化遗产与大学教育和民族文化资源整合》，《美术研究》2003年第 1 期。

② 陈淳、顾伊：《文化遗产保护的国际视野》，《复旦学报》（社会科学版）2003 年第 4 期。

实践指导的借鉴。而这一研究最为全面和系统的，是顾军、苑利的《文化遗产报告——世界文化遗产保护运动的理论与实践》①。这部专著，从文化遗产保护史、文化遗产保护组织建构，相关法律建设以及经验模型分析等方面，分别对意大利、法国、英国、美国、日本、韩国等文化遗产保护工作先进国家的文化遗产保护运动进行认真的梳理和总结，对联合国教科文及相关国际组织文化遗产保护报告进行了翔实的解读，同时，把中国内地与台湾地区文化遗产保护放在世界大格局中，对历史与现状、经验与不足进行详细的分析。国际社会在保护有形、无形及自然遗产过程中秉持的最新理念、原则及做法，对于中国非物质文化遗产保护都有积极的促进作用。

　　还值得指出的是，非物质文化遗产研究呈现出多学科、综合性、交叉性的特点，诸如哲学、历史学、文学、艺术、民族学、民俗学、政治学、经济学、法学、管理学、旅游学、教育学、生态学、市场学、医药学，以及海洋、农村、园林、城乡规划、图书情报，都参与到这项研究活动之中。而且与许多坐"冷板凳"的学术研究不同，非物质文化遗产成果的影响力也大大超出常规。检索中国学术期刊网络出版总库，仅贺学君刊载在《江西社会科学》2005 年第 2 期的《关于非物质文化遗产保护的理论思考》，至 2010 年 8 月底，就被引用 171 次，下载 2430次。这种状况，在其他学科的成果中，是难以达到的。

第三节　非物质文化遗产研究的学术走向与前景

　　回顾非物质文化遗产研究十年来的历程，并不是企望如数家珍般的陶醉，而是为了面向未来的非物质文化遗产事业，为了深化理论研究，形成具有中国特色的非物质文化遗产话语模式，并进而建立起属于中国自己的成熟的文化学理论体系。

　　为了达到这一目标，我们特别需要强调学科的创新力。因为"学

---

　　① 顾军、苑利：《文化遗产报告——世界文化遗产保护运动的理论与实践》，社会科学文献出版社 2005 年版。

科创新力是学科建设水平的重要标志，同时也是学科建设的原动力"①。学术研究的创新性，一般可以从四个方面考察：一是研究领域能否开拓，二是研究方法能否出新，三是论证资料能否有新的发现，四是阐述学术观点或理论方面能否有新的见解。非物质文化遗产研究要有创新力，显然要在这四个方面有所作为。然而，非物质文化遗产研究还有自身的特殊性，那就是其出现和形成热潮，是与非物质文化遗产保护工作密切相关的。当非物质文化遗产保护从重中之重走向文化常态，从热闹喧嚣复归平凡事态，与之休戚相关的研究，是否能够走出"一荣俱荣，一损俱损"的"怪圈"呢？作为一件工作，会有其自身的生存方式；而作为一项研究，也会有其自身的发展逻辑。要达到由"学术运动"走向"学术事业"的良性发展，我们必须对今后非物质文化遗产研究进行理性思考。学术研究是思想自由的翱翔，是广阔无垠空间的旷达行走。非物质文化遗产，每个人都可以有自己的研究方向和重点，形成个性化的研究风格，为宏伟的学术大厦构建贡献力量和智慧。但是，作为学术的追求，要有明确的指向和基本的规范，最重要的是学科意识、问题意识和学者意识，或者说是要回到学科本位、问题本位和学者本位。

（一）学科意识

所谓"学科意识"，是指从事这项研究时，要遵循学科规律，并且是为丰富和完善该学科来传承学术，创新理论。不过，非物质文化遗产则面临着尴尬，因为对于这一学科是否存在还有不同的看法。

一方面，有的力主非物质文化遗产学科化。宋俊华《非物质文化遗产研究的学科化思考》认为：以联合国教科文组织和各国政府为主体的非物质文化遗产保护运动已持续近十年，在学者的广泛参与下，它已从政治层面转向学术层面。非物质文化遗产的保护实践、传统学科的发展革新和学者的安身立命等需求推动了非物质文化遗产的学科化，即依据传统学科体系的视阈分层、对象分化和条件分用的规律与

---

① 杨建林、苏新宁：《人文社会科学学科创新力研究的现状与思路》，《情报理论与实践》2010 年第 2 期。

原则，以非物质文化遗产形态类型为学科骨架和形象，以代际传承的精神文化现象为研究对象，建立独立、完善的非物质文化遗产学科体系。^①而苑利、顾军则身体力行，推出了学术专著《非物质文化遗产学》。这部著作共 15 章，内容分别为：（1）非物质文化遗产的概念界定与分类；（2）非物质文化遗产保护史回顾；（3）非物质文化遗产的价值以及影响其价值评估的主要因素；（4）非物质文化遗产的保护方法与保护原则；（5）非物质文化遗产的传承主体；（6）非物质文化遗产的保护主体；（7）非物质文化遗产的普查与申报、开发与经营；（8）民间文学类遗产的基本范畴、普查申报要点及其开发与活用；（9）表演艺术类遗产的基本范畴、普查申报要点及其开发与活用；（10）工艺美术类遗产的基本范畴、普查申报要点及其开发活用；（11）生产知识与技能类遗产的基本范畴、普查申报要点及其开发与活用；（12）生活知识与技能类遗产的基本范畴、普查申报要点及其开发与活用；（13）仪式类遗产的基本范畴、普查申报要点及其开发与活用；（14）节日类遗产的基本范畴、普查申报要点及其开发与活用；（15）文化空间类遗产的基本范畴、普查申报要点及其开发与活用。^②这份纲目，表明了作者对非物质文化遗产学体系的认知。

另一方面，有的学者也公开表达了其他观点。"乌丙安在 2008 年中国民俗学会年度演讲时，把非物质文化遗产定位为'工作概念'而非'学科概念'，引起了多数有识民俗学家的强烈共鸣。刘魁立也在讲话中说到这样意思的一段话：学术的出发点和重心在于求真，在于追求真理，探讨事物发展变化的规律。政府部门则应该借助学者们对于规律的认识，通过行政手段使之转化为实际生产力，达到经世致用的目的。这是一种理想的良性关系。但事实上，在这场非物质文化遗产保护运动中，民俗学家们都在忙于各种事务性的工作，对策性

---

① 宋俊华：《非物质文化遗产研究的学科化思考》，《重庆文理学院学报》（社会科学版）2009 年第 4 期。

② 苑利、顾军：《非物质文化遗产学》，高等教育出版社 2009 年版。该书前期成果《非物质文化遗产教程》在 2007 年 6 月 9 日，即中国第二个"文化遗产日"的前一天付印，以作为文化部非物质文化遗产研究生班的教材。

的、操作层面的议论多于学理性的、思辨性的挖掘和阐释。"①

对此，我们也有审慎的态度：一方面，对于非物质文化遗产朝学科建设方向的追求与努力，我们怀着极大的尊重，并且期望在可见的时间真正形成学界公认的、具有独特个性和完整体系的非物质文化遗产学。另一方面，我们也要客观地评判，目前非物质文化遗产学的建立还是一种良好的"愿景"。从我们对十年来非物质文化遗产研究成果的回顾与梳理，就可以清晰地看到这一点。非物质文化遗产学要真正成为一门独立的学科，还需要进一步研究与完善其研究对象、学科理论和方法、学科体系建设等一系列问题。当然，我们回顾学术史可以看到：学科的形成和发展有两种方式，一种是在大量学术积累的基础上，水到渠成顺势而起；另一种是在设想的基础上，朝学科化方向努力，借用胡适的话就是"大胆假设，小心求证"。我们正视非物质文化遗产研究这种学科化进程的特性，就能够更好地看到其交叉学科、边缘学科的个性，在研究时把握其基本规律和学术趋势，以求研究成果在原有状态下有新的突破。虽然在目前情境下，也许"学科意识"在非物质文化遗产研究方面会有争议，但只要有"学术意识"，也就是不仅仅围绕着"工作概念"和"中心工作"去转圈，而是从学术视野来研究，就会有所前进和超越。

（二）问题意识

"问题意识"是目前学术界的"常用词"。而针对非物质文化遗产研究所谈的"问题意识"，就是要善于发现问题，探讨问题，解决问题。这些问题，无论是学术的，还是工作的；无论是历史的，还是现实的，都应该从学术层面、学理内涵、学科规制来考量。

非物质文化遗产研究的问题，首先是关于学术的。例如，非物质文化遗产这一概念，虽然目前已经清楚，并且形成共识。但是，解决

---

① 施爱东：《学术运动对于常规科学的负面影响——兼谈民俗学家在非物质遗产运动中的学术担当》，《河南社会科学》2009年第3期。笔者因参加了中国民俗学会2008年年会，故亲耳听见了这些讲话。而该文原刊发时，其中刘魁立的讲话一长段均为逗号，只有最后才用句号。为了更清晰地表达他讲话的层次，故将有的逗号改为句号。

这一问题最系统的巴莫曲布嫫却在《非物质文化遗产：从概念到实践》一文最后强调："从 UNESCO 与 WIPO 的共同努力到遍布全球的文化权利诉求，从民俗保护到知识产权问题，从物质遗产到非物质遗产的互动到以一种'人类遗产'的视野融合来看待整个世界共同守护人类精神家园的趋向，都深刻地说明了'非物质文化遗产'的概念化过程依然在延伸，或许永远也不会划上句号。正是这一过程本身为我们理解人类文化的多样性与社会的可持续发展提供了充满智力追问的思辨性图景。"① 其实，非物质文化遗产研究的"学术拷问"同样"永远也不会划上句号"。因此，从学术出发，对非物质文化遗产的内部学理进行追问，是需要长期不懈努力的。

非物质文化遗产研究，还有许多现实问题需要探讨。我们并不排斥对策性的回答，更要着力于学理内力的探寻。鲜活的现实生活，是非物质文化遗产生存的肥田沃土。在博物馆里，在档案馆中，在图书馆内，非物质文化遗产是一种"静态"的历史遗存。而唯有那种特有的文化空间，那种特定的文化生态，才可能保持非物质文化遗产的活力与"动态"。正因为非物质文化遗产是活态，就会有新的内容、新的事项、新的材料、新的形象，就会有新的问题需要发现和研究。举一个现实的例子：2010 年上海世博会，文化成为其亮点。中国文化特别是国家级非物质文化遗产，有 500 多种进行展示和表演。而且，由于世界上 140 多个国家和世界组织参与，上海世博会又成为世界文化多样化展示的舞台。② 这种文化盛况，特别是非物质文化遗产项目进入其中，传递了怎样的文化信息？给今后非物质文化遗产保护将带来什么？非物质文化遗产频频出现在各种博览会，是否会使其由于"商业化"而产生异变？我们强调非物质文化遗产的原生态、原真性，出现在各种博览会的事项还能保持朴质的芬芳吗？这些问题，虽然有的带有"工作性质"，但也可以做出学术的解读。而且对于已列入各级非物质文化遗产名录的事项，经过人为的重视与保护之后，

---

① 巴莫曲布嫫：《非物质文化遗产：从概念到实践》，《民族艺术》2008 年第 1 期。

② 可参阅余悦《中国文化与上海世博会》，《江西社会科学》2010 年第 8 期。

到底生存状态如何？传承人列入政府名录后，他们与以往有什么不同？与那些未列入名录的实际传承人又有何不同？而且非物质文化遗产名录和传承人名录，对于相同者，无论是事宜还是技艺，都带有一定的"排他性"，也需要我们进行"跟踪性"研究。

所谓"问题意识"，不能仅仅针对中国的理论与现实问题，还应该有"世界眼光"。非物质文化遗产保护是一项全球性的文化运动，自然也应该站在世界的角度来审视。在全球范围内，物质遗产、文化遗产、自然遗产和非物质文化遗产，虽然都是进行保护，但其出发点和保护重点及实施方略，有共性也有差别。这些细微之处，我们只有认真辨析，才能够在学界研究时更好地发现问题和解决问题。例如：从无形"文化财"保护来说，日本立法已有60年的历史，但日本民俗学界有关非物质文化遗产的讨论兴起于1997年。日本学者才津裕美子就认识到："随着非物质文化遗产保护工作在《非物质文化遗产公约》下的实施，日本无形'文化财'的存在方式必将发生变化。正因如此，曾经围绕无形民俗'文化财'的固有概念——'价值认识'、'价值标准'、'定义'、'选定方法'等——从根本上发生了动摇，因此，我们有必要摸索一种新的'文化财'行政方法，而今天的民俗学将要为此承担起重大的任务和自己的责任。"[1] 日本学界都认为固有概念"从根本上发生了动摇"，有必要进行新的探索，那么，我们不是更需要根据新情况进行新观察吗？

当然，我们所说的"问题"，是指"真问题"，而非"伪问题"；是"真研究"，而非"假研究"，才能使非物质文化遗产研究有更加广阔的新天地。

（三）学者意识

所谓"学者意识"是指从事的工作要从学者本位出发，要到位而不越位。这是学者的职责和地位使然。在非物质文化遗产保护中，学

---

① ［日］才津裕美子著，西村真志叶编译：《民俗"文化遗产化"的理念及其实践——2003年至2005年日本民俗学界关于非物质文化遗产研究的综述》，《河南社会科学》2008年第16卷第2期。

者的地位是模糊和离散的。

一方面，学者也是人，是处于社会生活中的普通人，是处于各种不同文化空间的人员。对于与他相关联的非物质文化遗产事项来说，是文化遗产的享用者；有的类别的文化遗产，如节日之类的，就是参与者；如技艺之类的，若掌握其技能，就是传承者。这三种不同的身份，表明学者在非物质文化遗产事项位置的复杂性。

另一方面，学者又是特定的人，是具有某方面专业知识的人，是善于思考并且能够从事研究工作的专门人才。在非物质文化遗产保护的过程中，学者有的正在承担着"多重角色"：一是非物质文化遗产保护工作具体事务的参与者，二是作为非物质文化遗产保护的宣传者、鼓动者，三是非物质文化遗产保护的思考者、研究者。在这三种角色中，第一种本应是政府工作人员和实际工作者的职能，第二种是公共知识分子的话语权，第三种才是作为学者的本分。

我们再作进一步的分析，从研究来说，还有不同层面的探索与目标。一是学术研究，是对于学术基本理论问题、学术流变、学术方法等方面的探讨。二是运用研究，对于已有的学术成果运用到实际工作方面的探讨。三是开发研究，是充分利用已有的学术思想、思维方式，进行创意开发方面的探讨。前一种研究，应该是学者的本分，而后两种研究，则是学者可以为之，其他人员也可以为之。

这里涉及学术与致用的关系。1910 年，章太炎曾经提出："学说是学说，功业是功业。不能为立了功业，就说这种学说好；也不能为不立功业，就说这种学说坏。"因为"学说和致用的方术不同。致用的方术，有效就是好，无效就是不好。学说就不然，理论和事实合才算好，理论和事实不合就不好，不必问他有用没有"[①]。这是从社会功能上来区别学说与致用的取向。其实，学术与致用的关系，远比这复杂得多。从现代学术分类来说，大体上人文学科的研究偏重于学术，但并不排斥致用；而社会科学的研究更看重实用，但同样要有理

---

① 章太炎：《论教育的根本要从自国自心发出来》，汤志钧编《章太炎政论选集》上册，中华书局 1977 年版，第 507 页。

论支撑和建树。而从非物质文化遗产的学术属性来看，既然是交叉性的、边缘性的，学术与致用的分野也就更为含混。

再从实践层面来看，中国非物质文化遗产保护工程如果没有一批学者的积极参与，会朝何方向发展和发展到哪种程度，都是不可想象的。前面我们已经谈及刘魁立、乌丙安的参与，由于他们的声望、地位的影响发挥了旁人无法企及的作用。而且在中国政府向联合国推荐的关于非物质文化遗产研究的非政府组织机构名录中，中国民俗学会名列其中。中国政府向联合国教科文组织推荐的四名非物质文化遗产评审专家中，朝戈金、高丙中、巴莫曲布嫫三位都是中国民俗学界的著名青年学者。另外，各省市也都成立了省级非物质文化遗产专家委员会，据说有数千位学者参与。这些学者所做的工作，推进和提升了非物质文化遗产保护工作。

当然，事物总是有双重性的。专家学者以极大的热情，严谨的态度参与事务，对于工作显然是幸事。不过，人的时间精力是有限的，特别是长期致力于事务，是否会影响"学术话语"的表达和学术思维的拓展，也是值得深思的。我们之所以强调"学者意识"，就是不忘"学者本位"，即使在担纲实际工作者时，担任公共知识分子代言角色时，都要摆正自己的位置。借用一句俗话："脑袋随着屁股转。"我们只有时刻记住学者的身份，在实际工作和代言时发挥学术所长，并且以学术优长从事理论研究，那么，不论研究任何课题和问题，都会归结到学术和学科建设。

回顾十年来的非物质文化遗产研究，我们深切地感到：学科建设的强化，学术问题的关注，学者立场的坚定，这是我们走向未来的必由之路。我们既要对已有的学术历程与成果进行回眸一笑的总结，更要直面学术的难点问题和热点问题，勇于进行学术批评和学术争鸣，使学术研究焕发着持久魅力和时代光彩。借用单霁翔先生的一句话："有尊严的文化遗产具有强盛的生命力。"① 我们也完全可以说："有尊严的非物质文化遗产研究才具有强盛的生命力！"

---

① 单霁翔：《把尊严还给文化遗产》，《人民日报》2010 年 8 月 3 日。

第十八章　非物质文化遗产传承
机制的创新思维

非物质文化遗产保护是一项全球性的课题，也是一项世界性的难题。保护与开发，永远是矛盾而又必须共处的两极。不过，著名民俗学家陈华文说得好："保护与开发是一对悖论和矛盾，虽然有时让人显得无可奈何，但只要我们从更广阔的视野、更高的层面和更独特的视角入手，相信还是有解决的办法。诚如俗语所说的：困难没有办法多。"① 如今，依靠传承人进行非物质文化遗产保护，是行之有效的办法之一。然而，我们觉得：非物质文化遗产保护也应该创新思维，从传承人到继承人均投入保护工程，在某些项目上也许更有成效和最为持久。

第一节　非物质文化遗产保护活动中的传承人制度

非物质文化遗产保护是一项全民文化活动，需要包括政府、传承者、工商界、学术界在内的全社会的共同参与。然而，这些主体参与非物质文化遗产保护的动机、地位、权力和作为存在差异，甚至有时候是相去甚远，因此，在保护过程中的作用也就不尽相同。承担决策、组织、统筹的政府，由于其以权力为依托，以强势为地位，成为保护的主导力量。但是，从与非物质文化遗产的天然联系、血脉相通、直接承绪来说，生活在大众中的非物质文化遗产传承人，则更为

---

① 陈华文：《新时期非物质文化遗产保护与开发的思考》，浙江师范大学浙江省非物质文化遗产研究基地编《非物质文化遗产研究集刊》第 1 辑，学苑出版社 2008 年版，第 29 页。

关键，有的甚至是他人无法替代的。

　　什么是非物质文化遗产传承人？专家学者有不同的理解和文字表述，不过，大体上包括两个层面的含义：一是完整掌握非物质文化遗产项目或者具有某项特殊技能的人员，二是积极开展传承活动，培养后继人才者。也就是，他担负着"传"与"承"的双重任务。而代表性传承人，则是某项目或某技能公认具有代表性、权威性与影响力的人员。假如仅此而已，那是只见树木不见森林，只见物态不见活态，只见肌体不见灵魂。著名作家、文化遗产保护的积极倡导者与活动家冯骥才说得好："传承人所传承的不仅是智慧、技艺和审美，更重要的是一代代先人们的生命情感，它叫我们直接、真切和活生生地感知到古老而未泯的灵魂。这是一种因生命相传的文化，一种生命文化；它的意义是物质文化遗产不能替代的。""有史以来，中华大地的民间文化就是凭仗着千千万万，无以数计的传承人的传衍。它们像无数雨丝般的线索，闪闪烁烁，延绵不断。如果其中一条线索断了，一种文化随即消失；如果它们大批地中断，就会大片地消亡。"① 在这方面，我们的前贤就清醒地意识到这一点，先秦《考工记》为百工立制时，就说"知者创物，巧者述之守之"。而"述之守之"的内涵，与现代精神也是相通的。

　　正因为传承人在非物质文化遗产保护中有不可替代的作用，近些年来，国家和各地政府把传承人的保护与作用的发挥提高到战略性高度来认识，并采取切实可行的措施落到实处。中华人民共和国文化部制定与颁布《国家级非物质文化遗产项目代表性传承人认定与管理暂行办法》，对传承人的认定标准、权利、义务及管理作出具体规定。浙江、上海、宁夏等省、市、自治区较早出台了地方非物质文化遗产项目代表性传承人认定与管理办法。同时，对国家级和省级传承人给予补助或津贴。2007年6月，国家文化部公布第一批226名国家级非物质文化遗产项目代表性传承人；2008年2月，又公布第二批551名国家级非物质文化遗产项目代表性传承人。至此，全国已有777位国

① 冯骥才：《民间文化传承人：活着的遗产》，《文汇报》2007年5月10日。

家级非物质文化遗产项目代表性传承人。而第三批人员名单，也在申报与审议过程中。

这些做法，无疑是值得肯定和卓有成效的。尤其是在非物质文化遗产留存的文化生态急剧变化，非物质文化遗产资源流失严重，甚至濒临灭绝的今天，其作用和影响越来越显现出来。但是，非物质文化遗产传承人保护与发挥作用的工作虽然取得了初步成绩，却依然存在许多情况和严峻的问题。如江南民间文化传承人面临的现状：一是老艺人相继离世，民间传统技艺失传。对 9 项被列为嘉兴市第一批非物质文化遗产保护名录项目的调查显示，到目前为止已有 6 名民间艺人离开了人世。二是在世艺人老龄化，民间艺术后继无人。被调查的 32 名民间艺人中，除 6 名已经过世外，在世的 26 名艺人中，年龄在 60 岁以上的有 24 人，占 92.30%；70 岁以上的 10 人，占 38.46%；80 岁以上的 6 人占 23.07%。有 12 位民间艺人无传承人，其技艺濒临失传，占 46.15%。三是社会地位低下，生活得不到保证。绝大部分艺人虽技艺精湛甚至身怀绝技，但生活无保障，既无退休工资，又无医疗保险，日子过得很窘迫。[①] 这种情况，并非绝无仅有。在浙江金华婺城区，能原汁原味演唱金华山歌的不过 10 人，且年龄都在六七十岁以上。永康鼓词现有艺人 30 名，大多数年老体衰，生活困难，而且没有传承人。在农耕时代自给自足的小农经济社会中，几乎家家户户都能织布、蜡染、织带、裁缝、刺绣，这些原先与百姓生活密切相关，一度创造出民间艺术辉煌的工艺而今大都退出了百姓生活舞台。[②]

除了传承人自身状况外，现行的代表性传承人认定与保护的方式，也存在一些值得关注的问题。例如，代表性传承人认定与保护采

---

① 冯巍：《浅议江南民间文化传承人的保护》，王恬主编《守卫与弘扬——第二届江南民间文化保护与发展（嘉兴海盐）论坛论文集》，大众文艺出版社 2008 年版，第 410—415 页。

② 朱佩丽：《金华市民间艺术家生存及传承状况考》，王恬主编《守卫与弘扬——第二届江南民间文化保护与发展（嘉兴海盐）论坛论文集》，大众文艺出版社 2008 年版，第 443—450 页。

用的是由单位推荐、申报、审核和批准的方式，但有的项目传承人"几代同堂"，每一代都会以继承为主又有所扬弃和创新，究竟应以哪一代作为代表性传承人？又如，有的传承人虽然身怀绝技，却又受到历来实行的家庭和家族传承方式制约，而今本家庭和家族又没有合适的学习者，应该如何办？再如，由于被认定为代表性传承人后，政府会给予一定的津贴或政策倾斜，出于实际利益与社会声誉影响的考量，在后续的推荐与申报中，会不会出现并不符合非物质文化遗产代表性传承人条件而被推举的情况？这些问题，正露出不良苗头，也给非物质文化遗产的保护与传承带来潜在的不良影响。

第二节　非物质文化遗产继承人问题的提出与依据

既然非物质文化遗产传承人有不可替代的作用，那么，对他们进行保护与发挥其作用，任何时候都应该坚定不移。但是，面对存在的问题，我们不妨发挥创新思维，探索更有持续效应的保护与传承机制，在实践中不断完善和推进。而培养非物质文化遗产继承人，则是值得一试的办法。

何谓"继承人"？《现代汉语词典》在解释"继承"一词时，把继承文化遗产与继承优良传统等同在一起，"泛指把前人的作风、文化、知识等接受过来"。对于"传承人"，则指"依法或遵遗嘱继承遗产等的人"。[1] 《辞源》在释"继"字时，指出其有一义为"继承"，并举《荀子·儒效》为证："工匠之子，莫不继事。"[2] 《汉语大词典》释"继承"时，"谓承接先代传统；继续从事前人未竟事业"。而"继承人"，则指"依法有权继承遗产和权利的人。亦泛指承接前人事业的人"[3]。这些权威性的工具书，关于继承人的释义基本一致。结合这些释义，我们可以下一个定义：非物质文化遗产继承

---

① 《现代汉语词典》（修订本），商务印书馆 2000 年版，第 600 页。
② 《辞源》（修订本）第 3 册，商务印书馆 1982 年版，第 2474 页。
③ 《汉语大词典》第 9 册，汉语大词典出版社 1994 年版，第 1044 页。

人，是指把前人的非物质文化遗产等文化、知识接受过来，继续从事前人事业的人。相对传承人，继承人的概念更为宽泛，既没有年龄的限制，也没有性别的差异；既没有从业时间的要求，也没有其他资质的规定。一句话，只要乐于学习和掌握非物质文化遗产，都可以成为其中的一员。自然，传承人也属于继承人中的一个重要和具有特殊地位的组成部分。因为"传承人可能是家族传承中承上启下的继承者，也可能是社会传承中承上启下的继承者"①。

提出继承人问题，是因为非物质文化遗产的传承是大众的事情，是为了完善非物质文化遗产保护与传承的社会体系，是为了促使非物质文化遗产的文化因子得到更好的"裂变"。提出继承人的问题，也是立足于三个方面的基础：

一是按照非物质文化遗产保护国际公认的原则。1989 年 11 月 15日，联合国教科文组织通过的《保护民间创作建议案》中，把非物质文化遗产定义为："来自某一文化社区的全部创作，这些创作以传统为依据，由某一群体或一些个体所表达并被认为是符合社区期望的作为其文化和社会特性的表达形式；其准则和价值通过模仿或其他方式口头相传。它的形式包括：语言、文学、音乐、舞蹈、游戏、神话、礼仪、习惯、手工艺、建筑术及其他艺术。"② 可见，非物质文化遗产注重的是"文化社区"，是"全部创作"，是"以传统为依据"，是"通过模仿或其他方式口头相传"。这就清楚地表明，非物质文化遗产是属于社区和群体的（只有某些技能才属于个体），是属于世代相传的创作与传承的，是具有社区文化的认同感的。而"继承人"的提出，正符合这一具体属性。2000 年 7 月 24—25 日，第 33 届东盟外长签署的《东盟保护文化遗产宣言》说得更清楚："东盟成员国要携起手来共同维护有价值的生活传统和社会习俗，尊重人类享有

---

① 刘锡诚：《非物质文化遗产传承与传承人论》，《河南教育学院学报》2006 年第5 期。

② 联合国教科文组织：《保护民间创作建议案》，转引自顾军、苑利《文化遗产报告——世界文化遗产保护运动的理论与实践》，社会科学文献出版社 2005 年版，第 312 页。

自身文化的权利,保护人类对各自生活传统及社会习俗继承与享用的权力。"这里提出"在社会、文化和经济发展的框架内保护、弘扬有价值、有创造性的生活传统"①,不仅是针对东盟各国的,同样对世界其他国家也有意义。而"保护人类对各自生活传统及社会习俗继承与享用的权力",仅仅依靠部分传承人显然是不够的,更需要覆盖整个社区的全体的民众,他们才能集体地担当起"继承人"的角色。

二是依照我国关于非物质文化遗产保护的总体原则与要求。国务院办公厅《关于加强我国非物质文化遗产保护工作的意见》指出:"非物质文化遗产是各族人民世代相承、与群众生活密切相关的各种传统文化表现形式和文化空间。非物质文化遗产既是历史发展的见证,又是珍贵的、具有重要价值的文化资源。我国各族人民在长期生产生活实践中创造的丰富多彩的非物质文化遗产,是中华民族智慧与文明的结晶,是联结民族情感的纽带和维系国家统一的基础。""我国非物质文化遗产所蕴含的中华民族特有的精神价值、思维方式、想象力和文化意识,是维护我国文化身份和文化主体的基本依据。"②"各族人民世代相承,与群众生活密切相关"是非物质文化遗产的基本特征。"继承人"的提出,正是基于"世代相承""与群众生活密切相关"的考量,正是基于"在长期生产生活实践中创造"的实际出发的。

三是依据我国非物质文化遗产发展轨迹的理性思考。靠传承而演化,在传承中进化,这是非物质文化遗产发展的基本规律。传承的方式,大体有四种:群体传承,家庭(或家族)传承,社会传承,神授传承。这四种方式中,家庭(或家族)传承与神授传承带有个体性,而群体传承和社会传承则带有集体性和普适性。例如:风俗礼俗、岁时节庆、大型民俗活动,都是通过群体传承。而社会传承的,

---

① 《东盟保护文化遗产宣言》,转引自顾军、苑利《文化遗产报告——世界文化遗产保护运动的理论与实践》,社会科学文献出版社 2005 年版,第 321 页。

② 国务院办公厅:《关于加强我国非物质文化遗产保护工作的意见》,国办发〔2005〕118 号,2005 年 3 月 26 日。

则多见于口头文学、表演艺术、手工技艺和民间知识，戏曲、曲艺的师傅带徒弟，故事、歌谣无师自通的传习，莫不如此。提出"继承人"的概念，就是强调社区的每一个人，都能够通过传习而受到非物质文化遗产的熏陶，得到相关知识或技能的传授，而在继承传统的基础上，对这些知识或技艺进行创新、增益，并进入新一轮的群体性（族群或社区）的传播。正如著名民俗学家陈勤建所说："非物质文化遗产与表层文化或上层文化的区别在于它是一种生存于生活中，不脱离生活的'生活文化'。所以，文化遗产整体性的保护，要从现实生活状态出发，在保持现存社会的生活流中得到真正的实现。"[①]

　　重视"继承人"的培养，虽然是本文提出并进行深入论述的，却与其他专家学者的观点有着内在联系。著名民俗学家叶春生即主张"把民俗文化活化，培养一批批传人，一代代传承下去，使其扎根在民间，保存在民间。无论是有形的民俗文化遗产，还是无形的文化遗产都是人类历史生活的凭据，是民众文化的传承"。[②]培养好"继承人"正是使非物质文化遗产与民众生活紧密联系起来，使之相互促进，共同发展，这才是保护和利用非物质文化遗产的最终目的。

第三节　非物质文化遗产继承人机制的建立与环节

　　纵览非物质文化遗产发展的历史和对其进行保护的现实观察，非物质文化遗产继承人的提出，最根本的是符合非物质文化遗产的特性：非物质文化遗产，首先，它是一种存活的文化遗产。与作为历史残留物的静止形态的物质文化遗产不同，它在人们的生产、生活中继续存在着，并被不断地传承下去。虽然由于经济、社会发展中出现的种种问题，有的进入了衰微状态却依然有着生命的气息，有的甚至蓬

---

　　① 陈勤建：《古村镇文化遗产保护开发的思考》，王恬主编《古村落的沉思——中国古村落保护（西塘）国际高峰论坛文集》，上海辞书出版社 2007 年版，第 144—145 页。

　　② 叶春生：《活化民俗遗产，使其永保于民间》，陶立璠主编《亚细亚民俗研究》第6辑，学苑出版社 2006 年版，第 24 页。

勃着生机。其次，它是一种具有民间性的文化遗产。民间是非物质文化遗产的肥沃土壤，民众是非物质文化遗产的深厚根基。非物质文化遗产既非单个人的行为，也非政府指令的行为，广大民众是其创造者和传承者。最后，非物质文化遗产是民众生活的一部分，具有生活性的特征。虽然有的非物质文化遗产与日常生活渐行渐远，但它曾是生活一部分的特性并未泯灭。更何况，今天仍有相当多的非物质文化遗产与生活世界紧密相联，成为人们生活与生命不可或缺的重要组成部分。

正是由于这些特性，非物质文化遗产的传承是通过对物质文化遗产的表现进行的。非物质文化遗产，在表现上重在对这种文化的表达、表现和展现，在传承上重在对这种文化的继承、流传和后续。因此，非物质文化遗产继承人的培养，应该注意掌握三个环节：

一是在社会生活中培养。非物质文化遗产几乎涉及社会生活的方方面面，人们的衣食住行、节庆活动、祭祀活动、婚丧喜庆、休闲娱乐都是其基本而重要的载体。公众参与性是非物质文化遗产的特性之一。在漫长的历史岁月中，非物质文化遗产就是在大众的参与中得到流传和发展的，是充满着本能的、活力的、有着独特创造力的继承与衍变。任何时代，在大众的物与物的交往中流传，在父子、母女、祖孙的熏陶中传承，成为一种执着的世代沿袭。同时，过去非物质文化遗产的传承重在口头和行为，虽然在同一区域和不同时期都会自觉或不自觉地被改造和创新，并会在不同区域受历史地理、文化环境影响而发生变异，但其速度则是相对比较缓慢和渐进的。当今世界，由于社会的激烈变革，经济文化的迅速发展，全球化、一体化、高科技化的浪潮，严重冲击着传统，特别是以口头和行为作为传承主体的常态已经不复存在，因此，让继承人在生产、生活的过程中受到洗礼和接受传承，是最简便、最直接而又最有成效的方式。

二是充分发挥学校教育的力量。虽然非物质文化遗产继承人并没有年龄的限制，但是，一般而言，年龄大者已经形成固有的观念，并接受了原有的传统，把非物质文化遗产继承人的工作重点放在年轻一代身上，应是题中应有之义。这是因为，他们生活在社会大变革的时期，对于非物质文化遗产的了解和理解都相对较少，而传统要得以沿袭，需要一代又一代人才能持续久远。应该鼓励和支持各级学校开展优秀的非物质文化遗产的教育与研究活动，根据不同年龄段人员的特点，因材施教。如对于少年儿童，应以参与和娱乐的方式，培养他们对于非物质文化遗产的热情与兴趣。对于中学生，我们应该让他们在日常生活中，尤其在非物质文化遗产事项最为集中、最为全面展示的节庆之时，向他们介绍更多的民间知识和相关技能，尤其是要充分发挥他们最为活跃、最能学习的特性，让他们掌握一些具有相当难度又必须由年轻时就学习的知识和技能。至于高职一类的学生，则以学习和掌握技能为主，让他们在学习专业知识的同时，又具备非物质文化遗产某一方面的"绝活"，经过时间的历练他们将成为新的传承人。而对于大学生与研究生，则通过选修课的方式，使他们成为非物质文化遗产的"追星族"，特别是发挥他们专业知识扎实和理论功底深厚的特点，培养其中一些对非物质文化遗产有热切传播意愿者，成为未来的研究者与推广者、宣传者。应该鼓励和支持大专院校开设非物质文化遗产专业，大力培养非物质文化遗产保护和研究的专门人才，特别是培养一批懂专业、善管理的复合型人才。

三是运用现代新的传媒方式扩大非物质文化遗产在继承人中的影响。《中国民族民间文化保护工程实施方案》提出了宣传展示的具体要求："举办民族民间文化保护成果展览、民族民间文化艺术展演、民间工艺品博览会、中国民族民间文化节等各种活动。利用各种传播途径和灵活多样的手段，积极对'保护工程'进行广泛、深入的宣传，普及民族文化保护知识，激发和培养全社会的保护意识，营造良好的社会氛围。"① 这些宣传展示办法，无疑也能培养更多的非物质文化遗产继承人。此外，还有其他更多的方式方法。例如，我国台湾地区著名文化人白先勇推出青春版《牡丹亭》，到各大学巡回演出，让更多的人，特别是年轻人热爱和理解昆曲。他们还把《牡丹亭》

---

① 《中国民族民间文化保护工程实施方案》，转引自顾军、苑利《文化遗产报告——世界文化遗产保护运动的理论与实践》，社会科学文献出版社 2005 年版，第 378 页。

和其他许多折子戏翻译成法文、英文，培养国外的昆曲爱好者。① 这样，继承者就会形成更为广泛的群众基础。

非物质文化遗产继承人的培养，并非有现成的方案和规范，应该在实践中不断加深理解和逐步完善。而且，不同的事项，不同的地区，也应有不同的形式，不同的做法。原有的非物质文化遗产生存环境发生了巨大变化，在继承人培养方面也应该因时而变，因事而变。特别是一些具有高难度的事项，需要个人较高禀赋才能掌握的事项，同样需要善于发现人才和培养专才。继承人的培养，最重要的是思想观念的改变，即传承人的任务不仅是向少数学徒进行传授，而应该把眼光放到民间和民众。非物质文化遗产传承的方式，不应局限于家庭和家族传承，而应更多地进行群体传承和社会传承。

以上所说的方法并非新东西，许多已经被国内外成功实践，取得良好的效果。② 需要指出的是：非物质文化遗产继承人的提出，并非排斥传承人，而是两者应该形成融为一体的和谐关系。如果说，传承人是非物质文化遗产保护的塔顶，那么，继承人就是保护的基石。只有基石宽厚，保护才能更有力度。而且，由传承人向继承人传授，在继承人中又产生新的传承人，循环往复，非物质文化遗产就能生生不已，有着永续的生命。只有非物质文化遗产传承人和继承人都得到重视，才能建构起全面的非物质文化遗产保护与传承体系。

---

① 参阅梁治平《非物质文化遗产保护什么、为什么保护、谁来保护》，陶立璠、樱井龙彦主编《非物质文化遗产学论集》，学苑出版社 2006 年版，第 144 页。

② 可参阅金宏章《民间艺术进课堂是传承和发展民间文化的有效途径——海盐县于城小学开展灶头画探究实践活动的启示》，王恬主编《守卫与弘扬》，大众文艺出版社 2008 年版，第 309 页；郑土有《非物质文化遗产保护中的"儿童意识"——日本民俗活动中得到的启示》，《江西社会科学》2008 年第 9 期；顾军、苑利《文化遗产报告》，关于意大利、法国、日本、韩国文化遗产保护情况的介绍，社会科学文献出版社 2005 年版，第 35、48、49、109、124、125 页。

第十九章 作为非物质文化遗产的中国茶文化

非物质文化遗产保护，是当代社会的重要活动和重大事件。国家级非物质文化遗产的申报与名录的公布，已经成为全国人民和学术界关注的焦点。然而，素称博大精深的中国茶文化，并未能以整体形象进入名录，茶文化事项进入其中者数量不多，涉及的范围也不广。本章试图对这一状况进行初步梳理，对其原因进行分析探讨，提出改变这一情况的若干建议，并对中国茶文化文化遗产保护与开发利用的原则和路径作些思考。①

第一节 中国茶文化与国家"非遗"名录

非物质文化遗产保护，是继承和弘扬民族文化，增强综合国力，增强文化软实力的重要举措。我们探讨中国茶文化与非物质文化遗产的关系，并不是为了发思古之幽情，而是为了更好地保护与开发利用，达到两方面的良性互动与和谐发展。中国茶文化的保护与利用，与非物质文化遗产的保护与利用密切相关。只有根据世界和中国非物质文化遗产保护的要求与趋势，我们才能更好地促进中国茶文化的保护与开发利用。

---

① 关于中国茶文化与非物质文化遗产的相关问题，笔者 2007 年撰写《作为非物质文化遗产的中国茶文化——中国茶文化事项申报国家级非物质文化遗产名录的状况、原因与建议》一文，参加中日非物质文化遗产保护学术研讨会，并在会议演讲；后收入王恬主编的《观念与方式——中日非物质文化遗产保护鄞州论坛论文集》，中国文联出版社 2010 年版。本章是在此研究的基础上，跟踪后来的实践状况与学术发展，重新撰写的。资料截止时间为 2013 年。

中国茶文化与非物质文化遗产的关系如何呢？我们不妨从三个方面作些初步探讨。

一　"非物质文化遗产"的确立与中国的进程

"非物质文化遗产"（intangible cultural heritage）是联合国教科文组织在 2000 年前后确定向世界推广的一个新概念。在 2003 年 10 月 17 日联合国教科文组织颁布的《非物质文化遗产保护公约》（以下简称《公约》）中关于"非物质文化遗产"的定义是这样表达的："'非物质文化遗产'指被各社区群体，有时为个人视为其文化遗产组成部分的各种社会实践、观念表述、表现形式、知识、技能及相关的工具、实物、手工艺品和文化场所。这种非物质文化遗产世代相传，在各社区和群体适应周围环境以及与自然和历史的互动中，被不断地再创造，为这些社区和群体提供持续的认同感，从而增强对文化多样性和人类创造力的尊重。在本公约中，只考虑符合现有国际人权文件，各社区、群体和个人之间互相尊重的需要和顺应可持续发展的非物质文化遗产。"《公约》还补充规定了，非物质文化遗产所包括的范围是："1. 口头传统和表现形式，包括作为非物质文化遗产媒介的语言；2. 表演艺术；3. 社会实践、礼仪、节庆活动；4. 有关自然界和宇宙的知识和实践；5. 传统手工艺。"

不过，中国学术界和官方文件中此前一向使用"民间文化"（或"民族民间文化"）这个术语。甚至 2004 年 4 月 8 日《文化部、财政部关于实施中国民族民间文化保护工程的通知》附件《中国民族民间文化保护工程实施方案》中，还对"民间文化"（民族民间文化）的含义作出这样的解说："我国是一个历史悠久的文明古国，56 个民族在长期的历史发展进程中，不仅创造了大量的有形文化遗产，也创造了丰富的无形文化遗产，包括各种神话、史诗、音乐、舞蹈、戏曲、曲艺、皮影、剪纸、雕刻、刺绣、印染等艺术和技艺及各种礼仪、节日、体育活动等。中华民族血脉之所以绵延至今从未间断，与民族民间文化的承续传载息息相关。"

2004 年 8 月 28 日，全国人大常委会批准中国加入联合国教科文组织的《非物质文化遗产保护公约》，次年 3 月 26 日，国务院办公厅颁发《关于加强我国非物质文化遗产保护工作的意见》，在这个文件中，中国政府第一次以国家文件的形式采用了"非物质文化遗产"这一术语，同时放弃了以往惯用的"民间文化"（民族民间文化）。出台这一文件并改变术语，是为了更好地与国际接轨。

2005 年 12 月，为建立中国"文化遗产日"，国务院下达的《关于加强文化遗产保护工作的通知》（国发 42 号），对"非物质文化遗产"作了政府的表述："非物质文化遗产是指各种以非物质形态存在的与群众生活密切相关、世代相承的传统文化表现形式，包括口头传统、传统表演艺术、民俗活动和礼仪与节庆、有关自然界和宇宙的民间传统知识和实践、传统手工艺技能等，以及与上述传统文化表现形式相关的文化空间。"关于"非物质文化遗产"的这一国家表述，基本上移植和认同了联合国教科文组织《公约》的定义。

其实，中国学界惯用的"民间文化"（民族民间文化），与联合国教科文组织所创立、我国已采用的"非物质文化遗产"这两个术语及其含义之间，并不能画等号，二者之间是有差异的。以往学术界和国家文化中所指称的"民间文化"，主要是指那些为不识字的下层民众以口传心授的方式所集体创作、世代传承和集体享用的文化，是与贵族文化、上层文化、精英文化等概念相对立的。而"非物质文化遗产"这个新的概念，则不重视其创作者和传承者是否为下层民众，而只注重"世代相传"的创作与传承方式，以及在社区和群体中被创造、再创造和认同感。

而对于非物质文化遗产的了解和认知，政府和民众都经历了一个过程。

早在 1985 年，中国就加入了《保护世界文化和自然遗产公约》。到 2004 年 7 月止，我国被批准列入《世界遗产名录》的已达 30 处。1997 年，国务院发布《传统工艺美术保护条例》。2003 年形成《中华人民共和国民族民间传统文化保护法（草案）》第六稿，并经全国人大教科文卫委员会审议通过，交全国人大常委会审议。2003 年，文化部启动"中国民族民间文化保护工程"。2004 年 2 月，国务院颁布《关于加强我国世界文化遗产保护管理工作意见》。2004 年 8 月，我国政府正式向十届全国人大常委会第十一次会议提请加入《保护非物质文化遗产公约》，经常委会审议后得到批准。我国成为全球率先批准加入该公约的国家之一。

在我国民众之中，对于"非物质文化遗产"的了解与热情，也是日益增进。当昆曲艺术（2001）、古琴艺术（2003）、新疆维吾尔十二木卡姆和蒙古族长调民歌（2005）先后被教科文组织宣布为"人类口头和非物质遗产代表作"的时候，这个概念才持续地引起关注。2004 年 7 月，随着第二十八届世界遗产委员会年会在苏州召开，一场"遗产"热席卷华夏大地。特别是韩国以"端午祭"申报非物质文化遗产代表作，更是使湖南岳阳在 2005 年掀起"保卫端午"运动，并得到来自网络的全国性声援。这些经过媒体推波助澜，给人们以强烈的冲击与影响。

不论政府和民众对于非物质文化遗产概念如何认识，社会各界在这方面的理解存在差异，但是，非物质文化遗产的重要价值是得到公认的。诚如著名民间文学和民俗学研究专家刘锡诚先生所指出的："从学理上说，非物质文化遗产是民众以口传心授的方式世代传承、与民众生活密切相关的各种表现形态的文化，这种文化浸润着不同时代民众的世界观和社会理想与憧憬，承载着民众的智慧和人类的文明，体现着中华民族的民族精神、思维方式和文化传统。以不同的形态存在和发展的非物质文化遗产，是中华文化的'基因库'，它是研究人类和社会、研究人民历史命运和世界观发展的重要原料；它能向各民族人民提供世世代代积累的宝贵的人生经验；它能提供丰富多彩的文化艺术和科学技术的创新资源；它能启发后人在前人肩膀上建立起更宏伟的艺术殿堂。如果摧毁了这座文化'基因库'，一个民族就不存在了。"① 总之，非物质文化遗产具有重要的科学价值、历史价值、人文价值和艺术价值。

---

① 刘锡诚《对几个"非遗"理论问题的思考》，《凯里学院学报》2008 年第 1 期。

二　中国茶文化在国家级非物质文化遗产名录的状况

中国茶文化与非物质文化遗产的关系，其在非物质文化遗产中的地位和影响，我们可以通过对于茶文化事项在非物质文化遗产名录中的状况得到较为清楚的认识。至 2012 年年底，由国务院颁布的"国家级非物质文化遗产名录"已有三批，由国家文化部公布的"国家级非物质文化遗产项目代表性传承人名单"共有四批。下面，我们逐一进行介绍与分析。①

2005 年，中国开始第一届国家级非物质文化遗产名录遴选工作，各省、市、自治区提交的申报项目达到 1000 多项。其中 518 项，2006 年第一个"文化遗产日"时，国务院（2006 年 5 月 20 日）公布为"第一批国家级非物质文化遗产名录"。在这份名录中，分为 10 个类别，即：（1）民间文学，31 项；（2）民间音乐，72 项；（3）民间舞蹈，41 项；（4）传统戏剧，92 项；（5）曲艺，46 项；（6）杂技与竞技，17 项；（7）民间美术，51 项；（8）传统手工技艺，89 项；（9）传统医药，9 项；（10）民俗，70 项。而直接属于中国茶文化事项的，则有"传统戏剧"类的"采茶戏"（赣南采茶戏、桂南采茶戏）（序号 209，编码Ⅳ-65），分别由江西省赣州市、广西壮族自治区博白县申报。"传统手工技艺"类的"武夷岩茶（大红袍）制作技艺"（序号 413，编码Ⅷ-63），由福建省武夷山市申报。此外，"传统医药"类的"凉茶"（序号 439，编码Ⅷ-89），由广东省文化厅、香港特别行政区民政事务局、澳门特别行政区文化局申报，虽然有"茶"字，但属"非茶之茶"，并不属于严格意义上的茶文化事项。另外，还有一些非物质文化遗产，如民歌、灯彩、舞蹈、戏剧、剪纸、制陶、制瓷、节日等，虽然也会存在某些以茶为内容的遗产，却并不是独立的类别形态。两年后公布的"第一批国家级非物质文化遗产扩展项目名录"（1472 项），在"传统戏剧"中增加"采茶戏"

---

① "国家级非物质文化遗产名录"、"国家级非物质文化遗产项目代表性传承人名单"，以及相关信息，均可在中华人民共和国文化部网站查阅。

（阳新采茶戏），由湖北省阳新县申报。

2007 年的第二届国家级非物质文化遗产名录遴选，各省市自治区提交的项目增至 2356 项。在网上公布征求意见时，入选项目共 894 项，合并后为 564 项。而 2008 年 6 月 7 日公布的"第二批国家级非物质文化遗产名录"最终为 510 项。这次的名单，分类与第一批大体相同，只有个别稍有调整，具体情况是：（1）民间文学，53 项；（2）传统音乐，67 项；（3）传统舞蹈，55 项；（4）传统戏剧，46 项；（5）曲艺，50 项；（6）传统体育、游艺与杂技，38 项；（7）传统美术，45 项；（8）传统技艺（传统手工技艺），97 项；（9）传统医药，8 项；（10）民俗，51 项。

这次遴选茶文化事项虽有较大幅度增加，但主要是在"传统技艺"类，包括：（1）花茶制作技艺（张一元茉莉花茶制作技艺），（序号 930，编码Ⅷ-147），由北京张一元茶叶有限责任公司申报。（2）"绿茶制作技艺（西湖龙井、婺州举岩、黄山毛峰、太平猴魁、六安瓜片）"（序号 931，编码Ⅷ-148），由浙江省杭州市、金华市、安徽省黄山市、徽州区、黄山区、六安市裕安区申报。（3）"红茶制作技艺"（祁门红茶制作技艺）（序号 932，编码Ⅷ-149），由安徽省祁门县申报。（4）"乌龙茶"（铁观音）制作技艺（序号 933，编码Ⅷ-150），由福建省安溪县申报。（5）"普洱茶制作技艺"（贡茶制作技艺、大益茶制作技艺）（序号 934，编码Ⅷ-151），由云南省宁洱县、勐海县申报。（6）"黑茶制作技艺"（千两茶制作技艺、茯砖茶制作技艺、南路边茶制作技艺）（序号 935，编码Ⅷ-152），由湖南省安化县、益阳市、四川省雅安市申报。"茶艺"（潮州工夫茶）（序号 1014，编码 X-107），由广东省潮州市申报。（7）"茶点制作技艺"（富春茶点制作技艺）（序号 944，编码Ⅷ-161），由江苏省扬州市申报。而其他类别中，仅有"传统音乐"中的"茶山号子"（序号 588，编码Ⅱ-89），由湖南省辰溪县申报。还有属于"民俗"类列入"庙会"的"赶茶场"（序号 991，编码 X-84），由浙江省磐安县申报。此外，传统技艺中的定瓷、钧瓷等七项烧制技艺仅与茶具有一定的关联度。传统医药的"中医养生"虽列入"万应茶"，却是一种统称，与茶文化没有什么关系。

2011 年 5 月 23 日，国务院公布"第三批国家级非物质文化遗产名录"时，虽有 191 项，但仅有"民俗"类的"径山茶宴"（序号1215，编码 X-140）属于茶文化，由浙江省杭州市余杭区申报。其他与茶文化具有关联度的，则有越密、建密等 5 项烧制技艺。同时公布的"国家级非物质文化遗产扩展项目名录"，共有 164 项。仅在"花茶制作技艺"增加了"吴裕泰茉莉花茶制作技艺"，由北京市东城区申报。"绿茶制作技艺"增加了"碧螺春制作技艺、紫笋茶制作技艺、安吉白茶制作技艺"，由江苏省苏州市吴中区、浙江省长兴县、安吉县申报。"黑茶制作技艺"增加了"下关沱茶制作技艺"，由云南省大理白族自治州申报。此外，"陶器烧制技艺"增加的两项，算是与茶文化具有关联度。而"民俗"类的"炎帝祭典"，第一批名录有湖南省炎陵县的，这次增加了"随州神农祭典"。神农虽与茶叶有关联，不过，祭典似乎和茶文化事项关联不大。

三　与茶文化相关的"国家级非物质文化遗产项目代表性传承人名单"状况

在非物质文化遗产传承过程中，真正的传承主体是那些深深植根于民间社会的文化遗产传承人。因此，在公布非物质文化遗产名录时，文化部也同时公布传承人名单。不过，遗产名录与传承人名单，有的可以对接，也有的并不衔接。"第一批国家级非物质文化遗产项目代表性传承人名单"，共收入 226 名。其中：民间文学 32 名，杂技与竞技 15 名，民间美术 72 名，传承手工技艺 75 名，传统医药 29名。在这份名单上，没有一位是茶文化事项的传承人，只有由江苏省宜兴市推荐的"宜兴紫砂陶制技艺"（序号 121，编码 Ⅷ-1）传承人"汪寅仙，女，64 岁"，与茶具稍有关联。而在"第二批国家级非物质文化遗产项目 551 名代表性传承人名单"上，民间音乐 104 名，民间舞蹈 72 名，传统戏剧 304 名，曲艺 66 名，民俗 5 名。其中，仅传统戏剧类有由广西壮族自治区博白县推荐的，"采茶戏"（桂南采茶戏）（序号 193，编码 Ⅵ-65）传承人"陈声强，男，60 岁"。虽然桂南采茶戏也属于茶文化范畴，但毕竟其传承人是由于传统戏剧而入选的。此类情况，后来也有，不再重复。

2009 年 5 月 26 日公布的"第三批国家级非物质文化遗产项目代表性传承人名单"，共有 711 人入选。其中，真正属于茶文化的，仅在"传统技艺"类有：由福建省武夷山市推荐的、武夷岩茶（大红袍制作技艺）的叶启桐（序号 03-1329；编码Ⅷ-63）；北京张一元茶叶有限责任公司推荐的、花茶制作技艺（张一元茉莉花茶制作技艺）的王秀兰（女）（序号 03-1417，编码Ⅷ-147）；浙江省杭州市推荐的，绿茶制作技艺（西湖龙井）的杨继昌，以及由安徽省黄山市徽州区推荐的、绿茶制作技艺（黄山毛峰）的谢四十（序号依次为 03-1418，03-149，编码均为Ⅷ-148）；由福建省安溪县推荐的、乌龙茶制作技艺（铁观音制作技艺）的魏月德、王文礼（序号依次为 03-1420，03-1421，编码均为Ⅷ-150）；由江苏省扬州市推荐的、茶点制作技艺（富春茶点制作技艺）的徐永珍（序号 03-1426，编码Ⅷ-161）。

2012 年 12 月 20 日公布的"第四批国家级非物质文化遗产项目代表性传承人名单"，共有 498 人入选。其中，真正属于茶俗的，仅在"传统技艺"类有：由福建省武夷山市推荐的、武夷岩茶（大红袍制作技艺）的陈德华（序号 04-1854，编码Ⅷ-63）；由北京市东城区推荐的、花茶制作技艺（吴裕泰茉莉花茶制作技艺）的孙丹威（女）（序号 04-1903，编码Ⅷ-147）；由安徽省六安市裕安区推荐的、绿茶制作技艺（六安瓜片）的储昭伟（序号 04-1904，编码Ⅷ-148）；由安徽省黄山市黄山区推荐的、绿茶制作技艺（太平猴魁）的方继凡（序号 04-1905，编码Ⅷ-148）；由四川省雅安市推荐的、黑茶制作技艺（南路边茶制作技艺）的甘玉祥（序号 04-1906，编码Ⅷ-152）；由福建省福鼎市推荐的、白茶制作技艺（福鼎白茶制作技艺）的梅相靖（序号 04-1931，编码Ⅷ-203）。

第二节　茶文化事项在国家"非遗"名录状况分析

我们对于国家级非物质文化遗产名录和传承人名单进行了详细介

绍，可以清楚地看到中国茶文化事项在其中的状况：已有茶文化事项进入名录，而且有逐步增加的趋势。但是，客观分析，又有很多符合入选条件并且理应进入的茶文化事项尚在行列之外，在类别方面也有拓展的空间。这里，不妨再作些具体阐述并分析产生这种状况的原因。

首先，茶文化未能以整体形象进入国家级非物质文化遗产名录，既是由于茶文化自身的综合性、复杂性，也存在社会和公众对茶文化了解的表层性、模糊性。根据国务院办公厅《关于加强我国非物质文化遗产保护工作的意见》的界定，非物质文化遗产的范围包括：口头传统，包括作为文化载体的语言；传统表演艺术；民俗活动、礼仪、节庆；有关自然界和宇宙的民间传统知识及实践；传统手工艺技能；与上述表现形式相关的文化空间。中国茶文化事象千变万化，十分复杂。茶文化，作为一种独特的现象，则是一柄"双刃宝剑"，一种双重存在，既属于物质文化的行列，又属于精神文化的范畴：既存在于制度文化的层面，又体现着行为文化的践行。研究茶文化，必须从其具有的物质文化与精神文化的综合性把握，从其展示的制度文化与行为文化的实在性考量，同时兼顾到其各个方面的属性与特征。如果说作为一种物质文化，茶的形态是异常丰富的，具有实用性，那么作为一种精神文化、一种文化载体，茶文化则有着特定而又丰富的内涵，有着文化的超越性，是一种有机结合的多层次、多结构的复合体。茶文化将物质文化与精神文化天衣无缝地熔铸于一体，这柄"双刃宝剑"开辟出来的，确有另一番天地。物质文化与精神文化仿佛就是茶文化强劲的双翼，使之能够自由自在地尽情翱翔。中国茶文化的这种综合性，对于丰富其事项，博大其领域，深化其内涵，是非常有价值的。但是，正是由于其复杂性，又使其在文化遗产的"非物质"性申报中，处于不利的地位，更不用说以整体的形象展示出来。

其次，进入国家级非物质文化遗产名录的茶文化事项，现多以"传统手工技艺"类居多，这是由于其单一性和明确性带来的优势。传统手工技艺，是指人民群众为了满足物质、精神需要和审美要求，在不同的历史条件下，采用物质材料和技术手段进行人工造物所用技能的总称，包括器具制作、民居建筑、陶瓷、织染、金属工艺、造纸、印刷、酿造等传统手工技艺。自然，制茶手工技艺也属于此类。在古代农耕社会，在"男耕女织"的自然经济环境中，创造了几乎涉及社会的每一个层面、提供了大部分的社会所需和生活所需的手工艺品，它们不仅是各族群众谋生的手段，同时也是传统文化的重要组成部分。制茶手工技艺，同样如此。所以，现在茶叶加工虽然以机械化和半机械化为主导地位，但手工技艺特别是名优茶的加工，依然有重要的作用。同时，有的茶叶加工还特意打出"手工加工"的招牌，以吸引消费者购买。茶文化事项虽以传统手工技艺进入名录为多，但从中可以看出一些特点：一是对茶叶传统加工技艺作为非物质文化遗产有一个逐步认识过程。例如：第一批仅1项，而第二批就增加为5项。同属乌龙茶制作技艺的，第一批仅进入大红袍的，第二批才有铁观音的。其实，按照同样的入选标准，乌龙茶制作技艺起码应有凤凰单丛和冻顶乌龙的。二是同类事项只收录某一事项而忽略了大多数事项。如红茶制作技艺，收入的是安徽省祁门县的。在中国红茶之中，滇红、宁红、浮红、河红、英红、闽红、川红、宜红、湖红、越红等，也都各有各的技艺。而绿茶制作技艺，开始只列举了五种，后来虽然增加了碧螺春、紫笋茶、安吉白茶制作技艺，但是起码还有桂平西山茶、庐山云雾、蒙顶甘露、金奖惠明、开化龙顶、江山绿牡丹、恩施玉露等都有技艺差别，因为绿茶就有炒青、烘青、晒青、蒸青各种类型。三是制茶技艺还远没涵盖所有茶叶制作类别。中国的茶叶分类，虽然有不一样的意见，但比较趋同的是基本茶类分为六大茶类，包括绿茶、黄茶、白茶、青茶（乌龙茶）、红茶、黑茶。现列入非物质文化遗产名录的，仅有基本茶类中的五类，还有再加工茶的花茶，而黄茶类却未能进入榜中。各类茶叶，发酵程度、萎凋程度都是不一样的，按茶叶形状分类，还有散茶（包括条茶类、碎茶类和圆茶类）、副茶（包括茶末、茶片、茶梗等）、砖茶（包括砖茶、饼茶、沱茶等）、束茶（包括束茶和线茶等）……各种不同的制茶技艺未能进入，这既是遗憾，又为今后的工作留下了大量空间。

最后，在现有国家级非物质文化遗产名录十大类中，茶文化事项只进入其中的四大类。具体而言，即传统戏剧、传统音乐、传统技艺、民俗。在这些茶俗已进入的类别中，其实还有大量的事项没有进入。如采茶戏，现在只有赣南采茶戏、桂平采茶戏、阳新采茶戏。而采茶戏还有抚州采茶戏、萍乡采茶戏、南昌采茶戏、九江采茶戏、赣东采茶戏、吉安采茶戏、瑞河采茶戏、宁都采茶戏、袁河采茶戏、武宁采茶戏、高安采茶戏、景德镇采茶戏、闽西采茶戏、黄梅采茶戏、粤北采茶戏等。每种采茶戏，都有源流、调式、唱腔、招式、剧目等多方面的区别。茶艺一类，仅列入"潮州工夫茶"。而就工夫茶而言，"潮州工夫茶"也只是其中一脉。工夫茶源于清代富贵人家，后成为汉族民间传统茶艺，流行于广东潮汕和福建漳州、泉州等地，又传到我国香港特区、台湾地区和东南亚国家。工夫茶艺流派甚多，除潮州工夫茶外，武夷工夫茶艺、安溪工夫茶艺、香港工夫茶艺、台湾工夫茶艺也都很有影响。茶艺的分类，有十大类别：（1）以茶事功能来分；（2）以茶叶种类来分；（3）以饮茶器具来分；（4）以冲泡方式来分；（5）以社会阶层来分；（6）以饮茶人群来分；（7）以民族来分：（8）以民俗来分；（9）以地域来分；（10）以历史时期来分。每种类别都有若干茶艺形式，每种都有其理念、器具、冲泡、饮用的不同。至于茶文化事项尚未进入的类别，并非没有相关的遗产，而是没有受到关注和深入挖掘。例如，民间文学有许多关于茶的起源、饮用、器具、名茶、名泉方面的传说故事。传统音乐方面，有许多传统采茶歌，江西、浙江、安徽、江苏、湖南、湖北、福建、云南、广西、贵州、河南等地，都有风格独特的茶歌。至于采茶舞、茶书画和茶的民俗，都有许多传统的遗产。

　　通过上述分析，我们可以清楚地看到：茶文化作为一个整体，与非物质文化遗产名录对接虽然尚有难度，但作为具体事项又极为丰富。然而，事项的丰富与进入数量的稀少，形成很大的反差，这一状况的出现，有多方面原因：一是中国茶文化事项毕竟是非物质文化遗产的单个方面，不可能所有的事项进入；二是"茶文化热"与茶文化事项离真正被社会认知还有相当的距离；三是茶文化界对非物质文化遗产的申报热度不够，因为有无申报单位是基础；四是申报时对国家的要求了解不够，理解不深，使命中率受到影响；五是对于茶文化事项普查和保护的力度不够，使申报的基石不够牢固。

第三节　茶文化事项保护与利用的良性互动

茶文化在国家级非物质文化遗产名录中的状况，也从一个侧面反映了茶文化保护与利用的现状。而要加强茶文化事项的保护与利用，就要在确认其基本原则后，再制定切实有效的具体措施。

对于非物质文化遗产保护与利用的原则，许多专家学者阐述了自身的看法。

苑利、顾军所著《非物质文化遗产学》[①] 对此有详细的论述，他们提出了保护的 8 项原则：1. 以人为本原则；2. 整体保护原则；3. 活态保护原则；4. 民间事民间办原则；5. 原真性保护原则；6. 独特性保护原则；7. 就地保护原则；8. 濒危遗产优先保护原则。而对于非物质文化遗产的开发利用，陈勤建明确提出：定位分层是前提，核心传承是重要原则，创意重构是有效路径，市场培育是应有之义。[②]

这些非物质文化遗产保护与开发的原则，从总体上来说也是适合茶文化事项的。不过，茶文化事项同样有自身的特性。在相当多的情况下，对其保护与开发很难有清晰的界限，也就难以分割和厘清。或者说，茶文化事项的保护与开发常常纠缠在一起，很难说是单纯需要保护的，或者单纯需要开发的。十多年前，我们曾经参加过在客家围屋举行的"客家千人茶会"。这个茶会，举办地是在客家围屋，是一种原生态的氛围；使用的器具，包括桌子、凳子、茶具、茶叶和水，都是围屋居住者原来使用的。而且，茶会的饮茶方式和过程也是民间的，体现出浓浓的乡情与乡俗。从这方面说，显然是属于保护对象之列的。然而，其间有几个人讲话的内容是当代的，"客家千人茶会"

---

① 苑利、顾军：《非物质文化遗产学》，高等教育出版社 2009 年版。

② 陈勤建：《定位分层，核心传承，创意重构——非物质文化遗产生产性保护的若干思考》，《辽宁大学学报》（哲学社会科学版）2013 年第 6 期。

事后的宣传又是带有明显的功利目的。从这个角度来看，又是一种开发的需要，是以原生态的茶会这种习俗，达到开发旅游和相关产品的目标。这种复合态的茶文化表现，一方面需要我们"去伪存真"，准确把握其肌理和内涵；另一方面，我们又要尊重和遵循茶文化保护与开发的个性原则。这些原则主要表现在三个方面：

1. 生活原则

茶文化大量存在与表现在实际生活当中。自古以来，"柴米油盐酱醋茶"，正体现出这种生活性。特别是饮茶和茶会，更是一种日常的生活。既然是生活，就有自身的许多规律性。例如，生活的实在性，通过点点滴滴的饮茶实际表现的；生活的情趣性，饮茶生活是平平常常的，又是生趣盎然的；生活的丰富性，饮茶生活不仅是烧水泡茶的程序，还有围绕其间的相关礼仪、礼节、礼俗、活动。当然，作为原生态的茶文化事项，我们需要保护的茶文化事项，是经过时间考验和流传的，千百年来人们共同享用的，是自然而然传播和接受的生活态的原型。这种茶文化事项，我们是需要保护的，但是，在利用这些进行开发时，也不能脱离其本真与本性。

2. 生产原则

在茶文化事项之中，大量的各种茶叶生产加工的技能、技艺，本身就是生产的实际需要产生和发展起来。由于历史的层积，经过历代能工巧匠的传承，也包括许多文人的参与、记录和研习，成为独具一格的技能，有的甚至已成"绝技"。入选国家非物质文化遗产名录和传承人名单者，正反映了这种现实。不过，茶文化事项中还有不少虽然不是以个体技能为特征的生活活动，却呈现出另一种"亮色"。例如，列入国家非物质文化遗产名录的"茶山号子"，是湖南省辰溪县瑶乡人民挖茶山时唱的一种号子歌。茶山号子是众人在挖茶山时，由2—3人在山顶敲锣打鼓，唱一阵打一阵，以鼓舞挖山人的干劲。因为常常是一人唱、众人和，其歌声气势磅礴、宽广洪亮、激越高亢、撼人心魄。离开了挖茶山的生产，就没有茶山号子的灵魂和魄力。后来，虽然有著名歌唱家演唱《挑担茶叶上北京》等歌曲，独特的曲调来自于茶山号子的传承人，但由于离开了生产场景，也就没有那种风采。因此，茶文化事项无论是保护与开发都需要不背离生产实践。

3. 生态原则

茶文化是在特定的生态环境中出现的。不同民族的、不同地域的饮茶习俗，都是和当地的自然环境相融合的，是和生活的地理生态相融合的。离开了这种自然生态，就很难理解他的茶饮生活的由来和发展。甚至某种茶叶生产加工方式，也是和生态密切相关的。早在元代，就有用水力推动磨盘加工生产的记载。而且，这种技艺一直流传至今。水力与手工相结合的茶叶加工方式，就是如此。当然，这种方式只能出现在水力资源丰沛的南方，而干旱缺水的北方则无法出现和形成这种茶叶加工方式。同时，茶文化的产生和发展又是和人文生态相联系的。无论何种生产、生活型的茶俗，都有一定的人文生态基础。在乡村，浓郁的乡风乡情会形成乡村茶俗；在城市，市井生活的气息会形成以茶馆文化为特点的都市茶俗；而在文人雅士之中，那种人文情怀和趣味，更多地成为"琴棋书画诗酒茶"。正是这些自然与人文的生态，构成了不同风貌的茶俗。在保护与利用时，当然无法脱离茶文化事项的这种属性，否则就会"画虎不成反类犬"。

总之，上述生活、生产、生态三原则，可以概括为"生命原则"。茶文化本来就是伴随着从出生到离去后的"生命历程"的，生活、生产、生态也是和生命息息相关的。尊重生命，尊重生灵，尊重生机，浸透在茶文化之中。例如，春茶开采时的"喊山"习俗，虽然从科学的角度来说是没有依据，甚至有的认为是一种荒谬的"陋习"。其实，从另外方面来看，唤醒茶山、唤醒茶芽、唤醒茶叶，正是认为茶山、茶芽、茶叶都是有生命的个体。以隆重的仪式、热闹的庆典来迎接春茶的开采，正是一种生命与生灵的对话和呼唤。在茶文化保护与开发时，应该有这种"生命原则"的强烈意识，才能了解和理解茶文化后面深层次的文化内涵。

在茶文化事项保护与开发的实践中，我们要坚持"保护不忘开发，开发不离保护"，坚持保护与开发的良性互动，坚持保护与开发的和谐发展。除了技能与技艺型的茶文化事项外，茶文化事项更多地表现出大众性和普适性，更便于"大众事，大家办"。从这一基点出发，对于茶文化事项保护与开发的良性互动，我们应该做好下列事情：

一　正确认识中国茶文化的价值，变"圈内之事"为"举国之事"

倡导"茶为国饮"由来已久，近些年来有关单位和个人更是不遗余力地推动这一事业。虽然改革开放以来"茶文化热"成为引人关注的"文化事件"，但是，毋庸置疑，这种"热"除了对茶叶销售和消费有所推进外，其参与者，更多的是茶叶生产、茶叶销售、茶叶科研、茶学教育、茶文化研究等方面的人士在努力、在呐喊、在使劲，而全民的共识和参与还有待加强。"茶为国饮"正好抓住了问题的关键。"茶为国饮"就是要以此为契机，变"中国之饮"，为"举国之饮"；变茶为"圈内之事"，成"举国之事"。我们要改变固守的思维和封闭的态势，要把一切有利于"国饮"事业的，有利于茶俗继承和发展的，有利于茶文化事业的，都纳入我们的视野。我们历来主张："走出茶圈"。要走出茶圈看茶事，跳出茶圈办茶事。只要与"国饮"有关的，我们都要抓住机遇。而国家级非物质文化遗产申报正是如此，是把具体的茶文化事项上升到国家级层面的事情。

二　要深刻认识非物质文化遗产的价值，认清茶文化事项申报国家级名录的意义

非物质文化遗产保护，担负着促进文化多样性和提高人类创造力的历史使命。《联合国教科文组织发展纲要》指出：记忆对每一个民族的创造力都是极其重要的；各民族在他们的遗产中发现了自然和文化，有形和无形的遗产，而这些正是寻找他们自身和灵感的源泉的钥匙。中华民族五千年的灿烂文明，留下了丰富多彩的物质文化遗产和非物质文化遗产。这些文化遗产是中华民族生生不息的魂脉，是我们的母亲文化，是我们的根，是我们和遥远祖先沟通的唯一渠道，是人类灿烂历史留下的稀世物证。越是处于社会发展的加速期，越是文化作为综合国力和"软实力"的敏感期，我们越是需要增强文化记忆的历史责任感，增强多元文化的基本价值观，才能以更加坚定的步伐

和自觉的心情走向未来。保护非物质文化遗产，是代表先进文化前进方向的有力体现，是维护文化安全、保护文化尊严的重要保障，是社会经济发展关键时期的重大文化举措，是社会和谐发展的重要内容和保障。而茶文化事项申报国家级非物质文化遗产，除了上述意义外，还生发其他方面的影响：国家级非物质文化遗产作为"国家名片"，可以进一步提升中国茶文化的地位与扩大其影响；申报的过程也是一个发现、宣传茶文化价值的过程，可以使政府、社会、大众都对茶文化有更加广泛和深刻的认识；可以促进茶文化事项得到村、乡、县、省和国家各级的重视，投入更多的经费进行保护；可以促使茶文化事项的传承人将技艺传授给后人，也使得年轻一代更有兴趣学习、掌握和继承各项遗产；可以促进茶文化事项保护与利用现实性互动，在保护时开发利用，在合理利用时不离保护。

三　广泛开展茶文化事项、遗迹、遗址的普查，把有形和无形遗产的家底摸清楚

按照中国民俗文化的分类，茶文化事项实际是包括物质、精神、言语、游艺构成的大体系。而且，我们历来认为，研究茶文化必须把历史的与现实的，现存的与文献的，文字的与文物的，活态的与遗迹的，种种方面都很好地结合起来，才有可能立体地得出科学结论。茶文化事项、遗迹、遗址的普查摸底，是非物质文化遗产保护和申报的基础工作。要坚持"统一部署，有序进行"的原则，科学普查、忠实记录、完整保护、长久继承、永续利用。要在充分利用已知成果和研究成就的基础上，分地区、类别制订普查工作方案，组织开展对茶文化事项、遗迹、遗址的现状调查，全面了解和掌握各地各民族茶文化遗产资源的种类、数量、分布状况、生存环境、保护现状及存在的问题。要区分不同类别，如茶马古道、茶叶之路、海上茶路、万里茶道之类的普查，还要进行必要的跨地区、跨国家的普查协作。要运用文字、录音、录像、数字化多媒体等各种方式，对茶文化遗产进行真实、系统和全面的记录，建立档案和数据库。

四　加强茶文化遗产的保护，使保护茶文化遗产的观念深入人心，成为全社会的自觉行动

如前所述，针对非物质文化遗产传承规律，专家提出了许多非物质文化遗产保护的原则。虽然在具体表述时，各人的说法存在差异，但其核心是一致的。保护遗产是第一位的。只有加强保护，才能使非物质文化遗产持续传承，造福未来。非遗保护的基本原则，同样适用于茶文化遗产。当前文化遗产保护存在的一些问题，同样表现在茶文化遗产保护之中。例如：一些依靠口传身授方式加以传承的非物质文化遗产正在不断消失，许多传统技艺濒临消亡，大量珍贵实物与资料遭到毁弃或流失境外，随意滥用、过度开发文化遗产的现象时有发生，甚至借继承创新之名随意篡改茶文化遗产，极大地损害了茶文化遗产的原真性。而且，茶文化遗产还存在物质遗产与非物质遗产的并存，如古茶树既是一种古老的物质存在，又具有历史文化信息价值。而现在有的古茶树就是以保护的名义被损毁，造成不能再生的、无可挽回的损失。这方面的教训，我们应该牢牢记取。只有保护茶文化遗产的观念深入人心，才能成为社会的自觉行动。

五　抓紧抓好茶文化遗产进入国家级非物质文化遗产名录的申报工作，加强茶文化遗产的研究、认定、保护和传播

在茶文化遗产普查的基础上，通过钩沉与辨伪，将那些真正优秀的、具有重要历史认识价值的遗产发掘出来，将那些足以代表本地文化精华的地域标志性文化遗产选择出来。依据中华人民共和国宪法第二十二条，"国家保护名胜古迹、珍贵文物和其他重要历史文化遗产"及相关法律、法规，国家制订了《国家级非物质文化遗产代表作申报评定暂行办法》（以下简称《办法》），规范了国家级的申报和评定工作。在《办法》中，申报国家级名录在项目分类认定方面有四个关键问题：一是申报项目必须严格符合国家级非物质文化遗产代表作的定义和范围；二是申报大型文化活动项目时，必须正确理解非物质文化遗产保护对象中的"文化空间"；三是必须保证选项的代表

性和真实性；四是必须把所有非物质文化遗产保护的具体工作，纳入保护的庞大系统工程中。茶文化遗产的申报，必须符合这些要求，按照申报的程序，提供完善的材料。同时，在这一过程中，建立起茶文化遗产的县、市、省级名录，采取切实可行的措施建档、保存、传承、传播、保护。还应该充分利用科研与教学机构，开展好茶文化遗产的研究与教学。

六　民间社会要把茶文化遗产的申报与保护作为重要工作，建立协调有效的保护工作机制

非物质文化遗产保护涉及三大主体：政府，社团组织，族群、社群民（传承和享有者）。而茶文化遗产的申报与保护，也要建立起符合国情、符合文化遗产保护特定的体制和机制，即争取党委决策领导、政府大力推进、全国性茶文化组织牵头负责、有关学会联手协作、社会力量支持资助、族群社群广泛参与的管理和参与体制。在当前和今后一个时期内，这项工作的重点：一是设立专门的领导与办事机构，制订茶文化遗产申报与保护规划；二是向政府部门积极建言，把茶文化遗产申报与保护列入议程，并且给予经费的大力支持，这符合国家给予非物质文化遗产保护大量经费投入的政策要求；三是倡导和指导全国的中国茶文化遗产普查工作；四是在普查的基础上，建立起"国家级中国茶文化遗产名录"；五是对于进入"名录"的项目进行科学的保护和合理的开发利用；六是在每年的"文化遗产日"，开展相应的茶文化遗产宣传活动；七是积极进行谋划，力争以"中国茶道"或"中国茶艺"、"中国茶俗"的名称，申报以茶文化内容为项目的"世界文化遗产"；八是创造条件，不断进行茶文化遗产的研究，培养符合规范要求的茶文化遗产传承人。

七　倡导符合非物质文化遗产保护机制的茶文化事项开发利用的合理合适方式

茶文化事项的开发利用已经成为现实，如茶艺的表演，炒茶、制茶技艺的现场操作都是不争的事实。我们应该总结经验，合理引导，

使茶文化事项的保护与开发更好地加强。首先，要在从业人员中进行非物质文化遗产保护的知识普及，让大家树立起保护的自觉意识。其次，要从理论与实践结合的层面，进行有说服力的茶文化保护与利用良性互动的解说和宣传，让社会各界都深刻认识到：只有保护好遗产，才能更好地利用。再次，教育更多的人懂得如何保护、如何利用的具体措施，减少造成的"无心之失"。最后，加强在茶文化事项原产地的保护，使原有的"文化基因"保持纯真和纯正。此外，对于同一茶文化事项的"全过程"合理区分为保护与开发的两个部分，使其达到良性循环。例如，在制茶技艺之中，手工的、传统的为茶文化事项遗产，而大规模的现代机械加工的则为产业化所需要。两者虽然有密切联系，但作为两种生产方式，实际是两种文化形态的表现。

值得注意的是，中国茶文化遗产大多是农耕时代的产物，必然带有时代的印记。农耕时代的重土轻迁，相对封闭，使茶文化事项也带有浓厚的乡土气息。经过工业文明的洗礼，茶文化已经发生了不少变化。如今，社会进入信息时代，全球化的时代。经济的全球化，带来流通的大变化。原来难以见到的珍贵名茶，通过现代商务交易平台能在远隔万里之外就如愿以偿。这种商业的变化，也带来文化的全球化。中国式的饮茶方式已经不是独享的专利，世界各国的人们都有追求的欲望与便利。

正是由于全球化的背景，时代风尚的改变，茶文化的传承主体在发生变化——由原有的区域间民众的相互传播和传承，走向工业文明时代的大范围群体传播，再到如今突破国家和地区界限的无障碍对象传播，受众有了更大的广泛性和可能性。茶文化的传播方式也在发生变化——由口耳相传，到书面传播，再到影视传播，又进入互联网的无边界传播。通过最为现代的传播工具和传播方式，茶文化事项有的很难界定是一种习俗传承，还是一种文化习得。这种模糊的界限，使得茶文化事项的原始性、原真性和原味性越来越难以把握，也使茶文化的某些遗产（如手工传统技艺）是否还能够继续不离本土的保真、保鲜、保护的问题萦绕在我们的心头。

全球化给中国茶文化遗产带来的影响是多样的。这是值得关注和追踪的，也是需要继续探讨和研究的。

第二十章 鄱阳湖区域宗教文化遗产保护谫论

　　江西被称为"佛道源流之地"，而鄱阳湖地域则是宗教文化遗产最为集中、最有特色的地区。厘清鄱阳湖地域宗教文化遗产的状况，以宽容与厚待宗教文化为前提，以共享与传承宗教文化为指向，以保护与利用宗教文化为抓手，从对国家、民族与历史负责的高度，从维护国家文化安全的高度，从构建"和谐社会"与"和谐世界"的高度，对鄱阳湖地域宗教文化遗产与文化资源进行科学、合理的保护和开发利用，是建设鄱阳湖生态经济区必须研究和实施的课题之一，也是促进文化事业和文化产业大发展、大繁荣，在实现经济快速发展的同时建设好人的精神家园的需要。

第一节 鄱阳湖区域宗教文化遗产的状况

　　江西地处吴头楚尾，自古就是中原通往岭南的必经之路。吴文化深受海洋文化的熏陶，瑰丽多姿而又浪漫开放；楚文化崇尚禳灾、避祸的巫术活动，洋溢着十分浓厚的原始宗教气息，这些都给鄱阳湖地域宗教文化以极大的影响。鄱阳湖地域丰富多彩的宗教文化遗产和宗教文化资源，呈现出多方面的风采。

　　一是数量众多，目不暇接。

　　江西境内奇山秀水，景色绮丽，名胜古迹遍布全省，又都以鄱阳湖地域最为集中、最有特色。江西是长江以南地区文物资源最丰富的省份之一，有各类文物古迹10000余处。庐山为世界文化景观，三清山为世界自然遗产；景德镇、南昌、赣州为国家历史文化名城；九江、吉安、井冈山、瑞金为省级历史文化名城，还有庐山、井冈山、龙虎山、三清山等 12 个国家级风景名胜区，梅岭、仙女湖等 26 个省级风景名胜区和 34 个国家级森林公园，有各类风景名胜区（点）近 400 处。全省有全国重点文物保护单位 24 处，省级文物保护单位 258 处，有市县级文物保护单位 1693 处，各类博物馆纪念馆 83 座。这些名胜古迹，大多有宗教文化的遗存，也大多在鄱阳湖地域。仅就道教文化而言，在道教十大洞天、三十六小洞天和七十二福地中，江西被唐代杜光庭《洞天福地岳渎名山记》列入的就有 5 个洞天和 9 个福地。而宋代张君房《云笈七签》中，江西被列入的则有 5 个洞天和 12 个福地。5 个洞天为：庐山洞虚咏真洞天，西山天宝极玄洞天，鬼谷山贵玄思真洞天，玉笥山太秀法乐洞天，麻姑山丹霞洞天。12 个福地为：峡江县郁木洞，南城县丹霞洞，鹰潭市龙虎山，上饶县灵山，宁都县金精山，樟树市阁皂山，丰城市始丰山，新建县逍遥山，奉新县东白源，庐山虎溪山，都昌县元晨山，鄱阳县马蹄山。除此之外，还有铅山县葛仙山、三清山三清宫。江西的道教名山如此之多，其中又有洞天和福地兼而有之的庐山、西山、玉笥山、麻姑山、龙虎山，这在全国也是不多见的。而这众多的地方，又大多数集中在鄱阳湖地域。如果从鄱阳湖流域来看，由于鄱阳湖集纳了江西境内的五大江河（赣江、抚河、饶河、修河、信江），这些宗教遗存更是无一不在其流域范围内。

二是多种宗教并存，流派纷呈。

中国是一个多民族和多宗教的国家，其中佛教、基督教和伊斯兰教都是外来的。但外来宗教一经传入，即与中国悠久的文化传统相互影响或融合，成为具有民族特色的宗教。至于中国固有的道教，一直在中国土地上繁衍并传播到与中国邻近的亚洲地区。江西也体现出这种"多宗教"的特征，尤其是鄱阳湖地区，由于其间的九江为中国最早的通商口岸之一，庐山是外国人最早建立别墅的度假避暑胜地之一，外来宗教的传入和遗存也就更为鲜明。例如：位于九江市浔阳区庾亮南路 34 号的天主堂，清朝同治年间由法国传教士创建，是自 1863 年天主教传入九江后，市内最早的一座教堂。教堂坐南朝北，砖木结构，哥特式，前部为钟楼，后为礼拜堂，现仍为天主教徒们做礼拜的活动场所。坐落在九江市庾亮南路 1 号的修道院，自 1937 年建成以来，保存基本完好。该修道院由法国神父孟法良制图设计，神父罗望达监工建成，主楼高三层，建筑面积 3057.70 平方米，为江西最大的修道院，有大、中两个修士班。1947 年该修道院由九江迁往温州，现旧址改为天主教爱国会的办公楼。庐山从晋到清，1000 多年来，高僧云集，名刹迭兴，寺塔连云，三大名寺有东林、西林、大林；五大丛林有海会、秀峰、万杉、栖贤、归宗；此外，还有藏传佛教的诺娜塔。道教有简寂、太平、清虚、寻真、昭德、广福、太乙等著名道观。19 世纪，英国传教士李德立入庐山，在这里建别墅，从此古老的庐山掺入了外来的建筑，先后有英、美、俄、西班牙、葡萄牙、荷兰陆续到庐山建别墅，同时，各种外国宗教建筑也应运而生。如位于庐山南部中西路 283 号房的美国教堂（原称美教堂），建于 1896 年。同样建于 1896 年的美国圣公会（基督教新教主要宗派之一），位于庐山脂红路 176 号。建于 1894 年的香山路天主堂，坐落于庐山西南部香山路 527 号，为天主教会国际组织捐款所建。建于 1916 年的基督教小礼拜堂，位于庐山河西路 438 号。建于 1905 年的瑞典行道会，位于庐山中九路 367 号，是瑞典人在其租借地所建的一所教堂。这些教堂，现都成为文物保护单位，也见证了近代西方宗教在庐山获得特殊地位，并与本土宗教形成抗衡和交汇之势的进程。

三是佛道遗产，多为祖庭。

佛教于汉代传入江西。东晋时期，高僧慧远来到庐山脚下建东林寺，开中国佛教净土宗先河，传播海内外。中国佛教最大的派别禅宗，在江西获得大发展，有所谓"五家七宗"之说，即：佛教七祖吉安青原山行思和尚，后分为三宗，五传为洞山良价，六传为曹山本寂，称曹洞宗，七传为云门文偃，称云门宗；九传为法眼文益，称法眼宗。禅宗的八代马祖道一，在江西传法，其后有沩仰、临济二宗。从此，禅门五宗，风行天下，为中国佛教主流。时至今日，中国、朝鲜、日本的佛教徒，仍多出自禅宗五宗之下。也就是说，在存世的佛教文化遗产中，宜丰洞山与宜黄曹山为佛教曹洞宗的发祥地；宜春、萍乡交界的杨岐山为佛教杨岐宗的发祥地；宜春的仰山为佛教沩仰宗的发祥地；吉安市青原山净居寺为佛教禅宗临济宗祖地。这些祖庭所在地，除青原山外，都在鄱阳湖地域。

江西同样是道教祖庭重要的所在地。龙虎山作为天师道唯一的祖庭，历代是江南道教活动中心。道教是在东汉末年由张道陵创立的，由于张道陵开始炼丹修道讲课于龙虎山，并长达 30 余年，故龙虎山被称为中国道教第一山。龙虎山的上清宫始建于东汉，原为张道陵修道之所，时名"天师草堂"。汉末，第四代天师张盛自汉中迁还龙虎山，改"天师草堂"为"传箓坛"。后经历代王朝在这里大兴土木，上清宫成为中国规模最大、历史悠久的古老道宫之一，也是天师道发展、兴盛的历史见证。而历代天师生活起居的天师府，被称为"南国无双地，西江第一家"，是一座规模宏大的王府式建筑。经历朝维修重建，现存房舍 500 余间，占地面积 5 万平方米，府第层层叠叠，呈八卦形布局，院内古木参天，丹桂飘香，是游览胜地。至于西山万寿宫和南昌万寿宫，由于净明道尊许逊为祖师，故成为道教净明道的祖庭。

四是名人辈出，灿若群星。

由于鄱阳湖地域宗教名山多，宗教祖庭多，也就名人辈出，灿若群星。除上述所及各位高僧和开宗立派者外，还有许多在中国宗教史上举足轻重的人物。例如：唐代百丈怀海幼年出家，遍览三藏经典，历游诸禅境界，后来到洪州（今江西南昌）师事马祖道一参禅问道。他侍奉马祖六年，成为马祖的上首弟子。马祖圆寂后，他移居江西奉新县的百丈山另辟道场，弘扬马祖之说，使马祖一派大振，形成"洪州宗"。他鉴于慧能南宗推倒一切戒规的提法，创建禅院，使禅宗有了适合自己的修行场所。他制订的《禅门规式》，世称《百丈清规》，为禅宗的特别教育方法与修行方法提供了制度上的保障。他倡导"农禅并重"的丛林作风，为禅宗的"自给自足，独立发展"奠定了经济基础。北宋名僧惠洪为筠州新昌县（今江西宜丰县人），以力挽颓波、振兴丛林为己任，潜心著述。他集禅、教、史、诗、文于一身，著作涉及宋代文化的诸多方面，是禅宗史上不可多得的代表人物，在文学史上也有特别引人注目的典型意义。在现当代，江西寺庙依然是名家辈出。一肩嗣五宗的虚云大师活了 120 岁，他于 19 岁出家，禅功和苦行深受人们尊重，是现代中国禅宗代表人物之一。1952 年，中国佛教协会成立，虚云大师当选为名誉会长。会后，他到庐山养病，听说江西云居山真如寺毁于抗日战争时日军炮火，遂以 113 岁的高龄发愿振兴祖庭。病愈后，虚云大师率两个弟子登云居山，结茅而居，四方僧众纷纷来投。他组织僧众开展农禅生活，复建佛殿，历时七年。至 1959 年，云居山真如寺修复工程基本竣工，垦荒为田达 200 余亩。虚云大师的业绩，后人总结为八个方面：建寺安僧，振兴禅宗，提倡戒学，兴学育僧，农禅并重，重视文史，爱国爱教，福利社会。曾任中国佛教协会会长的一诚法师，是兼承沩仰、临济的大师。他 22 岁出家，1956 年到江西永修县云居山参拜并追随现代禅宗泰斗虚云大师，1985 年升座荣膺真如禅寺方丈。他实践百丈禅师遗训，带领僧众进行农耕，使真如寺呈现出规矩严、禅风纯的气象，成为全国三大模范丛林之一，除内地外，我国香港、台湾地区，以及新加坡、马来西亚等地四众弟子纷纷前来礼拜、参学。1992 年，一诚大师驻锡石门，恢复马祖道场靖安宝峰禅寺，经过七年努力，终于完成宿愿。2000 年，他在靖安宝峰寺恢复停办数年的江西佛学院，亲自担任佛学院院长，依据学僧的不同根性，采用不同的方式加以启迪、指导。2002 年 9 月，一诚大师当选为中国佛教协会会长，并任北京法源寺方丈。

五是宗教文化与各种文化相存相融。

鄱阳湖地域的宗教文化，并非单一的文化遗存，而是与其他文化相存相融，和谐共生。庐山东林寺堪称这方面的典范。早在东晋太元六年（公元 381 年）至义熙十二年（公元 416 年），慧远于庐山创建东林寺，创立"净土宗"，就形成了多种文化融合的传统。慧远精通儒、释、道三家奥旨，著书立说，当时许多高僧名徒追随他。同时，慧远又与世俗社会的达官、显宦、高士、名流广泛结交，就连当时高傲的文坛首领谢灵运和跋扈的擅权将军桓玄，也都倾倒在慧远门下。至今为人们所津津乐道的，要算"虎溪三笑"：相传慧远平素"影不出山，迹不入俗"，每逢送客，从不过寺前虎溪。但每次慧远送陶渊明、陆修静时，却总因畅谈义理，兴犹未尽，以致过了虎溪。这时，有老虎鸣吼警示，三人乃相顾欢笑道别。至宋代，石恪作《三笑图》，著名诗人苏东坡作《三笑图书后》，黄庭坚作《三笑图赞》，后又于东林寺增建"三笑堂"。这个故事虽纯属虚构，却被《庐山志》记载，表明东林寺儒、禅、道三者兼融的文化现象。历代达官、名流来此寻幽览胜，如东晋的陶渊明，南北朝的谢灵运，唐代的李白、白居易、颜真卿、柳公权、李邕，宋代的欧阳修、苏东坡、黄山谷、岳飞、陆游等，都留下许多珍贵的丰碑石刻，也使多种文化相互依存体现得更为淋漓尽致。这种状况，在鄱阳湖地域的宗教文化并非孤立的，其他寺庙也是如此。像云居山真如禅寺，宋神宗熙宁年间（1069—1077年），云门宗第五世祖佛印了元禅师住持达数十年。其时，名士苏东坡、黄庭坚等经常登山探访，多有诗文唱和，并留下谈心石等古迹。

第二节   鄱阳湖区域宗教文化遗产的特色

鄱阳湖区域的宗教文化遗产与宗教文化资源，体现出古代"天人合一"的生态思想，与当时的自然生态与人文生态是一致的。这种协调、和谐，形成了鄱阳湖地域宗教文化的品位、风貌与特色。

1. 寺庙选址体现出的生态观念

古人建筑选址，讲究"风水"之说。这种对"风水"的看重，实际上是重地形、地貌和地气的选择，是重视建筑的区位、朝向和地质影响，也是讲求环境的协调、和美、通达。总之，寺庙选址首先是生态环境的选择。历来寺庙、道观的建设，都是在风景如画的名胜之所。其生态环境大体可归纳为三类：一是依山。如庐山、龙虎山、三清山、百丈山等，都是宗教圣地。云居山由于"山势雄伟高峨，常为云雾所抱"，景色旖旎，幽雅宜人，成为"佛教圣山"，鼎盛时山上有寺庵数十处。尤其是山顶，群峰环抱，翠色相映，宛如美丽的"莲花城"，更成为天下闻名的真如禅寺所在。二是傍水。位于都昌县城东南隅的南山，像气宇轩昂的中流砥柱，耸立在碧波万顷的鄱阳湖上。南山古寺始建于唐代，历代兴废，清代重修。这里登临绝顶，极目远眺，但见烟波浩渺的鄱阳湖，碧波万顷，蔚为奇观，绚丽的景色使人心旷神怡。三是野趣。刚被批准为"世界自然遗产"的三清山，是有名的道教圣地，则以野趣多姿而著称。因玉京、玉华、玉虚三峰峻拔，犹如道教所尊玉清、上清、太清三神列坐其巅命名。三清山以奇峰、古松、响云、飞瀑、神光最为奇特，四季景色绮丽。

2. 宗教建筑展示出的生态智慧

各种宗教建筑，都尽力展示出本身教义的旨意，在建筑设计方面都出新斗奇，自成风格。即使是同一种宗教，由于地形、地貌和所处环境的不同，也尽可能形成各自的特色。仅就庐山而言，胡适就曾指出其中蕴藏的三大趋势：慧远的东林寺代表中国佛教化与佛教中国化的大趋势，白鹿洞代表中国近700年的宋学大趋势，牯岭代表西方文化侵入中国的大趋势。正是在这种背景下，同其他地区的寺庙建筑相比，庐山的寺庙建筑有三方面的独特之处：一是寺庙民居化趋向比较明显，如西林寺、东林寺等；二是书院化的特色十分明显，如开先寺、归宗寺等；三是寺庙建筑具有规模性，并且分布的范围较广。而三清山道教古建筑，构思奇妙，多样而又统一，与道家总体思想宇宙观达成一致。遍布全山的古建筑，共有230多处，形成道家太极八卦图的模式——即以三清宫为一个中心（无极），后两殿象征阴阳两极（太极），围绕着这个中心的各部景点建筑物向四面八方辐射，并与自然景物巧妙地交织在一起，相互因果，相辅相成，融为一体，突出地体现了道家的哲学观念。这些，都是宗教生态智慧的凝聚。

3. "农禅并重"表现出的生态规则

"农禅并重"，不仅是一种生存方式，是一种丛林制度，也是一种生态规则。传统农业，实际上是一种绿色农业，是一种天人相协调的生产方式。把农禅两者结合起来，并且持之以恒，表现出了禅对农的尊重、感恩和参与。在鄱阳湖地域定形的百丈清规，就有"普请"制度，一改古代印度佛教的托钵乞食制度。"农禅并重"制度，符合禅的根本精神，与百丈禅法不拘一格、任运自在的风格相契合。这种制度，在鄱阳湖地域的佛教寺庙得以薪火相传、绵延不绝。尤其是在云居山真如禅寺，更是发扬光大。虚云大师在 100 多岁高龄时，依然身体力行，"一日不作，一日不食"。一诚大师同样依照生态规则，以"农禅并重"的方式管理禅寺，终成全国的样板丛林。而"农禅并重"的生态规则，也使鄱阳湖地域的保护得以持续发展。

4. 以生命为中心的生态伦理

关于生态伦理，西方生态伦理学家保罗·泰勒说："环境伦理学关心的是存在于人与自然之间的道德关系。支配着这些关系的伦理原则决定着我们对自然环境和栖息于其中的所有动物和植物的义务、职责和责任。"① 戴维·贾丁斯说："一般地说，环境伦理学者在系统地阐释有关人类和自然环境间的道德关系。"② 佛教和道教伦理都以生命伦理为特征，他们的"生命"不仅是指人的生命，还包括动物、植物的生命以及天地的生命，因此，佛教与道教生命伦理不仅要处理人与人之间、人与社会之间的相互关系，而且还要处理人与动物、植物之间，以及人与天地之间的关系。正是在这种生态伦理的感召下，鄱阳湖地域千百年来，人们对自然有一种敬畏感，对大自然的给予有一种感恩之心，也就顺应自然，在这块土地上辛勤地劳作和生活，而不是以"破坏"的方式来进行挑战。

5. 劝善去恶表现出的生态教化

在鄱阳湖地域的宗教场所，不断进行劝人去恶从善、成仙得道、积善获福的教育，同时，大量印发假托神仙名义制作，或以宗教人士、宗教子弟名义撰著的各种"劝善书"。这些做法，都是一种宗教的伦理教化，所宣扬的伦理道德规范不仅用以调节人与人之间、人与社会之间的相互关系，而且进一步推广到调节人与动物、植物的关系，人与自然的关系。在鄱阳湖地区，每每可见"放生"的场面，每年有固定的"休渔"期，虽然现在也许与原有的旨意相去甚远，

---

① ［美］保罗·沃伦·泰勒：《尊重自然：一种环境伦理学理》，雷毅、李小重、高山译，首都师范大学出版社 2010 年版。

② ［美］戴维·贾丁斯：《环境伦理学——环境哲学导论》，林官明、杨爱民译，北京大学出版社 2002 年版，第 12 页。

但从本质上看，也不乏含有生态伦理的内核和由于生态教化的结果。

第三节　鄱阳湖区域宗教文化遗产的保护

像任何文化遗产和文化资源都有优劣之分，有良莠之别一样，鄱阳湖地域宗教文化遗产也需要进行研究，也需要弘扬其中的优秀文化，也需要保护和开发利用能对今天及未来社会有益的文化因素，为"和谐社会"与"和谐世界"的建构服务。为此，特提出如下建议：

1. 坚持保护为主的原则

鄱阳湖地域的生态是顽强的，能够抵御各种灾害的侵袭。但是，鄱阳湖地域的生态又是脆弱的，经不起各种灾害，尤其是人为因素的侵犯。鄱阳湖地域的宗教文化，也同样具有这样的秉性。因此，对于现有的宗教文化，只要是爱国宗教的，只要是不对现行社会产生破坏作用的，只要是具有历史的认识价值与作用的，都应该坚持保护为主的原则。任何历史的遗存，被毁了，被破坏了，就再也无法让历史重现了，就让历史的血脉被割断了，就失去了历史面貌的原真性。

2. 坚持生态第一的原则

目前，鄱阳湖地域的一些宗教景观、景点和寺庙，正在修复和重建。还有一些宗教场所，有扩建或新建的设想，也有的正在实施过程之中。这些扩建或新建，要贯彻"生态第一"的原则，这既包括自然生态，也包括人文生态。例如，原有的自然环境，包括带有野趣的树木、草地各种植被，尽可能使其保留原貌，而不随便清除；也不宜随意移植其他地方的树木来，改变原有的植被状况，应让自然环境能够顺其自然。又如，对于原有的宗教仪规，由于是千百年传承下来的，只要不与现代的伦理道德相违背，就应该让其合理存在。对于风水之说，在宗教场所建筑时，同样可以选择运用。

3. 按照国家宗教法规进行宗教场所建设

国家关于宗教方面的法律法规，是每一个单位、部门与个人都必须遵守的。宗教场所的建设，要按照规定的法律程序和规定进行请示、汇报、批准，而不能自行其是。在审批的过程中，应该认真听取相关单位、部门与相关人士的意见，也应该充分听取专家学者的建议，尤其是要重视各种不同的意见，并做好交流与沟通。一旦形成共识和决定，就应该按照国家规定的实施主体，由其按照国家的法规进行建设。

4. 加强对宗教文化遗产的普查和申报

鄱阳湖地域的宗教文化资源和遗产非常丰富，虽然曾经进行过文物普查，但近些年还屡有新的文物发现。因此，依靠各地力量和宗教场所，继续开展对宗教文化资源和文化遗产进行普查，并且进行文物的征集，是非常必要，也是会大有成效的。我们既要重视对文物的保护，同时也要重视对非物质文化遗产的保护。2008 年，全国在"海天佛国"之地普陀山举行的佛教非物质文化遗产保护会议，我们应该从中受到启发。例如：作为净土宗祖庭东林寺的净土仪规，出过中国佛教协会名誉会长和会长的云居山真如禅寺的禅教仪规，都是非常值得保护的。而且，东林寺设立专门的文物陈列室，对于佛教文物精心保护，取得了有益经验，也是能够在非物质文化遗产保护中发挥效用的。

5. 发挥宗教文化对人的疏导作用

由于社会生活节奏的加快和竞争压力的加大，由于各种自然灾害与突发事件，人们的心理负担和面临的挑战越来越重，因此，适时进行心理疏导是非常有必要和有效的。汶川大地震在灾后重建的过程中，心理干预就发挥了积极的作用。现在，云居山正在积极建设"国际禅修院"，因此，各方面应该积极努力帮助、协调和配合，使这项工程顺利完成和达到预期目标。要使这项工程有利于云居山历史遗存的保护，有利于禅宗文化的传承，有利于中华民族优秀文化的弘扬，有利于促进江西旅游和经济的发展，有利于"和谐社会"与"和谐世界"的构建。

6. 积极进行宗教文化旅游开发

旅游产业的价值与作用越来越显现出来。江西加速建设海内外旅游休闲"后花园"，坚持红色、绿色、古色旅游相融合，坚持观光、休闲、度假旅游相融合，已经取得了重要成就，并且正朝着红色旅游强省、生态旅游名省、旅游经济大省的目标前进。宗教文化旅游是古色旅游的重要范围，许多地方也是绿色旅游的重要地域，甚至还有红色旅游的内容（有的革命领导人曾住宗教场所，有的重要事件就发生在宗教场所）。因此，积极进行宗教文化旅游的开发，对于促进我省旅游又好又快发展有重要意义。目前，江西重点打造的14条精品旅游线路，就有两条是属于宗教文化旅游的。一条是"江西洞天福地之旅"，路线编排是：庐山仙人洞—南昌万寿宫—樟树阁皂山—鹰潭龙虎山—上饶灵山—三清山；可与四川青城山、湖北武当山、江苏茅山、福建武夷山等中国道教名山进行线路对接。另一条是"江西禅净祖庭之旅"，线路编排是：九江能仁寺—庐山东林寺—云居山真如寺—靖安宝峰寺—奉新百丈禅寺—宜丰洞山普利禅寺—宜春明月山仰山栖隐禅寺—萍乡杨岐寺—吉安青原山净居寺—宜黄曹山寺—抚州金山寺—南昌佑民寺，可与中国四大佛教名山进行对接。这两条线路，大部分景区都在鄱阳湖地域内，可见，加快鄱阳湖地域的宗教文化旅游开发是能够大有作为的。

7. 利用著名宗教场所开展节庆和招商引资活动

大型节庆活动和招商引资活动，往往成为一个地方经济文化社会的亮点。江西这些年来，也加强了各种节庆活动的举办与招商引资活动的力度。除了景德镇陶瓷节、南丰蜜橘节有地方特色的节庆活动外，借助宗教文化的影响力，打造相关的节庆与招商引资活动，也不失为好办法之一。其实，江西省举办多年的龙虎山道教文化节，经过长期的努力，已形成了一定的品牌优势，取得了良好的社会效益与经济效益。2007年11月，江西省社会科学院联合其他单位共同举办的"国际禅茶文化交流大会"，也取得了很大的影响。2008年，云居山真如禅寺创建1200周年，举行的庆典法会，成为借宗教文化举办活动的良机。因此，应该充分利用江西，特别是鄱阳湖地域宗教祖庭多的优势，精心进行创意策划，坚持不懈地推出一些活动品牌精品，为江西省经济文化建设事业服务。

8. 加强宗教文化的研究和教育

宗教文化遗产要得以科学保护与合理利用，离不开对于相关问题的研究，离不开对于相关科研人才的培养与教育。目前，江西省这方面的基础较薄弱，人才也较为缺乏，与江西宗教文化资源与文化遗产的丰富极不相称。要改变这种状况，用好现有人才，加强队伍建设，吸引外来智力，都是行之有效的办法。但是，队伍建设需要一个过程，吸引外智需要较多的财力。因此，从江西现状出发，最快捷的办法：一是以江西省社科院、江西省社联为中心，加强全省现有宗教文化研究力量的联系与协调，增强队伍的凝聚力和向心力；二是加强宗教文化研究与相邻相关科研力量的联合，尤其是文化学、民俗学、民族学、专门史、文献学和地域研究人员的沟通，开展交叉性、边缘性和互补性的研究；三是以课题为中心，在科研实践中加强人员水平的提高和新生力量的培养，以期在较短的时间内，加强江西省宗教文化研究队伍的建设，达到教育和培养新人的目标。

总之，鄱阳湖地域的宗教文化资源和文化遗产，要进行深入的挖掘和认真的梳理，要进行深入的研究和正确的辨析，在此基础上，进行科学的保护与合理的利用，从而达到文化弘扬与文化保护的良性循环。

后记　初心不改

这本书完成，又是一年的金秋时节。"晴空一鹤排云上，便引诗情到碧霄。"唐代刘禹锡的《秋词》，正好符合此时的激越心绪。虽然我已经出版多部民俗学著作，但作为新的思考和探索，这本著作花费了更多的时间与心力，留下了新的学术足迹。

在中国民俗学研究史上，1983 年 7 月 20 日至 8 月 17 日，中国民俗学会在北京举办首届全国民俗学讲习班，是一件极有远见和意义的大事。当时，名重学林的泰山北斗钟敬文、费孝通、吴文藻、杨成志、杨堃、马学良、白寿彝、罗致平、常任侠、容肇祖先生，乌丙安、刘魁立、张紫晨、陶立璠、柯杨、潘雄等著名中年学者，围绕民俗学的基本概念、学科体系、理论和方法等亲自授课。我作为这个讲习班的学员，有幸聆听他们的讲授，接受了系统的民俗学教育。如今国内各地活跃的民俗学者中，有相当一部分是这次讲习班的学员。正是这次学习，我开始走上民俗研究的道路，并且成为终身学术研究的重要方面。

《民俗研究的多重文化审视》的写作，历经多年，不断完善。其中部分章节以论文的形式，在学术期刊登载。《社会科学战线》、《社会科学研究》、《中州学刊》、《福建论坛》、《江汉论坛》、《江西社会科学》等曾予刊发，《新华文摘》、《中国社会科学文摘》、《高校文科学术文摘》、人大复印资料等，进行过转载。这些支持和帮助，促进了学术研究成果的传播，也有利于广泛地听取各方面的意见。

本书由于成稿不在一时，论述与风格略有差异。有的章节因写作时间较早，个别数据发生了变化，但论述的问题与结论依然有学术意义，故保留原始论述，以见当时研究的前瞻性，而在适当地方通过注释说明情况。而且，本书篇章虽然多由我撰稿，但其中有的由曾跟我就读硕士、后在名校毕业的叶静（第二章）、冯文开（第三章）、龚建华（第十一章）博士，以及高文文（第十六章）完成。我所在的江西省社会科学院领导及科研处，对本书的写作极为关心与支持。大家的共同努力，才使这部著作得以完美呈现。

《民俗研究的多重文化审视》受到赣南师范学院历史文化旅游学院的青睐，得以列入民俗学重点学科的丛书出版，这是一种信任与荣耀。赣南师范学院历史文化旅游学院民俗学是江西省重点学科，是江西省唯一招收民俗学硕士研究生的专业。2009 年，该学科被评为江西省"重中之重学科"，在客家民俗研究、地域民间文艺、民俗学与民俗旅游方向，进行了大量的田野调查与科研工作，获得了许多珍贵的资料，取得了不少重要的科研成果，受到学界的关注与好评。作为学院的特聘教授、历届民俗学硕士论文答辩委员会主席，我目睹了他们的成长与发展，为他们取得的成就高兴。如今，我的著作列入重点学科成果出版，怀着深深的感激之情。特别是学院院长、重点学科带头人林晓平博士，对于丛书的创意策划、组织运作、写作出版，倾注了大量的心力，对我的写作也关爱有加，令人极为感动。

借此机会，对以上单位和个人致以诚挚的感谢！

"金风淅淅，银河耿耿，七夕如今又至。"（宋·郭应祥）定稿之时，正逢七夕，民间有"乞巧"之俗。"独收至拙为吾事，笑指双针一缕过。"（宋·李朴）在学术上，永远没有"乞巧"的可能，只能不断地上下求索。对于学术追求，我们初心不改。

2015 年 8 月 20 日